Chinês Para Leigos
Tradução da 2

CB001329

Conheça algumas perguntas, expressões e frases de e... ...darão a interagir com pessoas e viajar com mais confiança por u... ...dias e os meses do calendário chinês, além dos números chineses, o que fará com que seja mais fácil fazer planos e manter o controle de seu dinheiro.

Expressões Úteis em Chinês

Uma boa conversa em chinês começa com saudações básicas e frases educadas. Praticar e usar essas frases contribui muito para estabelecer uma relação e aproximar as culturas — e é apreciado pelos falantes da língua chinesa.

- **Oi/Olá.** Nǐ hǎo. (*ni hau*)
- **Bom dia.** Zǎo. (*zau*)
- **Boa noite.** Wǎn ān. (*uam am*)
- **Por favor.** Qǐng (*tsiimm*)
- **Obrigado(a).** Xièxiè. (*cie-cie*)

- **Com licença/Desculpe.** Duìbùqǐ. (*dui-bu-tchii*)
- **Desculpe/Sinto muito.** Hěn bàoqiàn. (*hãm bau-tsiiem*)
- **Eu não entendo.** Wǒ bùdǒng. (*uo bu-dom*)

O Calendário Chinês

Saiba os dias da semana e os meses do ano em chinês. Lembre-se de que os chineses também possuem sete dias na semana, assim como nós, brasileiros, mas a semana chinesa começa na segunda-feira e termina no domingo.

Dias

- **segunda-feira** Xīngqīyī (*cimm-tchii-ii*)
- **terça-feira** Xīngqī'èr (*cimm-tchii-ar*)
- **quarta-feira** Xīngqīsān (*cimm-tchii-sam*)
- **quinta-feira** Xīngqīsì (*cimm-tchii-si*)

- **sexta-feira** Xīngqīwǔ (*cimm-tchii-uu*)
- **sábado** Xīngqīliù (*cimm-tchii-liu*)
- **domingo** Xīngqītiān (*cimm-tchii-tiem*)

Meses

- **janeiro** Yīyuè (*ii-iue*)
- **fevereiro** Èryuè (*ar-iue*)
- **março** Sānyuè (*sam-iue*)
- **abril** Sìyuè (*si-iue*)
- **maio** Wǔyuè (*uu-iue*)
- **junho** Liùyuè (*liu-iue*)

- **julho** Qīyuè (*tchii-iue*)
- **agosto** Bāyuè (*ba-iue*)
- **setembro** Jiǔyuè (*djiu-iue*)
- **outubro** Shíyuè (*xi-iue*)
- **novembro** Shíyīyuè (*xi-ii-iue*)
- **dezembro** Shí'èryuè (*xi-ar-iue*)

Para Leigos®: A série de livros para iniciantes que mais vende no mundo.

Chinês Para Leigos
Tradução da 2ª Edição

Folha de Cola

Fazendo Perguntas Básicas em Chinês

Aprender como fazer estas perguntas básicas em chinês pode ajudá-lo a começar a comunicar-se com outras pessoas e obter informações úteis sobre direções, tempo e condições climáticas:

- **Como vai você?** Nǐ zěnme yàng? (*ni zāmmā iaam?*)
- **Você fala inglês?** Nǐ huì shuō Yīngyǔ ma? (*ni hui xuo iimm-iü ma?*)
- **Pode me ajudar?** Néng bùnéng bāngmáng? (*nāmm bu-nāmm baam-maam?*)
- **Qual é o seu nome?** Nǐ jiào shénme míngzi? (*ni djiau xām-mā mimm-zi?*)
- **Que horas são?** Xiànzài jǐ diǎn zhōng? (*ciam-zai dji diem dʒom?*)
- **Como está o tempo?** Tiānqi zěnme yàng? (*tiem-tsii zāmmā iaam?*)
- **Quanto custa isto?** Zhèige duōshǎo qián? (*dʒei-gā duo-xau tsiem?*)
- **Onde posso encontrar...?** Zài nǎr zhǎo...? (*zai nar dʒau...?*)
- **Onde é o banheiro?** Cèsuǒ zài nǎr? (*tsā-suo zai nar?*)
- **A que horas você abre/fecha?** Nín jǐ diǎn zhōng kāi/guān mén? (*nim dji diem dʒom kai/guam mām*)
- **Por favor, você poderia falar mais devagar?** Qǐng nǐ shuō màn yīdiǎr? (*tsiimm ni xuo mam ii-diar*)
- **Por favor, você poderia repetir?** Qǐng nǐ zài shuō yícì? (*tsiimm ni zai xuo ii-tsi*)

Frases de Emergência em Chinês

Se surgir uma emergência e você ou outra pessoa precisar de ajuda, estas frases em chinês atrairão a atenção e a ajuda de que você necessita. Então, pratique-as:

- **Socorro!** Jiù mìng! (*djiu mimm*)
- **Pega ladrão!** Zhuā zéi! (*dʒua zei*)
- **Fogo!** Zháohuǒ! (*dʒau-huo*)
- **Chame uma ambulância!** Jiào jiùhùchē! (*djiau djiu-hu-tchā*)
- **Chame a polícia!** Jiào jǐngchá! (*djiau djimm-tcha*)
- **Estou doente.** Wǒ bing le. (*uo bimm-lā*)
- **Chame um médico.** Kuài qù zhǎo yīshēng. (*kuai tsiü dʒau ii-xāmm*)
- **Estou perdido.** Wǒ mílù le. (*uo mi-lu lā*)

Para Leigos®: A série de livros para iniciantes que mais vende no mundo.

Chinês
PARA LEIGOS®
TRADUÇÃO DA 2ª EDIÇÃO

por Dra. Wendy Abraham

ALTA BOOKS
GRUPO EDITORIAL
Rio de Janeiro, 2015

Chinês Para Leigos, Tradução da 2ª Edição
Copyright © 2015 da Starlin Alta Editora e Consultoria Eireli.

Translated from original Chinese For Dummies © 2013 by John Wiley & Sons, Inc. ISBN 978-1-118-43666-0. This translation is published and sold by permission of John Wiley & Sons, Inc., the owner of all rights to publish and sell the same. PORTUGUESE language edition published by Starlin Alta Editora e Consultoria Eireli Copyright © 2015 by Starlin Alta Editora e Consultoria Eireli.

Todos os direitos reservados e protegidos por Lei. Nenhuma parte deste livro, sem autorização prévia por escrito da editora, poderá ser reproduzida ou transmitida.

Erratas: No site da editora relatamos, com a devida correção, qualquer erro encontrado em nossos livros, bem como disponibilizamos arquivos de apoio se aplicável ao livro. Acesse o site www.altabooks.com.br e procure pelo título do livro desejado para ter acesso à erratas e/ou arquivos de apoio.

Marcas Registradas: Todos os termos mencionados e reconhecidos como Marca Registrada e/ou Comercial são de responsabilidade de seus proprietários. A Editora informa não estar associada a nenhum produto e/ou fornecedor apresentado no livro.

Impresso no Brasil — 1ª Edição, 2015

Vedada, nos termos da lei, a reprodução total ou parcial deste livro.

Produção Editorial	Gerência Editorial	Design Editorial	Captação e Contratação	Marketing e Promoção
Editora Alta Books	Anderson Vieira	Aurélio Corrêa	de Obras Nacionais	Hannah Carriello
Produtora Editorial	**Supervisão Editorial**		J. A. Rugeri	marketing@altabooks.com.br
Claudia Braga	Angel Cabeza		Marco Pace	**Vendas Atacado e Varejo**
	Sergio de Souza		autoria@altabooks.com.br	comercial@altabooks.com.br
			Ouvidoria	
			ouvidoria@altabooks.com.br	

Equipe Editorial	Carolina Giannini	Letícia de Souza	Milena Souza
	Gabriel Ferreira	Mayara Coelho	Rômulo Lentini
	Jessica Carvalho	Mayara Soares	Silas Amaro
	Juliana de Oliveira	Milena Lepsch	Thiê Alves

Tradução	Copidesque	Revisão Técnica	Revisão Gramatical	Diagramação
Anna C. Caramuru	Mateus Colombo	Ho Yeh Chia	Priscila Gurgel	Diniz Gomes
		Professora de Língua e Literatura Chinesa da Faculdade de Filosofia, Letras, e Ciências Humanas da USP	Daniella Torres	

Dados Internacionais de Catalogação na Publicação (CIP)

> A159c   Abraham, Wendy.
>   Chinês para leigos / por Wendy Abraham. – Rio de Janeiro, RJ : Alta Books, 2015.
>   376 p. : il. ; 16 cm x 23 cm.
>
>   Inclui índice e apêndice.
>   Tradução de: Chinese for dummies.
>   ISBN 978-85-7608-879-0
>
>   1. Língua chinesa - Compêndios para estrangeiros - Português. 2. Língua chinesa - Autodidatismo. 3. Língua chinesa - Registros sonoros para estrangeiros. I. Título. II. Série.
>   CDU 809.51
>   CDD 495.1

Índice para catálogo sistemático:
1. Língua chinesa : Compêndios para estrangeiros   809.51

(Bibliotecária responsável: Sabrina Leal Araujo – CRB 10/1507)

Rua Viúva Claudio, 291 – Bairro Industrial do Jacaré
CEP: 20970-031 – Rio de Janeiro – Tels.: (21) 3278-8069/8419
www.altabooks.com.br – e-mail: altabooks@altabooks.com.br
www.facebook.com/altabooks – www.twitter.com/alta_books

Sobre a Autora

A **Dra. Wendy Abraham** tem ministrado cursos de língua chinesa, Literatura Chinesa e Culturas Asiáticas no Hunter College, na Georgetown University, na New York University e na Stanford University. Passou um ano pesquisando os Oráculos de Ossos da Dinastia Shang*, em Taiwan, o que despertou seu profundo interesse no desenvolvimento da língua chinesa escrita. Wendy dirigiu programas de língua chinesa para estudantes americanos em Pequim e em Xangai e foi intérprete para as delegações de alto nível de artes da China. Sua primeira tese de doutorado foi sobre os judeus chineses de Kaifeng, assunto sobre o qual tem escrito amplamente e palestrado frequentemente pelos Estados Unidos. Seu interesse sobre tudo relativo à China continua inabalável.

---

* Encontradas em 1895 em Anyang, capital da Dinastia Shang (商朝 — 1600-1046 a.C), as inscrições mais antigas que foram reconhecidas como chinesas, por volta de 1.200 a.C.

Têm como características textos curtos escritos em escápulas de bovinos e em plastrões de tartarugas, conhecidos como Oráculo de Ossos (甲骨 — jiǎgǔ) e a escrita relacionada é a Escrita Oráculo em ossos.

(甲骨文 — jiǎgǔwén)

Dedicatória

Este livro é dedicado a Oszkar e Shandy, com amor pela família Iakab — hoje e sempre.

Também é dedicado a meu pai, György, minha mãe, Marilyn, minha irmã, Susan, e meu novo cunhado, Michael.

Agradecimentos

Os primeiros agradecimentos vão para minha mãe, por fazer minha existência e este último ano possíveis. Eu nunca teria conseguido sem ela e nossas palavras cruzadas noite adentro; serei eternamente grata.

Os próximos agradecimentos vão para meu pai, por preencher o ano passado com maravilhosas conversas, muito amor e uma carta a seus primos recém-descobertos.

Obrigada também a minha irmã e a meu cunhado, por seu senso de humor e por nos lembrar de todas as coisas na vida pelas quais devemos ser gratos.

Agradeço a Gerard e Jean Russak, por estenderem o tapete de boas-vindas, pela música e pela profunda amizade para comigo e a sempre crescente ninhada de gatos no Upper West Side.

A todos aqueles que fizeram milagres neste ano: Csongor Nyulas (tradutor húngaro por excelência), Bob Edelstein, Anna Mekulinova, Hila Turkienicz, Itzhak Fouxon, Nehama Rosenberg, Malka Spitzberg, Leon Fishbein, meu admirável Elly Ne'eman e Am Hazikaron. Minha família sempre será grata por ajudarem a encontrar Oszkar e Shandy enquanto escrevia esta segunda edição de *Chinês Para Leigos*.

Não é preciso dizer que este livro não seria possível sem as extraordinárias pessoas da Wiley: Stacy Kennedy (a esplêndida e eficiente editora de aquisições), Tim Gallan (o calmo e sereno editor de projeto), Constance Carlisle (que trabalhou incansavelmente para produzir um CD de áudio na medida certa) e Megan Knoll (cujos olhos para erros tipográficos chineses, mesmo sem saber a língua, eram estupendos). Ótimo time.

Finalmente, agradeço a Cynthia Reidlinger, Ollie, Tommy e o abrangente clã dos Sargent, por contribuírem tanto para este livro e por proverem uma grande dose de inspiração ao longo do caminho.

Sumário Resumido

Introdução *1*

Parte I: Primeiros Passos *7*

Capítulo 1: Chinês em Poucas Palavras 9
Capítulo 2: A Escrita: Conheça os Caracteres Chineses....................................21
Capítulo 3: Aquecendo com o Básico: Gramática Chinesa....................................31
Capítulo 4: Começando com Expressões Básicas: Nĭ Hăo! 51
Capítulo 5: Acertando Números, Tempo e Medidas..65
Capítulo 6: Falando Chinês em Casa..83

Parte II: Chinês na Prática *95*

Capítulo 7: Conhecendo Pessoas: Batendo um Papo 97
Capítulo 8: Jantando Fora e Comprando Comida 109
Capítulo 9: Comprando com Facilidade 133
Capítulo 10: Conhecendo a Cidade 155
Capítulo 11: Usando o Telefone ou E-mail 167
Capítulo 12: Chinês na Escola e no Trabalho...183
Capítulo 13: Diversão e Atividades ao Ar Livre...201

Parte III: Chinês na Estrada *213*

Capítulo 14: Planejando uma Viagem 215
Capítulo 15: Lidando com Dinheiro..227
Capítulo 16: Andando por Aí..241
Capítulo 17: Pedindo Informações 259
Capítulo 18: Encontrando um Lugar para Ficar 273
Capítulo 19: Lidando com Emergências 287

Parte IV: A Parte dos Dez *301*

Capítulo 20: Dez Maneiras de Aprender Chinês Rapidamente 303
Capítulo 21: Dez Coisas para Nunca Fazer na China......................................307

Parte V: Apêndices *311*

Apêndice A: Minidicionário 313
Apêndice B: Verbos em Chinês 335
Apêndice C: Nos Áudios 339
Apêndice D: Respostas dos Exercícios 341

Índice *345*

Sumário

Introdução 1

Sobre Este Livro 1
Convenções Usadas Neste Livro 2
Penso que 3
Como Este Livro Está Organizado 3
    Parte I: Primeiros Passos 4
    Parte II: Chinês na Prática 4
    Parte III: Chinês na Estrada 4
    Parte IV: A Parte dos Dez 4
    Parte V: Apêndices..4
Ícones Usados Neste Livro 5
De Lá para Cá, Daqui para Lá 6

Parte I: Primeiros Passos.................................... 7

Capítulo 1: Chinês em Poucas Palavras...................9

Compreendendo os Dialetos Chineses 10
Falando Pīnyīn: Beijing, Não Pequim 11
Falando: Sons Chineses Básicos....................................12
    Começando com as iniciais 13
    Terminando com as finais 14
    Afinação perfeita: Apresentando os quatro tons...............16
Acrescentando Expressões Idiomáticas e Populares a seu Repertório 18

Capítulo 2: A Escrita: Conheça os Caracteres Chineses.........21

Analisando Pictogramas, Ideogramas e as Seis Escritas 22
O Radical Chinês: Algumas Pistas para o Significado de um Caractere 23
Seguindo as Regras da Ordem dos Traços 24
    Regra 1..25
    Regras de 2 a 9 25
Em que Ordem Vão Esses Caracteres? Desvendando a Ordem
    dos Caracteres 26
Separando Caracteres Tradicionais e Simplificados.................28
Usando um Dicionário Chinês... sem um Alfabeto! 29

Capítulo 3: Aquecendo com o Básico: Gramática Chinesa 31

Substantivos, Artigos e Adjetivos Básicos do Chinês 32
    Substantivos 32
    Artigos definidos versus indefinidos 36
    Adjetivos 37

Chinês Para Leigos

Aprofundando-se em Verbos, Advérbios, Negação e Posse 38
    Verbos 39
    Advérbios 43
    Bù e méiyǒu: Negação total 43
    Sendo possessivo com a partícula de 46
Fazendo perguntas 46
    A Partícula de pergunta ma 46
    Perguntas para respostas sim/não usando bù entre verbos repetidos 46
    Pronomes interrogativos 47

Capítulo 4: Começando com Expressões Básicas: Nǐ Hǎo! 51

Fazendo Apresentações 51
    Familiarizando-se 52
    Apresentando seus amigos e familiares 52
    Perguntando às pessoas por seus nomes 53
Cumprimentando e Conversando 55
    Dirigindo-se a novos amigos e desconhecidos 55
    Conversando sobre as horas 56
    Falando sobre o tempo 59
    Descobrindo de onde as pessoas são 61
    Recebendo (ou melhor, rejeitando) elogios 62
    Despedindo-se 63

Capítulo 5: Acertando com Números, Tempo e Medidas 65

Contando em Chinês 65
    Números de 1 a 10 66
    Números de 11 a 99 66
    Números de 100 a 9.999 68
    Números de 10.000 a 100.000 e além 68
    Que tal essas partes? 69
    Os números ordinais 69
    Perguntando quanto 70
Dizendo as Horas 70
    Perguntando e informando as horas 70
    Especificando a hora do dia 71
Anote no Calendário: Usando o Calendário e Indicando Datas 74
    Lidando com os dias da semana 75
    Nomeando os meses 76
    Especificando datas 77
    Celebrando feriados chineses 79
Mensurando Pesos e Medidas 80

Capítulo 6: Falando Chinês em Casa. 83

Passando um Tempo em Casa 83
Caçando um Apartamento 84
Decorando Suas Novas Acomodações 87
Arrumando Seus Cômodos no Estilo do Fēng Shuǐ 87
    O quarto 89
    O banheiro 90

Sumário **xi**

A cozinha 90
A sala de estar 91
O porão 92
O sótão 93

Parte II: Chinês na Prática 95

Capítulo 7: Conhecendo Pessoas: Batendo um Papo 97

Estabelecendo uma Conexão 97
    Fazendo perguntas introdutórias simples 100
    Falando sobre família 100
Batendo um Papo no Trabalho 102
Falando Sobre Onde Você Vive 105

Capítulo 8: Jantando Fora e Comprando Comida 109

Tudo Sobre as Refeições 109
    Satisfazendo a sua fome 110
    Sentando-se para comer e praticando boas maneiras à mesa 111
Conhecendo a Culinária Chinesa 113
Jantando Fora 113
    Entendendo o que está no menu 115
    Fazendo um pedido e conversando com a equipe de garçons 122
    Mergulhando de cabeça no dim sum 124
    Encontrando os banheiros 125
    Finalizando sua refeição e pagando a conta 125
Todo o Chá da China 126
Levando Seu Chinês por Aí 127
    Fazendo comparações 128
    Quanto custa este ovo de mil anos? 128

Capítulo 9: Comprando com Facilidade 133

Indo às Compras 133
Conseguindo o Que Se Quer em uma Loja de Departamentos 136
    Apenas olhando 137
    Pedindo ajuda 137
Comprando Roupas 139
    Qual é o seu tamanho? 139
    Comparando qualidades: Bom, melhor, mais 141
    Comparando dois itens 142
    O que você está vestindo/usando? Chuān versus dài 144
    Perguntando sobre a cor e o material 145
Comprando Outros Itens 147
    Caçando antiguidades 147
    Comprando alta tecnologia e eletrônicos 149
Conseguindo um Bom Preço e Pagando 150
    Negociação de preços no mercado noturno 150
    Pagando pela compra (ou exigindo um reembolso) 151

xii   Chinês Para Leigos

Capítulo 10: Conhecendo a Cidade 155

Comparecendo a uma Apresentação..155
    Conhecendo diferentes tipos de música 155
    Comprando um ingresso...157
    Perguntando se alguém fez algo 158
Visitando Museus e Galerias 159
Visitando Locais Históricos...161
Indo ao Cinema...162
Indo de Bar em Bar, de Clube em Clube 164

Capítulo 11: Usando o Telefone ou E-mail 167

Familiarizando-se com Termos da Telefonia..167
Movimentando-se com um Celular 168
Fazendo uma Chamada Telefônica..169
    Ligando para os amigos...170
    Ligando para hotéis e locais de trabalho 177
    Telefonando para um cliente 172
Desculpe, Não Estou em Casa Agora 173
    Ouvindo as mensagens que as pessoas deixam para você 173
    Gravando e compreendendo mensagens de saudação 174
    Deixando mensagens...175
Usando a Internet..177
Verificando Seu E-Mail 179

Capítulo 12: Chinês na Escola e no Trabalho 183

Indo à Escola 183
    Escolas e materiais escolares..184
    Professores e disciplinas...185
    Exames e semestres 186
    Graus e diplomas..187
Arrumando Seu Escritório...187
Realizando uma Reunião 190
    Programando e planejando uma reunião 190
    Fazendo os cumprimentos iniciais...191
    Iniciando a reunião 192
    Fazendo uma apresentação 193
    Encerrando a reunião 194
Discutindo Negócios e Indústria 195

Capítulo 13: Diversão e Atividades ao Ar Livre 201

Nomeando Seus Passatempos..201
Explorando a Natureza 204
Explorando Seu Lado Artístico..207
Fazendo Parte de uma Banda..207
Jogando num Time...208

Sumário **xiii**

Parte III: Chinês na Estrada 213

Capítulo 14: Planejando uma Viagem........................215

Falando sobre Quando Você Quer Viajar 215
Celebrando os Feriados Chineses...216
Para Onde? Decidindo um Destino 217
Passaportes e Vistos: Não Saia de Casa sem Eles 221
Fazendo as Malas para a Sua Viagem..222
Contando com a Ajuda de uma Agência de Viagens 223

Capítulo 15: Lidando com Dinheiro..........................227

Mantendo-se em Dia com a Moeda Chinesa 228
    Rénmínbì (RMB) na RPC 228
    Xīn Táibì na RC...229
    Dólares de Hong Kong 229
    Dólares de Singapura..230
Trocando Dinheiro..230
Gastando Dinheiro..232
    Usando Dinheiro..233
    Pagando com cartão...235
Efetuando Transações Bancárias 235
    Fazendo saques e depósitos..236
    Acessando um caixa eletrônico 237
Dicas de Gorjeta 238

Capítulo 16: Andando por Aí................................241

Circulando pelo Aeroporto 241
    Chegando ao balcão de registro..241
    Embarcando no seu voo...244
    Passando pela alfândega 246
Andando pela Cidade...249
    Chamando um táxi..249
    Embarcando no ônibus 252
    Seguindo os trilhos 253

Capítulo 17: Pedindo Informações 259

Evitando 20 Perguntas: Basta Perguntar "Onde?"...........................259
    Gosto não se discute: dizendo năr ou năli 261
    Conseguindo informações sobre o caminho...............................262
    Compreendendo as respostas para quando se pergunta "onde" 263
Falando de Distâncias (Tempo e Espaço) com Lí 265
Usando Números Ordinais para Especificar Pontos de Referência..............267
Especificando os Pontos Cardeais 268

Capítulo 18: Encontrando um Lugar para Ficar................273

Reservando um Quarto 273
Verificando Antes de Usar a Piscina 277

xiv   Chinês Para Leigos

Aproveitando o Serviço de Hotel 278
Contando com os serviços 279
Resolvendo problemas..279
Fazendo o Check-out Antes de Partir 283

Capítulo 19: Lidando com Emergências 287

Pedindo Ajuda em Momentos de Necessidade..287
Recebendo Cuidados Médicos..288
Decidindo se deve consultar um médico 289
Descrevendo o que lhe aflige..290
Falando sobre seu histórico médico 294
Fazendo um diagnóstico..295
Cuidando de sua saúde 297
Chamando a Polícia..297
Obtendo Ajuda Legal..398

Parte IV: A Parte dos Dez......................................301

Capítulo 20: Dez Maneiras de Aprender Chinês Rapidamente ..303

Ouça Áudios em Língua Chinesa, CDs e CD-ROMs..303
Confira uma Apresentação da Ópera de Pequim 304
Cozinhe com uma Wok..304
Compre Alimentos em um Bairro Chinês..304
Navegue na Internet..305
Assista Filmes de Kung Fu..305
Troque Conhecimentos sobre o Idioma..305
Faça Amigos Chineses..305
Estude a Caligrafia Chinesa..306
Seja Curioso e Criativo..306

Capítulo 21: Dez Coisas para Nunca Fazer na China..........307

Nunca Aceite um Elogio de Bom Grado 307
Nunca Envergonhe Alguém..308
Nunca Perca a Paciência em Público..308
Nunca se Dirija às Pessoas por Seus Primeiros Nomes de Cara 308
Nunca Pegue a Comida com o Lado Errado dos Pauzinhos..308
Nunca Beba Bebidas Alcoólicas sem Antes Oferecer um Brinde 309
Nunca Deixe Alguém Pagar a Conta sem Relutar..309
Nunca Apareça de Mãos Vazias..310
Nunca Aceite Alimentos, Bebidas ou Presentes sem Antes Recusá-los
Algumas Vezes..310
Nunca Aceite o Primeiro "Não, Obrigado"..310

Parte V: Apêndices 311

Apêndice A: Minidicionário 313

Apêndice B: Verbos em Chinês 335

Apêndice C: Nos Áudios 339
Lista de Faixas 339

Apêndice D: Respostas dos Exercícios 341

Índice 345

Introdução

Aglobalização tornou a familiaridade com outras pessoas, culturas e línguas não apenas desejável no século XXI, mas também essencial. Com a ajuda da internet, alcançar e tocar alguém do outro lado do mundo tornou-se tão fácil quanto clicar no mouse. E, no entanto, nada supera a emoção de um encontro frente a frente com alguém vindo do outro lado do planeta, em sua própria língua. A comunicação no ciberespaço não chega nem perto.

Se você é um viajante inveterado, vai ao exterior a negócios, se está prestes a estudar no exterior, interessado em frequentar Chinatown, fazer amizade com um falante de chinês, colega de classe ou de trabalho, ou simplesmente tem curiosidade sobre a China, esta edição de *Chinês Para Leigos* pode ajudá-lo a se familiarizar o suficiente com a língua chinesa para manter uma conversa decente em qualquer que seja o assunto. Você não vai se tornar fluente imediatamente, é claro, mas este livro o ajudará a cumprimentar um estranho, comprar uma passagem de avião e pedir comida em chinês. Este livro também lhe dá algumas dicas culturais inestimáveis, para que você não apenas repita palavras e frases recém-adquiridas, mas as sustente com o comportamento certo na hora certa.

Projetei este livro para ajudar a guiá-lo para o uso bem-sucedido de uma das línguas mais difíceis do mundo. E aprender chinês também pode ser muito divertido.

Sobre Este Livro

A boa notícia é que você pode usar *Chinês Para Leigos, Tradução da 2ª Edição* a qualquer hora, em qualquer lugar. Sem aulas obrigatórias, sem provas e sem trabalhos de casa a temer. Precisa ir a uma nova cidade para uma reunião de negócios? Basta ir até o capítulo sobre viagens para descobrir como comprar uma passagem de avião, passar pela alfândega e chegar ao aeroporto a tempo. Tem que fazer uma visita repentina ao médico? Vá ao capítulo sobre saúde e descubra com antecedência como dizer exatamente o que lhe incomoda a quem cuidará de você.

A beleza deste livro é que ele pode ser todas as coisas para todas as pessoas. Você não tem que memorizar o Capítulo 5 antes de passar para o Capítulo 6, se é o Capítulo 6 que trata do que você realmente precisa. Cada capítulo fornece diferentes fragmentos de informação sobre a língua chinesa e destaca diferentes partes da gramática chinesa. Leia muito ou pouco, rápido ou devagar, como você preferir. Seja lá o que lhe interessar, é nisso que você deve focar. E lembre-se: você está descobrindo uma linguagem que, simultaneamente, representa uma das civilizações mais antigas do mundo e uma das economias que mais rápido crescem no século XXI.

2 Chinês Para Leigos

Convenções Usadas Neste Livro

Preste atenção a algumas convenções que podem ajudá-lo a percorrer o conteúdo deste livro:

- ✔ Termos em chinês estão destacados em **negrito**.
- ✔ Pronúncias e significados aparecem entre parênteses imediatamente após os termos em chinês. As traduções em português estão em *itálico*.
- ✔ Este livro usa o **pīnyīn** 拼音 (pin-yin) (Literalmente: *soletração de sons*), sistema de romanização de palavras em chinês. O que significa isso? Bem, se você vai à China, você vê caracteres chineses em toda parte, mas se você procurar por algo em português ou mesmo em inglês, provavelmente terá dificuldade para encontrar. Qualquer coisa que você veja em caracteres latinos será em **pīnyīn**, o sistema de romanização desenvolvido pelos comunistas na década de 1950, então, ver **pīnyīn** neste livro é uma boa prática para você.
- ✔ Nesta edição de *Chinês Para Leigos*, os caracteres chineses foram inseridos em muitas partes e aparecem após a transliteração inicial do **pīnyīn**. É divertido tentar decifrá-los. Os chineses têm trabalhado neles meticulosamente por milhares de anos, especialmente nos caracteres mais complexos, que demandaram em sua criação mais de 20 traços diferentes da tradicional caligrafia chinesa com pincéis.

  Sorte sua que muitos dos caracteres chineses mais complicados foram simplificados no início do século XX para tornar mais fácil ler e escrever, e estes são usados na China continental hoje. (Você pode ler mais sobre os caracteres chineses no Capítulo 2.) Os originais (ou tradicionais) ainda são usados em Taiwan. Neste livro, os caracteres simplificados aparecem primeiro, seguidos entre parênteses pelos caracteres tradicionais. Caracteres que nunca foram simplificados não possuem nenhum apontamento entre parênteses.

- ✔ Outra coisa que se deve ter em mente quando se começa a compreender o chinês é que muitas das traduções para o português que você vê neste livro não são exatamente literais. É mais importante conhecer a essência do que ouve ou vê do que entender o significado individual de cada palavra numa frase. Por exemplo, a frase em chinês para *mais ou menos* traduzida literalmente seria "cavalo cavalo, tigre tigre", apesar de você definitivamente não falar de animais. Toda vez que dou uma tradução literal, eu a antecedo por "Literalmente".

Os elementos listados abaixo ajudam a reforçar os novos termos e frases que você está estudando neste livro:

- ✔ **Tendo uma Conversa:** Nada supera ver e ouvir uma conversa atual na hora de aprender chinês, então espalhei diálogos ao decorrer deste livro. Eles vêm sob o título "Tendo uma Conversa" e mostram a você as palavras chinesas, suas pronúncias e traduções em português, muitas vezes acompanhadas de indicações do que fazer e não fazer no contexto cultural. Muitos desses diálogos estão acompanhados de faixas de áudio, então você pode praticar as frases depois de ouvir como elas devem ser faladas. Com a natureza tonal da língua chinesa, esse recurso é indispensável para você aprender chinês.

✔ **Vocabulário:** Esses destaques vêm logo após as conversações do Tendo uma Conversa, destacando as palavras mais importantes de cada uma.

✔ **Diversão & Jogos:** Trabalhar com jogos de palavras pode ser uma maneira divertida de revisar as palavras e frases que você encontra em cada capítulo. Essa parte é uma ótima maneira de medir seu progresso e instigar seu cérebro ao mesmo tempo. Procure por essas atividades no final de cada capítulo.

Penso Que...

Algumas tolas suposições que fiz enquanto escrevia *Chinês Para Leigos* sobre alguém que viesse a consultá-lo são:

✔ Você não sabe nada de chinês, exceto talvez uma ou duas palavras que você pegou de um bom filme de kung-fu ou a palavra *tofu*, que você conheceu durante as compras no supermercado.

✔ Seu objetivo na vida não é se tornar um intérprete de chinês na ONU, você só quer saber algumas palavras, frases e construções de frases úteis para se fazer entender em um lugar que fale chinês.

✔ Você não tem nenhuma intenção de passar horas e horas memorizando o vocabulário chinês e seus padrões gramaticais.

✔ Você basicamente quer se divertir enquanto fala um pouco de chinês.

Como Este Livro Está Organizado

Os assuntos deste livro estão divididos em partes, capítulos e apêndices. Cada parte se concentra em um aspecto da língua chinesa, os capítulos abrangem diferentes tópicos úteis, entre eles como jantar em um restaurante, como lidar com situações de emergência ou como planejar as férias. As seções a seguir dizem que tipo de informação você pode esperar encontrar em cada parte.

Parte I: Primeiros Passos

Esta parte vai apresentar-lhe a algumas noções básicas de chinês: como pronunciar palavras, como reproduzir o tom adequado em cada palavra e assim por diante. Como o chinês é uma língua tonal, se você pronunciar uma palavra num tom errado, pode acabar dizendo uma coisa totalmente diferente. Às vezes, a única maneira de saber se você disse algo que não tinha a intenção de dizer é pela expressão do seu interlocutor, por isso você deve prestar especial atenção aos tons enquanto fala.

Parte II: Chinês na Prática

Aqui você realmente começa a usar o chinês. Em vez de focar estritamente na gramática, esta parte ajuda a guiá-lo através de situações cotidianas com as quais você pode se deparar ao conhecer pessoas, comer em restaurantes, ir às compras ou tagarelar no telefone.

Parte III: Chinês na Estrada

Esta parte do livro dá as ferramentas que você precisa para usar o chinês em situações práticas do mundo real, seja lá quais forem elas. Você descobre como trocar dinheiro, como pedir e dar informações, como reservar um quarto de hotel e como dizer a um médico quais são seus sintomas. Para onde quer que suas viagens o levem da baia do local de trabalho ou a Xangai, isso é com você.

Parte IV: A Parte dos Dez

Esta parte começa com algumas dicas de como aprender chinês de forma rápida e oferece lembretes do que não se deve fazer em um ambiente chinês.

Parte V: Apêndices

Esta parte contém referências úteis que você pode querer usar ocasionalmente, conforme for dando uma olhada nos capítulos. O Apêndice A contém um minidicionário bem útil, tanto de Chinês-Português quanto de Português-Chinês. O Apêndice B contém uma tabela útil de verbos, o que pode ajudar em qualquer situação. O Anexo C fornece uma lista das faixas de áudio que vêm com este livro. Este apêndice lhe servirá quando você for ouvir um dos diálogos de Tendo uma Conversa contidos neste livro. O Apêndice D contém as respostas para os exercícios da seção Diversão e Jogos, presentes no final de cada capítulo.

Introdução **5**

Ícones Usados Neste Livro

Ocasionalmente, haverá pequenos ícones, na margem esquerda, próximos à barra lateral, e acompanhando alguns diálogos do Tendo uma Conversa deste livro. Esses avisos lançam uma luz no tipo de informação que você está vendo e podem ajudar a localizar determinados tipos de informação em um instante. Os seis ícones utilizados neste livro são os seguintes:

O alvo na mosca aparece onde eu tenha destacado uma ótima ideia para ajudar a tornar mais fácil o estudo de chinês.

Este símbolo, mostrando um barbante em torno do dedo, deve servir como um lembrete sobre uma informação particularmente importante a respeito da língua chinesa.

A bomba funciona como um sinal de alerta na sua mente. Ela avisa sobre coisas que se devem evitar dizer ou fazer, para que você não faça papel de bobo no exterior ou com um novo conhecido que fale chinês.

Este símbolo indica que você encontrará informações fascinantes sobre a China e sua cultura. O conhecimento de uma cultura anda de mãos dadas com o conhecimento de uma língua estrangeira, de modo que esses símbolos ajudam a iluminar o caminho à medida que você embarca em sua jornada.

Este símbolo destaca regras diversas da gramática que destoam do padrão. Mesmo que este livro não se concentre especialmente na gramática, seu êxito em falar a língua só pode ser reforçado ao prestar atenção a pequenas regras gramaticais, conforme elas aparecem.

Áudios que lhe dão a oportunidade de ouvir falantes nativos da língua chinesa para que você possa entender melhor como o chinês realmente soa. Isso se revela especialmente útil por causa de todos os tons que você tem de ter em mente. Este símbolo indica os sons básicos e os diálogos do Tendo uma Conversa que você pode encontrar nas faixas de áudio.

De Lá para Cá, Daqui para Lá

O chinês é muitas vezes considerado uma das línguas mais difíceis do mundo para dominar. Mas não se preocupe. Afinal, você não está tentando dominá-lo. Tudo o que quer fazer é ser compreendido quando abrir a boca, para que você não pergunte pelo toalete masculino quando quer na verdade o toalete feminino. Tudo que você tem a fazer agora é continuar ouvindo e repetindo as palavras e frases que encontrar neste livro. Vá para qualquer capítulo que desperte sua curiosidade, ouça os áudios, em casa ou no carro, e continue praticando suas frases chinesas favoritas quando você estiver com sua família e amigos em um local frequentado por chineses.

Notas: O símbolo "dʒ" informado nas pronúncias do livro corresponde à sonoridade "dz" na língua portuguesa.

O símbolo ü é semelhante ao som do "biquinho" em francês, nele , o "u" é pronunciado com a boca na posição do som de "i" misturando as duas vogais.

Parte I
Primeiros Passos

A 5ª Onda — Por Rich Tennant

"Tem certeza de que 'bu', 'ta', 'baba' e 'mama' são todas palavras do mandarim? Meu Deus, Alice, nosso bebê tem falado chinês nas últimas semanas!"

Nesta parte . . .

Aqui eu forneço todas as informações essenciais sobre a língua: como pronunciar sons chineses (e tons) como um nativo, como ler os caracteres chineses, como juntar palavras chinesas para que elas façam sentido, como contar em chinês, como falar chinês nos arredores de casa e como se comunicar em chinês com todos os pormenores culturais. **Wŏmen kāishĭ ba!** 我们开始吧! (我們開始吧!) (uo-mãm kai-xir ba!) (*Vamos começar!*)

Capítulo 1
Chinês em Poucas Palavras

Neste Capítulo
- Entendendo os sons básicos do chinês
- Lendo para se comunicar
- Falando corretamente
- Aperfeiçoando os quatro tons básicos
- Entendendo o básico: expressões idiomáticas, frases e gestos

Hora de aprender as noções básicas de chinês. Este capítulo fornece diretrizes que ajudam você a pronunciar palavras em mandarim padrão (a língua oficial na República Popular da China e em Taiwan) como um falante nativo e ajuda a entender os quatro tons que se destacam no mandarim. Depois do básico, mostrarei como construir frases chinesas básicas.

Mas antes de entrar de cabeça, aqui vai um conselho: não se deixe intimidar por todos os tons! A melhor coisa que você pode fazer quando aprende uma língua estrangeira é não se preocupar em cometer erros no momento em que abrir a boca. Pratique falar chinês primeiro com seu cão ou gato, e depois prossiga até um sobrinho ou uma sobrinha com idade inferior a dez anos. Quando você finalmente tiver coragem de falar algumas frases no seu estabelecimento chinês favorito, saberá que está pronto. E quando visitar a China pela primeira vez, você descobrirá como os chineses são incrivelmente agradecidos a quem tenta falar, mesmo que não tão bem, a língua deles. Todas as horas que passou tagarelando com os animais e membros da família começam a valer a pena e você será bem recompensado. Ainda tem dúvidas? Você vai se surpreender com o quanto conseguirá falar depois de dar uma olhada na 2ª. edição de *Chinês Para Leigos*.

O encontro com a cultura chinesa é tão importante quanto a exploração da língua chinesa. Na verdade, você não consegue dominar a língua sem absorver um pouco da cultura por osmose. Apenas se esforçar em falar chinês já é um ato positivo de diplomacia. Não se preocupe em como soa quando abre a boca — você está contribuindo para a amizade internacional, não importa o que sair.

Compreendendo os Dialetos Chineses

Dê a si mesmo um tapinha nas costas agora. Sim, agora — antes mesmo de começar a dar um pio em chinês. Se não fizer isso agora, você pode ficar muito espantado mais tarde, quando se der conta de que escolheu uma linguagem que tem centenas (sim, centenas) de dialetos — cada um totalmente incompreensível para um falante de outro. Praticamente toda cidade grande — certamente toda província — na China tem o seu próprio dialeto regional, o qual as pessoas crescem aprendendo. Dos sete principais dialetos (descritos na Tabela 1-1), xangainês, taiwanês e cantonês são os mais prováveis de você já ter ouvido falar antes.

E aí tem o mandarim, o dialeto das massas. O chinês mandarim é falado por mais pessoas na Terra do que qualquer outra língua atual. Cerca de um quarto da humanidade o usa, considerando a imensa população da China. Dessa forma, por que esse dialeto em particular foi escolhido para se tornar o dialeto oficial, ensinado em todas as escolas na China, apesar de as pessoas falarem dialetos adicionais em casa ou em suas comunidades?

Com apenas quatro tons, o **Guānhuà** 官话 (官話)(guam-hua) (*mandarim* [Literalmente: *a linguagem dos oficiais*, que também eram conhecidos como Mandarins]) tem servido como a linguagem híbrida da China desde o século XV, porque esse dialeto foi baseado na fala culta da região em torno de Pequim. Em vez de se referirem a ele como **Guānhuà**, os habitantes da China continental o chamam atualmente de **Pǔtōnghuà** 普通话 (普通話) (pu-tom-hua) (Literalmente: *a linguagem comum*). As pessoas em Taiwan, em Hong Kong e em comunidades chinesas fora da China o chamam de **Guóyǔ** 国语 (國語) (guo-iü) (Literalmente: *a língua nacional*). Você também pode ouvir se referirem a ele como **Zhōngwén** 中文 (dʒom-uām) (*a língua do povo chinês*) e **Hànyǔ** 汉语 (漢語) (ham-iü) (*a língua do povo Han*), porque os chineses muitas vezes se referem a si mesmos como descendentes da dinastia Han (206 a.C.–220 d.C.), uma das épocas de ouro da história chinesa. Como o chinês é a língua da etnia chinesa e dos grupos minoritários na China, o mais abrangente termo, **Zhōngwén**, é o preferido.

Tabela 1-1		Principais Dialetos Chineses
Dialeto	*Pronúncia*	*Região Onde é Falado*
Pǔtōnghuà/ Guóyǔ (Mandarim) 普通话 (普通話)/ 国语(國語)	pu-tom-hua / guo-iü	Ao norte do rio Yangtzé, mas é ensinado nas escolas em todos os lugares; é a língua oficial da República Popular da China e é falada em toda Taiwan
Wú 吴 (吳)	uu	Xangai, sudeste da província Anhui e na maior parte de Zhejiang

Capítulo 1: Chinês em Poucas Palavras

Dialeto	Pronúncia	Região Onde é Falado
Xiāng 湘	ciaam	Na província de Hunan
Gàn 赣 (贛)	gam	Jiangxi, no sul de Anhui e sudeste de Hubei
Kèjiā (Hakka) 客家	kã-djia	Partes dispersas do leste e do sudoeste de Guangxi e no norte de Guangdong (Cantão)
Yuè (Cantonês) 粤 (粵)	iue	Sudeste de Guangxi, Guangdong (Cantão) e Hong Kong
Mín (Taiwanês) 闽 (閩)	mim	Fujian, sul de Zhejiang, nordeste de Guangdong, Hainan e Taiwan.

O termo **Pǔtōnghuà** é usado para se referir ao mandarim na República Popular da China e o termo **Guóyǔ** é o termo usado para mandarim em Taiwan. Você pode simplesmente dizer **Hànyǔ** em qualquer lugar.

Falando Pīnyīn: Beijing, Não Pequim

Soletração de sons... este é o significado literal de **pīnyīn** 拼音. Por décadas, o chinês tem sido transliterado (escrito/soletrado com caracteres de alfabetos de outros idiomas) de diversas maneiras. Finalmente, em 1979, a República Popular da China (RPC) adotou oficialmente o **pīnyīn** como seu sistema de romanização oficial. Após a aprovação, as bibliotecas dos EUA e agências governamentais rapidamente mudaram todos seus registros anteriores, que usavam outros sistemas de romanização, para **pīnyīn**.

Você deve ter em mente os seguintes fatos sobre alguns dos sons iniciais em mandarim quando os vir escritos no sistema, relativamente novo, **pīnyīn**:

- **J:** Soa como o som do **j** em *Jessica*, na pronúncia inglesa, que no português pareceria de um **d** breve seguido de um **j**, som semelhante a **dj**. O **j** é frequentemente seguido pelo **i**. **Jǐ kuài qián?** 几块钱? (幾塊錢?) (dji kuai tsiiem?) significa *Quanto custa?*

- **Q:** Soa como **tsi**, do **t** chiado de *tio*, no sotaque chiado carioca. Em chinês, ele nunca será seguido de **u**, como ocorre em português, mas sempre é seguido de **i**, possivelmente antes de outra vogal ou consoante. **Qīngdǎo** 青岛 (青島) (tsiimm-dau) (*cerveja*) costumava ser escrita como **ch'ing tao** ou **Tsingtao**.

- **X:** Soa como o "c" em cifra, mas falado com os cantos dos lábios abaixados — seria como o "c" ou o "z" do espanhol, foneticamente representado por [θ]. É a terceira letra que frequentemente é seguida por um **i**. Um famoso líder chinês, **Dèng Xiǎopíng** 邓小平 (鄧小平) (dãmm-ciau-pimm), possui a letra em seu nome.

Parte I: Primeiros Passos

- **Zh:** Ao contrário do **j**, que muitas vezes precede uma vogal e soa como se você estivesse abrindo a boca, **zh** é seguido de vogais que são emitidas com a boca um pouco mais fechada — é como o **j** em *jeans*, aqui representado na pronúncia por [dʒ]. Como exemplo, temos o nome **Zhōu Enlái** 周恩来 (周恩來) (dʒou-ānlai), o grande estadista da China do século XX.

- **Z:** Soa como o **z** em *dezoito*. Você o vê no nome do primeiro presidente da República Popular da China, **Máo Zédōng** 毛泽东 (毛澤東) (mau zã dom), que costumava ser escrito como **Mao Tse-tung**.

- **C:** Pronunciado como **ts**, da mesma forma que soa em *tsê-tsê*, em palavras como **cài** 菜 (tsai) (*comida*) ou **cèsuǒ** 厕所 (廁所) (tsã-suo) (*banheiro*).

- **B, D e G:** No passado, os sons produzidos por estas três letras foram representadas por **p**, **t**, e **k**, respectivamente. Antigamente, se os sons iniciais correspondentes fossem aspirados (o ar saía com a fala, como ao falar as palavras da língua inglesa *pie*, *tie*, e *kite*), seriam escritos como **p'**, **t'** e **k'**. Hoje em dia, as letras **p**, **t** e **k** representam os sons aspirados. Na prática, quer dizer que o **b** soará entre um **b** (próximo ao som em *bota*) e um **p** brando não aspirado; o **d** terá um som entre um **d** (próximo ao som em *doze*) e um **t** brando não aspirado (similar ao *tia* no sotaque pernambucano); o **g** soará entre um **g** (próximo ao som em *queijo*) e um **q** brando não aspirado.

Falando: Sons Chineses Básicos

Não se preocupe em parecer um falante nativo na primeira vez que proferir uma sílaba em chinês — afinal de contas, quem poderia? No entanto, quanto mais tempo você demorar para se familiarizar com os elementos básicos das palavras chinesas, maior pode se tornar seu medo dessa linguagem singular. Depois de começar a praticar os sons (e, eventualmente, os tons) em voz alta, você pode se perguntar se nunca vai chegar perto de soar como Bruce Lee em um filme de kung-fu ou até mesmo como um dos vendedores da Saara ou da Liberdade. Ouvir chinês falado a uma velocidade normal é definitivamente intimidante no início, mas você deve desfrutar esse aprendizado dando um passo de cada vez e deleitando-se com os elogios dos garçons que vão apreciar seu esforço, na próxima vez que você for a um restaurante chinês.

A principal coisa a se lembrar sobre a língua chinesa é que cada morfema (a menor unidade de sentido em uma língua) é representado por uma única sílaba, que por sua vez é composta por um som inicial e um som final, com a predominância de um tom. Essa regra se aplica a cada sílaba. Sem qualquer um desses três componentes, suas palavras podem ser incompreensíveis para um chinês comum. Por exemplo, a sílaba **mā** 妈 (媽) é formada pelo **m** inicial e um **a** final e você a pronuncia com o que chamamos de primeiro tom. Juntas, as partes significam *mãe*. Se você substituir o primeiro tom por um terceiro tom, que é escrito como **mǎ** 马 (馬), você diz a palavra *cavalo*. Portanto, tenha

Capítulo 1: Chinês em Poucas Palavras

cuidado para não chamar sua mãe de cavalo quando você praticar os sons iniciais, finais e os tons. As seções a seguir esmiúçam as três partes e dão a cada uma o seu valor.

Antes de participar de esportes ou jogos, você deve se familiarizar com todas as regras. O mesmo vale para a prática de uma nova língua. Dê o seu melhor para tentar entender as regras básicas de pronúncia e continue praticando cada vez mais para começar a sentir-se confortável em falar o idioma.

Começando com as iniciais

Em chinês, as iniciais sempre consistem em consoantes. A Tabela 1-2 lista as iniciais que você encontra na língua chinesa.

Escute esses sons nas faixas de áudio que acompanham este livro enquanto você pratica as iniciais. (Faixa 2)

Tabela 1-2	Iniciais Chinesas	
Letra Chinesa	*Som*	*Exemplo em português*
b	b (quase um "p" brando não aspirado)	*bala, pato*
p	p ("p" aspirado)	*"Peter" em inglês*
m	m	*manual*
f	f	*foco*
d	d (quase um "t" brando não aspirado)	*dado*
t	t ("t" aspirado)	*"Tea" em inglês*
n	n	*novo*
l	l	*linha*
g	g (quase um "q" brando)	*queijo*
k	k ("k" aspirado)	*Kelly*
h	("h" pronunciado)	*"hello!" em inglês*
j	dj (como "ti")	*tia*
q	("ti" aspirado)	*tchau*
x	ci*	*cifra (próximo ao "c" do espanhol)*

(Continua)

---

* Antes de "a", "o" e "u", usaremos o "s" para transcrever a pronúncia do "x" chinês, devido ao som da letra "c" em português diante de tais vogais mudar para /k/. Contudo, o "x" chinês deve ser pronunciado como o "c" em espanhol (similar ao som produzido por crianças que estão aprendendo a falar ao dizerem "xixi" em português, por exemplo) e não o "s" em português.

Parte I: Primeiros Passos

Tabela 1-2 (continuação)

Letra Chinesa	Som	Exemplo em português
z	z	dezoito
c	ts	tsê-tsê
s	s	semana
zh	dʒ	jeans
ch	tchãr (retroflexo)	
sh	x	xampu (shampoo)
r	r (retroflexo)	como em "ir" de sir, em inglês
w	u	urubu
y	i	ideia

As iniciais **-n** e **-r** na Tabela 1-2 também podem aparecer como parte das finais, por isso não se surpreenda se você as vir na Tabela 1-3, onde listo as finais.

Terminando com as Finais

O chinês possui mais consoantes do que vogais. Na verdade, a linguagem tem apenas seis vogais no total: **a, o, e, i, u** e **ü**. Se você pronunciar as vogais em sequência, sua boca começa bem aberta e sua língua começa muito baixa. Por fim, quando você chega à **ü**, sua boca se torna mais fechada e sua língua bastante elevada. Você também pode combinar as vogais de várias maneiras para formar vogais compostas. A Tabela 1-3 lista as vogais e algumas combinações possíveis, que compreendem todas as finais em chinês.

Tabela 1-3 Finais Chinesas

Vogal Chinesa	Som	Exemplo
a	a	abelha
ai	ai	pai
ao	au	aumento
an	am	ambiente (com o "a" aberto e sem prolongar o "m")
ang	aam	caramba ("a" aberto que se torna anasalado)
o	o	por
ong	(om)	Tuãne
ou	ou	outro

Capítulo 1: Chinês em Poucas Palavras

15

Vogal Chinesa	Som	Exemplo
e	ã (próximo de um som gutural)	*rã (com o "ã" quase gutural), e, não nasal.*
ei	ei	*teia*
en	ãm	*anjo*
eng	ãmm	*ambulância (similar ao 1º "am", com o "m" sendo prolongado)*
er	ar	*parte (falado com sotaque de interior paulista, ou como o "ar" de "are" do inglês)*
i	i	*idioma*
ia	ia	*dormia*
iao	iau	*miau*
ie	ie	*dieta*
iu	iu	*viu*
ian	iem	*hiena*
iang	iaam	*lan*
in	im	*integridade*
ing	imm	*estilingue (com o som do "n" longo)*
iong	iom	*iuã*
u	u	*bule*
ua	ua	*suave*
uo	uo	*tríduo*
ui	ui	*uivar*
uai	uai	*uai (como a expressão mineira)*
uan	uam	*Guam*
un	uãm	*aguentar (como em "uen")*
uang	uaam	*Luan (com o "a" agudo que se torna ana-salado)*
ueng	uãm	*u + ãm (com o "a" próximo a um som gutural)*
ü	ü (com os lábios como se fosse assoviar, fale "i")	*Müller (como o "ü" do alemão ou o "u" do francês)*
üe	iuê	*iuê*
üan	iuam	*iuam*
ün	iuim	*iuim (como em windows)*

As marcas de tom em **pīnyīn** sempre aparecem em cima da vogal, mas se tiver duas ou mais vogais em sequência, a marca de tom aparece acima da primeira vogal da sequência. Uma exceção é quando aparecem **iu** e **ui** juntos. Nesse caso, a marca do tom cai sobre a segunda vogal.

Às vezes, as vogais aparecem desacompanhadas de uma consoante inicial, mas, ainda assim, significam alguma coisa. A palavra **ǎi** 矮, que significa *baixo* (de estatura), é um exemplo.

Afinação perfeita: Apresentando os quatro tons

Mii miiii (cof cof)! Perdoe-me. Eu me empolguei com o aquecimento antes de chegar aos quatro tons. Apenas pense nos tons da seguinte forma: Eles podem ser seus melhores amigos, quando se trata de ser compreendido em chinês, e eles são parte crucial dessa língua antiga.

Se você combinar todos os possíveis sons iniciais de chinês com todas as combinações possíveis dos sons finais, você chega a cerca de 400 combinações de sons apenas — não o suficiente para expressar todas as ideias na sua cabeça. Se você adicionar os quatro tons básicos do mandarim à mistura, o número de permutações possíveis aumenta quatro vezes. Os tons são também uma ótima forma de reduzir o número de palavras homófonas em chinês. Mesmo assim, qualquer sílaba com um tom específico frequentemente pode ter mais de um significado. Às vezes, a única maneira de decifrar o significado pretendido é ver a palavra escrita.

O mandarim tem apenas quatro tons. A melhor maneira de imaginar o som de cada um dos quatro tons é visualizar estas breves descrições:

- **Primeiro tom:** Reto. O primeiro deve ser reto sem vacilar, mantendo-se constante. Aparece assim em cima da letra a: **ā**.

- **Segundo tom:** Crescente. O segundo tom soa como se você estivesse fazendo uma pergunta. Vai do nível médio da sua voz para cima. No entanto, ele não indica que você está automaticamente fazendo uma pergunta — apenas soa como se estivesse. Aparece assim em cima da letra a: **á**.

- **Terceiro tom:** Desce e sobe. O terceiro tom começa no nível médio de sua extensão vocal e depois vai lá embaixo, antes de subir rapidamente no final. Aparece assim em cima da letra a: **ǎ**.

- **Quarto tom:** Em queda. O quarto tom parece que você está dando a alguém uma ordem (ao contrário do segundo tom, cuja sonoridade se aproxima mais a alguém se queixando). Ele começa no alto e desce rapidamente até se tornar grave. Aqui temos como ele aparece em cima da letra a: **à**.

Capítulo 1: Chinês em Poucas Palavras — *17*

Eu sei que esse negócio de tom (especialmente as nuances nas seções a seguir) parece muito complicado, mas quando você pegar o jeito dos tons, a pronúncia se tornará algo natural. Basta continuar a ouvir as faixas de áudio ao longo do livro. Estes conceitos vão grudar em sua mente mais rápido do que você imagina.

Um terceiro tom após outro

Aqui está algo interessante sobre tons: quando você tem que falar um terceiro tom seguido por outro terceiro tom, em voz alta, de forma consecutiva, o primeiro torna-se um segundo tom. Se você ouvir alguém dizer **Tā hěn hǎo**.
她很好. (ta hām hau.) (*Ela está muito bem.*), você pode não perceber que tanto **hěn** 很 quanto **hǎo** 好 são, separadamente, sílabas no terceiro tom. Mas soa como se **hén** fosse um segundo tom e **hǎo** um terceiro tom completo.

Meio terceiro tom

Sempre que um terceiro tom é seguido por qualquer um dos outros tons — primeiro, segundo, quarto ou mesmo um tom neutro — torna-se um meio-terceiro tom. Você pronuncia apenas a primeira metade do tom — a metade em que o tom desce — antes de pronunciar as outras sílabas com os outros tons. Na realidade, um meio-terceiro tom não desce totalmente. Soa mais como um nível de tom baixo (algo como o oposto do nível elevado do primeiro tom). Entendeu?

Os tons neutros

Existe um quinto tom que não podemos considerar exatamente um tom, como consideramos os quatro tons básicos, porque é na verdade atonal, ou neutro. Você nunca verá uma marca de tonalidade de quinto tom e você só o falará quando ele estiver junto de partículas gramaticais ou quando for o segundo caractere de sílabas repetidas, como **bàba** 爸爸 (ba-ba) (*pai*) ou **māma** 妈妈 (媽媽) (ma-ma) (*mãe*).

Mudanças tonais em yī e bù

Justamente quando você pensa que já está começando a pegar o jeito dos tons e mudanças tonais em chinês, tenho que dizer uma coisa: as palavras **yī** 一 (ii) (*um*) e **bù** 不 (bu) (*não*) são irregulares em chinês, na medida em que seus tons podem mudar de acordo com o que vem depois deles. Você pronuncia **yī**, quando está sozinha, no primeiro tom. No entanto, quando um primeiro, segundo ou terceiro tom a segue, **yī** transforma-se imediatamente em um quarto tom, tal como em **yìzhāng zhǐ** 一张纸 (一張紙) (ii-dʒaam dʒi) (*pedaço de papel*). No entanto, se **yī** vier seguido de um quarto tom, torna-se automaticamente um segundo tom, tal como na palavra **yíyàng** 一样 (一樣) (ii-iaam) (*o mesmo*).

18 Parte I: Primeiros Passos

Acrescentando Expressões Idiomáticas e Populares a seu Repertório

A língua chinesa tem milhares de expressões idiomáticas, que são conhecidas como **chéngyǔ** 成语 (成語) (tchām-iü). A maioria dessas **chéngyǔ** originaram-se em histórias, fábulas, contos de fadas ou antigas obras literárias, e algumas dessas expressões possuem milhares de anos. A maioria delas é composta de quatro caracteres, que de forma sucinta transmitem uma lição de moral por detrás de longas histórias antigas. Outras possuem mais de quatro caracteres. De qualquer maneira, essas expressões aparecem vez ou outra ao longo de qualquer conversa em chinês.

Aqui estão algumas **chéngyǔ** que você costuma ouvir em chinês:

- ✔ **àn bù jiù bān** 按部就班 (am bu djiu bam) (*dar um passo de cada vez*)
- ✔ **hú shuō bā dào** 胡说八道 (胡説八道) (hu xuo ba dau) (*falar besteira* [Literalmente: *falar besteira em oito direções*])
- ✔ **huǒ shàng jiā yóu** 火上加油 (huo xaam djia iou) (*jogar lenha na fogueira/agravar o problema*)
- ✔ **Mò míng qí miào.** 莫名其妙. (mo mimm tchii miau.) (Literalmente: *Ninguém pode explicar a maravilha e o mistério de tudo isso.*) Esse provérbio descreve tudo o que é difícil de entender, incluindo o comportamento fora do normal, mas em um tom pejorativo.
- ✔ **quán xīn quán yì** 全心全意 (tsiuam cim tsiuam ii) (*sinceramente* [Literalmente: *coração inteiro, mente inteira*])
- ✔ **Rù xiāng suí sú.** 入乡随俗. (入鄉隨俗.) (ru ciaam sui su) (*Quando em Roma, faça como os romanos.*)
- ✔ **yì jǔ liǎng dé** 一举两得 (一舉兩得) (ii dju liaam dā) (*matar dois coelhos com uma cajadada só*)
- ✔ **yì mó yí yàng** 一模一样 (一模一樣) (ii mo ii iaam) (*exatamente iguais*)
- ✔ **yǐ shēn zuò zé** 以身作则 (以身作則) (ii xām zuo zā) (*para dar um bom exemplo*)
- ✔ **yì zhēn jiàn xiě** 一针见血 (一針見血) (ii dʒām djiam cie) (*acertar em cheio*).

Outro fato com o qual você deve logo se familiarizar quando começar a falar usando **chéngyǔ** é que as expressões são, por vezes, repletas de referências a animais. Aqui estão algumas delas:

- ✔ **chē shuǐ mǎ lóng** 车水马龙 (車水馬龍) (tchā xui ma lom) (*tráfego intenso* [Literalmente: *carros fluindo feito água e cavalos, criando uma linha contínua que parece um dragão*])

Capítulo 1: Chinês em Poucas Palavras   *19*

- **dǎ cǎo jīng shé** 打草惊蛇 (打草驚蛇) (da tsau djimm xā) (*dar um aviso/alertar*) [Literalmente: *bater na grama para assustar a cobra*])

- **duì niú tán qín** 对牛弹琴 (對牛彈琴) (dui niu tam tsiim) (*jogar pérolas aos porcos* [Literalmente: *tocar música para uma vaca*])

- **Gǒu zhàng rén shì.** 狗仗人势. (狗仗人勢.) (gou dʒaam rãm xi.) (*tirar proveito da conexão de alguém com pessoas de poder* [Literalmente: *O cão age de forma feroz quando seu mestre está presente.*])

- **guà yáng tóu mài gǒu ròu** 挂羊头卖狗肉 (掛羊頭賣狗肉) (gua iaam tou mai gou rou) (*enganar os outros com falsas alegações* [Literalmente: *exibir a cabeça de um cordeiro, mas vender carne de cachorro*])

- **huà shé tiān zú** 画蛇添足 (畫蛇添足) (hua xā tiem zu) (*dourar a pílula/fazer algo supérfluo* [Literalmente: *pintar uma cobra e acrescentar-lhe pés*])

- **hǔ tóu shé wěi** 虎头蛇尾 (虎頭蛇尾) (hu tou xā uei) (*começar bem e terminar mal* [Literalmente: *com a cabeça de um tigre, mas a cauda de uma cobra*])

- **xuán yá lè mǎ** 悬崖勒马 (懸崖勒馬) (ciuem ia lā ma) (*parar/interromper* [Literalmente: *frear o cavalo antes de ele passar do limite*])

Parte I: Primeiros Passos

Diversão & Jogos

Ouça o áudio que acompanha este capítulo para ver se você consegue imitar as palavras a seguir, que se distinguem apenas por seus tons. (Fique atento: qualquer som que seja acompanhado do mesmo tom pode ter vários outros significados, distinguíveis apenas pelo contexto ou ao ver o caractere correspondente.) Boa sorte! (Faixa 3)

- **mā** 妈 (媽) (*mãe*)
- **má** 麻 (*maconha*)
- **mǎ** 马 (馬) (*cavalo*)
- **mà** 骂 (罵) (*praguejar*)
- **fēi** 飞 (飛) (*voar*)
- **féi** 肥 (*gordura*)
- **fěi** 匪 (*bandido*)
- **fèi** 肺 (*pulmões*)
- **qīng** 清 (*claro*)
- **qíng** 情 (*afeição*)
- **qǐng** 请 (請) (*por favor*)
- **qìng** 庆 (慶) (*comemorar*)
- **zhū** 猪 (豬) (*porco*)
- **zhú** 竹 (*bambu*)
- **zhǔ** 主 (*anfitrião, senhor, amo*)
- **zhù** 住 (*residir*)

Capítulo 2

A Escrita: Conheça os Caracteres Chineses

Neste Capítulo
- Familiarizando-se com as seis escritas
- Usando radicais chineses como pistas para o significado de um caractere
- Entendendo os tipos de caracteres, a escrita e a ordem
- Entendendo como usar um dicionário chinês

Não se engane. A China tem centenas de dialetos falados, mas apenas uma língua escrita. É isso mesmo: quando uma manchete é divulgada na mídia, pessoas em Xangai, Chongqing e Henan falam sobre ela com seus vizinhos em seus próprios dialetos regionais, mas eles estão apontando para os mesmos caracteres nas manchetes dos jornais. A língua escrita é o que tem mantido o povo chinês unificado por mais de 4.000 anos.

Este capítulo apresenta os detalhes sobre como o chinês **wénzì** 文字 (uãm zi) (*escrito*) começou de fato, como os caracteres são construídos e em que direção você deve lê-los. Eu descrevo como você pode ser capaz de identificar o significado básico de um caractere, olhando para a parte chave deste (chamado de radical) e como os caracteres usados por pessoas que vivem em Taiwan são diferentes daqueles utilizados por pessoas na China continental. E já que o chinês não tem **zìmǔ** 字母 (zi-mu) (*alfabeto*), vou mostrar-lhe todas as diferentes maneiras de procurar palavras em um dicionário chinês.

O chinês possui a distinção de ser a língua materna da mais antiga civilização ininterrupta da Terra, além de ser a língua falada pelo maior número de pessoas. Sem dúvida, é uma das línguas escritas mais complexas da história, com cerca de 50.000 caracteres em um dicionário de chinês abrangente. Para ler um jornal com relativa facilidade, porém, você só precisa saber cerca de 3.000 a 4.000 caracteres.

Analisando Pictogramas, Ideogramas e as Seis Escritas

Você já sabe que palavras chinesas são escritas em belíssimos formatos, por vezes simbólicos, chamados caracteres. Mas você sabia que os caracteres podem ser classificados de diversas formas?

Durante a dinastia **Hàn** 汉 (漢), um lexicógrafo chamado **Xǔ Shèn** 许慎 (許慎) (ciü xām) identificou seis formas de os caracteres chineses refletirem significados e sons. Essas designações são conhecidas como **liù shū** 六书 (六書) (liu xu) (*seis escritas*). Dos seis, quatro são os mais comuns:

- ✔ **Xiàngxíng** 象形 (ciaam-cimm) (*pictogramas*): Esses caracteres se assemelham à forma dos objetos que representam, como **shān** 山 (xaam) (*montanha*) ou **guī** 龜(gui) (o caractere tradicional para tartaruga; o caractere simplificado para tartaruga — 龟 — de fato não parece muito com uma tartaruga). Pictogramas mostram o significado do caractere em vez do som.

- ✔ **Biǎoyì** *ou* **zhǐshì** 表意 *ou* 指事 (biau-ii ou dʒi-xi) (*ideogramas*): Esses caracteres representam conceitos mais abstratos. Os caracteres para **shàng** 上 (xaam) (*acima*) e **xià** 下 (cia) (*abaixo*), por exemplo, têm, cada um, uma linha horizontal que representa o horizonte e um outro traço acima ou abaixo do horizonte.

- ✔ **Huì yì** 会意 (會意) (hui-ii) (*ideogramas compostos*): Esses caracteres são combinações de caracteres simples, que juntos representam mais coisas. Por exemplo, através da combinação dos caracteres para *sol* (日) e *lua* (月), você tem o caractere 明 **míng** (mimm), que significa *brilhante /luminoso*.

- ✔ **Xíngshēng** 形声 (形聲) (cimm-shām) (*compostos fonéticos*): Esses caracteres são formados por dois elementos gráficos — um aludindo ao significado da palavra (o chamado radical, veja a seção seguinte), e o outro fornecendo uma indicação para o som. Mais de 90% de todos os caracteres chineses são compostos fonéticos.

Um exemplo de um composto fonético é o caractere **gū** 蛄 (gu). É uma combinação do radical **chóng** 虫 (Achom) (*inseto*) e o elemento sonoro do caractere **gū** 古 (gu) (*antigo*). Colocando-os juntos você tem o caractere 蛄, que significa *grilo*. É pronunciado com um primeiro tom (**gū**), em vez de um terceiro tom (**gǔ**). Assim, o som da palavra é semelhante ao termo para *antigo*, embora esse termo não tenha nada a ver com o significado da palavra. O significado real está ligado ao radical que se refere aos insetos. A Tabela 2-1 resume as Seis Escritas.

Capítulo 2: A Escrita: Conheça os Caracteres Chineses   **23**

Tabela 2-1   As Seis Escritas

Tipo de Caractere	Caractere Chinês	Romanização e Pronúncia	Descrição
Pictogramas	象形	xiàngxíng (ciaam-cimm)	Traçados simplificados de objetos concretos
Ideogramas	表意 ou 指事	biǎoyì ou zhǐshì (biau-ii ou dʒi-xi)	Representações gráficas de ideias abstratas
Ideogramas compostos	会意 (會意)	huìyì (hui-ii)	Literalmente *significados unidos*: combinação de dois ou mais caracteres em um novo caractere composto
Compostos fonéticos	形声 (形聲)	xíngshēng (cimm-shãm)	Literalmente *forma e som*: combinação de um elemento de significado visual com um elemento fonético
Cognatos derivativos	轉注	zhuǎn zhù (dʒuam dʒu)	Literalmente *significado recíproco*; caracteres que receberam uma nova forma escrita para melhor refletir a pronúncia que mudou ao longo do tempo
Empréstimos fonéticos	假借	jiǎjiè (djia-djie)	Caracteres usados para representar uma homofonia alheia ao sentido da nova palavra que eles representam

O Radical Chinês: Algumas Pistas para o Significado de um Caractere

Que ideia radical! Duzentas e catorze ideias radicais. É sério!

A língua escrita chinesa contém um total de 214 radicais — partes do caractere que podem ajudar a identificar o que ele significa. Por exemplo, se você vir dois ou três pontos no lado esquerdo do caractere, saberá que a palavra é algo ligado à água. Aqui estão alguns caracteres com o radical de água aparecendo no lado esquerdo:

Parte I: Primeiros Passos

冲 **chōng** (tchom) (*derramar água fervente sobre algo / enxaguar ou dar descarga*)

汗 **hàn** (ham) (*suor*)

河 **hé** (hã) (*rio*)

湖 **hú** (hu) (*lago*)

Outro exemplo: O radical que significa madeira — 木 **mù** (mu) — originalmente representava a forma de uma árvore com galhos e raízes). Eis alguns caracteres com o radical de madeira (também à esquerda deles):

板 **bǎn** (bam) (*tábua/prancha*)

林 **lín** (lim) (*floresta*)

树 (樹) **shù** (xu) (*árvore*)

Por vezes, você encontra o radical no topo do caractere, em vez de à esquerda dele. O radical que significa *chuva* — 雨 **yǔ** (iu) — é um desses caracteres. Procure o radical no topo desses caracteres. (Dica: Parece ligeiramente esmagado em comparação com o caractere para chuva em si)

雹 **bǎo** (bau) (*granizo*)

雷 **léi** (lei) (*trovão*)

露 **lù** (lu) (*orvalho*)

Seguindo as Regras da Ordem dos Traços

Se você quer estudar **shū fǎ** 书法 (書法) (xu-fa) (*caligrafia*), com um tradicional máo **bǐ** 毛笔 (毛筆) (mau-bi) (*pincel de escrita*) chinês, ou até mesmo aprender a escrever os caracteres chineses com uma caneta esferográfica, você precisa saber qual traço vem antes do próximo. Essa sequência é conhecida como **bǐ shùn** 笔顺 (筆順) (bi xuãm) (*ordem dos traços*).

Todos os caracteres chineses de aspecto complicado são na verdade criados por vários traços individuais do pincel de escrita chinesa. O **bǐ shùn** segue nove (pode contar) regras, as quais eu listo nas seções a seguir.

Hoje em dia, você não precisa dominar a arte da caligrafia chinesa para escrever caracteres bonitos. Tudo que você tem a fazer é pressionar uma tecla em um computador, e o caractere aparece como mágica.

Capítulo 2: A Escrita: Conheça os Caracteres Chineses   **25**

Regra 1

A primeira regra é que você escreve o caractere começando com o traço superior.

Por exemplo, um dos primeiros caracteres que os alunos geralmente aprendem é o número *um*, que é escrito com uma única linha horizontal: 一. Por esse caractere ser muito fácil e só ter um traço, ele é escrito da esquerda para a direita.

O caractere do *dois* tem dois traços: 二. Ambos os traços são escritos da esquerda para a direita, o mais alto é escrito em primeiro lugar, seguindo a regra "de cima para baixo". O caractere do *três* tem três cursos (三) e segue o mesmo padrão de traços.

No caso dos caracteres mais complexos (por exemplo, aqueles com radicais que aparecem à esquerda), o radical do lado esquerdo é escrito em primeiro lugar, seguido pelo resto do caractere. Por exemplo, para escrever o caractere que significa *árvore* — 树 (樹) **shù** (xu) —, primeiro você escreve o radical à esquerda (木), antes de incluir o resto do caractere à direita do radical. Para escrever o caractere que significa *trovão* — 雷 **léi** (*lei*) — você tem que escrever primeiro o radical que aparece no topo (雨), antes de escrever o resto do caractere abaixo dele.

Regras de 2 a 9

Não se preocupe, as regras restantes requerem muito menos explicações do que a regra um:

- ✔ **Regra 2:** Escreva traços horizontais antes de traços verticais. Por exemplo, o caractere que significa *dez* (十) é composto de dois traços, mas o primeiro que você escreve é o que aparece na horizontal: 一. O traço vertical descendente é escrito depois disso.

- ✔ **Regra 3:** Faça traços que tenham de passar pelo restante do caractere por último. Os traços verticais que passam por muitos outros traços são escritos após os traços pelos quais passam (como no segundo caractere para a cidade de **Tiānjīn:** 天津 [tiem djim]), e traços horizontais que passam por todos os tipos de outros traços são escritos por último (como no caractere que significa *barco:* 舟 **zhōu** [dʒou]).

- ✔ **Regra 4:** Faça os traços diagonais que vão da direita para a esquerda antes de fazer os traços diagonais que vão da esquerda para a direita. Você escreve o caractere que significa *cultura* — 文 **wén** (uãm) — com quatro traços distintos: primeiro vem o ponto no topo, depois a linha horizontal abaixo, em seguida o traço diagonal que vai da direita para a esquerda e, finalmente, o traço diagonal que vai da esquerda para a direita.

26 Parte I: Primeiros Passos

✔ **Regra 5:** Com caracteres que são simétricos verticalmente, crie os componentes centrais antes daqueles à esquerda ou à direita. Depois, escreva a parte do caractere que aparece à esquerda antes da que aparece no lado direito. Um exemplo de um caractere é o que significa *cuidar de:* 承 **chéng** (tchãm).

✔ **Regra 6:** Escreva a parte do caractere que está na parte de fora antes da parte interna, como na palavra para *sol:* 日**rì** *(ri). Alguns caracteres cercados como este não têm partes inferiores, como ocorre com o caractere de lua:* 月 **yuè** (iue).

✔ **Regra 7:** Faça o traço vertical à esquerda do cercado em primeiro lugar. Por exemplo, na palavra que significa *boca* — 口 **kǒu** (kou), — escreva o traço vertical da esquerda primeiro, seguido da linha horizontal na parte superior e do traço vertical da direita (estes últimos dois são escritos como um só traço) e, finalmente, o traço horizontal na parte inferior.

✔ **Regra 8:** Componentes que fecham a parte de baixo geralmente vêm por último, tal como acontece com o caractere que significa *o caminho:* 道 **(dào)** (dau).

✔ **Regra 9:** Pontos vão por último. Por exemplo, no caractere que significa *jade* — 玉 **yù** (iü) —, o pequeno ponto que você vê entre as linhas horizontais do meio e inferior é escrito por último.

Em Que Ordem Vão Esses Caracteres? Desvendando a Ordem dos Caracteres

Como cada caractere chinês pode ser uma palavra em si ou parte de uma palavra composta, você pode ler e compreendê-los em qualquer ordem — da direita para a esquerda, da esquerda para a direita, ou de cima para baixo. Se você assistir a um filme chinês, muitas vezes tem a opção de escolher entre dois tipos de legendas: português, que você lê da esquerda para a direita, em uma linha, e caracteres chineses, que você lê da direita para a esquerda, em outra linha (geralmente, a linha chinesa também pode ir da esquerda para a direita, então tome cuidado.) Você pode ficar vesgo por um tempo tentando seguir ambas.

Da direita para a esquerda e da esquerda para a direita são bastante comuns, mas de cima para baixo, por que dessa maneira? Porque antes da invenção do papel, por volta século VIII a.C., o chinês foi originalmente escrito em pedaços de bambu, o que exigiu uma escrita vertical.

Capítulo 2: A Escrita: Conheça os Caracteres Chineses 27

Você pode ver o trabalho das tiras de bambu no caractere para *volume* (como um volume de um livro): 册 (冊) **cè** (tsã). O caractere simplificado consiste em duas tiras de bambu ligadas por um pedaço de corda. O caractere tradicional (entre parênteses) se parece ainda mais com tiras de bambu amarradas com corda. Dou-lhe mais informações sobre caracteres simplificados e tradicionais na seção seguinte.

Veja se você pode dizer o que o provérbio a seguir significa, independentemente do modo como os caracteres estão dispostos. Primeiro, digo-lhe o que os quatro caracteres significam individualmente, então você pode reuni-los e arriscar dizer o que significam num todo.

- 知 **zhī** (dzi) (*saber*)
- 者 **zhě** (dzã) (pronome, tal como *aquele que*)
- 不 **bù** (bu) (prefixo negativo, como *não*)
- 言 **yán** (iem) (chinês clássico para *falar*).

Está bem, aqui está o provérbio escrito em três direções diferentes. Veja se você pode descobrir o significado na opção de escrita de cima para baixo.

Da esquerda para a direita: 知者不言, 言者不知

Da direita para a esquerda: 知不者言, 言不者知

De cima para baixo:

知
者
不
言,
言
者
不
知

Desistiu? Isso significa *Aqueles que sabem não falam, e os que falam não sabem*. Foi bom para o conhecimento?

O ditado "Aqueles que sabem não falam, e os que falam não sabem" tem sido atribuído ao sábio **Lǎo Zǐ** 老子 (lau zi), do século VI a.C. Ele vem do **Dào Dé Jīng** 道德经 (道德經) (dau dã djimm) (mais comumente escrito como **Tao Te Ching**), que contém vários provérbios; partes do **Dào Dé Jīng** aparecem em muitas pinturas, poemas e obras de caligrafia chinesas.

Separando Caracteres Tradicionais e Simplificados

Se você está planejando visitar Taiwan ou fazer negócios na República Popular da China, você precisa saber a diferença entre **fántǐ zì** 繁体字 (繁體字) (fam-ti zi) (*caracteres tradicionais*) e **jiántǐ zì** 简体字 (簡體字) (djiem-ti zi) (*caracteres simplificados*).

Os **fántǐ zì** não mudaram muito desde que a **kǎi shū** 楷书 (楷書) (kai xu) (*escrita padrão*) foi criada pela primeira vez por volta de 200 d.C. Hoje, esses caracteres tradicionais ainda são usados em Taiwan, Hong Kong, Macau e muitas comunidades chinesas fora da China, onde o grandioso mas também árduo processo de aprender caracteres complexos começa numa idade muito precoce, e a arte de habilmente empunhar um pincel de escrita chinesa vem como consequência.

Os **Jiántǐ zì** são usados apenas na República Popular de China, Cingapura e Malásia. Quando a República Popular da China foi fundada, em 1949, a taxa de analfabetismo entre a população geral era de cerca de 85% — em grande parte porque aprender a escrever chinês era difícil, especialmente quando a maioria da população era de agricultores que tinham de trabalhar na terra do amanhecer ao anoitecer.

O novo governo comunista decidiu simplificar o processo de escrita, reduzindo o número de traços em muitos caracteres. A Tabela 2-2 mostra alguns exemplos de antes (caracteres tradicionais) e depois (caracteres simplificados).

Tabela 2-2	Caracteres Chineses Tradicionais e Simplificados		
Caractere Tradicional (n° de traços)	**Caractere Simplificado** (n° de traços)	**Romanização e Pronúncia**	**Significado**
見 (7 traços)	见 (4 traços)	jiàn (djiem)	ver
車 (6 traços)	车 (4 traços)	chē (tchã)	veículo
聲 (17 traços)	声 (7 traços)	shēng (xãm)	som
國 (11 traços)	国 (8 traços)	guó (guo)	país
較 (13 traços)	较 (10 traços)	jiào (djiau)	relativamente

A simplificação do sistema de escrita chinês tem conotação política, então se você está pensando em fazer negócios em Taiwan, por exemplo, certifique-se de que seus cartões de visita e outros materiais da empresa sejam impressos com caracteres chineses tradicionais.

Capítulo 2: A Escrita: Conheça os Caracteres Chineses **29**

Usando um Dicionário Chinês... sem um Alfabeto!

Se você está olhando para caracteres simplificados ou tradicionais (veja a seção anterior), não achará nenhuma letra que os agrupem, como você vê em português. Então, como os chineses consultam um dicionário chinês? (Aposto que você não sabia que eu podia ler sua mente.) Há várias maneiras diferentes.

- ✔ **Conte o número geral de traços do caractere.** Como os caracteres chineses são compostos de vários traços de pincéis de escrita, uma maneira de consultar um caractere é através da contagem do número de traços, procurando depois o caractere na parte do dicionário que registra os caracteres por número de traços. Mas, para isso, você tem que saber primeiro qual radical consultar.

- ✔ **Determine o radical.** Cada radical é composto de um certo número de traços, então você tem que primeiro procurar o radical pelo número de traços que ele contém. Depois de localizar o radical, comece a procurar pelo número de traços à esquerda do caractere, após aquele radical, para localizar o caractere que você queria consultar em primeiro lugar.

- ✔ **Confira a pronúncia do caractere.** Você pode sempre consultar pela pronúncia do caractere (supondo que já sabe como pronunciá-lo), mas você tem que vasculhar por todos os homônimos (caracteres com a mesma pronúncia) para localizar apenas o pretendido. Você também tem de procurar os vários tons para ver qual pronúncia vem com o primeiro, segundo, terceiro ou quarto tom que deseja localizar. Como o chinês tem muitos homônimos, essa tarefa não é tão fácil quanto parece. (Você pode ler mais sobre os tons no Capítulo 1.).

Aposto que agora você se sente realmente aliviado de estar se concentrando apenas no chinês falado e não na linguagem escrita.

Preencha os campos abaixo para testar seus conhecimentos sobre o sistema de escrita chinês. Consulte o Apêndice D para saber as respostas corretas.

1. A língua escrita chinesa contém _____ radicais.

    a) 862   b) 194   c) 214   d) 2.140

2. As origens do sistema de escrita chinês podem ser encontradas em _____.

    a) oráculos de ossos   b) inscrições em bronze
    c) picadinho de fígado   d) bolinhos de arroz

3. A direção da escrita chinesa é _____.

    a) da direita para a esquerda   b) da esquerda para a direita
    c) de cima para baixo   d) todas as anteriores

4. O radical mais complicado de escrever (鼻) significa _____.

    a) olho   b) ouvido   c) nariz   d) garganta

5. Os caracteres chineses constituídos de traços simplificados que representam um objeto são _____.

    a) os ideogramas   b) os ideogramas compostos
    c) os pictogramas   d) os compostos fonéticos

Capítulo 3

Aquecendo com o Básico: Gramática Chinesa

Neste Capítulo

▶ Pegando o jeito das categorias gramaticais

▶ Fazendo declarações negativas ou possessivas

▶ Descobrindo como fazer perguntas

Talvez você seja uma daquelas pessoas que se assusta com a simples menção da palavra *gramática*. Apenas o pensamento de todas as regras de construção de frases pode fazê-lo suar frio.

Ei, não se preocupe! Este capítulo poderia ser chamado de "Chinês sem lágrimas". Veremos alguns atalhos rápidos e fáceis sobre como combinar os elementos básicos de construção do chinês (que, por sinal, são os mesmos componentes do português): substantivos para dar nome às coisas, adjetivos para qualificar os substantivos, verbos para indicar ação ou voz passiva e advérbios para descrever os verbos, adjetivos ou outros advérbios. Depois de saber como combinar essas partes de uma determinada frase, você pode expressar suas ideias e interesses abrangendo passado, presente e futuro.

Quando você fala português, eu aposto que você não para para analisar a ordem das palavras antes de abrir a boca para dizer alguma coisa. Bem, o mesmo pode acontecer quando você começar a falar chinês. Você provavelmente nem conhecia a palavra gramática antes de alguém lhe ensinar que era um conjunto de regras para analisar a estrutura de uma língua. Em vez de sobrecarregar você, este capítulo o fará entender a gramática chinesa de maneira tão fácil quanto deveria ser.

Se for paciente com você mesmo, divirta-se seguindo os diálogos que ilustram as frases básicas e ouça-os nas faixas de áudio em anexo. Você se sairá bem.

Substantivos, Artigos e Adjetivos Básicos do Chinês

Admita. A maioria de nós gastou a melhor parte dos nossos primeiros dois anos de vida tentando conseguir o mínimo de domínio na formação de frases em português. Com este livro, você pode se tornar hábil para fazer o mesmo em chinês, reduzindo este tempo a apenas alguns minutos. Apenas continue lendo este capítulo. Prometo que vou te poupar um monte de tempo a longo prazo.

A estrutura básica das palavras do chinês é exatamente a mesma que em português. Difícil de imaginar? Basta pensar nisso desta maneira: quando você diz que *Eu amo espinafre*, está usando a seguinte estrutura frasal: sujeito (eu), verbo (amo), objeto (espinafre). É a mesma coisa em chinês. Só em Beijing, a frase soa mais como **Wǒ xǐhuān bōcài**. 我喜欢菠菜. (我喜歡菠菜.) (uo ci-huam bo-tsai.).

E se isso não for suficiente para fazer o chinês mais simpático aos seus olhos, talvez estas informações sejam:

- ✓ Você não precisa fazer a distinção entre substantivo singular e plural.
- ✓ Você não tem de lidar com flexão de gênero nos substantivos.
- ✓ Você pode usar a mesma palavra tanto para sujeito como para objeto.
- ✓ Você não precisa conjugar verbos.
- ✓ Você não precisa dominar tempos verbais. (Já passou a amar essa língua?)

Como tais notícias poderiam não aquecer os corações de todos aqueles que têm fobia de gramática desde a escola primária? Tratarei das questões relacionadas a verbo mais adiante neste capítulo. Agora, vou dar uma adiantada em substantivos e seus descritores.

O modo de você saber como uma parte de uma frase chinesa relaciona-se com outra é, geralmente, pelo uso de partículas e pela forma com que as palavras estão ordenadas. (As partículas, para aqueles que estão coçando suas cabeças, podem ser encontradas no início ou no final das frases e servem principalmente para distinguir diferentes tipos de declarações que enfatizam algo, mas não podem ser traduzidas por si mesmas.)

Substantivos

Substantivos comuns representam coisas tangíveis, como **háizi** 孩子 (hai-zi) (*criança*) ou **yè** 叶(葉) (ie) (*folha*). Como todas as línguas, o chinês é repleto de substantivos:

Capítulo 3: Aquecendo com o Básico: Gramática Chinesa

- Nomes próprios, como nomes de países ou de pessoas, por exemplo **Fǎguó** 法国 (法國) (fa-guo) (*França*) e **Zhāng Xiānshēng** 张先生 (張先生) (dʒaam ciem-xāmm) (*Sr. Zhang*)
- Substantivos concretos em geral, como **kāfēi** 咖啡 (ka-fei) (*café*) ou **jīn** 金 (djim) (*ouro*)
- Substantivos, abstratos como **zhèngzhì** 政治 (dʒām-dʒi) (*política*) ou **wénhuà** 文化 (uām-hua) (*cultura*)

Pronomes

O plural de pronomes é bem fácil em chinês. Basta adicionar o sufixo de plural **-men** aos três pronomes básicos:

- **Wǒ** 我 (uo) (*eu*) torna-se **wǒmen** 我们 (我們) (uo-mām) (*nós*).
- **Nǐ** 你 (ni) (*você*) torna-se **nǐmen** 你们 (你們) (ni-mām) (*vocês*).
- **Tā** 他/她/它 (ta) (*ele/ela*) torna-se **tāmen** 他们/她们/它们 (他們/她們/它們) (ta-mām) (*eles/elas*).

Às vezes você ouve o termo **zánmen** 咱们 (咱們) (zam-mām) para *nós*, em vez de **wǒmen**. **Zánmen** é usado em ambientes muito familiares, quando o falante quer incluir o ouvinte em uma ação, como quando você diz **Zánmen zǒu ba.** 咱们走吧. (咱們走吧.) (zam-mām zou ba.) (*Vamos.*).

Quando você está falando com um idoso ou alguém que não conhece muito bem e essa pessoa é alguém a quem você deve mostrar respeito, é necessário usar o pronome **nín** 您 (nim) em vez do mais informal **nǐ** 你 (ni). Por outro lado, se você está falando com várias pessoas que se encaixam nessa descrição, o plural permanece **nǐmen** 你们 (你們) (ni-mām).

Classificadores

Classificadores são às vezes chamados de palavras de medição, embora eles de fato não meçam nada. Eles ajudam, na verdade, a classificar determinados substantivos. Por exemplo, o classificador **běn** 本 (bām) pode se referir a livros, revistas, dicionários e a qualquer outra coisa que seja impressa e encadernada como um livro. Você pode ouvir **Wǒ yào yìběn shū.** 我要一本书. (我要一本書.) (uo iau iibām xu.) (*Eu quero um livro.*) tanto quanto você ouve **Wǒ yào kàn yìběn zázhì.** 我要看一本杂志. (我要看一本雜志.) (uo iau kam iibām za-dʒi.) (*Eu quero ler uma revista.*).

Classificadores são encontrados entre um número (ou um pronome demonstrativo, como *isso*, *isto* ou *aquilo*) e um substantivo. Seria semelhante ao dizer em português "duas cabeças de gado", no lugar de apenas "dois bois" (com "cabeça" exercendo um papel similar a de um classificador). Embora o português não utilize classificadores, em chinês você os encontra onde quer que um número seja seguido por um substantivo, ou quando um substantivo está implícito (como em *Vou querer uma outra*, referindo-se a uma xícara de café).

Parte I: Primeiros Passos

Como você tem tantos classificadores para escolher em chinês, aqui vai a regra geral: em caso de dúvida, use **ge** 个 (個) (gā). É o classificador para todos os fins e o mais usado na língua chinesa. Dificilmente você vai errar usando **ge**. Se você está tentado a não usar nenhum classificador porque você não tem certeza de qual é o certo, não desista! Você pode não ser totalmente compreendido.

O chinês tem vários classificadores diferentes, porque cada um é usado para se referir a um tipo de coisa. Por exemplo, a Tabela 3-1 lista os classificadores de objetos naturais. Aqui estão alguns exemplos:

- **gēn** 根 (gām): Usado para qualquer coisa que se pareça com um graveto, como uma corda ou até mesmo um pedaço de grama
- **zhāng** 张 (張) (dʒaam): Usado para qualquer coisa com uma superfície plana, como um jornal, mesa ou cama
- **kē** 颗 (顆) (kā): Usado para qualquer coisa redonda e pequena, como uma pérola

Tabela 3-1   Classificadores Comuns de Objetos Naturais

Classificador	Pronúncia	Uso
duǒ 朵	duo	flores
kē 棵	kā	árvores
lì 粒	li	grãos (de arroz, areia e assim por diante)
zhī 只(隻)	dʒi	animais, insetos, pássaros
zuò 座	zuo	colinas, montanhas

Sempre que você tiver um par de qualquer coisa, você pode usar o classificador **shuāng** 双(雙) (xuaam). Isso vale para **yì shuāng kuàizi** 一双筷子 (一雙筷子) (ii xuaam kuai-zi) (*um par de pauzinhos — de comida chinesa*), bem como para **yì shuāng shǒu** 一双手 (一雙手) (ii xuaam xou) (*um par de mãos*). Às vezes, um par é indicado pelo classificador **duì** 对 (對) (dui), como em **yí duì ěrhuán** 一对耳环 (一對耳環) (ii dui ar-huam) (*um par de brincos*).

Singular e plural: Não é um problema

O chinês não faz distinção entre singular e plural. Se você disser a palavra **shū** 书 (書) (xu), pode significar tanto *livro* quanto *livros*. A única maneira de saber se é singular ou plural é ver se um número seguido por um classificador precede a palavra **shū**, como em **Wǒ yǒu sān běn shū.** 我有三本书. (我有三本書.) (uo iou sam bām xu.) (*Eu tenho três livros.*).

Uma forma de indicar pluralidade após os pronomes pessoais **wǒ** 我 (uo) (*eu*), **nǐ** 你 (ni) (*você*) e **tā** 他/她/它 (ta) (*ele/ela*) e substantivos relacionados a pessoas, como **háizi** 孩子 (hai-zi) (*criança*) e **xuéshēng** 学生 (學生) (ciue-xāmm) (*estudante*), é adicionar o sufixo **-men** 们 (們) (mām). Ele atua como o equivalente ao "s" no fim de substantivos em português.

Capítulo 3: Aquecendo com o Básico: Gramática Chinesa **35**

 São tantas as palavras em chinês pronunciadas da mesma forma (embora cada uma com um tom diferente), que a única maneira de realmente saber o significado da palavra é olhando para o caractere. Por exemplo, a terceira pessoa do singular é pronunciada como "ta", independentemente se isso significa *ele* (para pessoas), *ela* (para pessoas) ou *ele/ela* (para coisas e animais), mas cada um é escrito com um caractere chinês diferente.

Tendo uma Conversa

Susana e Michel estão olhando para um belo campo.

Susana: **Zhèr de fēngjǐng zhēn piàoliàng!**
dʒār dã fãm-djimm dʒām piau-liaam.
Este cenário é muito bonito!

Michel: **Nǐ kàn! Nà zuò shān yǒu nàmme duō shù, nàmme duō huā.**
ni kam! na zuo xam iou na-mā duo xu, na-mā duo hua.
Veja! Essa montanha tem tantas árvores e flores.

Susana: **Duì le. Nèi kē shù tèbié piàoliàng. Zhè duǒ huā yě hěn yǒu tèsè.**
dui lā. Nei kā xu tā-bie piau-liáam. dʒā duo hua ie hām iou tā-sā.
Você está certo. Essa árvore é particularmente linda. E essa flor é realmente única também.

Michel: **Nà kē shù shàng yě yǒu sān zhī niǎo.**
na kā xu xaam ie iou sám dʒi niau.
Aquela árvore também tem três pássaros nela.

Vocabulário

fēngjǐng 风景 (風景)	fãm-djimm	paisagem
piàoliàng 漂亮	piau-liaam	bonito(a)
shān 山	xam	montanha(s)
shù 树 (樹)	xu	árvore(s)
huā 花	hua	flor(es)

Parte I: Primeiros Passos

Se um número e um classificador já aparecem na frente de um pronome ou substantivo relativo a pessoas, como **sānge háizi** 三个孩子 (三個孩子) (sam-gā hai-zi) (*três crianças*), não adicione o sufixo **-men** após **háizi** porque a pluralidade já está intrínseca.

Nunca anexe o sufixo **-men** a nada que não seja relativo a pessoas. As pessoas vão pensar que você está louco se começar a se referir a seus dois gatos de estimação como **wǒde xiǎo māomen** 我的小猫们 (我的小貓們) (uo-dā ciau mau-mām). Basta dizer **Wǒde xiǎo māo hěn hǎo, xièxiè.** 我的小猫很好,谢谢. (我的小貓很好,謝謝.) (uo-dā ciau mau hām hau, cie-cie). (*Meus gatos estão muito bem, obrigado.*), e é assim que se faz.

Artigos definidos versus indefinidos

Se você estiver procurando pelas pequenas palavras em chinês sem as quais não pode viver, como *um, uma, umas, uns, a, o, as, os* — artigos, como os gramáticos chamam — você verá que eles simplesmente não existem em chinês. A única maneira de dizer se algo está sendo determinado de modo específico (portanto, considerado definido) ou apenas de modo vago (e, portanto, indefinido) é pela ordem das palavras. Os substantivos que se referem a algo específico geralmente são encontrados no início da frase, antes do verbo:

Háizimen xǐhuān tā. 孩子们喜欢她. (孩子們喜歡她.) (hai-zi-mām ci-huam ta.) (*As crianças gostam dela.*)

Pánzi zài zhuōzishàng. 盘子在桌子上. (盤子在桌子上.) (pam-zi zai dʒuo-zi-xamm.) (*O prato está na mesa.*)

Shū zài nàr. 书在那儿. (書在那兒.) (xu zai nar.) (*O[s] livro[s] está[estão] lá.*)

Os substantivos que se referem a algo mais geral (e que em português seriam precedidos de artigo ou pronome indefinido) são normalmente encontrados no final da frase, depois do verbo:

Nǎr yǒu huā? 哪儿有花? (哪兒有花?) (Nar iou hua?) (*Onde há flores? /Onde há uma flor?*)

Nàr yǒu huā. 那儿有花. (那兒有花.) (Nar iou hua.) (*Há flores lá./Há uma flor lá.*)

Zhèige yǒu wèntí. 这个有问题. (這個有問題.) (dʒei-gā iou uām-ti.) (*Há um problema com isso./Há problemas com isso.*)

Essas regras têm algumas exceções: se você encontrar um substantivo no início de uma frase, ele pode estar se referindo a algo indefinido se a sentença faz um comentário geral (em vez de contar uma história inteira), como quando você vê o verbo **shì** 是 (xi) (*ser*), fazendo parte do comentário:

Capítulo 3: Aquecendo com o Básico: Gramática Chinesa 37

Xióngmāo shì dòngwù. 熊猫是动物.(熊貓是動物.) (ciuom-mau xi dom-uu.) (*Pandas são animais.*)

O mesmo acontece se um adjetivo vem depois do substantivo, como em

Pútáo hěn tián. 葡萄很甜.(pu-tau hãm tiem.) (*Uvas são muito doces.*)

Ou se há um verbo auxiliar, como em

Xiǎo māo huì zhuā lǎoshǔ. 小貓会抓老鼠.(小貓會抓老鼠.) (ciau mau hui dʒua lau-xu).(*Gatos sabem pegar ratos*)

Ou indicação de que a ação ocorre habitualmente, tal como em

Niú chī cǎo. 牛吃草.(nio tchi tsau).(*Vacas comem grama.*)

Substantivos que são precedidos por um numeral e um classificador, especialmente quando a palavra **dōu** 都 (dou) (*todos/tudo*) aparece, também são considerados definidos:

Sìge xuéshēng dōu hěn cōngmíng. 四个学生都很聪明.(四個學生都很聰明.) (si-gā ciue-xaam dou hãm tsom-mímm.) (*Todos os quatro estudantes são muito inteligentes.*)

Se a palavra **yǒu** 有 (iou) (*ter/haver*) vier antes do substantivo e for seguida por um verbo, também pode significar que se refere a algo indefinido:

Yǒu shū zài zhuōzishàng. 有书在桌子上.(有書在桌子上.) (iou xu zai dʒuo-zi-xaam).(*Há livros em cima da mesa.*)

Se você vir a palavra **zhè** 这 (這) (dʒā) (*esse, essa, isso*) ou **nà** 那 (*na*) (*aquele[a]/aquilo*) mais um classificador usado quando um substantivo vem depois do verbo, indica referência a algo definido:

Wǒ yào mǎi nà zhāng huà. 我要买那张画.(我要買那張畫.) (uo iau mai na dʒaam hua.) (*Eu quero comprar aquele quadro.*)

Adjetivos

Como você aprendeu na escola (você prestava muita atenção, não é?), adjetivos descrevem substantivos. A pergunta é onde colocá-los. A regra geral em chinês é que, se o adjetivo é pronunciado com uma só sílaba, ele aparece imediatamente na frente do substantivo que ele qualifica:

cháng zhītiáo 长枝条 (長枝 條) (tchaam dʒi-tiau) (*graveto grande*)

lǜ chá 绿茶 (綠茶) (lü tcha) (*chá verde*)

Se o adjetivo tem duas sílabas, porém, a partícula possessiva **de** 的 (dā) se interpõe entre ele e tudo o que ele qualifica:

cāozá de wǎnhuì 嘈杂的晚会 (嘈雜的晚會) (tsau-za dā uam-hui) (*festa barulhenta*)

gānjìng de yīfu 干净的衣服 (乾淨的衣服) (gam-djimm dā ii-fu) (*roupas limpas*)

E se um numeral é seguido por um classificador, os dois devem ir na frente do adjetivo e do que ele qualifica:

sān běn yǒuyìsī de shū 三本有意思的书 (三本有意思的書) (sam bām iou-ii-si dā xu) (*três livros interessantes*)

yí jiàn xīn yīfu 一件新衣服 (一件新服裝) (ii djiem xim ii-fu) (*uma peça de roupa nova*)

Algo singular sobre o chinês é que quando um adjetivo também é o predicado, aparecendo no final de uma frase, segue-se o assunto ou o tema sem a necessidade do verbo **shì**:

Nà jiàn yīfu tài jiù. 那件衣服太旧. (那件衣服太舊.) (na djiem ii-fu tai djiu.) (*Aquela peça de roupa [é] muito velha.*)

Tā de fángzi hěn gānjìng. 他的房子很干净. (他的房子很乾淨.) (ta dā faam-zi hām gam-djimm.) (*A casa dele [é] muito limpa.*)

Aprofundando-se em Verbos, Advérbios, Negação e Posse

Algumas características interessantes da língua chinesa incluem o fato de que não há nada de primeira, segunda ou terceira pessoa (por exemplo, *eu como* versus *ele come*); o que existe é o equivalente à voz ativa ou passiva (por exemplo, *ouvir* versus *ser ouvido*), e existe passado ou presente (*eu gosto dele* versus *eu gostava dele*). Além disso, o idioma chinês tem apenas dois tipos de tempo — completo e contínuo —, enquanto o português tem vários aspectos verbais diferentes: imperfeito, simples, mais-que-perfeito e assim por diante. (Os exemplos incluem formas de distinguir entre *eu como, eu comi, eu comerei, eu disse que comeria, eu estou comendo* e assim por diante.) Os aspectos verbais são o que caracteriza a língua chinesa no lugar dos tempos. Eles se referem a como um falante vê um evento ou estado.

As seções a seguir mostrarão tudo sobre os verbos, advérbios e as formas de negar afirmações e expressar posse.

Capítulo 3: Aquecendo com o Básico: Gramática Chinesa 39

Verbos

Boas notícias! Você nunca precisará se preocupar em conjugar um verbo em chinês em toda a sua vida! Se você ouvir alguém dizer **Tāmen chī Yìdàlì fàn.** 他们吃意大利饭. (他們吃意大利飯.) (ta-mãm tchi ii-dali fam.), pode tanto significar *Eles comem comida italiana.* quanto *Eles estão comendo comida italiana.* A Tabela 3-2 apresenta alguns verbos comuns; confira o Apêndice B para uma lista mais extensa.

Tabela 3-2	Verbos Comuns em Chinês	
Chinês	*Pronúncia*	*Português*
chī 吃	tchi	comer
kàn 看	kam	ver
mǎi 买 (買)	mai	comprar
mài 卖 (賣)	mai	vender
rènshi 认识 (認識)	rãm-xi	conhecer (uma pessoa)
shì 是	xi	ser
yào 要	iau	querer/precisar
yǒu 有	iou	ter
zhīdào 知道	dʒi-dau	saber (um fato)
zǒu lù 走路	zou lu	andar/caminhar
zuò fàn 做饭 (做飯)	zuo fam	cozinhar

Ser ou não ser: O verbo shì

Será que o verbo chinês **shì** 是 (xi) realmente significa *ser*? Ou não? **Shì** é de fato semelhante ao português no uso, porque é muitas vezes seguido de um substantivo que define o assunto, tal como **Tā shì wǒde lǎobǎn.** 他是我的老板. (他是我的老闆.) (ta xi uo-dā lau-bam.) (*Ele é meu chefe.*) ou **Nà shì yīge huài huà.** 那是一个坏话. (那是一個壞話.) (na xi li-gā huai hua.) (*Isso é um palavrão.*).

Tenha cuidado para não colocar o verbo **shì** na frente de um adjetivo, a não ser que você queira fazer uma declaração enfática. No decorrer de uma conversa normal você pode dizer **Nà zhī bǐ tài guì.** 那支笔太贵. (那支筆太貴.) (na dʒi bi tai gui). (*Essa caneta [é] muito cara.*). Você não diria **Nà zhī bǐ shì tài guì.** 那支笔是太贵. (那支筆是太貴.) (na dʒi bi xi tai gui.), a menos que você realmente queira dizer que *Essa caneta É muito cara!*; nesse caso, você enfatiza a palavra **shì** ao dizer isso.

Para negar o verbo **shì**, coloque o prefixo negativo **bù** 不 (bu) na frente dele:

Shì bú shì? 是不是? (xi bu xi?) (*É ou não é?*)

Zhè bú shì táng cù yú. 这不是糖醋鱼. (這不是糖醋魚.) (dʒā bu xi taam tsu iü.) (*Isto não é peixe agridoce.*).

40   Parte I: Primeiros Passos

Vá para a seção "Bù e méiyǒu: Negação total" para saber mais sobre prefixos de negação.

Preocupado com o tempo? Le, guò e outros marcadores de aspectos

Tudo bem, você pode relaxar agora. Não precisa ficar tenso por causa do chinês, porque os verbos não indicam tempos por si mesmos. Esse é o trabalho dos marcadores de aspectos, que são pequenas sílabas que indicam se uma ação foi concluída, se é contínua, se está apenas começando e quase tudo entre eles.

Veja a sílaba **le** 了 (lã), por exemplo. Se você usá-la após um verbo, pode indicar que uma ação foi concluída:

> **Nǐ mǎi le hěn duō shū.** 你买了很多书.(你買了很多書.) (ni mai lã hãm duo xu.) (*Você comprou muitos livros.*)

> **Tā dài le tāde yǔsǎn.** 他带了他的雨伞.(他帶了他的雨傘.) (ta dai lã ta-dã iü-sam.) (*Ele trouxe o guarda-chuva dele.*)

E se você quiser transformar a sentença em uma pergunta, basta adicionar **méiyǒu** 没有 (mei-iou) no final. Ele invalida automaticamente a conclusão da ação feita pelo **le:**

> **Nǐ mǎi le hěn duō shū méiyǒu?** 你买了很多书没有? (你買了很多書没有? (nii mai lã hãm duo xu mei-iou?) (*Você comprou muitos livros?*)

> **Tā dài le tāde yǔsǎn méiyǒu?** 他带了他的雨伞没有? (他帶了他的雨傘没有?) (ta dai lã ta-dã iü-sam mei-iou?) (*Ele trouxe o guarda-chuva dele?*)

Outro marcador de aspecto é **guò** 过 (過) (guo). Significa basicamente que algo foi feito em um momento ou outro, mesmo que isso não esteja acontecendo agora:

> **Tā qù guò Měiguó.** 他去过美国.(他去過美國.) (ta tsiü guo mei-guo.) (*Ele já esteve nos Estados Unidos.*)

> **Wǒmen chī guò Fǎguó cài.** 我们吃过法国菜.(我們吃過法國菜.) (uo-mãm tchi guo fa-guo tsai.) (*Nós comemos comida francesa antes.*)

Se uma ação está acontecendo exatamente no momento em que você fala, usa-se o marcador de aspecto **zài** 在 (zai):

> **Nǐ māma zài zuòfàn.** 你妈妈在做饭.(你媽媽在做飯.) (nii ma-ma zai zuo-fam.) (*Sua mãe está cozinhando.*)

> **Wǒmen zài chīfàn.** 我们在吃饭.(我們在吃飯.) (uo-mãm zai tchi-fam.) (*Nós estamos comendo.*)

Capítulo 3: Aquecendo com o Básico: Gramática Chinesa 41

Ao utilizar o marcador de aspecto **zài**, também pode adicionar-se a palavra **zhèng** 正 (dʒãmm) antes dele para dar ênfase. Ele pode ser traduzido como *estar no meio de [fazendo algo]*.

Se algo está acontecendo ou aconteceu continuamente e resultou de alguma coisa que você fez, basta adicionar a sílaba **zhe** 着 (dʒã) ao final do verbo para dizer coisas como as seguintes:

Nǐ chuān zhe yí jiàn piàoliàng de chènshān. 你穿着一件漂亮的衬衫. (你穿著一件漂亮的襯衫.) (ni tchuam dʒã ii djiam piau-liaam dã tchãm-xam.) (*Você está usando uma camisa bonita.*)

Tā dài zhe yíge huáng màozi. 他戴着一个黄帽子. (他戴著一個黃帽子.) (ta dai dʒã ii-gã huaam mau-zi.) (*Ele está usando um chapéu amarelo.*)

Outra forma de usar o **zhe** é quando você quiser indicar duas ações que ocorrem ao mesmo tempo:

Tā zuò zhe chīfàn. 她坐着吃饭. (她坐著吃飯.) (ta zuo dʒã tchi-fam.) (*Ela está comendo sentada./Ela come sentada.*)

Tendo uma Conversa

Carol e José se divertem observando as pessoas nas ruas de Xangai.

Carol: **Nǐ kàn! Nàge xiǎo háizi dài zhe yíge hěn qíguài de màozi, shì bú shì?**
ni kam! Na-gã ciau hai-zi dai dʒã ii-gã hãm tchii-guai dã mau-zi, xi bu xi?
Olhe! Aquela criança está usando um chapéu muito estranho, não é?

José: **Duì le. Tā hái yìbiān zǒu, yìbiān chàng gē.**
dui lã.ta hai ii-biam zou, ii-biem tcham gã.
Sim. Ela está cantando enquanto caminha.

Carol: **Wǒ méiyǒu kàn guò nàmme kě'ài de xiǎo háizi.**
uo mei-iou kam guo nám-mã kã-ai dã ciau hai-zi.
Eu nunca vi uma criança tão fofa.

José: **Zài Zhōngguó nǐ yǐjīng kàn le tài duō kě'ài de xiǎo háizi.**
zai dʒom-guo ni ii-djímm kam lã tai duo kã-ai dã xiau hai-zi.
Você já viu muitas crianças adoráveis na China.

Parte I: Primeiros Passos

Vocabulário

qíguài 奇怪	tchii-guai	estranho
shì bú shì? 是不是	xi bu xi	não é assim?
chàng gē 唱歌	xaam gã	cantar
kě'ài 可爱 (可愛)	kã-ai	fofo; adorável

O verbo especial: Yǒu (ter)

Você tem **yǒu** 有 (iou) um computador? Não! Que chato. Todo mundo parece ter um hoje em dia. Que tal um carro esportivo? Você **yǒu** um desses? Se não, bem-vindo ao clube. As pessoas que têm muita coisa usam a palavra **yǒu** com bastante frequência, traduzida como *ter*, como nos exemplos a seguir:

> **Wǒ yǒu sānge fángzi: yíge zài Ōuzhōu, yíge zài Yàzhōu, yíge zài Měiguó.** 我有三个房子：一个在欧洲，一个在亚洲，一个在美国。(我有三個房子：一個在歐洲，一個在亞洲，一個在美國。) (uo iou sam-gã fam-zi: ii-gã zai ou-dʒou, ii-gã zai ia-dzou, ii-gã zai mei-guo.) (*eu tenho três casas: uma na Europa, uma na Ásia e outra na América.*)

> **Wǒ yǒu yí wàn kuài qián.** 我有一万块钱。(我有一萬塊錢。) (uo iou ii uam kuai tsiiem.) (*Eu tenho $10.000.*)

Yǒu também pode ser traduzido como *haver* ou *existir*:

> **Yǒu hěn duō háizi.** 有很多孩子。(iou hãm duo hai-zi). (*Há muitas crianças.*), ao contrário de **Wǒ yǒu hěn duō háizi.** 我有很多孩子。(uo iou hãm duo hai-zi.) (*Eu tenho muitas crianças [filhos].*)

> **Shūzhuōshàng yǒu wǔ zhāng zhǐ.** 书桌上有五张纸。(書桌上有五張紙。) (xu-dʒuo-xaam iou uu dʒaam dʒi.) (*Há cinco folhas de papel sobre a mesa.*)

Para a forma negativa do verbo **yǒu**, você não pode usar o prefixo negativo habitual **bù**. Em vez disso, você deve usar outro termo que indica negação, **méi** 没 (mei):

> **Méiyǒu hěn duō háizi.** 沒有很多孩子。(mei-iou hãm duo hai-zi.) (*Não há muitas crianças.*)

> **Shūzhuōshàng méiyǒu wǔ zhāng zhǐ.** 书桌上沒有五张纸。(書桌上沒有五張紙。) (xu-dʒuo-xaam mei-iou uu dʒaam dʒi.) (*Não há cinco folhas de papel sobre a mesa.*)

Capítulo 3: Aquecendo com o Básico: Gramática Chinesa **43**

Você pode ler mais sobre os prefixos de negação em "**Bù e méiyǒu**: Negação total", mais à frente neste capítulo.

Pedindo pelo que você quer: O verbo yào

Depois que **Yao Ming**, o astro de basquete chinês de 2,29 m, entrou em cena, o verbo **yào** 要 (iao) (*querer*) ganhou muita publicidade ao redor do mundo. O caractere do nome dele não se escreve exatamente como o do verbo **yào**, mas pelo menos muitos já sabem ao menos como pronunciá-lo!

Yào é um dos verbos mais legais em chinês. Quando você diz isso, você geralmente consegue o que quer. Na verdade, a simples menção da palavra **yào** significa que você quer alguma coisa:

> **Wǒ yào gēn nǐ yìqǐ qù kàn diànyǐng.** 我要跟你一起去看电影. (我要跟你一起去看電影.) (uo iau gām ni ii-tchii tsiu kam diem-iimm.) (*Quero ir ao cinema com você.*)
>
> **Wǒ yào yì bēi kāfēi.** 我要一杯咖啡. (uo iau ii bei ka-fei.) (*Quero uma xícara de café.*)

Você também pode dar a alguém uma ordem com o verbo **yào**, mas apenas se for usado com um pronome de segunda pessoa:

> **Nǐ yào xiǎoxīn!** 你要小心! (ni iau ciau-cim!) (*Você deve ter cuidado!*)
>
> **Nǐ yào xǐ shǒu.** 你要洗手. (ni iau ci xou.) (*Você precisa lavar as mãos.*)

Advérbios

Advérbios servem para modificar verbos ou adjetivos e sempre aparecem na frente deles em chinês. Os advérbios mais comuns que você encontra em chinês são **hěn** 很 (hām) (*muito*) e **yě** 也 (ie) (*também*).

Se você quiser dizer que algo não é apenas **hǎo** 好 (hau) (*bom*), mas que é muito bom, você diz que é **hěn hǎo** 很好 (hām hau) (*muito bom*). Se um amigo quer dar a opinião dele e dizer que alguma coisa também é muito boa, ele diz **Zhèige yě hěn hǎo.** 这个也很好 (這個也很好) (dʒei-gā ie hām hau.) (*Isso também é muito bom.*) porque **yě** sempre vem antes de **hěn** (da mesma forma que vem antes do prefixo negativo **bù**; consulte a seção seguinte).

Bù e méiyǒu: Negação total

Bu! Assustou você? Não se preocupe. Só estou sendo negativa em chinês. Isso mesmo: A palavra **bù** é pronunciada da mesma forma que um fantasma diria (**bu**) e é falada muitas vezes com a mesma intensidade.

Bù pode negar algo que você fez no passado ou no presente (ou pelo menos indicar que você geralmente não o faz nos dias de hoje) e também pode ajudar a negar algo no futuro:

Diànyǐngyuàn xīngqīliù bù kāimén. 电影院星期六不开门.(電影院星期六不開門.) (diem-iimm-iuam cimm-tchii-liu bu kai-mâm.) (*O cinema não será aberto no sábado.*)

Tā xiǎo de shíhòu bù xǐhuān chī shūcài. 他小的时候不喜欢吃蔬菜.(他小的時候不喜歡吃蔬菜.) (ta xiau dā xi-hou bu ci-huam tchi xu-tsai.) (*Quando ele era criança, não gostava de comer legumes.*)

Wǒ bú huà huàr. 我不画画儿.(我不畫畫兒.) (uo bu hua huar.) (*Eu não pinto.*)

Wǒ búyào chàng gē. 我不要唱歌.(uo bu-iau tchaam gã.) (*Eu não quero cantar.*)

O prefixo negativo **bù** geralmente é falado com o quarto tom (em queda). No entanto, quando precede uma sílaba com outro quarto tom, **bù** torna-se um segundo tom (para cima), o que ocorre em palavras como **búqù** 不去 (bu-tsiü) (*não/não ir*) e **búyào** 不要 (bu-iau) (*não/não querer*). Para saber mais sobre os tons, confira o Capítulo 1.

Além de ser parte da pergunta **yǒu méiyǒu** (*você tem/fez isso*), **méiyǒu** é outro prefixo negativo que também aparece antes de um verbo. No entanto refere-se apenas ao passado e significa algo que não aconteceu ou pelo menos não aconteceu em uma ocasião em particular:

Wǒ méiyǒu kàn nèi bù diànyǐng. 我没有看那部电影.(我沒有看那部電影.) (uo mei-iou kam nei bu diem-iimm.) (*Eu não vi aquele filme.*)

Zuótiān méiyǒu xiàyǔ. 昨天没有下雨.(昨天沒有下雨.) (zuo-tiam mei-iou cia-iü.) (*Não choveu ontem.*)

Se o marcador de aspecto **guò** está ao final do verbo **méiyou**, significa que a ação não aconteceu (até agora) no passado. A propósito, algumas vezes perceberá que **méiyǒu** é encurtado apenas para **méi**:

Wǒ méi qù guò Fǎguó. 我没去过法国.(我沒去過法國.) (uo mei tsiü guo fa-guo.) (*Eu nunca fui à França.*)

Wǒ méi chī guò Yìndù cài. 我没吃过印度菜.(我沒吃過印度菜.) (uo mei tchi guo iim-du tsai.) (*Eu nunca comi comida indiana.*)

Capítulo 3: Aquecendo com o Básico: Gramática Chinesa   45

Tendo uma Conversa

Hugo, Estela e Laura discutem sobre onde devem jantar. (Faixa 4)

Hugo: **Nǐmen jīntiān wǎnshàng yào búyào qù fànguǎn chīfàn?**
ni-mām djim-tiem uam-xaam iau bu-iau tsiü fam-guam tchi-fam?
Vocês querem ir a um restaurante hoje à noite?

Stella: **Nà tài hǎole. Dāngrán yào.**
na tai hau-lā. daam-ram iau.
Que ótima ideia. Claro que eu gostaria de ir.

Laura: **Wǒ búyào. Wǒ méiyǒu qián.**
uo bu-iau. uo mei-iou tsiiem.
Eu não quero. Não tenho dinheiro.

Hugo: **Wǒ yě méiyǒu qián, dànshì méiyǒu guānxi. Wǒ zhīdào yíge hěn hǎo, hěn piányi de Zhōngguó fànguǎn.**
uo ie mei-iou tsiem, dam-xi mei-iou guam-ci. uo dʒi-dau ii-gā hām hau, hām piem-ii dā dʒom-guo fam-guam.
Não tenho nenhum dinheiro também, mas não importa. Conheço um ótimo e muito barato restaurante chinês.

Laura: **Hǎo ba. Zánmen zǒu ba.**
hau ba. zam-mām zou ba.
Tudo bem. Vamos.

Vocabulário

jīntiān wǎnshàng 今天晚上	djim-tiem uam-xaam	esta noite
tài hǎole 太好了	tai hau-lā	que ótimo/isso é ótimo
dāngrán 当然 (當然)	daam-ram	é claro
dànshì 但是	dam-xi	mas/entretanto
zǒu ba 走吧	zou ba	vamos

Sendo possessivo com a partícula de

A partícula **de** 的 é onipresente em chinês. Para onde quer que você vire, lá está ela. **Wǒde tiān!** 我的天! (uo-dā tiem) (*Meu Deus!*) Epa... lá está ela novamente. É fácil de usar. Tudo que você tem a fazer é anexá-la ao final do pronome, como em **nǐde chē** 你的车 (你的車) (ni-dā chā) (*seu carro*), ou outro modificador, como **tā gōngsī de jīnglǐ** 他公司的经理 (他公司的經理) (ta gom-si dā djímm-li) (*gerente da empresa dele*), indicando posse.

Quando não acompanhada de um pronome, a partícula **de** age como o 's do inglês.

Fazendo Perguntas

Você tem algumas maneiras fáceis de fazer perguntas em chinês à sua disposição. Esperamos que esteja tão curioso sobre o mundo ao seu redor nestes dias a ponto de estar louco para fazer muitas perguntas quando aprender como realizá-las. Eu as dividi nas seções que se seguem.

A Partícula de pergunta ma

De longe, a maneira mais fácil de fazer uma pergunta é simplesmente acabar qualquer sentença com um **ma**. Isso a transforma automaticamente em uma pergunta. Por exemplo, a **Tā chīfàn.** 他吃饭. (他吃飯.) (ta tchi-fam.) (*Ele está comendo./Ele come.*) transforma-se em **Tā chīfàn ma?** 他吃饭吗? (他吃飯嗎?) (Tah tchi-fam ma?) (*Ele está comendo?/Ele come?*); **Nǐ shuō Zhōngwén.** 你说中文. (你說中文.) (ni xuo dʒom-uām.) (*Você fala chinês.*) transforma-se em **Nǐ Shuo Zhōngwén ma?** 你说中文吗? (你說中文嗎?) (ni xuo dʒom-uām ma?) (*Você fala chinês?*)

Perguntas para respostas sim/não usando bù entre verbos repetidos

Outra forma de fazer uma pergunta em chinês é repetir o verbo em sua forma negativa. É o equivalente em português a dizer algo como *Você come, não come?* Lembre-se: Este formato pode ser usado apenas para perguntas cujas respostas sejam sim ou não, no entanto. Aqui estão alguns exemplos:

Nǐ shì búshì Zhōngguórén? 你是不是中国人? (你是不是中國人?) (ni xi bu-xi dʒom-guo-rām?) (*Você é chinês?*)

Tāmen xǐhuān bùxǐhuān chī Zhōngguó cài? 他们喜欢不喜欢吃中国菜? (他們喜歡不喜歡吃中國菜?) (ta-mām ci-huam bu-xi-huam tchi dʒom-guo tsai?) (*Eles gostam de comer comida chinesa?*)

Capítulo 3: Aquecendo com o Básico: Gramática Chinesa 47

Tā yào búyào háizi? 他要不要孩子? (ta iau bu-iau hai-zi?) (*Ele quer ter filhos?*)

Para responder a esse tipo de pergunta, tudo que você tem a fazer é omitir ou o verbo na forma positiva ou o prefixo negativo e o verbo que lhe segue:

Nǐ hǎo bù hǎo? 你好不好? (ni hau bu hau?) (*Como você está?* [Literalmente: *Você está ou não está bem?*])

Wǒ hǎo. 我好. (uo hau.) (*Eu estou bem.*) ou **Wǒ bùhǎo.** 我不好. (uo bu-hau.) (*Eu não estou bem.*)

Alguns verbos chineses, como **xǐhuān** 喜欢 (喜歡) (ci-huam) (*gostar/querer*), têm duas sílabas. Quando os chineses falam rapidamente, eles podem não falar a segunda sílaba em alguns poucos verbos dissílabos e até mesmo em alguns verbos auxiliares no padrão verbo-**bù**-verbo. Então, em vez de dizer **Tā xǐhuān bùxǐhuān hē jiǔ?** 她喜欢不喜欢喝酒? (她喜歡不喜歡喝酒?) (ta ci-huam bu-xi-huam hā djiu?) significando *Ele ou ela gosta de beber vinho?*, alguém pode dizer **Tā xǐ bùxǐhuān hē jiǔ?** 她喜不喜欢喝酒? (她喜不喜歡喝酒?) (ta ci bu-xi-huam hā djiu?).

Pronomes interrogativos

A terceira maneira de fazer perguntas em chinês é usar pronomes interrogativos. Seguem pronomes que funcionam como perguntas em chinês:

- **nǎ** 哪 (na) + classificador (*que/qual*)
- **nǎr** 哪儿 (哪兒) (nar) (*onde/aonde*)
- **shéi** 谁 (誰) (xei) (*quem*)
- **shéi de** 谁的 (誰的) (xei dā) (*cujo/de quem*)
- **shénme** 什么 (甚麼) (shām-mā) (*que/o que*)
- **shénme dìfāng** 什么地方 (甚麼地方) (shām-mā di-faam) (*onde/aonde*)

Não confunda **nǎ** com **nǎr**. Uma letra a mais faz a diferença entre dizer *qual* (**nǎ**) e *onde* (**nǎr**).

Descobrir onde tais pronomes interrogativos devem ir numa frase é fácil. Basta colocá-los no final da sentença. Por exemplo

Pergunta: **Nǐ shì shéi?** 你是谁? (你是誰?) (ni xi xei?) (*Quem é você?*)

Resposta: **Nǐ shì wǒ péngyǒu.** 你是我朋友. (ni xi uo pāmm-iou.) (*Você é meu amigo.*)

Pergunta: **Tāde nǚpéngyǒu zài nǎr?** 他的女朋友在哪儿? (他的女朋友在哪兒?) (ta-dā nü-pāmm-iou zai nar?) (*Onde está a namorada dele?*)

Resposta: **Tāde nǚpéngyǒu zài jiālǐ.** 他的女朋友在家里.(他的女朋友在家裡.) (ta-dā nü-pāmm-iou zai djia-li.) (*A namorada dele está em casa.*)

Uma maneira de perguntar *quem* ou *qual pessoa* sem soar rude ou muito íntimo é usar o termo **něi wèi** 哪位 (nei uei) (Literalmente: *qual pessoa*). Por exemplo, **Nǐ yéye shì něi wèi?** 你爷爷是哪位? (你爺爺 是哪位?) (ni ie-ie xi nei uei?) (*Quem é o seu avô?*)

Com frequência você encontra pronomes interrogativos no início das frases seguidos pelo verbo **yǒu** 有 (iou) (*existir*), como **Shéi yǒu wǒde bǐ?** 谁有我的笔? (誰有我的筆?) (xei iou uo-dā bi?) (*Quem está com a minha caneta?*)

Capítulo 3: Aquecendo com o Básico: Gramática Chinesa 49

Combine as perguntas chinesas com as traduções para o português. (Veja o Apêndice D para saber a resposta correta.)

1. **Shì bú shì?** 是不是?
2. **Nǐ shuō Zhōngwén ma?** 你说中文吗? (你説中文嗎?)
3. **Nǐ shì shéi?** 你是谁? (你是誰?)
4. **Nà yǒu shénme guānxi?** 那有什么关系? (那有甚麼關係?)
5. **Nǐ yǒu méiyǒu yíge shǒutíshì?** 你有没有一个手提式? (你有沒有一個手提式?)

a. *Quem é você?*
b. *Não é assim?*
c. *Você tem um laptop?*
d. *Quem se importa?*
e. *Você fala chinês?*

50 Parte I: Primeiros Passos

Capítulo 4

Começando com Expressões Básicas: Nǐ Hǎo!

Neste Capítulo

▶ Apresentando-se aos outros

▶ Cumprimentando e conversando com família, amigos e colegas

Nǐ hǎo! 你好! (ni hau) (*Oi!/Como vai?*) Essas são provavelmente as duas palavras mais importantes que você precisa saber para iniciar uma conversa com seus vizinhos chineses, com os parentes chineses de seu marido ou esposa, com um colega chinês ou com o pessoal do aeroporto na sua chegada à China. Quando você diz essas palavras, você dá o primeiro passo para fazer novos amigos e estabelecer contato com praticamente qualquer pessoa.

Neste capítulo, vou mostrar como começar a traçar novas conexões com as palavras certas. A única outra coisa que você tem de fazer é sorrir. Isso é algo que todas as pessoas entendem, não importa de qual país sejam.

Fazendo Apresentações

Nada é melhor para fazer novos amigos do que uma **wǎnhuì** 晚会 (晚會) (uam-hui) (*festa*), um **xīn gōngzuò** 新工作 (cim gom-zuo) (*emprego novo*), no **dìtiě** 地铁 (地鐵) (di-tie) (*metrô*), ou apenas **zài lùshàng** 在路上 (zai lu-xaam) (*na rua*). Você pode conhecer alguém, logo após a leitura deste capítulo, que venha a se tornar um bom amigo para toda a vida. Esta parte lhe dá uma vantagem na hora de causar uma boa primeira impressão. Vá em frente e pratique estes cumprimentos para ficar pronto para o que vier.

Familiarizando-se

Quando você faz amizades com chineses ou viaja para o exterior, logo descobre que mesmo o mínimo de conhecimento de algumas expressões--chave na língua nativa deles já é um grande passo para estabelecer uma boa relação entre as duas culturas. O povo chinês, em particular, é muito grato a quem reserva um tempo para aprender a sua difícil e complexa língua, então seus esforços serão recompensados muitas vezes.

Você tem outras opções além de **nǐ hǎo** quando conhece alguém, como **Hěn gāoxìng jiàndào nǐ.** 很高兴见到你 (很高興見到你) (hām gau-cimm djiem-dau ni.) (*Fico feliz em conhecê-lo.*) ou **Wǒ hěn róngxìng.** 我很荣幸 (我很榮幸) (uo hām rom-cimm.) (*Sinto-me honrado em conhecê-lo.*). Vá em frente e diga à pessoa o seu **míngzi** 名字 (mimm-zi) (*nome*) e comece uma conversa a partir daí.

Não sabe o que dizer depois do primeiro **nǐ hǎo**? Aqui estão algumas falas comuns de introdução para você começar:

- **Nǐ jiào shénme míngzi?** 你叫什么名字? (你叫甚麼名字?) (ni djiau xām-mā mimm-zi?) (*Qual é o seu nome?*)
- **Qǐng ràng wǒ jièshào wǒ zìjǐ.** 请让我介绍我自己. (請讓我介绍 我自己.) (tsiimm raam uo djie-xau uo zi-dji.) (*Por favor, deixe-me apresentar-me.*)
- **Wǒ jiào _____. Nǐ ne?** 我叫 _____. 你呢? (uo djiau _____. ni nā?) (*Meu nome é _____. Qual é o seu?*)
- **Wǒ shì bāxī.** 我是巴西人. (我是巴西人.) (uo xi baci-rām.) (*Eu sou brasileiro[a].*)

Apresentando seus amigos e familiares

Você pode ajudar seus amigos a fazer ainda mais amigos se começar a apresentá-los uns aos outros. Tudo que você tem de fazer é dizer **Qǐng ràng wǒ jièshào wǒde péngyǒu, Carlos.** 请让我介绍我的朋友, Carlos. (請讓我介绍我的朋友, Carlos.) (tsiimm raam uo djie-xau uo-dā pāmm-iou, Carlos.) (*Deixe-me apresentar o meu amigo, Carlos.*) Além do seu **péngyǒu** 朋友 (pāmm-iou) (*amigo*), você pode apresentar estas pessoas importantes:

- **bàba** 爸爸 (ba-ba) (*pai*)
- **lǎobǎn** 老板 (老闆) (lau-bam) (*chefe*)

Capítulo 4: Começando com Expressões Básicas: Nǐ Hǎo! **53**

- **lǎoshī** 老师 (老師) (lau-xi) (*professor[a]*)
- **māma** 妈妈 (媽媽) (ma-ma) (*mãe*)
- **nán péngyǒu** 男朋友 (nam pāmm-iou) (*namorado*)
- **nǚ péngyǒu** 女朋友 (nü pāmm-iou) (*namorada*)
- **tàitai** 太太 (tai-tai) (*esposa*)
- **tóngshì** 同事 (tom-xi) (*colega*)
- **tóngwū** 同屋 (tom-uu) (*colega de quarto*)
- **tóngxué** 同学 (同學) (tom-ciue) (*colega de classe*)
- **wǒde péngyǒu** 我的朋友 (uo-dā pāmm-iou) (*meu amigo/minha amiga*)
- **zhàngfu** 丈夫 (dʒaam-fu) (*marido*)

Ao apresentar duas pessoas, sempre introduza aquele com o menor status social e/ou idade para a pessoa com o status social mais elevado. Os chineses consideram essa progressão educada.

Perguntando às pessoas por seus nomes

Muitas situações exigem saudações informais, como **Wǒ jiào Sara. Nǐ ne?** 我叫Sara. 你呢? (uo djiau Sara. ni nā?) (*Meu nome é Sara. E o seu?*) ou **Nǐ jiào shénme míngzi?** 你叫什么名字? (你叫甚麼名字?) (ni djiau xām-mā mimm-zi?) (*Qual é o seu nome?*), mas você pode mostrar um maior nível de educação e respeito perguntando **Nín guì xìng?** 您贵姓? (您貴姓?) (nim gui cimm?) (Literalmente: *Qual é o seu honorável sobrenome?*). Mas se está fazendo essa pergunta para alguém que é mais jovem do que você ou de menor status social, você pode tranquilamente dizer **Nǐ jiào shénme míngzi?** 你叫什么名字? (你叫甚麼名字?) (ni djiau xām-mā mimm-zi?) (*Qual é o seu nome?*). Embora **míngzi** normalmente signifique nome de batismo, essa pergunta pode ter como resposta o nome completo. Continue praticando essas diferentes frases de introdução para perguntar quem são as pessoas e você estará seguro para fazer amigos rapidamente (ou, pelo menos, sem dúvida conhecerá um monte de nomes chineses).

Se alguém lhe pergunta **Nín guì xìng?**, não se refira a si mesmo com o honorífico **guì** quando você responder. Seu novo conhecido poderia considerá-lo muito arrogante. Tal resposta é como dizer "*Meu estimado nome de família é Silva*". A melhor maneira de responder é dizer **Wǒ xìng Silva.** 我姓 Silva. (uo cimm Silva.) (*Meu nome de família é Silva.*)

Parte I: Primeiros Passos

Se alguém lhe diz seu nome em chinês, pode ter certeza de que a primeira sílaba que pronuncia é seu sobrenome, não seu nome. Então, se ele diz que seu nome é **Lǐ Shìmín**, por exemplo, seu nome de família é **Lǐ** e seu nome de batismo é **Shìmín**. Você deve continuar referindo-se a ele como **Lǐ Shimin** (em vez de apenas **Shìmín**), até tornarem-se bons amigos. Se você quiser chamá-lo de **Xiānshēng** 先生 (ciamm-xāmm) (*Sr.*), ou se você está se dirigindo a uma mulher como **Xiǎojiě** 小姐 (ciau-djie) (*Senhorita*) ou **Tàitài** 太太 (tai-tai) (*Sra.*), você coloca esse título depois do seu sobrenome e diz **Lǐ Xiānshēng** ou **Lǐ Xiǎojiě**.

Tendo uma Conversa

Eva apresenta seus amigos Oscar e David um ao outro. (Faixa 5)

Eva: **Oscar, qǐng ràng wǒ jièshào wǒde péngyǒu David.**
Oscar, tsiimm raam uo djie-xau uo-dā pāmm-iou David.
Oscar, deixe-me apresentar meu amigo David.

Oscar: **Nǐ hǎo. Hěn gāoxìng jiàndào nǐ.**
ni hau. hām gau-cimm djiem-dau ni.
Oi. Prazer em conhecê-lo.

David: **Hěn gāoxìng jiàndào nǐ. Wǒ shì Eva de tóngxué.**
hām gau-cimm djiem-dau ni. uo xi Eva dā tom-ciue.
Prazer em conhecê-lo. Sou colega de classe da Eva.

Oscar: **Hěn gāoxìng jiàndào nǐ.**
hām gau-cimm djiem-dau ni.
Prazer em conhecê-lo.

David: **Nǐmen zénme rènshì?**
ni-mām zām-mā rām-xi?
Como vocês se conheceram?

Eva: **Wǒmen shì tóngshì.**
uo-mām xi tom-xi.
Somos colegas de trabalho.

Vocabulário

péngyǒu 朋友	pãmm-iou	amigo(a)
Hěn gāoxìng jiàndào nǐ. 很高兴见到你. (很高興見到你.)	hãm gau-cimm djiam-dau ni.	Prazer em conhecê-lo.
tóngxué 同学 (同學)	tom-ciue	colega de classe
tóngshì 同事	tom-xi	colega de trabalho

Cumprimentando e Conversando

Quando você **dǎ zhāohu** 打招呼 (da dʒau-hu) (*faz saudações*), você está no caminho para manter e, possivelmente, até mesmo melhorar suas relações com os outros. Isso vale para começar bem o dia com seu **àirén** 爱人 (愛人) (ai-rãm) (*cônjuge*), mostrando respeito pelo seu **lǎoshī** 老师 (老師) (lau-xi) (*professor*), continuando na boa com seu **lǎobǎn** 老板 (老闆) (lau-bam) (*chefe*), ou preparando o caminho para lidar com seu novo **shēngyì huǒbàn** 生意伙伴 (生意夥伴) (xãmm-ii huo-bam) (*parceiro de negócios*).

Após a saudação inicial, circule para conversar um pouco, a fim de poder conhecer melhor as pessoas. Pode-se fazer novos amigos e descobrir mais sobre os outros por meio de pequenas conversas. Esta seção apresenta algumas frases importantes de se saber.

Dirigindo-se a novos amigos e desconhecidos

Em sua cidade ou país de origem, você pode ter abundância de **lǎo péngyǒu** 老朋友 (lau pãmm-iou) (*velhos amigos*), mas, em qualquer outra cidade ou país, você precisa começar com o pé direito, abordando as pessoas como elas estão acostumadas a serem abordadas. Você pode conseguir amigos com o tempo, mas tente evitar soar muito amigável ou presunçoso cedo demais.

Você sempre pode receber seguramente as pessoas em ambientes profissionais, anunciando seu sobrenome seguido de seu título, como em **Wáng Xiàozhǎng** 王校长 (王校長) (uaam ciau-dʒaam) (*Presidente [de uma instituição educacional] Wang*) ou **Jīn Zhǔrèn** 金主任 (djim dʒu-rām) (*Diretor Jin*). Aqui estão alguns outros exemplos de títulos profissionais:

- **bùzhǎng** 部长 (部長) (bu-dʒaam) (*chefe de departamento ou ministro*)
- **fùzhǔrèn** 副主任 (fu-dʒu-rām) (*diretor-assistente/vice-diretor*)
- **jiàoshòu** 教授 (djiau-xou) (*professor [universitário]*)
- **jīnglǐ** 经理 (經理) (djimm-li) (*gerente*)
- **lǎoshī** 老师 (老師) (lau-xi) (*professor*)

Se você não sabe o título de alguém, pode seguramente abordar a pessoa dizendo seu nome de família e, em seguida, **Xiānshēng** 先生 (ciam-xāmm) (*Sr.*) ou **Xiǎojiě** 小姐 (ciau-djie) (*Senhorita*).

Os chineses muitas vezes instruem seus filhos a lidar com as pessoas mais velhas como **shúshu** 叔叔 (xu-xu) (*tio*) ou **āyí** 阿姨 (a-ii) (*tia*). Conhecer uma família chinesa faz você se sentir como se realmente fosse parte da família em um novo país.

Às vezes as pessoas adicionam os termos **lǎo** 老 (lau) (*velho*) ou **xiǎo** 小 (ciau) (*jovem*) na frente do sobrenome e omitem o primeiro nome completamente. Isso indica um grau de familiaridade e simpatia que só se pode desenvolver ao longo do tempo. Mas tenha certeza de que você sabe qual usar — **lǎo** é para alguém que é mais velho do que você e **xiǎo** é para alguém que é mais jovem do que você. Também tenha em mente que esses nomes às vezes podem soar um pouco engraçados para quem não é chinês. Se o sobrenome de alguém é pronunciado como **Yáng** (iaam), que soa parecido com a palavra para *bode*, pode parecer que você está chamando a pessoa de bode velho quando vocês se tornarem bons amigos.

Conversando sobre as horas

Você sempre pode dizer **nǐ hǎo** quando conhece alguém, mas, em determinados momentos do dia, você pode usar formas específicas para expressar seus cumprimentos.

Quando você se encontra com família, amigos, colegas de trabalho ou colegas na parte da manhã, você pode dizer **Zǎo.** 早. (zau.) (*Bom dia.*) ou **Zǎo ān.** 早安. (zau am.) (*Bom dia* [Literalmente: *a paz cedo.*]).

Uma palavra sobre o comportamento culturalmente aceitável

Os chineses são pessoas muito amigáveis e, às vezes, não hesitam em chegar a um estrangeiro na rua a fim de praticar o idioma dele, especialmente o inglês. Tal situação pode ser uma grande oportunidade de praticar seu chinês também. Você tem todos os tipos de diferenças culturais para se acostumar, no entanto, não se surpreenda se uma pessoa que você acabou de conhecer começar a perguntar sobre seu salário ou o custo desse lindo suéter que você está vestindo. Assuntos que são tabus no Ocidente, não estão fora dos limites na China. (Tente não perguntar sobre os pontos de vista políticos de uma pessoa ou sobre sua vida amorosa, a menos que você conheça a pessoa muito bem, ou você pode dar de cara com uma muralha.)

Em geral, os chineses relutam em mostrar as emoções negativas em público. Raiva, desapontamento ou desaprovação são as principais a serem evitadas. Tente fazer o mesmo quando você estiver em um ambiente chinês, porque você pode correr o risco de insultar alguém involuntariamente. Significaria que você os fez ficar sem jeito — um pecado capital se quiser se dar bem na China. A última coisa que vai querer fazer é insultar, gritar ou constranger alguém publicamente, de modo a evitar quaisquer reações negativas que possa ter. Você ganha respeito por controlar suas emoções.

Você pode se surpreender com o fato de muitos chineses não terem escrúpulos de realizar certas necessidades fisiológicas em público. Os chineses não consideram rude, por exemplo, arrotar, cuspir ou até mesmo soltar gases na frente dos outros. E porque não há algo como uma área de não fumantes, a maioria dos fumantes nem sequer pensa em perguntar se você se importaria de acenderem um cigarro perto de você. Além disso, pode encontrar pessoas apontando ou mesmo olhando para você — especialmente nas cidades e aldeias que raramente recebem visitantes estrangeiros. Esses comportamentos são considerados perfeitamente aceitáveis, então não se deixe incomodar por eles. Basta ir com o fluxo e, em troca, oferecer um sorriso educado.

Os chineses têm uma ideia diferente sobre como manter uma certa distância física considerada educada ao falar com alguém. Você geralmente vai encontrar alguém em pé ou sentado muito perto de você, não importa o quanto você continuar tentando se afastar. E se você encontrar dois amigos do mesmo sexo andando de mãos ou braços dados, não tire conclusões. Significa apenas que eles são amigos.

Nota: Apesar da visão mais descontraída do espaço pessoal, evite tapas nas costas dos chineses que não conhece bem, não importa o quanto você esteja animado para os conhecer. E quando se lida com pessoas do sexo oposto, qualquer contato físico com alguém que você não conhece muito bem vai ser mal interpretado, desse modo, tente evitá-lo.

À noite ou antes de ir dormir, você pode dizer **Wǎn ān.** 晚安. (uam am.) (*Boa noite.*). Assim como **zǎo** significa *cedo*, **wǎn** significa *tarde*. Então, se alguém diz **Nǐ lái de tài wǎn.** 你来得太晚. (你來得太晚.) (ni lai dã tai uam.) ou **Nǐ lái de tài zǎo.** 你来得太早. (你來得太早.) (ni lai dã tai zau.), ele quer dizer *Você veio tarde demais.* ou *Você veio muito cedo.*

58 Parte I: Primeiros Passos

Tendo uma Conversa

Júlia e Christiano são bons amigos e se encontram na frente da escola em uma manhã. Júlia apresenta Christiano a um novo estudante chamado Lǐ.

Julia: **Zǎo. Nǐ zěnme yàng?**
zau. ni zām-mā iaam?
Bom dia. Como vai?

Christiano: **Hěn hǎo, xièxiè. Nǐ ne?**
hām hau, cie-cie. ni nā?
Muito bem, obrigado. E você?

Julia: **Wǒ yě hěn hǎo. Zhè wèi shì wǒmen de xīn tóngxué.**
uo ie hām hau. dʒā uei xi uo-mām dā cimm tom-ciue.
Estou bem também. Este é o nosso novo colega de classe.

Christiano: **Nǐ hǎo. Qǐng wèn, nǐ xìng shénme?**
ni hau. tsiimm uām ni cimm xām-mā?
Oi. Qual é o seu (sobre)nome?

Lǐ: **Wǒ xìng Lǐ. Nǐ jiào shénme míngzi?**
uo cimm Lǐ. ni djiau xām-mā mimm-zi?
Meu sobrenome é Lǐ. Qual é o seu (primeiro) nome?

Christiano: **Wǒ jiào Christopher. Nǐ xué shénme?**
uo djiau Christiano. ni ciue xām-mā?
Meu nome é Christiano. O que você estuda?

Lǐ: **Wǒ xué lìshǐ. Nǐ ne?**
uo ciue li-xi. ni nā?
Eu estudo História. E você?

Christiano: **Wǒ xué kuàijì.**
uo ciue kuai-dji.
Estudo Contabilidade.

Capítulo 4: Começando com Expressões Básicas: Nǐ Hǎo! **59**

Vocabulário

tóngxué 同学 (同學)	tom-ciue	colega de classe
míngzi 名字	mimm-zi	primeiro nome
xìng 姓	cimm	sobrenome
xué 学 (學)	ciue	estudar
lìshǐ 历史 (歷史)	li-xi	história
kuàijì 会计 (會計)	kuai-dji	contabilidade

Falando sobre o tempo

Falar sobre o **tiānqì** 天气 (天氣) (tiam-tsii) (*tempo*) é sempre um tema seguro em qualquer conversa. Na verdade, é uma espécie de quebra-gelo universal. Se o céu está azul e tudo parece bem com o mundo, você pode começar dizendo **Jīntiān de tiānqì zhēn hǎo, duì bú duì?** 今天的天气真好, 对不对? (今天的天氣真好, 對不對?) (djimm-tiem dã tiem-tchii dʒām hau, dui bu dui?) (*O tempo sem dúvida está bom hoje, não está?*). Aqui vão alguns adjetivos para descrever a temperatura e a umidade:

- **lěng** 冷 (lãmm) (*frio*)
- **liángkuài** 凉快 (涼快) (liaam-kuai) (*fresco*)
- **mēnrè** 闷热 (悶熱) (mãm-rã) (*abafado*)
- **nuǎnhuó** 暖和 (nuam-huo) (*calor agradável*)
- **rè** 热 (熱) (rã) (*quente*)

Só use a palavra **rè** para descrever o clima quente. Para o alimento que está quente você diz **tàng** 烫 (燙) (taam). E se sua comida é picante, você tem de dizer que é **là** 辣 (la) no lugar de **rè**.

Todas as **sìjì** (si-dji) (*quatro estações*) — **dōngtiān** 冬天 (dom-tiem) (*inverno*), **chūntiān** 春天 (tchuãm-tiem) (*primavera*), **xiàtiān** 夏天 (cia-tiem) (*verão*) e **qiūtiān** 秋天 (tsiiu-tiem) (*outono*) — têm os seus encantos. Elas também têm suas características distintas quando se trata do tempo, o que você pode expressar com as seguintes palavras, em qualquer conversa:

60 Parte I: Primeiros Passos

- **bàofēngxuě** 暴风雪 (暴風雪) (bau-fãmm-ciue) (*nevasca*)
- **dàfēng** 大风 (大風) (da-fãmm) (*fortes ventos*)
- **duōyún** 多云 (多雲) (duo-iüim) (*nublado*)
- **fēng hěn dà** 风很大 (風很大) (fãmm hãm da) (*ventania*)
- **léiyǔ** 雷雨 (lei-iü) (*tempestade*)
- **qínglǎng** 晴朗 (tsiimm-laam) (*ensolarado*)
- **qíngtiān** 晴天 (tsiimm-tiem) (*claro*)
- **xià máomáoyǔ** 下毛毛雨 (cia mau-mau-iü) (*garoa*)
- **xiàwù** 下雾 (下霧) (cia-uu) (*nevoeiro*)
- **xiàxuě** 下雪 (cia-ciue) (*neve*)
- **xiàyǔ** 下雨 (cia-iü) (*chuvoso*)
- **yīntiān** 阴天 (陰天) (iim-tiem) (*encoberto*)

Tendo uma Conversa

Bruno e Joana falam sobre o tempo em Harbin, um dos lugares mais frios do norte da China.

Joana: **Hā'ěrbīn dōngtiān hěn lěng. Chángcháng xiàxuě.**
ha-ar-bimm dom-tiem hãm lãmm. tchaam-tchaam cia-ciue.
Harbin é muito frio no inverno. Neva com frequência.

Bruno: **Zhēnde ma?**
dʒãm-dā ma?
Sério?

Joana: **Zhēnde. Yě yǒu bàofēngxuě. Xiàtiān hái hǎo. Bǐjiào nuǎnhuó.**
dʒãm-dā. ie iou bau-fãmm-ciue. cia-tiem hai hau. bi-djiau nuám-huo.
Sério. Também há nevascas. No verão é melhor. É mais quente.

Bruno: **Lěng tiān kěyǐ qù huáxuě, hái kěyǐ qù liūbīng. Nèmme Hā'ěrbīn dōngtiān de shíhòu dàgài hěn hǎo wán.**
lãmm tiem kā-ii tsiü hua-ciue, hai kā-ii tsiü liu-bimm. nãm-mã ha-ar-bim dom-tiem dã xi-hou da-gai hãm hau uam.
No tempo frio você pode esquiar ou patinar no gelo. Então, Harbin, durante o inverno, é provavelmente cheia de diversão.

Capítulo 4: Começando com Expressões Básicas: Nǐ Hǎo! **61**

Vocabulário

Zhēnde ma? 真的吗? (真的嗎?)	dzãm-dã-ma?	Verdade?
huáxuě 滑雪	hua-ciue	esquiar
liūbīng 溜冰	liu-bin	patinar
hǎo wán 好玩	hau-uam	divertido

Descobrindo de onde as pessoas são

Querer saber de onde as pessoas são quando você as conhece é natural. Talvez elas sejam de sua cidade natal. Talvez a mãe do seu novo amigo e o seu pai voltavam da escola pelo mesmo caminho. O que quer que o motive a fazer a pergunta, você pergunta dizendo **Nǐ shì nǎr de rén?** 你是哪儿的人? (你是哪兒的人?) (ni xi nar dã rãm?) (*De onde você é?*). Para responder a essa pergunta, você substitui a palavra **nǐ** 你 (ni) (*você*) por **wǒ** 我 (uo) (*eu*) e coloca o nome do lugar de onde você é onde a palavra **nǎr** está.

As pessoas em Taiwan dizem **nǎlǐ** 哪里 (哪理) (na-li) em vez de **nǎr** 哪儿 (哪兒) (nar) para a palavra *onde*. **Nǎr** indica um sotaque do norte e é usado principalmente por pessoas da China continental.

Aqui está uma lista de países que podem surgir na conversa:

- **Bāxī** 巴西 (ba-ci) (*Brasil*)
- **Fǎguó** 法国 (法國) (fa-guo) (*França*)
- **Měiguó** 美国 (美國) (mei-guo) (*Estados Unidos*)
- **Rìběn** 日本 (ri-bãm) (*Japão*)
- **Ruìdiǎn** 瑞典 (rui-diem) (*Suécia*)
- **Ruìshì** 瑞士 (rui-xi) (*Suíça*)
- **Yìdàlì** 意大利 (ii-dali) (*Itália*)
- **Yuènán** 越南 (越南) (iue-nam) (*Vietnã*)
- **Zhōngguó** 中国 (中國) (dʒom-guo) (*China*)

Parte I: Primeiros Passos

Tendo uma Conversa

Cínthia acabou de se apresentar a Adriana na casa de um amigo em comum delas. Cínthia pergunta a Adriana de onde ela é.

Cínthia: **Adriana, nǐ shì nǎr de rén?**
Adriana, ni xi nar dā rām?
Adriana, de onde você é?

Adriana: **Wǒ shì Jiāzhōu rén. Nǐ ne?**
uo xi djia-dʒou rām. ni nā?
Sou da Califórnia. E você?

Cínthia: **Wǒ búshì Měiguórén. Wǒ shì Yīngguó Lúndūn láide.**
uo bu-xi mei-guo-rām. uo xi iimm-guo luām-duām lai-dā.
Não sou estadunidense. Sou de Londres, Inglaterra.

Adriana: **Nà tài hǎole.**
na tai hau-lā.
Legal!

Vocabulário

Jiāzhōu 加州	djia-dʒou	Califórnia
Měiguórén 美国人 (美國人)	mei-guo-rām	estadunidense
Yīngguó 英国 (英國)	iimm-guo	Inglaterra
Nà tài hǎole. 那太好了.	na tai hau-lā.	Legal

Recebendo (ou melhor, rejeitando) elogios

Os chineses sempre ficam impressionados quando encontram um estrangeiro que tenha se dedicado a aprender a língua deles. Então, quando você fala **Zhōngwén** 中文 (dʒom-uām) (*chinês*) com uma **Zhōngguórén** 中国人 (中國人) (dʒom-guo-rām) (*pessoa chinesa*), ela pode muito bem dizer **Nǐde Zhōngwén tài hǎole.** 你的中文太好了. (ni-dā dʒom-uām tai hau-lā) (*Seu chinês*

Capítulo 4: Começando com Expressões Básicas: Nǐ Hǎo! **63**

é fantástico.). No entanto, em vez de se dar os parabéns, você deve ser um pouco autodepreciativo em sua resposta. Não ceda à tentação de aceitar o elogio facilmente e dizer **Xièxiè.** 谢谢 (謝謝). (cie-cie.) (*Obrigado[a].*), porque isso significa que você concorda totalmente com o elogio. Em vez disso, tente uma das seguintes respostas. Cada uma delas pode ser traduzida aproximadamente como *Não é nada.* ou o equivalente a *Não, não, eu não mereço tal elogio*:

- **Guò jiǎng guò jiǎng.** 过讲过讲. (過講過講.) (guo djiaam guo djiaam.)

- **Nǎlǐ nǎlǐ.** 哪里哪里. (哪裡哪裡.) (na-li na-li.)

- **Nǎr de huà.** 哪儿的话. (哪兒的話.) (nar dā hua.)

Despedindo-se

Quando chega a hora de dizer adeus, você sempre pode dizer **Zài jiàn.** 再见. (再見.) (xai djiem.) (*Adeus.*). Se você está saindo por pouco tempo e pretende estar de volta em breve, você pode dizer **Yīhuǐr jiàn.** 一会儿见. (一會兒見.) (ii-huir djiem.) (*Vejo você daqui a pouco.*). E se você não vai ver alguém até o dia seguinte, você pode dizer **Míngtiān jiàn.** 明天见. (明天見.) (mimm-tiem djiem.) (*Vejo você amanhã.*). Para um rápido *Vejo você mais tarde.*, você pode dizer **Huítóu jiàn.** 回头见. (回頭見.) (hui-tou djiem.). Aqui estão algumas outras frases que você pode usar para dizer adeus:

- **Míngnián jiàn.** 明年见. (明年見.) (mimm-niem djiem.) (*Vejo você no ano que vem.*)

- **Xiàge lǐbài jiàn.** 下个礼拜见. (下個禮拜見.) (cia-gā li-bai djiem.) (*Vejo você na semana que vem.*)

- **Xīngqī'èr jiàn.** 星期二见. (星期二見.) (cumm-tchii-ar djiem.) (*Vejo você você na terça-feira.*)

- **Yílù píng'ān.** 一路平安. (ii-lu pimm am.) (*Tenha uma boa viagem.*)

Para mais opções de dias da semana para usar no penúltimo item da lista, vá até o Capítulo 5.

Parte I: Primeiros Passos

Diversão & Jogos

Atividade 1: Aqui está uma lista de palavras soltas. Veja se consegue colocá-las de volta no lugar ao qual elas pertencem no texto a seguir. As respostas estão no Apêndice D.

míngzi 名字, **bàofēngxuě** 暴风雪 (暴風雪), **jiàn** 见 (見), **Déguórén** 德国人 (德國人), **hǎo** 好

Zǎo. Nǐ ____. Wǒde _____ jiào John. Wǒ shì _____. Jīntiān de tiānqì hěn hǎo. Méiyǒu _____. Huítóu _____.

早。你 ——。我的 —— 叫 John. 我是 ——。今天的天气(氣) 很好。
没有 ——。回头(頭) ——。

Atividade 2: Combine a situação com a expressão apropriada. Você pode encontrar as respostas no Apêndice D.

1. Você vê alguém de novo depois de muito tempo.
2. Você vê seu amigo à noite.
3. Você vê seu professor na parte da manhã.
4. Alguém elogia seu novo penteado.
5. Alguém lhe apresenta seu irmão.
6. Seu melhor amigo está prestes a embarcar em um avião para a França.

A. **Hěn gāoxìng jiàndào nǐ.** 很高兴见到你. (很高興見到你.)
B. **Yílù píng'ān.** 一路平安.
C. **Hǎo jiǔ méi jiàn.** 好久没见. (好久沒見.)
D. **Wǎn ān.** 晚安.
E. **Zǎo.** 早.
F. **Nǎr de huà.** 哪儿的话. (哪兒的話.)

Capítulo 5

Acertando com Números, Tempo e Medidas

Neste Capítulo

▶ Contando até 100 e além

▶ Conhecendo as horas e os períodos do dia

▶ Descobrindo palavras do calendário e feriados chineses

Sabe como se descobriu que a China tem mais de um bilhão de pessoas? Contando, bobinho. Tudo bem, provavelmente realizaram um censo oficial, mas se você pode aprender o abecedário em português, você pode pelo menos aprender a contar até cem em chinês. Apenas multiplique por dez, e você vai chegar a mil. As palavras para números chineses são realmente bastante lógicas — mais fáceis do que você pensa — e elas são a base deste capítulo.

Depois que souber como contar, você também pode falar os dias da semana e os meses do ano. O capítulo também abrange números cardinais e ordinais, então você pode dizer o que veio primeiro (o ovo ou a galinha). Se você tem um trem para pegar, pode dar uma olhada neste capítulo para descobrir como contar o tempo que você não vai se atrasar. Pode mesmo dizer a seu acompanhante chinês qual é a data em chinês. Finalmente, apresento-lhe tudo sobre os principais feriados chineses para que você possa planejar seu trabalho e agenda de viagens de acordo com eles, inclusive mostrando-lhe como fazer votos de Ano-Novo e fornecendo uma lista completa dos próximos animais no zodíaco chinês. O que mais você poderia pedir?

Contando em chinês

Descobrir coisas como especificar o número de quilos de carne que você quer comprar no mercado, quanto (dinheiro) quer trocar no aeroporto ou quanto essa corrida de táxi do seu hotel realmente vai custar pode ser uma provação, se você não sabe os números básicos. As seções a seguir decifram as regras e as formas de contar em chinês.

Parte I: Primeiros Passos

Números de 1 a 10

Aprender a contar de 1 a 10 em chinês é tão fácil como **yī** 一 (ii) (*um*), **èr** 二 (ār) (*dois*), **sān** 三 (sam) (*três*). A Tabela 5-1 lista os números de 0 a 10. No entanto, as pessoas na China usam algarismos arábicos também; assim, você pode escrever 1, 2, 3, e todo mundo vai saber o que você quer dizer.

Tabela 5-1	Números de 0 a 10	
Chinês	*Pronúncia*	*Português*
líng 零	limm	*0*
yī 一	ii	*1*
èr 二	ar	*2*
sān 三	sam	*3*
sì 四	si	*4*
wǔ 五	uu	*5*
liù 六	liu	*6*
qī 七	tchii	*7*
bā 八	ba	*8*
jiǔ 九	djiu	*9*
shí 十	xi	*10*

Se o número 2 vier antes de um classificador, use a palavra **liǎng** em vez de **èr**. (Como discutido no Capítulo 3, os classificadores são palavras de medição, comuns nas línguas asiáticas, que ajudam a quantificar determinados nomes. Algo próximo no português seria o exemplo *três cabeças de gado*, em que cabeça exerceria um papel similar ao de um classificador.) Então, para dizer que você tem dois livros, você diz que tem **liǎng běn shū** 两本书 (兩本書) (liaam bām xu) em vez de **èr běn shū** 二本书 (二本書) (ar bām xu).

Números de 11 a 99

Depois do número 10, você cria números falando a palavra 10 seguida pelo algarismo que, quando adicionado a ela, vai se combinar para criar os números de 11 a 19. É realmente fácil. Por exemplo, 11 é **shíyī** 十一 (xi-ii) — literalmente, 10 mais 1. A mesma coisa vale para o 12 e assim por diante, até o 19. A Tabela 5-2 lista os números de 11 a 19.

Capítulo 5: Acertando com Números, Tempo e Medidas · 67

Tabela 5-2	Números de 11 a 19	
Chinês	*Pronúncia*	*Português*
shíyī 十一	xi-ii	*11 (Literalmente, 10 + 1)*
shí'èr 十二	xi-ar	*12 (Literalmente, 10 + 2)*
shísān 十三	xi-sam	*13*
shísì 十四	xi-si	*14*
shíwǔ 十五	xi-uu	*15*
shíliù 十六	xi-liu	*16*
shíqī 十七	xi-tchii	*17*
shíbā 十八	xi-ba	*18*
shíjiǔ 十九	xi-djiu	*19*

Quando chegar a 20, você tem que pensar, literalmente, dois 10 — mais qualquer que seja o dígito que você queira adicionar, para 21 a 29, como mostra a Tabela 5-3.

Tabela 5-3	Números de 20 a 29	
Chinês	*Pronúncia*	*Português*
èrshí 二十	ar-xi	*20 (Literalmente, dois 10)*
èrshíyī 二十一	ar-xi-ii	*21 (Literalmente, dois 10 + 1)*
èrshí'èr 二十二	ar-xi-ar	*22*
èrshísān 二十三	ar-xi-sam	*23*
èrshísì 二十四	ar-xi-si	*24*
èrshíwǔ 二十五	ar-xi-uu	*25*
èrshíliù 二十六	ar-xi-liu	*26*
èrshíqī 二十七	ar-xi-tchii	*27*
èrshíbā 二十八	ar-xi-ba	*28*
èrshíjiǔ 二十九	ar-xi-djiu	*29*

A mesma ideia básica vale para **sānshí** 三十 (sam-xi) (*30* [Literalmente: *três 10*]), **sìshí** 四十 (si-xi) (*40*), **wǔshí** 五十 (uu-xi) (*50*), **liùshí** 六十 (liu-xi) (*60*), **qīshí** 七十 (tchii-xi) (*70*), **bāshí** 八十 (ba-xi) (*80*), e **jiǔshí** 九十 (djiu-xi) (*90*). O que poderia ser mais fácil?

Números de 100 a 9.999

Depois do número 99, não se pode mais contar por dezenas. Aqui está como se diz 100 e 1000:

- *100* é **yìbǎi** 一百 (ii-bai).
- *1.000* é **yìqiān** 一千 (ii-tsiiem).

Os chineses contam todos os números até **wàn** 万 (萬) (uam) (10.000) e depois repetem tais números em quantias maiores até **yì** 亿 (億) (ii) (100 milhões).

Em chinês, os números são representados com as unidades de maior valor primeiro. Portanto, o número 387 é **sānbǎi bāshí qī** 三百八十七 (sam-bai ba-xi tchii). O número 15.492 é **yíwàn wǔqiān sìbǎi jiǔshí'èr** 一万五千四百九十二 (一萬五千四百九十二) (ii-uam uu-tsiiem si-bai djiu-xi-ar).

O número 1 (**yī** 一) muda do primeiro tom (alto) para o quarto tom (em queda) quando seguido por um primeiro tom, como em **yìqiān** 一千 (ii-tsiiem) (*1.000*); para um segundo (crescente) tom, como em **yì nián** 一年 (ii niem) (*um ano*), e para um terceiro (sobe e desce) tom, como em **yìbǎi** 一百 (ii-bai) (*100*). E ele muda para o segundo tom quando seguido por um quarto de tom, como em **yíwàn** 一万 (一萬) (ii-uam) (*10.000*). Ele mantém a marca original de primeiro tom apenas quando as pessoas contam números: um, dois, três, e assim por diante.

Números de 10.000 a 100.000 e além

Aqui estão os números:

- *10.000* é **yíwàn** 一万 (一萬) (ii uam) (literalmente: *uma unidade de 10.000*).
- *100.000* é **shí wàn** 十万 (十萬) (xi uam) (literalmente: *dez unidades de 10.000*).
- *1 milhão* é **yìbǎi wàn** 一百万 (一百萬) (ii-bai uam) (Literalmente: *100 unidades de 10.000*).
- *100 milhões* é **yí yì** 一亿 (一億) (ii ii).

Números desempenham um papel interessante na fala cotidiana na China. Às vezes, você vai ouvir alguém dizer enfaticamente **Nǐ qiānwàn búyào xìn tāde huà!** 你千万不要信他的话! (你千萬不要信他的話!) (ni tsiiem uam bu-iau ciim ta-dā hua!) (*De qualquer maneira, você não vai acreditar no que ele diz!*) **Qiān** significa *1.000*, e **wàn** significa *10.000*, mas quando você coloca essas duas

Capítulo 5: Acertando com Números, Tempo e Medidas **69**

palavras juntas na frente do prefixo negativo **bù**, você enfatiza algo. Outra frase que era ouvida com frequência antigamente na China é a expressão **wàn suì** 万岁 (萬歲) (uam sui) (*vida longa*). Após essa expressão, a pessoa pode adicionar o nome de alguém no poder, então você teria algo como **Máo zhǔxí wàn suì!** 毛主席万岁! (毛主席萬歲!) (mau dʒu-xi uam sui!) (*Vida longa ao presidente Mao!*). Se você usar essa expressão nos dias de hoje, você meio que parodiará uma frase levada muito a sério há apenas poucas décadas.

Que tal essas partes?

E como seria se você quisesse adicionar a metade de alguma coisa? Bem, a palavra para *metade* é **bàn** 半 (bam), e ela pode vir no início, como em **bàn bēi kělè** (半杯可乐) (半杯可樂) (bam bei kā-lā) (*a metade de um copo de cola*), ou depois de um número e de um classificador, mas antes do objeto, para significar *e meio(a)*, como em **yí ge bàn xīngqī** 一个半星期 (一個半星期) (ii gā bam cimm-tsii) (*uma semana e meia*).

Os números ordinais

Se você quiser indicar a ordem de algo, adicione a palavra **dì** 第 (di) antes do numeral:

Chinês	*Pronúncia*	*Português*
dì yī 第一	di ii	*primeiro*
dì èr 第二	di ar	*segundo*
dì sān 第三	di sam	*terceiro*
dì sì 第四	di si	*quarto*
dì wǔ 第五	di uu	*quinto*
dì liù 第六	di liu	*sexto*
dì qī 第七	di tchii	*sétimo*
dì bā 第八	di ba	*oitavo*
dì jiǔ 第九	di djiu	*nono*
dì shí 第十	di xi	*décimo*

Se o número ordinal é seguido de um substantivo, um classificador precisa ir entre eles, como em **dì bā ge xuéshēng** 第八个学生 (第八個學生) (di ba gā ciue-xamm) (*o oitavo aluno*) ou **dì yī ge háizi** 第一个孩子 (第一個孩子) (di ii gā hai-zi) (*o primeiro filho*).

Parte I: Primeiros Passos

Perguntando quanto

Você tem duas maneiras de perguntar quanto custa algo ou quantos de alguma coisa há. A primeira é a palavra **duōshǎo** 多少 (duo-xau), que você usa quando pergunta algo cuja resposta será, provavelmente, mais de dez. A segunda é **jǐ** 几(幾) (dji) ou **jǐge** 几个 (幾個) (dji-gã), que você usa quando se refere a algo cuja resposta será, provavelmente, inferior a dez:

> **Nàge qìchē duōshǎo qián?** 那个汽车多少钱? (那個汽車多少錢?) (na-gã tsii-tchã duo-xau tsiiem?) (*Quanto custa esse carro?*)

> **Nǐ xiǎo nǚ'ér jīnnián jǐ suì?** 你小女儿今年几岁? (你小女兒今年幾歲?) (ni ciau nü-ar djimm-niem dji sui?) (*Quantos anos sua filha faz neste ano?*)

Dizendo as Horas

Tudo que você precisa fazer para descobrir as **shíjiān** 时间 (時間) (xi-djiam) (*horas*) é dar uma olhada em seu **shǒubiǎo** 手表 (xou-biau) (*relógio*) ou olhar para o **zhōng** 钟 (鐘) (dʒom) (*relógio*) na parede. Hoje em dia, até mesmo seu computador ou telefone celular mostra as horas. E você sempre pode recorrer ao amado **luòdìshì dà bǎizhōng** 落地式大摆钟 (落地式大擺鐘) (luo-di-xi da bai-dʒom) (*relógio de pêndulo*) na sala de estar de seus pais. Você já não tem qualquer desculpa para **chídào** 迟到 (遲到) (tchi-dau) (*estar atrasado*), especialmente se você possui um **nào zhōng** 闹钟 (鬧鐘) (nau dʒom) (*despertador*)!

Perguntando e informando as horas

Quer saber qual é a hora? Basta ir até alguém e dizer **Xiànzài jǐdiǎn zhōng?** 现在几点钟? (現在幾點鐘?) (ciam-zai dji-diem dʒom?). Traduzindo, seria quase literalmente *Que horas são agora no relógio?* Na verdade, você pode até mesmo deixar de fora a palavra *relógio* e ainda perguntar as horas: **Xiànzài jǐdiǎn?** 现在几点? (現在幾點?) (ciam-zai dji-diem?). Não é fácil?

Entretanto, para entender as respostas a essas perguntas, você precisa entender como se diz as horas em chinês. Você pode informar as horas em chinês usando as palavras **diǎn** 点 (點) (diem) (*hora*) e **fēn** 分 (fãm) (*minuto*). Você pode até mesmo falar sobre as horas em **miǎo** 秒 (miau) (*segundos*), se você gosta de ou sabe imitar um gato. A Tabela 5-4 mostra como pronunciar cada uma das horas.

Capítulo 5: Acertando com Números, Tempo e Medidas

Você pode informar as horas dizendo **sān-diǎn** ou **sān-diǎn zhōng**. **Diǎn** 点 (點) (diam) significa *hora*, mas é também um classificador, e **zhōng** 钟 (鐘) (dʒuā) significa *relógio*. Sinta-se livre para usar ambos ao dizer qual é a hora.

Tabela 5-4	Falando as horas em chinês	
Chinês	*Pronúncia*	*Português*
yī diǎn zhōng 一点钟 (一點鐘)	ii diem dʒom	1h
liǎng diǎn zhōng 两点钟 (兩點鐘)	liaam diem dʒom	2h
sān diǎn zhōng 三点钟 (三點鐘)	sam diem dʒom	3h
sì diǎn zhōng 四点钟 (四點鐘)	si diem dʒom	4h
wǔ diǎn zhōng 五点钟 (五點鐘)	uu diem dʒom	5h
liù diǎn zhōng 六点钟 (六點鐘)	liu diem dʒom	6h
qī diǎn zhōng 七点钟 (七點鐘)	tchii diem dʒom	7h
bā diǎn zhōng 八点钟 (八點鐘)	ba diem dʒom	8h
jiǔ diǎn zhōng 九点钟 (九點鐘)	djiu diem dʒom	9h
shí diǎn zhōng 十点钟 (十點鐘)	xi diem dʒom	10h
shíyī diǎn zhōng 十一点钟 (十一點鐘)	xi-ii diem dʒom	11h
zhōngwǔ 中午	dʒom-uu	meio-dia
bànyè 半夜	bam-ie	meia-noite

Ao mencionar 12h, cuidado! A maneira de dizer *meio-dia* é simplesmente **zhōngwǔ** 中午 (dʒom-uu), e a maneira de dizer *meia-noite* é **bànyè** 半夜 (bam-ie).

Especificando a hora do dia

Os chineses são muito precisos quando dizem a hora. Você não pode simplesmente dizer **sān diǎn zhōng** 三点钟 (三點鐘) (sam diem dʒom) quando você quer dizer 3h. Você quis dizer **qīngzǎo sān diǎn zhōng** 清早三点钟 (清早三點鐘) (tsiimm-zau sam diem dʒom) (*3h da manhã*) ou **xiàwǔ sāndiǎn zhōng** 下午三点钟 (下午三點鐘) (cia-uu sam diem dʒom) (*3h da tarde*)? Outro porém: meio-dia e meia-noite não são os únicos divisores que os chineses usam para dividir o dia.

Segue uma lista das principais partes do dia:

- **qīngzǎo** 清早 (tsiimm-zau): o período da meia-noite às 6h
- **zǎoshàng** 早上 (zau-xaam): o período das 6h ao meio-dia
- **xiàwǔ** 下午 (cia-uu): o período de meio-dia às 18h
- **wǎnshàng** 晚上 (uam-xaam): o período das 18h à meia-noite

O segmento do dia a que você se refere precisa vir antes do próprio tempo real em chinês. Eis alguns exemplos de como combinar o segmento do dia com o tempo do dia:

qīngzǎo yì diǎn yí kè 清早一点一刻 (清早一點一刻) (tsiimm-zau ii diem ii kā) (*1h15min*)

wǎnshàng qī diǎn zhōng 晚上七点钟 (晚上七點鐘) (uam-xaam tchii diem dʒom) (*19h*)

xiàwǔ sān diǎn bàn 下午三点半 (下午三點半) (cia-uu sam diem bam) (*15h30min*)

zǎoshàng bā diǎn èrshíwǔ fēn 早上八点二十五分 (zau-xaam ba diem ar-xi-uu-fām) (*8h25min*)

Se você quiser indicar meia hora, basta adicionar **bàn** (bam) (*meia*) depois da hora:

sān diǎn bàn 三点半 (三點半) (sam diem bam) (*3h30min*)

shíyī diǎn bàn 十一点半 (十一點半) (xi-ii diem bam) (*11h30min*)

sì diǎn bàn 四点半 (四點半) (si diam bem) (*4h30min*)

Você quer indicar um quarto de hora ou três quartos de hora? Basta usar, respectivamente, **yí kè** 一刻 (ii kā) e **sān kè** 三刻 (sam kā) após a hora:

liǎng diǎn yí kè 两点一刻 (兩點一刻) (liaam diem ii kā) (*2h15min*)

qī diǎn sān kè 七点三刻 (七點三刻) (tchii diem sam kā) (*7h45min*)

sì diǎn yí kè 四点一刻 (四點一刻) (si diem ii kā) (*4h15min*)

wǔ diǎn sān kè 五点三刻 (五點三刻) (uu diem sam kā) (*5h45min*)

Ao falar das horas, você pode preferir indicar um determinado número de minutos antes ou depois de uma hora em particular. Para fazer isso, você usa **yǐqián** 以前 (ii-tsiiem) (*antes*) ou **yǐhòu** 以后 (以後) (ii-hou) (*depois*), acompanhado da hora (embora você também possa usá-los com dias e meses, conceitos que abordarei mais tarde neste capítulo). Aqui estão alguns exemplos:

qīngzǎo 4-diǎn bàn yǐhòu 清早四点半以后 (清早四點半以後) (tsiimm-zau si-diem bam ii-hou) (*após as 4h30min da manhã*)

xiàwǔ 3-diǎn zhōng yǐqián 下午三点钟以前 (下午三點鐘以前) (ia-uu sam-diem dʒom ii-tsiiem) (*antes das 15h*)

Obviamente você tem outras maneiras para indicar as horas em chinês. Afinal, meia hora e um quarto de hora não são as únicas partes do tempo que existem. Por exemplo, em vez de dizer **qī diǎn wǔshí fēn** 七点五十分 (七點五十分) (tchii diem uu-xi fām) (*7h50min*), você pode dizer **bā diǎn chà shí fēn** 八点差十分 (八點差十分) (ba diam tcha xi fām (*10 minutos para as 8h* [Literalmente: *8h menos 10 minutos*]). **Chà** 差 (tcha) significa *faltar*.

Capítulo 5: Acertando com Números, Tempo e Medidas

Diferentemente de **fēn** 分 (fām) (*minuto*), **kè** 刻 (kā) (*quarto de hora*) e **bàn** 半 (bam) (*meia*), você pode usar **chà** antes ou depois de **diǎn** 点 (點) (diem) (*hora*).

Aqui estão alguns outros exemplos de formas alternativas de se indicar as horas:

chà shí fēn wǔ diǎn 差十分五点 (差十分五點) (tcha xi fām uu diem) (*10 minutos para as 5h*)

wǔ diǎn chà shí fēn 五点差十分 (五點差十分) (uu diem cha xi fām) (*10 minutos para as 5h*)

sì diǎn wǔshí fēn 四点五十分 (四點五十分) (si diem uu-xi fām) (*4h50min*)

chà yí kè qī diǎn 差一刻七点 (差一刻七點) (tcha ii kā tchii diem) (*um quarto para as 7h/15 minutos para as 7h*)

qī diǎn chà yí kè 七点差一刻 (七點差一刻) (tchii diem tcha ii kā) (*um quarto para as 7h*)

liù diǎn sān kè 六点三刻 (六點三刻) (liu diem sam kā) (*6h45min*)

liù diǎn sìshíwǔ fēn 六点四十五分 (六點四十五分) (liu diem si-xi-uu fām (*6h45min*)

Tendo uma Conversa

Xiǎo Huá e Chén Míng discutem seus planos para ver um filme. (Faixa 6)

Xiǎo Huá: **Wǒmen jīntiān wǎnshàng qù kàn diànyǐng hǎo bùhǎo?**
uo-mām djim-tiem uam-xaam tsiü kam diem-iimm hau bu-hau?
Vamos ver um filme hoje à noite, tudo bem?

Chén Míng: **Bùxíng. Wǒde fùmǔ jīntiān wǎnshàng yídìng yào wǒ gēn tāmen yìqǐ chī wǎnfàn.**
bu-cimm. uo-dā fu-mu djimm-tiem uam-xaam ii-dimm iau uu gām ta-mām ii-tchii tchi uam-fam.
Não posso. Meus pais insistiram para eu jantar com eles esta noite.

Xiǎo Huá: **Nǐmen jǐdiǎn zhōng chīfàn?**
ni-mām dji-diem dʒom tchi-fam?
A que horas vocês comem?

Chén Míng: **Píngcháng wǒmen liùdiǎn zhōng zuǒyòu chīfàn.**
pimm-tchaam uo-mām liu-diem dʒom zuo-iou tchi-fam.
Costumamos comer por volta das 6h.

74 Parte I: Primeiros Passos

Xiǎo Huá:	**Hǎo ba. Nǐ chīfàn yǐhòu wǒmen qù kàn yíbù jiǔdiǎn zhōng yǐqián de piānzi, hǎo bùhǎo?** hau ba. ni tchi-fam ii-hou uo-mãm tsiü kam ii-bu djiu-diam dʒom ii-tsiiem dã piem-zi, hau bu-hau? *Está bem. Que tal ver um filme que começa antes das 9h, depois que vocês terminarem de comer?*
Chén Míng:	**Hěn hǎo. Yìhuǐr jiàn.** hãm hau. ii-huir djiem. *Tudo bem. Até mais tarde.*

Vocabulário

diànyǐng 电影 (電影)	diem-iimm	filme
fùmu 父母	fu-mu	pais
chīfàn 吃饭 (吃飯)	tchi-fam	comer
Yìhuǐr jiàn. 一会儿见. (一會兒見.)	ii-huir djiem.	Até mais tarde.

Anote no Calendário: Usando o Calendário e Indicando Datas

Então, que dia é **jīntiān** 今天 (djimm-tiem) (*hoje*)? Poderia ser **xīngqīliù** 星期六 (cimm-tchii-liu) (*sábado*), quando você pode dormir até tarde e ver um filme à noite com os amigos? Ou é **xīngqīyī** 星期一 (cimm-tchii-ii) (*segunda-feira*), quando você tem que estar no trabalho às 9h da manhã para se preparar para uma reunião às 10h? Ou talvez seja **xīngqīwǔ** 星期五 (cimm-tchii-uu) (*sexta-feira*), e você já tem dois ingressos para a sinfonia que começa às 20h. Nas seções seguintes, indico as palavras necessárias para falar sobre dias e meses e colocá-los juntos em datas específicas. Também dou informações detalhadas sobre alguns dos principais feriados chineses.

Capítulo 5: Acertando com Números, Tempo e Medidas **75**

Lidando com os dias da semana

Você pode não ser um grande fã de trabalhar de segunda a sexta-feira, mas quando o **zhōumò** 周末 (週末) (dʒuã-mo) (*fim de semana*) se aproxima, você tem dois dias de liberdade e diversão. No entanto, antes de você perceber, a segunda já está aí de novo. Os chineses reconhecem sete dias da semana, assim como os brasileiros, mas a semana chinesa começa na segunda-feira e termina no **xīngqītiān** 星期天 (cimm-tsii-tiam) (*domingo*). A Tabela 5-5 especifica os dias da semana.

Tabela 5-5	Dias da Semana	
Chinês	*Pronúncia*	*Português*
xīngqīyī 星期一	cimm-tchii-ii	*Segunda-feira*
xīngqī'èr 星期二	cimm-tchii-ar	*Terça-feira*
xīngqīsān 星期三	cimm-tchii-sam	*Quarta-feira*
xīngqīsì 星期四	cimm-tchii-si	*Quinta-feira*
xīngqīwǔ 星期五	cimm-tschii-uu	*Sexta-feira*
xīngqīliù 星期六	cimm-tchii-liu	*Sábado*
xīngqītiān 星期天	cimm-tchii-tiem	*Domingo*

Se você está falando sobre **zhèige xīngqī** 这个星期 (這個星期) (dʒei-gā cimm-tchii) (*esta semana*), em chinês, você está falando de qualquer momento entre a segunda-feira passada e o próximo domingo. Qualquer coisa antes é considerada **shàngge xīngqī** 上个星期 (上個星期) (xaam-gā cimm-tchii) (*semana passada*). Qualquer dia após este próximo domingo é automaticamente parte da **xiàge xīngqī** 下个星期 (下個星期) (cia-gā cimm-tchii) (*semana que vem*), no mínimo. Eis mais alguns termos relacionados a dias da semana:

- ✔ **hòutiān** 后天 (後天) (hou-tiem) (*depois de amanhã*)
- ✔ **míngtiān** 明天 (mimm-tiem) (*amanhã*)
- ✔ **qiántiān** 前天 (tsiiam-tiem) (*anteontem*)
- ✔ **zuótiān** 昨天 (zuo-tiem) (*ontem*)

Então, **jīntiān xīngqījǐ?** 今天星期几? (今天星期幾?) (djimm-tiem cimm-tchii-dji) (*que dia é hoje?*). Onde é que o dia de hoje se encaixa em sua rotina semanal?

76 Parte I: Primeiros Passos

> ✔ **Jīntiān xīngqī'èr.** 今天星期二. (djimm-tiem cimm-tchii-ar.) (*Hoje é terça--feira.*)
>
> ✔ **Wǒmen měige xīngqīyī kāihuì.** 我们每个星期一开会. (我們每個星期一開會.) (uo-mām mei-gā cimm-tchii-ii kai-hui.) (*Temos reuniões todas as segundas-feiras.*)
>
> ✔ **Wǒ xīngqīyī dào xīngqīwǔ gōngzuò.** 我星期一到星期五工作. (uo cimm-tsii-ii dau cimm-tchii-uu gom-zuo). (*Trabalho de segunda a sexta-feira.*)
>
> ✔ **Xiàge xīngqīsān shì wǒde shēngrì.** 下个星期三是我的生日. (下個星期三是我的生日.) (cia-gā cimm-tchii-sam xi uo-dā xāmm-ri). (*Na próxima quarta-feira é meu aniversário.*)

Nomeando os meses

Quando você sabe como contar de 1 a 12 (consulte a seção anterior "Contando em chinês"), nomear os meses em chinês é realmente fácil. Basta pensar no número cardinal para cada mês e colocá-lo na frente da palavra **yuè** 月 (iue) (*mês*). Por exemplo, *janeiro* é **yīyuè** 一月 (ii-iue), *fevereiro* é 二月 **èryuè** (ar-iue), e assim por diante. Listei os meses do ano na Tabela 5-6. Qual é o mês do seu **shēngrì** 生日 (xāmm-ri) (*aniversário*)?

Tabela 5-6 Meses do Ano e Outros Termos Pertinentes

Chinês	Pronúncia	Português
yīyuè 一月	ii-iue	*Janeiro*
èryuè 二月	ar-iue	*Fevereiro*
sānyuè 三月	sam-iue	*Março*
sìyuè 四月	si-iue	*Abril*
wǔyuè 五月	uu-iue	*Maio*
liùyuè 六月	liu-iue	*Junho*
qīyuè 七月	tchii-iue	*Julho*
bāyuè 八月	ba-iue	*Agosto*
jiǔyuè 九月	djiu-iue	*Setembro*
shíyuè 十月	xi-iue	*Outubro*
shíyīyuè 十一月	xi-ii-iue	*Novembro*
shí'èryuè 十二月	xi-ar-iue	*Dezembro*
shàngge yuè 上个月 (上個月)	xaam-gā iue	*mês passado*
xiàge yuè 下个月 (下個月)	cia-gā iue	*mês que vem*
zhèige yuè 这个月 (這個月)	dzei-gā iue	*este mês*

Capítulo 5: Acertando com Números, Tempo e Medidas **77**

Shí'èryuè, yīyuè e **èryuè** juntos formam uma das **sì jì** 四季 (si-dji) (*quatro estações*); confira-a com as demais na Tabela 5-7.

Tabela 5-7	As Quatro Estações	
Chinês	*Pronúncia*	*Português*
dōngjì 冬季	dom-dji	*inverno*
chūnjì 春季	uãm-dji	*primavera*
xiàjì 夏季	cia-dji	*verão*
qiūjì 秋季	tsiiu-dji	*outono*

Especificando datas

Para perguntar que data é hoje, você simplesmente diz **Jīntiān jǐyuè jǐhào?** 今天几月几号? (今天幾月幾號?) (djimm-tiem dji-iue dji-hau?) (Literalmente: *Hoje é qual mês e qual dia?*). Para responder a essa pergunta, lembre-se de que a maior unidade do mês sempre vem antes da menor unidade da data em chinês:

> **sānyuè sì hào** 三月四号 (三月四號) (sam-iue si-hau) (*4 de março*)

> **shí'èryuè sānshí hào** 十二月三十号 (十二月三十號) (xi-ar-iue sam-xi hau) (*30 de dezembro*)

> **yīyuè èr hào** 一月二号 (一月二號) (ii-iue ar hau) (*2 de janeiro*)

Dias não existem num vácuo — ou apenas numa semana — e quatro semanas inteiras compõem um mês inteiro. Então, se você quiser ser mais específico, você tem que dizer o mês antes do dia, seguido pelo dia da semana:

> **liùyuè yī hào, xīngqīyī** 六月一号星期一 (六月一號星期一) (liu-iue ii hau, cimm-tchii-ii) (*Segunda, 1º de junho*)

> **sìyuè èr hào, xīngqītiān** 四月二号星期天 (四月二號星期天) (si-iue ar hau, cimm-tchii-tiem) em (*Domingo, 2 de abril*)

A mesma ideia básica vale para dizer os dias da semana. Tudo que você precisa fazer é adicionar o número do dia da semana (*Segunda-feira: dia 1º*), precedido pela palavra **lǐbài** 礼拜 (禮拜) (li-bai) ou **xīngqī** 星期 (cimm-tchii), significando *semana*, para falar o dia que você quer dizer. Por exemplo, *segunda-feira* é **xīngqī yī** 星期一 (cimm-tchii ii) ou **lǐbài yī** 礼拜一 (禮拜 一), *terça-feira* é **xīngqī èr** 星期二 (cimm-tchii ar) ou **lǐbài èr** 礼拜二 (禮拜 二), e assim por diante. A única exceção é o domingo, quando você tem que adicionar a palavra **tiān** 天 (tiem) (*céu, dia*) no lugar de um número. **Wǒde tiān!** 我的天! (uo-dā tiem!) (*Céus!*), não é fácil?

Parte I: Primeiros Passos

Você diz cada um dos meses colocando o número do mês na frente da palavra **yuè**, mas se você adicionar o classificador **ge** 个 (個) (gā) entre o número e a palavra **yuè**, você diz *um mês, dois meses* e assim por diante. Por exemplo, **bāyuè** 八月 (ba-iue) significa *agosto* (que é o oitavo mês), mas **bāge yuè** 八个月 (八個月) (ba-gā iue) significa *oito meses*.

Tendo uma Conversa

José pergunta a Júlia sobre o aniversário dela.

José: **Júlia, nǐde shēngrì shì jǐyuè jǐhào?**
Júlia, ni-dā xāmm-ri xi dji-iue dji-hau?
Júlia, quando é seu aniversário?

Júlia: **Wǒde shēngrì shì liùyuè èr hào. Nǐde ne?**
uu-dā xāmm-ri xi liu-iue ar hau. ni-dā nā?
Meu aniversário é 2 de junho. E o seu?

José: **Wǒde shēngrì shì wǔyuè qī hào.**
uo-dā xāmm-ri xi uu-iue tchii hau.
Meu aniversário é 7 de maio.

Júlia: **Nèmme, xiàge xīngqīyī jiù shì nǐde shēngrì! Zhù nǐ chàjǐtiān shēngrì kuàilè!**
nām-mā, cia-gā cimm-tchii-ii djiu xi ni-dā xāmm-ri! dʒu ni tcha-dji-tiem xāmm-ri kuai-lā!
Neste caso, na próxima segunda-feira é seu aniversário! Feliz aniversário adiantado!

Vocabulário

Nǐde ne? 你的呢?	ni-dā nā?	E o seu?
xiàge xīngqīyī 下个星期一 (下個星期一)	cia-gā cimm-tchii-ii	próxima Segunda-feira
Zhù nǐ shēngrì kuàilè! 祝你生日快乐! (祝你生日快樂!)	dʒu ni xāmm-ri kuai-lā!	Feliz aniversário!

Celebrando feriados chineses

Você já teve a oportunidade de ver uma **wǔshī** 舞狮 (舞獅) (uu-xi) (*dança do leão*)? Você pode apreciar essa dança colorida (e barulhenta) e todas as outras festas durante o **nónglì xīn nián** 农历新年 (農曆新年) (nom-li cimm niam) (*Ano-Novo Lunar*), também conhecido como **chūnjié** 春節 (tchum-djie) (*Festival da Primavera*). Só tome cuidado para não ficar muito perto dos **yān huǒ** 烟火 (焰火) (iam huo) (*fogos de artifício*).

Para saudações de Ano-Novo, você pode dizer **Xīn nián kuàilè!** 新年快乐! (新年快樂!) (cimm niam kuai-lā!) (*Feliz Ano-Novo!*) ou, melhor ainda, **Gōngxī fācái!** 恭喜发财! (恭喜發財!) (gom-ci fa-tsai!) (*Felicitações, que você prospere!*). Você pode começar a dizer isso no **chúxī** 除夕 (tchu-ci) (*Ano-Novo Chinês*), a noite em que as famílias chinesas se reúnem para compartilhar um grande e tradicional jantar. Na manhã seguinte, os filhos desejam a seus pais um feliz Ano-Novo e ganham **hóng bāo** 红包 (紅包) (hom-bau) (*envelopes vermelhos*) com dinheiro. Que ótima maneira de começar o ano!

A Tabela 5-8 o ajuda a acompanhar os animais de cada ano de acordo com o **shēngxiào** 生肖 (*zodíaco chinês*), que decorre em ciclos de 12 anos.

Tabela 5-8		Animais do Zodíaco Chinês	
Chinese	Pronunciation	English	Year
shǔ 鼠	xu	rato	2008
niú 牛	niu	boi	2009
hǔ 虎	hu	tigre	2010
tù 兔	tu	coelho	2011
lóng 龙 (龍)	lom	dragão	2012
shé 蛇	xã	serpente	2013
mǎ 马 (馬)	ma	cavalo	2014
yáng 羊	iaam	cabra	2015
hóu 猴	hou	macaco	2016
jī 鸡 (雞)	dji	galo	2017
gǒu 犬 (狗)	gou	cão	2018
zhū 猪 (豬)	dzu	porco	2019

Aqui estão alguns outros grandes feriados chineses:

80   Parte I: Primeiros Passos

- **Yuán xiāo jié** 元宵节 (元宵節) (iuem ciau djie) (*Festival da Lanterna*): os desfiles das lanternas e as danças do leão ajudam a celebrar a primeira lua cheia, que marca o fim do Ano-Novo Chinês, em janeiro ou fevereiro.

- **Qīngmíng jié** 清明节 (清明節) (tsiimm-mimm djie) (literalmente: *Festival claro e brilhante*): Essa celebração, realizada no início de abril, é conhecida como Dia de Varrer os Túmulos, quando as famílias vão a excursões durante a primavera para limpar e fazer oferendas nos túmulos de seus antepassados.

- **Duānwǔ jié** 端午节 (端午節) (duam-uu djie) (*Festival do Barco do Dragão*): Para comemorar o antigo poeta **Qū Yuán** 屈原 (tsiiu iuem), que se afogou para protestar contra a corrupção do governo, os chineses comem **zòngzǐ** 粽子 (zom-zi) (*bolinhos de arroz embrulhados em folhas de lótus*), bebem vinho de arroz e realizam corridas de barcos de dragão no rio. Esse feriado cai, muitas vezes, no final de maio ou início de junho.

- **Zhōngqiū jié** 中秋节 (中秋節) (dʒom-tsiiu djie) (*Festival do Meio do Outono ou Festival da Lua*): Esse popular festival da colheita lunar celebra **Cháng'é** 嫦娥 (tchaam-ā), a deusa chinesa da lua (e da imortalidade). Feijões vermelhos e bolos de sementes de lótus, chamados de *bolos da lua*, são comidos, jogos românticos são feitos e tudo é só alegria. Esse feriado geralmente cai em setembro.

Mensurando Pesos e Medidas

O sistema métrico é padrão na China continental e em Taiwan. A unidade básica de peso é o **gōngkè** 公克 (gom-kā) (*grama*), assim, normalmente se compram frutas e legumes usando essa medida. A medição de líquidos padrão é o **shēng** 升 (xāmm) (o equivalente chinês para *litro*). A Tabela 5-9 oferece uma lista de pesos e medidas.

Tabela 5-9	Pesos e Medidas	
Chinês	*Pronúncia*	*Português*
Volume		
àngsi 盎司	aam-si	*onça (28,349 gramas)*
jiālún 加仑 (加侖)	djia-luām	*galão*
kuātūo 夸脱 (夸脱)	kua-tuo	*quarto (1/4)*
pyntuo 品脱 (品脫)	piim-tuo	*pint (o equivalente chinês)*
shēng 升	xāmm	*litro*

Capítulo 5: Acertando com Números, Tempo e Medidas

Chinês	Pronúncia	Português
Peso/Massa		
bàng 磅 (餅)	baam	*libra (454 gramas)*
háokè 毫克	hau-kã	*miligrama*
gōngkè 公克	gom-kã	*grama*
jīn; gōngjīn 斤; 公斤	djim; gom-djimm	*quilo*
Distância		
gōnglǐ 公里	gom-li	*quilômetro*
límǐ 厘米	li-mi	*centímetro*
mǎ 码 (碼)	ma	*jarda*
mǐ 米	mi	*metro*
yīngchǐ 英尺	iimm-tchi	*pé*
yīngcùn 英寸	iimm-tsuãm	*polegada*
yīnglǐ 英里	iimm-li	*milha*

Embora os chineses usem o sistema métrico, frequentemente você se deparará com termos de medição tradicionais que antecedem o sistema métrico, como as palavras **yīngcùn** para *polegada* e **yīngchǐ** para *pé*.

Diversão & Jogos

Conte até 10 e depois até 100, em múltiplos de 10, preenchendo os espaços em branco com os números corretos. Consulte o Apêndice D para obter as respostas.

yī 一
èr 二
sān 三
sì 四

_____

liù 六

_____

bā 八
jiǔ 九

_____

èrshí 二十

_____

sìshí 四十
wǔshí 五十

_____

qīshí 七十
bāshí 八十

_____

yìbǎi 一百

Capítulo 6

Falando Chinês em Casa

Neste Capítulo

▶ Jogando o jogo imobiliário

▶ Mobiliando suas novas acomodações

▶ Compreendendo a importância do **fēng shuǐ**

▶ Enchendo os cômodos de mobília

Se você é uma daquelas pessoas que acredita que sua **jiā** 家 (djia) (*casa*) é seu **chéngbǎo** 城堡 (tchãmm-bau) (*castelo*), este capítulo é para você. Talvez você tenha se transferido para um novo emprego em Beijing ou então tirado o ano para estudar kung fu em Taipei. De qualquer maneira, mesmo que por pouco tempo, você vai querer ter um lugar para chamar de lar, e que maneira melhor de fazer isso do que comprar ou alugar algo só seu?

Pensando em se mudar com sua esposa e seus filhos? Ou talvez até mesmo seus sogros? Mais uma razão para fazer suas novas acomodações as mais confortáveis possíveis e continuar como se não estivesse de repente ido para o outro lado do mundo. Este capítulo o ajuda a se instalar e a ficar tão confortável, que você pode começar pedindo pelo **yáokòngqī** 遥控器 (遙控器) (iau-kom-tsii) (*controle remoto*) quando quiser mudar de canal.

Passando um Tempo em Casa

Se você estiver no quarto tirando uma soneca, na sala assistindo à TV ou jantando na sala de jantar, a única coisa que vai querer é se sentir em casa. Quer que o cachorro busque seus chinelos? Quer que as crianças se acalmem? Basta lembrar que o caractere para *família* (家) é o mesmo utilizado para a palavra *casa*: um porco debaixo de um telhado (como animais domésticos). Às vezes, a domesticação só demora um pouco mais.

Na China, é comum ver **sān dài** 三代 (sam dai) (*três gerações*) vivendo sob o mesmo teto. É a família chinesa ideal, na verdade, em que os avós são cuidados na velhice e as crianças têm muito amor e atenção ao redor. Especialmente no campo, **sān dài** vivem no mesmo tradicional complexo familiar por gerações, compartilhando um pátio comum, com um salão no centro em honra aos antepassados da família.

Caçando um Apartamento

Você é uma das milhares de pessoas que estão considerando se mudar em longo prazo para a China em função de negócios? Começando a pensar em comprar algum **fángdìchǎn** 房地产 (房地產) (faam-di-tcham) (*imóvel*) em um **gōngyùfáng** 公寓房 (gom-iü-faam) (*condomínio*) ou em uma **hézuò gōngyù** 合作公寓 (hã-zuo gom-iü) (*comunidade*) em Pequim ou Xangai? Apenas algumas décadas atrás, imaginar a compra de tal **cáichǎn** 财产 (財產) (tsai-tcham) (*propriedade*) era impensável. Hoje em dia, porém, com o enorme fluxo de investimentos estrangeiros e as empresas de investimento em conjunto, inúmeros estrangeiros estão começando a tirar proveito dos inúmeros **fángdìchǎn jīngjìrén** 房地产经纪人 (房地產經紀人) (famm-di-tcham djimm dji rãm) (*corretores de imóveis*) para ajudá-los a fazer exatamente isso.

E se você já comprou algum **cáichǎn**, você pode querer **chūzū** 出租 (tchu-zu) (*alugar*) ou **zhuǎnzū** 转租 (轉租) (dʒuam-zu) (*sublocar*) um **kōng gōngyù fángjiān** 空公寓房间 (空公寓房間) (kom gom-iü faam-djiem) (*apartamento vago*) para um **chéngzūrén** 承租人 (tchãmm-zu-rãm) (*inquilino*) confiável. Aqui estão alguns termos que você pode querer saber quando pensar em comprar um imóvel na China:

- **ànjiēfèi** 按揭费 (按揭費) (am-djie-fei) (*custos de registro*)
- **dàilǐ** 代理 (dai-li) (*agente*)
- **dǐyājīn** 抵押金 (di-ia-djim) (*hipoteca*)
- **gǔběn** 股本 (gu-bãm) (*direito de propriedade*)
- **hétóng** 合同 (hã-tom) (*contrato*)
- **jiànzhù guīzé** 建筑规则 (建築規則) (djiem-dʒu gui-zã) (*licença de construção*)
- **jīngjìrén** 经纪人 (經紀人) (djimm-dji-rãm) (*corretor*)
- **lìxī** 利息 (li-xi) (*juros*)
- **píngjià** 评价 (評價) (pimm-djia) (*avaliação*)
- **tóubiāo** 投标 (投標) (tou-biau) (*lance/oferta*)
- **tóukuǎn** 头款 (頭款) (tou-kuam) (*adiantamento/sinal*)
- **xìnyòng bàogào** 信用报告 (信用報告) (cim-iom bau-gau) (*relatório de crédito*)

Capítulo 6: Falando Chinês em Casa   85

Tendo uma Conversa

 Serena entra em contato com um corretor de imóveis para falar sobre compra de um apartamento em Xangai. (Faixa 7)

Serena: **Nǐ hǎo. Wǒ xiǎng zài Shànghǎi mǎi yíge gōngyùfáng.**
ni hau. uo ciaam zai xaam-hai mai ii-gā gom-iü-faam.
Oi. Estou pensando em comprar um apartamento em Xangai.

Corretor: **Méiyǒu wèntí. Wǒ jiù shì yíge fángdìchǎn jīngjìrén. Hěn yuànyì bāngmáng.**
mei-iou uām-ti. uo djiu xi ii-gā faam-di-tcham djimm-dji-rām. hām iuam-ii baam-maam.
Sem problemas. Sou corretor de imóveis. Eu ficaria mais do que feliz em ajudá-la.

Serena: **Nà tài hǎole. Zài něige dìqū mǎi fángzi zuì hǎo?**
na tai hau-lā. zai nei-gā di-tsiü mai faam-zi zui hau?
Isso é ótimo. Que área você considera a melhor para comprar uma propriedade?

Corretor: **Shànghǎi yǒu hěn duō hěn hǎo de fángdìchǎn. Kěnéng zuì qiǎngshǒu de shì Hóngqiáo hé Jīnqiáo. Hěn duō wàiguó bàngōngshì xiànzài zài Pǔdōng.**
xaam-hai iou hām duo hām hau dā faam-di-tcham. kā-nāmm zui tsiiaam-xou dā xi hom-tsiiau hā djimm-tsiiau. hām duo uai-guo baam-gom-xi ciem-zai zai pu-dom.
Xangai tem muitas propriedades excelentes. Talvez os locais mais populares sejam Hongqiao e Jinqiao. Muitos escritórios estrangeiros estão agora em Pudong.

Parte I: Primeiros Passos

Vocabulário

mǎi yíge gōngyùfáng 买一个 公寓房 (買一個公寓房)	mai ii-gã gom-iü-faam	comprar um apartamento
fángdìchǎn jīngjìrén 房地产 经纪人 (房地產經紀人)	faam-di-tcham djimm-dji-rãm	corretor de imóveis
dìqū 地区 (地區)	di-tsiü	área/ localidade
liúxíng 流行	liu-cimm	popular

Tenha certeza de que você está usando o tom correto quando pronunciar **mai** em chinês. Se você fala com um terceiro tom, **mǎi**, isso significa *comprar*. No entanto, se você diz com um quarto tom — **mài** —, significa *vender*. Se você não tiver cuidado, pode acabar por vender algo que você pretendia comprar.

A língua chinesa é fascinante e incrivelmente lógica. Se você colocar **mǎi** e **mài** juntos e adicionar a palavra **zuò** (zuo) (*fazer*) na frente deles para dizer **zuò mǎimài** 做买卖 (做買賣) (zuo mai-mai), significa *fazer negócios* (*Comprar e vender... entendeu?*)

O crescimento de Pudong

Pǔdōng 浦东 (浦東) (pu-dom) é a faixa de terra a leste do rio Huangpu na cidade de Xangai (**Pǔ** é a abreviação para rio Huangpu e **dōng** significa leste). Há apenas uma década, essa área era indistinguível dentre tantas outras aldeias chinesas — apenas terras e campo. Hoje, é praticamente uma cidade, com uma população de mais de 5 milhões e uma extensão territorial maior do que toda a Cingapura. O investimento estrangeiro nessa parte de Xangai é enorme. Além de sua reivindicação como área de negócios de mais rápido crescimento na China, também possui a maior loja de departamentos da Ásia, a maior torre de TV e nem precisamos falar da Bolsa de Valores de Xangai.

Decorando Suas Novas Acomodações

Se você já comprou um apartamento, alugou, ou está passando um semestre em um **sùshè** 宿舍 (su-xã) (*dormitório*), provavelmente vai querer começar a comprar alguns **jiājù** 家具 (djia-dju) (*móveis*) ou **zhuāngshì** 装饰 (裝飾) (dʒuaam-xi) (*decorar*) de outra forma suas novas acomodações e deixar o lugar com a sua cara.

Será que seu novo lar tem um **hòu yuànzi** 后院子 (後院子) (hou iuem-zi) (*quintal*) com um lindo **huāyuán** 花园 (花園) (hua-iuem) (*jardim*)? Que tal uma **yángtái** 阳台 (陽台) (iaam-tai) (*varanda*) ou um romântico **zǒuláng** 走廊 (zou-laam) (*alpendre*)? Você pode colocar algumas belas **zhíwù** 植物 (dʒi-uu) (*plantas*) lá fora, ou algumas **huā** 花 (hua) (*flores*), como **júhuā** 菊花 (dju-hua) (*crisântemos*) ou **lánhuā** 兰花 (蘭花) (lam-hua) (*orquídeas*), ou até mesmo alguns **méihuā** 梅花 (mei-hua) (*flores de ameixa*). Isso não seria legal?

Tem um **lóushàng** 楼上 (樓上) (lou-xaam) (*andar superior*), bem como um **lóuxià** 楼下 (樓下) (lou-cia) (*andar inferior*)? Você tem um grande **ménkǒu** 门口 (門口) (mãm-kou) (*portaria*) ou ao menos um **diàntī** 电梯 (電梯) (diem-ti) (*elevador*) se você estiver num andar alto? O lugar tem várias **chuānghu** 窗户 (tchuaam-hu) (*janelas*) grandes com excelentes vistas, ou elas dão para o nada, forçando-o a cobri-las com **chuānglián** 窗帘 (窗簾) (tchuaam-liam) (*cortinas*) na primeira chance que você tiver? Não importa. Pelo menos você finalmente tem um lugar para chamar de seu.

Com tantas coisas novas para comprar, tente não recorrer muito ao **xìnyòng kǎ** 信用卡 (cim-iom ka) (*cartão de crédito*), ou você pode se arrepender de ter se mudado de Vassouras para Pudong, para começo de conversa.

Quer saber o que plantar em seu novo jardim? Considere um (ou todos) dos **suìhǎn sānyǒu** 岁寒三友 (歲寒三友) (sui-ham sam-iou) (*três amigos do inverno*): ameixa, pinho e bambu. Enquanto outras plantas não vão para a frente, essas três conseguem vingar nos meses de inverno. Representando a resiliência e a possibilidade de renovação, elas são frequentemente retratadas na literatura e na pintura chinesa, assim como no paisagismo.

Arrumando Seus Cômodos no Estilo do Fēng Shuǐ

Traduzido literalmente como *vento e água*, o objetivo do **fēng shuǐ** 风水 (風水) (fãmm xui) é criar harmonia entre o fluxo de **qì** 气 (氣) (tchii) (*energia*) no ambiente e a sorte da pessoa que está nele. Edifícios, salas e até túmulos são todos construídos com os princípios do **fēng shuǐ** em mente.

Parte I: Primeiros Passos

Fēng shuǐ não é brincadeira na Ásia. Prédios inteiros dependem do parecer de especialistas e o local é escolhido por geomantes de **fēng shuǐ**, e toda uma indústria está crescendo como resultado disso. (Não a indústria da construção, bobo; a indústria de consultor de **fēng shuǐ**). Mesmo no Brasil, muitos dos corretores de imóveis se mostram simpáticos ao **fēng shuǐ**. O ideal seria que a construção tivesse algum tipo de paisagem elevada nos fundos e uma fonte de água na frente, como um lago, rio ou poço.

Confira na Tabela 6-1 os nomes dos cômodos que podem necessitar de um mestre em **fēng shuǐ** para ajudá-lo a organizar a casa.

Tabela 6-1 Áreas da Casa

Chinês	Pronúncia	Português
chúfáng 厨房 (廚房)	tchu-faam	cozinha
dīnglóu 顶楼 (頂樓)	dimm-lou	sótão
dìxiàshì 地下室	di-cia-xi	porão
fángjiān 房间 (房間)	faam-djiam	aposentos
fàntīng 饭厅 (飯廳)	fam-timm	sala de jantar
kètīng 客厅 (客廳)	kã-timm	sala de estar
kōngfáng 空房	kom-faam	quarto extra/alojamento
shūfáng 书房 (書房)	xu-faam	escritório
wòshì 卧室	uo-xi	quarto
xiūxishì 休息室	ciu-ci-xi	cantinho
yùshì 浴室	iü-xi	banheiro

De acordo com os princípios do **fēng shuǐ**, a cor ajuda a equilibrar a energia de um ambiente. Assim, a cor da decoração de cada quarto é muito importante. Os banheiros, por exemplo, devem refletir as qualidades **yīn** de paz e reclusão (por razões autoexplicativas).

Os chineses associam as cores a cada um dos **wǔ xíng** 五行 (uu-cimm) (*cinco elementos*): madeira, água, fogo, terra e metal. A Tabela 6-2 lista cada um desses elementos.

Você pode pensar nos cinco elementos como as diferentes fases da natureza. Por exemplo, a madeira gera o fogo, o fogo gera a terra (cinzas); elementos da terra criam metais, objetos feitos de metal (como baldes) levam água, e a água nutre a madeira, trazendo o ciclo de volta ao primeiro elemento novamente.

Capítulo 6: Falando Chinês em Casa — 89

Tabela 6-2	Os Cinco Elementos	
Chinês	*Pronúncia*	*Português*
mù 木	mu	*madeira*
huǒ 火	huo	*fogo*
tǔ 土	tu	*terra*
jīn 金	djimm	*metal*
shuǐ 水	xui	*água*

O quarto

Depois de entrar e descobrir quanto de espaço vazio realmente se tem, você provavelmente vai querer sair e comprar, pelo menos, o enxoval e a mobília básica. Que tal um desses para o **wòshì** 卧室 (臥室) (uo-xi) (*quarto*)?

- ✔ **bèizi** 被子 (bei-zi) (*cobertor*)
- ✔ **chuáng** 床 (tchuaam) (*cama*)
- ✔ **chuángdān** 床单 (床單) (tchuaam-dam) (*lençóis*)
- ✔ **chuángdiàn** 床垫 (床墊) (tchuaam-diem) (*colchão*)
- ✔ **chuángzhào** 床罩 (tchuaam-dʒau) (*colcha*)
- ✔ **tǎnzi** 毯子 (tam-zi) (*cobertor/manta*)
- ✔ **yīguì** 衣柜 (衣櫃) (ii-gui) (*guarda-roupa*)
- ✔ **zhěntóu** 枕头 (枕頭) (dʒām-tou) (*travesseiro*)

A boa notícia, é claro, é que, depois de comprar todos esses itens, você pode realmente desabar em sua cama nova. A má notícia é que agora você não tem desculpa para não **pūchuáng** 铺床 (鋪床) (pu-tchuaam) (*fazer a cama*) todas as manhãs.

Aqui estão três rápidas dicas de **fēng shuǐ** para o quarto:

- ✔ Coloque a cama o mais longe possível da porta para ter mais controle sobre sua vida.
- ✔ Não coloque sua cama contra a parede lateral, se você quiser mais flexibilidade na vida.
- ✔ Coloque bastante espaço entre a frente de sua cama e o resto do cômodo, se você quer que sua vida se expanda.

Parte I: Primeiros Passos

E se você tem filhos, provavelmente vai querer certificar-se de que haja uma **shūzhuō** 书桌 (書桌) (xu-dʒuo) (*escrivaninha*) em algum lugar do quarto deles para que possam ter onde estudar depois da escola. (Você não precisa ser um especialista em **fēng shuǐ** para saber disso.)

O banheiro

Está bem, vou direto ao assunto. O banheiro é o cômodo da casa que ninguém pode prescindir. Aqui está o básico: você precisa de um **cèsuǒ** 厕所 (廁所) (tse-suo) (*banheiro*), um **mǎ tǒng** 马桶 (馬桶) (ma tong) (*vaso sanitário*), uma **yùgāng** 浴缸 (iü-gaam) (*banheira*) ou **línyùjiān** 淋浴間 (淋浴間) (limm-iü-djiem) (*chuveiro*) e uma **shuǐcéng** 水槽 (xui-tsämm) (*pia*).

Uma última coisa que você não quer descobrir que esqueceu de estocar ao anoitecer: **wèishēngzhǐ** 卫生纸 (衛生紙) (uei-xämm-dʒi) (*papel higiênico*). Enquanto você estiver lá, certifique-se também de ter algum **féizào** 肥皂 (fei-zau) (*sabão*) a mão, neste cômodo. Depois não diga que não avisei.

Aqui estão algumas dicas de **fēng shuǐ** para o banheiro:

- Para evitar que escape **qì**, mantenha a porta fechada quando o cômodo não estiver em uso. (Na verdade, mantenha a porta fechada quando estiver em uso também.)
- Feche a tampa do vaso sanitário depois que você terminar.
- Certifique-se de que não há vazamentos.
- Coloque um vaso de plantas ou tigela de cerâmica com seixos sobre a caixa de descarga do vaso sanitário. (Usar elementos e cores que não remetam a água ajuda a equilibrar com toda a água já existente no banheiro.)

A cozinha

Agora você está cozinhando. A cozinha é um espaço onde todos podem se envolver (ou pelo menos seus estômagos). Além de algo que toda cozinha geralmente precisa — uma **chúfáng cānzhuō** 厨房餐桌 (廚房餐桌) (tchu-faam tsam-dʒuo) (*mesa da cozinha*) —, aparelhos de preparação de alimentos básicos, como um **kǎo lú** 烤炉 (烤爐) (kau lu) (*forno*), e uma **diànbīngxiāng** 电冰箱 (電冰箱) (diem-bimm-ciaam) (*geladeira*), você pode precisar de louça e pequenos utensílios. Aqui estão algumas coisas que você pode querer falar:

- **bēizi** 杯子 (bei-zi) (*taças*)
- **jiǔ bēi** 酒杯 (djiu bei) (*taças de vinho*)
- **kāfēi bēi** 咖啡杯 (ka-fei bei) (*xícaras de café*)

Capítulo 6: Falando Chinês em Casa **91**

O Deus da Cozinha

Na mitologia chinesa, **Zào Jūn** 灶君 (zau djum) (Deus da Cozinha [Literalmente: o Mestre do Fogão, porque você pendura a imagem dele em cima do fogão]) é a divindade mais importante de toda a casa. Uma semana antes do Ano-Novo Lunar, ele vai até o Imperador de Jade, que governa os céus, para informar sobre o comportamento da família em relação ao ano anterior. Para garantir que ele dará um bom relatório para o Imperador de Jade, as famílias espalham mel na boca do Deus da Cozinha para adoçar sua língua. Então, queimam sua imagem e seu espírito é enviado para os céus com o bom relatório. Na véspera do Ano-Novo, cada família coloca um novo Deus da Cozinha, e assim começa mais um ano de vigia sobre a família.

- **wǎndié** 碗碟 (uam-die) (*pratos*)
- **wēibō lú** 微波炉 (微波爐) (uei-bo lu) (*micro-ondas*)
- **yǐnqì** 银器 (銀器) (iim-tchii) (*prataria*)

A melhor maneira de usar o **fēng shuǐ** em sua cozinha é simplesmente mantê-la simples. Eliminar a desordem para evitar a energia estagnada em sua vida. Comida estragada é algo velho, gasto, então a energia envelhece, portanto limpe o refrigerador regularmente. Um fogão não utilizado implica recursos inexplorados ou oportunidades ignoradas, então comece usando todas as bocas do fogão e use o forno de vez em quando também. (Ele não vai morder. Além disso, você vai economizar rios de dinheiro por não comer em restaurantes.)

A sala de estar

Aqui temos um cômodo em que todo mundo gosta de ficar e assistir um pouco à **diànshì** 电视 (電視) (diem-xi) (*televisão*) — a **kètīng** 客厅 (客廳) (kā-timm) (*sala de estar*). Quer colocar seus pés em cima da **chájī** 茶几 (tchā-dji) (*mesa de centro* [Literalmente: *mesa de chá*]) enquanto você está assistindo a algo? Nem pense nisso. A **chájī** foi feita para o **kāfēi** 咖啡 (ka-fei) (*café*), não para **jiǎo** 脚 (腳) (djiau) (*pés*). (Não me pergunte por que não é chamado **kāfēiī** em vez de **chájī** — eu não tenho pista alguma.) A verdade é que você pode colocar café, chá, refrigerantes e (quando ninguém está olhando) até mesmo seus pés nessa mesa. Só não diga que eu disse isso.

Você quase sempre encontra um **shāfā** 沙发 (沙發) (xa-fa) (*sofá*) na **kètīng** e, possivelmente, uma **yáoyǐ** 摇椅 (搖椅) (iau-ii) (*cadeira de balanço*) também. Na verdade, alguns apartamentos são tão pequenos, que a **kètīng** funciona como uma **fàntīng** 饭厅 (飯廳) (fam-timm) (*sala de jantar*). Nesses casos, você não

92 Parte I: Primeiros Passos

pode ter um **cāntīng shèbèi** 餐厅设备 (餐廳設備) (tsam-timm xã-bei) (*conjunto de sala de jantar*) com uma mesa e cadeiras grandes, mas, novamente, é para isso que **chájī** serve.

Aqui estão algumas dicas de **fēng shuǐ** para a sala de estar:

✔ Mantenha a sala de estar bem iluminada e sem bagunça, e certifique-se de que a qualidade do ar seja boa.

✔ Evite uma disposição da mobília em forma de L, pois cria uma falta de equilíbrio no cômodo e em sua vida.

✔ Não lote a sala de estar com muitas peças de mobiliário, ou a **qì** no quarto e na vida de sua família será bloqueada.

O porão

Algumas pessoas acham o **dìxiàshì** 地下室 (di-cia-xi) (*porão*) muito assustador. No entanto, além de fantasmas e aranhas, ele pode realmente ter algumas coisas muito legais. A Tabela 6-3 lista o que você pode encontrar em um porão.

Tabela 6-3   Coisas Que Você Pode Encontrar em um Porão

Chinês	Pronúncia	Português
cúnchǔ kōngjiān 存储空间 (存儲空間)	tsãm-tchu kom-djiem	*espaço de armazenamento*
guǐ 鬼	gui	*fantasmas*
hǒnggānjī 烘干机 (烘乾機)	hom-gam-dji	*secadora*
mùgōng chējiān 木工车间 (木工車間)	mu-gom tcã-djiam	*oficina de carpintaria*
táiqiú zhuō 台球桌	tai-tsiiu dʒuo	*mesa de sinuca*
xǐyījī 洗衣机 (洗衣機)	ci-ii-dji	*máquina de lavar roupa*
zhīzhū 蜘蛛	dʒi-dʒu	*aranhas*

Aqui estão algumas dicas de **fēng shuǐ** para o porão:

✔ Melhore a qualidade do ar nos porões, normalmente abafados, com plantas que purificam o ar, como a palma de bambu, a hera inglesa ou mesmo plantas de plástico.

✔ Certifique-se de que haja luz suficiente e que se aumente essa luz com tapeçarias claras e coloridas.

Capítulo 6: Falando Chinês em Casa 93

Morcegos trazem boa sorte e outras tradições

Na arquitetura chinesa, deuses são colocados em portas para afastar o mal e trazer boa sorte. Como os morcegos representam boa sorte na China, eles frequentemente podem ser encontrados dentro de casa. Outra coisa que você pode ver em casas tradicionais é uma peça elevada de madeira sobre a qual você precisa passar para entrar em cada cômodo. Essas peças têm um propósito sério: confundir os maus espíritos, pois os espíritos malignos viajam apenas em linha reta. (É por isso que você vê um monte de telhados curvos também.) Da mesma forma, as paredes espirituais são colocadas em pátios, em frente às portas de entrada da casa, para que os espíritos malignos tenham de contorná-las.

O sótão

O **gé lóu** 阁楼 (閣樓) (gā lou) (*sótão*) é outra parte da casa que algumas pessoas procuram evitar. Claro que normalmente há umas **zhīzhū wǎng** 蜘蛛网 (蜘蛛網) (dʒi-dʒu uaam) (*teias de aranha*) lá em cima, mas você também pode encontrar as **jiǔ yīfú** 旧衣服 (舊衣服) (djiu ii-fu) (*roupas velhas*) de sua avó e, se tiver sorte, talvez até mesmo alguma **chuǎnjiā bǎo** 传家宝 (傳家寶) (tchuam-djia bau) (*relíquia*). Está bem, você também pode encontrar um **biǎnfǔ** 蝙蝠 (biam-fu) (*morcego*), mas, na China, eles são criaturas que trazem prosperidade.

Aqui estão algumas dicas de **fēng shuǐ** para o sótão:

- ✔ Sótãos representam o futuro em **fēng shuǐ**; então, definitivamente, mantenha essa área livre da desordem e aberta a todos os tipos de possibilidades.

- ✔ Considere transformar o sótão em uma sala de meditação silenciosa, em vez de um espaço de armazenamento qualquer.

- ✔ Use a energia do sótão para atividades reflexivas. Você pode querer transformá-lo em uma área de estudos ou biblioteca.

Parte I: Primeiros Passos

Diversão & Jogos

Para os seguintes itens domésticos, relacione a palavra em português com a palavra chinesa correspondente. Verifique o Apêndice D para obter as respostas.

yùshì 浴室	*sala de jantar*
wòshì 卧室	*varanda*
fàntīng 饭厅 (飯廳)	*sofá*
tǎnzi 毯子	*escrivaninha*
yángtái 阳台 (陽台)	*manta*
zhěntóu 枕头 (枕頭)	*quarto*
bèizi 被子	*banheiro*
shūzhuō 书桌 (書桌)	*cobertor*
shāfā 沙发 (沙發)	*travesseiro*

Parte II
Chinês na Prática

A 5ª Onda — Por Rich Tennant

"É por isso que não se deve usar o chinês que se aprende em restaurantes orientais ao fazer uma reserva. Temos um quarto com uma paisagem e um rolinho primavera como cama."

Nesta parte . . .

Você aprenderá a lidar com as situações do dia a dia: bater um papo com os amigos, comer, beber, fazer compras até cansar, trabalhar no escritório ou simplesmente desfrutar de seu tempo livre. Abordo todas essas situações para que você possa praticá-las em chinês. Escolha seu tópico favorito e comece a praticar!

Capítulo 7
Conhecendo Pessoas: Batendo um Papo

Neste Capítulo

▶ Sendo amigável com quem você acabou de conhecer
▶ Batendo um papo no trabalho
▶ Compartilhando informações sobre sua casa

Uma conversa pode realmente quebrar o gelo quando você está interagindo com alguém que acabou de conhecer ou mal conhece. É assim que você começa a conhecer alguém, tendo uma breve conversa com o homem sentado a seu lado no avião ou se familiarizando com as pessoas com quem trabalhará. Este capítulo ajuda a dominar algumas frases-chave e perguntas que você pode usar para criar laços com alguém.

Xiánliáo 闲聊 (閒聊) (ciam-liau) significa *conversa casual* em chinês. **Xiántán** 闲谈 (閒談) (ciam-tam) é conversar. Qualquer um desses termos faz a mágica acontecer.

Estabelecendo uma Conexão

Uma maneira infalível de iniciar uma conversa é fazer uma pergunta a alguém. Aqui estão algumas perguntas básicas para ter em mente quando você começa a conhecer alguém:

- ✔ **Duō jiǔ?** 多久? (duo djiu?) (*Por quanto tempo?*)
- ✔ **Shéi?** 谁? (誰?) (xei?) (*Quem?*)
- ✔ **Shénme?** 什么? (甚麼?) (xām-mā?) (*O quê?*)
- ✔ **Shénme shíhòu?** 什么时候? (甚麼時候?) (xām-mā xi-hou?) (*Quando?*)
- ✔ **Wèishénme?** 为什么? (為甚麼?) (uei-xām-mā?) (*Por quê?*)
- ✔ **Zài nǎr?** 在哪儿? (在哪兒?) (zai nar?) (*Onde?*)
- ✔ **Zěnme?** 怎么? (怎麼?) (zām-mā?) (*Como?*)

Parte II: Chinês na Prática

Aqui estão alguns exemplos de como usar essas palavras interrogativas em frases simples. Às vezes você também pode usar as palavras sozinhas, assim como em português:

Cèsuǒ zài nǎr? 厕所在哪儿? (廁所在哪兒?) (tse-suo zai nar?) (*Onde é o banheiro?*)

Jǐ diǎn zhōng? 几点钟? (幾點鐘?) (dji diem dʒom?) (*Que horas são?*)

Nǐ shénme shíhòu chī fàn? 你什么时候吃饭? (你甚麼時候吃飯?) (ni xām-mā xi-hou tchi fam?) (*A que horas você come?*)

Nǐ wèishénme yào qù Zhōngguó? 你为什么要去中国? (你為甚麼要去中國?) (ni uei-xām-mā iau tsiü dʒom-guo?) (*Por que você quer ir à China?*)

Nǐ yào shénme? 你要什么? (你要甚麼?) (ni iau xām-mā?) (*Do que gostaria?*)

Nǐ zěnme yàng? 你怎么样? (你怎麼樣?) (ni zām-mā iaam?) (*Como vai?*)

Nǐ yǐ jīng zài zhèr duō jiǔ le? 你已经在这儿多久了? (你已經在這兒多久了?) (ni ii djimm zai dʒār duo djiu lā?) (*Há quanto tempo você está aqui?*)

Tā shì shéi? 他/她是谁? (他/她是誰?) (ta xi xei?) (*Quem é ele/ela?*)

Xiànzài jǐ diǎn zhōng? 现在几点钟? (現在幾點鐘?) (ciam-zai dji diem dʒom?) (*Que horas são agora?*)

Você também pode usar as seguintes respostas às perguntas da lista anterior, se alguém o abordar. Estas declarações são o básico de uma conversa casual e realmente vêm a calhar quando você está aprendendo uma língua estrangeira:

- ✔ **Duìbùqǐ.** 对不起. (對不起.) (dui-bu-tchii.) (*Com licença/Desculpe-me.*)
- ✔ **Hěn bàoqiàn.** 很抱歉. (hām bau-tsiiam.) (*Desculpe-me/Sinto muito.*)
- ✔ **Wǒ bùdǒng.** 我不懂. (uo bu-dom.) (*Eu não entendo.*)
- ✔ **Wǒ búrènshi tā.** 我不认识他/她. (我不認識他/她.) (uo bu-rām-xi ta.) (*Eu não o(a) conheço.*)
- ✔ **Wǒ bùzhī dào.** 我不知道. (uo bu- dʒi dau.) (*Eu não sei.*)

Tendo uma Conversa

 Bárbara não tem um relógio e quer saber que horas são. Ela pergunta a um homem na rua. (Faixa 8)

Bárbara: **Duìbùqǐ. Qǐngwèn, xiànzài jǐdiǎn zhōng?**
dui-bu-tsii. tsiimm-uām, ciam-zai dji-diem dʒom?
Com licença. Posso perguntar que horas são?

Capítulo 7: Conhecendo Pessoas: Batendo um Papo   *99*

Homem: **Xiànzài yī diǎn bàn.**
ciam-zai ii diem bam.
É 1h30min.

Bárbara: **Hǎo. Xièxiè nǐ.**
hau. cie-cie ni.
Ótimo. Obrigada.

Homem: **Bú kèqì.**
bu kā-tchii.
De nada.

Bárbara: **Máfán nǐ, sì lù chēzhàn zài nǎr?**
ma-fam ni, si lu tchā-dӡam zai nar?
Desculpe incomodá-lo novamente, mas onde fica o ponto de ônibus nº 4?

Homem: **Chēzhàn jiù zài nàr.**
tchā-dӡam jiu zai nar.
O ponto de ônibus é logo ali.

Bárbara: **Hǎo. Xièxiè.**
hau. cie-cie.
Tudo bem. Obrigada.

Homem: **Méi wèntí.**
mei uām-ti.
Sem problemas.

Vocabulário

Xiànzài jǐ diǎn zhōng? 现在几点钟? (現在幾點鐘?)	ciam-zai dji-diem dӡom?	Que horas são?
chēzhàn 车站 (車站)	tchā-dӡam	ponto de ônibus
Méi wèntí. 没问题. (沒問題.)	mei uām-ti.	Sem problemas.

100 Parte II: Chinês na Prática

Fazendo perguntas introdutórias simples

Segue uma lista de perguntas simples que você poderá usar quando conhecer pessoas. (Para saber como responder ou falar sobre si mesmo, vá ao Capítulo 4.)

- **Nǐ huì jiǎng Zhōngwén ma?** 你会讲中文吗? (你會講中文嗎?) (ni hui djiaam dʒom-uām ma?) (*Você fala chinês?*)

- **Nǐ jiào shénme míngzi?** 你叫什么名字? (你叫甚麼名字?) (ni djiau xām-mā mimm-zi?) (*Qual é o seu nome?*)

- **Nǐ jiéhūn le méiyǒu?** 你结婚了没有? (你結婚了沒有?) (ni djie-huām lā mei-iou?) (*Você é casado?*)

- **Nǐ niánjì duō dà?** 你年纪多大? (你年紀多大?) (ni niem-dji duo da?) (*Quantos anos você tem?*)

- **Nǐ shénme shíhòu zǒu?** 你什么时候走? (你甚麼時候走?) (ni xām-mā xi-hou zou?) (*Quando você vai embora?*)

- **Nǐ xǐhuān kàn diànyǐng ma?** 你喜欢看电影吗? (你喜歡看電影嗎?) (ni ci-huam kam diem-iimm ma?) (*Você gosta de ver filmes?*)

- **Nǐ yǒu háizi ma?** 你有孩子吗? (你有孩子嗎?) (ni iou hai-zi ma?) (*Você tem filhos?*)

- **Nǐ zhù zài nǎr?** 你住在哪儿? (你住在哪兒?) (ni dʒu zai nar?) (*Onde você mora?*)

- **Nǐ zuò shénme gōngzuò?** 你做什么工作? (你做甚麼工作?) (ni zuo xām-mā gom-zuo?) (*Que tipo de trabalho você faz?*)

Falando sobre família

Se você quiser falar sobre sua família quando responder a perguntas ou bater um papo, tem de saber estas palavras:

- **àirén** 爱人 (愛人) (ai-rām) (*cônjuge [mais usada na China continental]*)

- **dìdì** 弟弟 (di-di) (*irmão mais novo*)

- **érzi** 儿子 (兒子) (ar-zi) (*filho*)

- **fùmǔ** 父母 (fu-mu) (*pais*)

- **fùqīn** 父亲 (父親) (fu-tsiimm) (*pai*)

- **gēgē** 哥哥 (gā-gā) (*irmão mais velho*)

- **háizi** 孩子 (hai-zi) (*filhos*)

- **jiějiě** 姐姐 (djie-djie) (*irmã mais velha*)

- **jiěmèi** 姐妹 (djie-mei) (*irmãs*)

Capítulo 7: Conhecendo Pessoas: Batendo um Papo   *101*

- **mèimèi** 妹妹 (mei-mei) (*irmã mais nova*)
- **mǔqīn** 母亲 (母親) (mu-tsiim) (*mãe*)
- **nǚ'ér** 女儿 (女兒) (nü-ar) (*filha*)
- **qīzi** 妻子 (tchii-zi) (*esposa*)
- **sūnnǚ** 孙女 (sum-nü) (*neta*)
- **sūnzi** 孙子 (sum-zi) (*neto*)
- **tàitài** 太太 (tai-tai) (*esposa [mais usada em Taiwan]*)
- **wàigōng** 外公 (uai-gom) (*avô materno*)
- **wàipó** 外婆 (uai-po) (*avó materna*)
- **xiōngdì** 兄弟 (ciom-di) (*irmãos [apenas do sexo masculino]*)
- **xiōngdì jiěmèi** 兄弟姐妹 (ciom-di djie-mei) (*irmãos [de ambos os sexos]*)
- **zhàngfu** 丈夫 (dʒaam-fu) (*marido*)
- **zǔfù** 祖父 (zu-fu) (*avô paterno*)
- **zǔmǔ** 祖母 (zu-mu) (*avó paterna*)

Tendo uma Conversa

Débora encontra a colega de sua filha, Samantha, e pergunta sobre a família dela.

Débora:
Samantha, nǐ yǒu méiyǒu xiōngdì jiěmèi?
Samantha, ni iou mei-iou ciom-di djie-mei?
Samantha, você tem irmãos ou irmãs?

Samantha:
Wǒ yǒu yíge jiějie.
uo iou ii-gã djie-djie.
Tenho uma irmã mais velha.

Débora:
Tā yě huì jiǎng Zhōngwén ma?
ta ie hui djiaam dʒom-uãm ma?
Ela também fala chinês?

Samantha:
Búhuì. Tā zhǐ huì pú táo yá wén.
bu-hui. ta dʒi hui putau-ia uãm.
Não. Ela só fala português.

Débora:
Nǐde fùmǔ zhù zài nǎr?
ni-dã fu-mu dʒu zai nar?
Onde seus pais moram?

102 Parte II: Chinês na Prática

Samantha:	**Wǒmen dōu zhù zài Běijīng. Wǒ bàba shì wàijiāoguān.** uo-mãm dou dʒu zai bei-djimm. uo baba xi uai-djiau-guam. *Nós todos moramos em Pequim. Meu pai é diplomata.*
Débora:	**Nà tài hǎo le.** na tai hau lã. *Que legal.*

Vocabulário

jiǎng 讲 (講)	djiaam	falar
Zhōngwén 中文	dʒom-uãm	Chinês (idioma)
Pú táo yá wén 葡萄 (牙文)	putau-ia uãm	Português (idioma)
zhù 住	dʒu	morar
wàijiāoguān 外交官	uai-djiau-guam	diplomata

Batendo um Papo no Trabalho

Seu trabalho pode dizer muito sobre você. Ele também pode ser um ótimo tópico de conversa ou pode deixá-la mais interessante. Para perguntar a alguém sobre seu **gōngzuò** 工作 (gom-zuo) (*trabalho*), você pode dizer **Nǐ zuò shénme gōngzuò?** 你做什么工作? (你做甚麼工作?) (ni zuo xãm-mã gom-zuo?) (*Em que você trabalha?*) Você pode até tentar adivinhar e dizer, por exemplo, **Nǐ shì lǎoshī ma?** 你是老师吗? (你是老師嗎?) (ni xi lau-xi ma?) (*Você é professor(a)?*)

A seguir estão algumas profissões que você ou a pessoa com quem você está falando podem ter:

- **biānjí** 编辑 (編輯) (biam-dji) (*editor[a]*)
- **cáiféng** 裁缝 (裁縫) (tsai-fãmm) (*alfaiate*)
- **chéngwùyuán** 乘务员 (乘務員) (tchãm-uu-iuem) (*comissário[a] de bordo/tripulante*)
- **chūnàyuán** 出纳员 (出納員) (tchu-na-iuem) (*caixa de banco*)
- **diàngōng** 电工 (電工) (diem-gom) (*eletricista*)
- **fēixíngyuán** 飞行员 (飛行員) (fei-cimm-iuem) (*piloto*)

Capítulo 7: Conhecendo Pessoas: Batendo um Papo

- **hǎiguān guānyuán** 海关官员 (海關官員) (hai-guam guam-iuem) (*agente da alfândega*)
- **hùshì** 护士 (護士) (hu-xi) (*enfermeiro[a]*)
- **jiàoshòu** 教授 (djiau-xou) (*professor[a] [universitário]*)
- **jiēxiànyuán** 接线员 (接線員) (djie-ciam-iuem) (*telefonista*)
- **kèfáng fúwùyuán** 客房服务员 (客房服務員) (kã-faam fu-uu-iuem) (*camareira*)
- **kuàijì** 会计 (會計) (kuai-dji) (*contador[a]*)
- **lǎoshī** 老师 (老師) (lau-xi) (*professor[a]*)
- **lièchēyuán** 列车员 (列車員) (lie-tchã-iuem) (*condutor de trem*)
- **lǜshī** 律师 (律師) (lü-xi) (*advogado[a]*)
- **qiántái fúwùyuán** 前台服务员 (前台服務員) (tsiiam-tai fu-uu-iuem) (*recepcionista*)
- **shuǐnuǎngōng** 水暖工 (xui-nuam-gom) (*encanador*)
- **yǎnyuán** 演员 (演員) (iam-iuem) (*ator/atriz*)
- **yī shēng** 医生 (醫生) (ii xãmm) (*médico[a]*)
- **yóudìyuán** 邮递员 (郵遞員) (iou-di-iuem) (*carteiro[a]*)
- **zhǔguǎn** 主管 (dʒu-guam) (*CEO/Diretor Executivo*)

A seguir, temos alguns termos e expressões úteis relacionados a trabalho:

- **bàn rì gōngzuò** 半日工作 (bam ri gom-zuo) (*trabalho de meio expediente*)
- **gùyuán** 雇员 (僱員) (gu-iuem) (*empregado*)
- **gùzhǔ** 雇主 (gu-dʒu) (*empregador*)
- **jīnglǐ** 经理 (經理) (djimm-li) (*gerente*)
- **miànshì** 面试 (面試) (miam-xi) (*entrevista*)
- **quán rì gōngzuò** 全日工作 (tsiuem ri gom-zuo) (*trabalho de tempo integral*)
- **shī yè** 失业 (失業) (xi ie) (*desempregado*)

Na China, a **dānwèi** 单位 (單位) (dam-uei) (*unidade de trabalho*) é uma parte importante de sua vida. (Esse termo se refere a seu local de trabalho, que pode ser em qualquer lugar do país. Sua **dānwèi** é o grupo que é responsável por cuidar de você, responsabilizando-se também por quaisquer erros que você possa vir a cometer.) Na verdade, quando as pessoas pedem para que se identifique por telefone, elas costumam dizer **Nǐ nǎr?** 你哪儿? (你哪兒?) (ni nar?) (Literalmente: *De onde você é?*) para descobrir a qual **dānwèi** você pertence. De acordo com o presidente Mao Zedong (o líder do Partido

Parte II: Chinês na Prática

Comunista Chinês, que fundou a República Popular da China, em 1949), eram atribuídos trabalhos às pessoas assim que saíam da escola e elas nem sequer pensavam em se casar até que soubessem a localização de sua atribuição. Um homem poderia receber um trabalho no norte da China e sua noiva poderia ter sido enviada ao sul — e só se veriam uma vez por ano, durante o Ano-Novo Chinês. A **dānwèi** continua a proporcionar habitação para seus empregados e também reforça as políticas governamentais, tais como a política de um filho por família. Até recentemente, em 2003, era necessária a permissão da unidade para se casar, ter um filho ou receber qualquer benefício do governo.

Tendo uma Conversa

Wēn Yáng e Xiǎo Liú falam de suas respectivas profissões, que são bastante diferentes uma da outra. Xiǎo Liu é uma enfermeira em uma cidade japonesa localizada na província de Henan, não muito longe do famoso Templo Shaolin. (Faixa 9)

Xiǎo Liú: **Wēn Yáng, nǐ zuò shénme gōngzuò?**
uām iaam, ni zuo xām-mā gom-zuo?
Yang, em que você trabalha?

Wēn Yáng: **Wǒ shì yǎnyuán.**
uo xi iam-iuem.
Sou ator.

Xiǎo Liú: **Nà hěn yǒuyìsi.**
na hām iou-ii-si.
Que interessante.

Wēn Yáng: **Nǐ ne?**
ni nā?
E você?

Xiǎo Liú: **Wǒ shì hùshì. Wǒ zài Kāifēng dìyī yī yuàn gōngzuò.**
uo xi hu-xi. uo zai kai-fāmm di-ii ii iuem gom-zuo.
Sou enfermeira. Trabalho no principal hospital de Kaifeng.

Wēn Yáng: **Nán bùnán?**
Nam bu-nam?
É difícil?

Xiǎo Liú: **Bùnán. Wǒ hěn xǐhuān wǒde zhíyè.**
bu-nam. uo hām ci-huam uo-dā dʒi-ie.
Não é difícil. Realmente gosto da minha profissão.

Capítulo 7: Conhecendo Pessoas: Batendo um Papo   *105*

Vocabulário

gōngzuò 工作	gom-zuo	trabalhar
hùshī 护士 (護士)	hu-xi	enfermeiro(a)
yī yuàn 医院 (醫院)	ii-iuem	hospital
nán 难 (難)	nam	difícil
xǐhuān 喜欢 (喜歡)	ci-huam	gostar
zhí yè 职业 (職業)	dʒi-ie	profissão

Falando Sobre Onde Você Vive

Depois de as pessoas se conhecerem por meio de uma pequena conversa, elas podem trocar endereços e números de telefone para manter contato. A pergunta **Nǐ zhù zài nǎr?** 你住在哪儿? (你 住 在哪兒?) (ni dʒu zai nar?) (*Onde você mora?*), abordada anteriormente neste capítulo, pode aparecer. Você também pode querer fazer algumas destas perguntas:

- ✔ **Nǐde diànhuà hàomǎ duōshǎo?** 你的电话号码多少? (你的電話號碼多少?) (ni-dā diem-hua hau-ma duo-xau?) (*Qual é o seu número de telefone?*)

- ✔ **Nǐde dìzhǐ shì shénme?** 你的地址是什么? (你的地址是甚麼?) (ni-dā di-dʒi xi xām-mā?) (*Qual é seu endereço?*)

- ✔ **Nǐ shénme shíhòu zài jiā?** 你什么时侯在家? (你甚麼時候在家?) (ni xām-mā xiu-hou zai djia?) (*Quando você estará em casa?/Quando você está em casa?*)

Você também pode falar sobre sua casa de vez em quando. Estas palavras e frases podem vir a calhar:

- ✔ **Wǒ zhù de shì gōngyù.** 我住的是公寓. (uo dʒu dā xi gom-iu.) (*Eu moro num apartamento.*)

- ✔ **Wǒmen zhù de shì fángzi.** 我们住的是房子 (我們住的是房子) (uo-mām dʒu dā xi faam-zi.) (*Moramos numa casa.*)

106 Parte II: Chinês na Prática

✔ **Wǒ zhù zài chénglǐ.** 我住在城里. (我住在城裡.) (uo dʒu zai tchāmm-li.) (*Eu moro na cidade.*)

✔ **Wǒ zhù zài jiāowài.** 我住在郊外. (uo dʒu zai djiau-uai.) (*Eu moro no subúrbio.*)

✔ **Wǒ zhù zài nóngcūn.** 我住在农村. (我住在農村.) (uo dʒu zai nom-tsuām.) (*Eu moro no campo [área rural].*)

Além de seu **diànhuà hàomǎ** 电话号码 (電話號碼) (diem-hua hau-ma) (*número de telefone*) e seu **dìzhǐ** 地址 (di-dʒi) (*endereço*), a maioria das pessoas também quer saber o **diànzǐ yóuxiāng dìzhǐ** 电子邮箱地址 (電子郵箱 地址) (diem-zi iou-ciaam di-dʒi) (*endereço de e-mail*). E se você se encontra em uma situação mais formal, dar a alguém seu **míngpiàn** 名片 (mimm-piem) (*cartão de visita*) pode ser apropriado. (Para saber como pronunciar números, consulte o Capítulo 5.)

Capítulo 7: Conhecendo Pessoas: Batendo um Papo

Diversão & Jogos

Ligue os profissionais às palavras que identificam suas profissões. Confira o Apêndice D para obter as respostas.

yīshēng 医生 (醫生)   contador(a)

lǎoshī 老师 (老師)   médico(a)

fēixíngyuán 飞行员 (飛行員)   piloto

kuàijì 会计 (會計)   professor(a)

108 Parte II: Chinês na Prática

Capítulo 8

Jantando Fora e Comprando Comida

Neste Capítulo

▶ Comendo ao estilo chinês

▶ Fazendo o pedido e conversando em restaurantes

▶ Conhecendo os chás

▶ Comprando mantimentos

*V*ocê pode pensar que já conhece a comida chinesa, mas se de repente for convidado à casa de um amigo chinês ou for o convidado de honra em um banquete para a nova filial de sua empresa em Xangai, pode querer continuar aprendendo. Este capítulo não só o ajuda a se comunicar quando está com fome ou sede, fazer compras no supermercado e pedir comida em um restaurante, mas também lhe dá algumas dicas úteis de como ser, ao mesmo tempo, um convidado maravilhoso e um excelente anfitrião, quando você tem apenas uma chance de causar uma boa impressão.

Ainda com fome? Permita-me abrir o apetite, convidando-o a dar uma olhada no mundo da renomada cozinha chinesa. Sem dúvida, você já está familiarizado com um grande número de pratos chineses, do chow mein e chop suey da carne de porco agridoce a um dos favoritos dos chineses, o **dim sum**.

Experimentar a comida chinesa e a etiqueta à mesa é uma ótima maneira de descobrir a cultura chinesa. Você também pode usar o que descobrir neste capítulo para impressionar seu namorado ou sua namorada, fazendo o pedido em chinês da próxima vez em que vocês comerem fora.

Tudo Sobre as Refeições

Se você sentir fome quando começar esta parte, você deve parar para **chī** 吃 (tchi) (*comer*) **fàn** 饭 (飯) (fam) (*comida*). Na verdade, **fàn** sempre vem à tona quando se fala de refeições na China. As refeições durante o dia, por exemplo, são chamadas

- **zǎofàn** 早饭 (早飯) (zau-fam) (*café da manhã*)
- **wǔfàn** 午饭 (午飯) (uu-fam) (*almoço*)
- **wǎnfàn** 晚饭 (晚飯) (uam-fam) (*jantar*)

Durante séculos, o povo chinês não se cumprimentava dizendo **Nǐ hǎo ma?** 你好吗? (你好嗎?) (ni hau ma?) (*Como você está?*), mas dizendo **Nǐ chīfàn le méiyǒu?** 你吃饭了没有? (你 吃飯了沒有?) (ni tchi-fam lā mei-iou?) (Literalmente: "*Você já comeu?*")

Na China, **fàn** significa na verdade um tipo de grão ou alimento à base de amido. Você pode ter **mǐfàn** 米饭 (米飯) (mi-fam) (*arroz*), que pode ser **chǎo fàn** 炒饭 (炒飯) (tchau-fam) (*arroz branco frito*) ou **bái mǐfàn** 白米饭 (白米飯) (bai mi-fam) (*arroz branco cozido*); **miàntiáo** 面条 (面條) (miam-tiau) (*macarrão*); **mántóu** 馒头 (饅頭) (mam-tou) (*pão cozido no vapor*); **bāozi** 包子 (bau-zi) (*pãezinhos no vapor*) ou **jiǎozi** 饺子 (餃子) (djiau-zi) (*bolinhos*). Como pode ver, você tem vários tipos de **fàn** para escolher.

Satisfazendo a sua fome

Se você está com fome, você pode dizer **Wǒ hěn è.** 我很饿. (我很餓.) (uo hām ā) (*Estou com muita fome.*) e esperar um amigo convidá-lo para comer alguma coisa. Se você está com sede, basta dizer **Wǒde kǒu hěn kě.** 我的口很渴. (uo-dā kou hām kā.) (Literalmente: *Minha boca está muito seca.*) para ouvir ofertas de todos os tipos de bebidas. No entanto, você pode não ter a chance de proferir essas palavras, porque as regras de hospitalidade chinesas mandam oferecer comida e bebida aos convidados assim que eles chegarem.

Você tem algumas formas sutis de passar a ideia de que está com fome sem parecer muito atrevido. Você pode falar qualquer uma das seguintes frases:

- **Nǐ è bú è?** 你饿不饿? (你餓不餓?) (ni ā bu ā?) (*Você está com fome?*)
- **Nǐ è ma?** 你饿吗? (你餓嗎?) (ni ā ma?) (*Você está com fome?*)
- **Nǐ hái méi chī wǎnfàn ba.** 你还没吃晚饭吧. (你還沒吃晚飯吧.) (ni hai mei tchi uam-fam ba.) (*Aposto que você não jantou ainda.*)

Ao verificar se a outra pessoa está com fome primeiro, você exibe a estimada sensibilidade chinesa de consideração pelos outros e se dá a chance de falar delicadamente que, na verdade, você é que está morrendo de vontade de comer comida chinesa. Se quiser, pode sempre dizer abertamente que é o único que está com fome, substituindo **wǒ** 我 (uo) (*eu*) para **nǐ** 你 (ni) (*você*).

Capítulo 8: Jantando Fora e Comprando Comida   **111**

Se você ouvir o som **ba** 吧 (ba), no final de uma frase, provavelmente pode interpretá-lo como em **Nǐ hái méi chī wǎnfàn ba**, na lista apresentada anteriormente, ou como em **Wǒmen qù chīfàn ba.** 我们去吃饭吧. (我們去吃飯吧.) (uo-mãm tsiü tchi-fam ba.) (*Vamos jantar.*). Uma pequena expressão serve para suavizar a forma de fazer um pedido (ou dar uma ordem).

Você pode falar algo como **Nǐ xiān hē jiǔ.** 你先喝酒. (ni ciam hã djiu.) (*Beba vinho primeiro.*), mas soa mais agradável e amigável se você disser **Nǐ xiān hē jiǔ ba.** 你先喝酒吧. (ni ciam hã djiu ba.) (*Melhor beber um pouco de vinho primeiro./Por que não bebe um pouco de vinho primeiro?*)

Quando um conhecido o convida para jantar, ele pode pedir **Nǐ yào chī fàn háishì yào chī miàn?** 你要吃饭还是要吃面? (你要吃飯還是要吃麵?) (ni iau tchi fam hai-xi iau tchi miam?) (*Você quer comer arroz ou macarrão?*). Naturalmente, seu anfitrião não vai servir apenas uma tigela de arroz ou macarrão a você; ele quer saber o alimento básico para poder preparar o **cài** 菜 (tsai) (*os diversos pratos que são servidos com arroz ou macarrão*).

As muitas variedades de **cài** fizeram o mundo da culinária morrer de inveja da China. Séculos de existência em nível de subsistência têm ensinado os chineses a não desperdiçar nenhum pedaço de animal, mineral ou vegetal quando eles puderem usar tais "restos" como alimento. Escassez crônica de alimentos em vários pontos na história da China os tornaram habilitados a dizer "A necessidade é a mãe da invenção". Entretanto, os chineses dizem isso de outra maneira: eles comem "qualquer coisa com pernas que não seja uma mesa e qualquer coisa com asas que não seja um avião". De qualquer forma, você entendeu a ideia.

Sentando-se para comer e praticando boas maneiras à mesa

Depois de escolher o alimento, quando ele já estiver em cima da mesa, à sua disposição, você provavelmente vai querer saber quais utensílios usar para comer a refeição. Não se acanhe de pedir os bons e velhos garfo e faca,

Você prefere carne háishì peixe?

Quando se pode escolher entre mais de um item em um menu chinês, usa-se uma estrutura de frase interrogativa alternativa, colocando-se a palavra **háishì** 还是 (還是) (hai-xi) (*ou*) entre as opções. No entanto, se você usa o termo *ou* em frases afirmativas — como quando você diz que ela está chegando hoje ou amanhã — você deve usar a palavra **huò** 或 (huo) ou **huò zhe** 或者 (huo dʒã) em seu lugar.

mesmo se estiver em um restaurante chinês. A ideia de que todos os chineses comem com pauzinhos é um mito mesmo. A Tabela 8-1 apresenta uma lista de utensílios que você precisará saber como dizer uma hora ou outra.

Tabela 8-1   Utensílios

Chinês	Pronúncia	Português
bēizi 杯子	bei-zi	copo
cānjīnzhǐ 餐巾纸 (餐巾紙)	tsam-djim-dʒi	guardanapo
chāzi 叉子	tcha-zi	garfo
dāozi 刀子	dau-zi	faca
pánzi 盘子 (盤子)	pam-zi	prato
tiáogēng 调羹 (調羹)	tiau-gãmm	colher
wǎn 碗	uam	tigela
yì shuāng kuàizi 一双筷子 (一雙筷子)	ii xuaam kuai-zi	um par de pauzinhos

Quando você recebe um convite para ir à casa de alguém, lembre-se sempre de levar um pequeno presente e de brindar aos outros antes de tomar uma bebida, mesmo durante a refeição. Os chineses não têm nenhum problema em fazer barulho tomando sopa ou em arrotar durante ou depois de uma refeição, por isso não se surpreenda se você testemunhar ambos em um encontro perfeitamente formal. E para permanecer educado e visto com bons olhos, você deve sempre fazer uma tentativa de servir alguém antes mesmo de se servir quando jantar com outras pessoas, caso contrário, você corre o risco de parecer rude e egoísta. (Confira no Capítulo 21 uma lista de outras regras de etiqueta.)

Não hesite em usar algumas destas frases:

- **Duō chī yìdiǎr ba!** 多吃一点儿吧! (多吃一點兒吧!) (duo tchi ii-diar ba!) (*Pegue um pouco mais!*)

- **Gānbēi!** 干杯! (幹杯!) (gam-bei!) (*Beba tudo!*) Expressão usada para indicar que você terminou ou deve terminar de beber, algo como "entorne tudo" ou "tome sua bebida")

- **Màn chī** or **màn màn chī!** 慢吃 ou 慢慢吃! (mam tchi ou mam mam tchi!) (*Bom apetite!*) Essa frase significa literalmente *Coma devagar*, mas é livremente traduzida como *Leve o tempo que precisar e aprecie sua comida.*

- **Wǒ chībǎo le.** 我吃饱了. (我吃飽了.) (uo tchi-bau lã.) (*Estou satisfeito.*)

- **Zìjǐ lái.** 自己来. (自己來.) (zi-dji lai.) (*Eu vou me servir.*)

Sempre que um companheiro de jantar começa a servir-lhe comida, como é o costume, você sempre deve fingir protestar com algumas menções de **Zìjǐ lai**, para não parecer que você supõe que alguém deve servi-lo. No final, você deve permitir que a pessoa siga a etiqueta apropriada, servindo-lhe porções de cada prato, se você é o convidado.

Capítulo 8: Jantando Fora e Comprando Comida **113**

E não importa o que faça, mas não use um **yáqiān** 牙签 (牙籤) (ia-tsiiam) (*palito*), sem cobrir sua boca. Uma das maiores gafes num jantar é mostrar seus dentes enquanto os palita.

Conhecendo a Culinária Chinesa

Você pode já ter descoberto que cada região da China se especializou em um diferente tipo de culinária. Cada província tem suas próprias especialidades, seu estilo de cozinhar e seus ingredientes favoritos. Algumas usam temperos picantes e outras não usam tempero. Mas não importa aonde vá, você certamente descobrirá novos sabores.

A comida do norte da China, encontrada em lugares como Pequim, é famosa por todos os tipos de pratos de carne. Você encontrará abundância de carne bovina, de cordeiro e de pato. Alho e cebolinha enfeitam a carne sob medida; porém, a culinária do Norte é meio sem graça por causa da falta de condimentos. Então, não espere nada muito salgado, doce ou picante.

A culinária de Xangai, bem como a das vizinhas Jiangsu e Zhejiang, representa a culinária do leste chinês. Como esses lugares são perto do mar e têm muitos lagos, você pode encontrar uma variedade infinita de frutos do mar nessa parte da China. Legumes frescos, diferentes tipos de bambu e abundância de molho de soja e açúcar também são características da culinária dessa região.

A comida das províncias de Sichuan e Hunan é considerada a cozinha do oeste da China. Esse tipo de comida é extremamente temperada, rica em sal e pimenta. (Alguns revolucionários famosos, como Mao Zedong, vieram dessa região da China.)

A culinária chinesa do sul vem da província Guangdong (anteriormente conhecida como Cantão), de Fujian e de Taiwan, e, assim como a culinária de Xangai, oferece quantidades abundantes de frutos do mar, frutas frescas e vegetais. Uma das comidas mais famosas de Guangdong é o **dim sum** (dim sim), que em mandarim padrão é pronunciado como **diǎn xīn** 点心 (點心) (Você pode ler mais sobre essa comida mais adiante, em "Mergulhando em alguns dim sum").

Jantando Fora

Comer em casa com os amigos é ótimo, mas às vezes você quer experimentar a cozinha chinesa saindo para jantar fora. Deparar-se com um menu em uma língua estrangeira pode ser assustador (assim como encontrar o banheiro), por isso as próximas seções vão ajudá-lo a se virar num restaurante, desde as opções de comida (inclusive dando uma olhada no **dim sum**) para poder pedir até o pagamento da conta e a localização das instalações.

Parte II: Chinês na Prática

Você pede algo educadamente dizendo **Qǐng nǐ gěi wǒ . . . ?** 请你给我 ...? (請你給我 ...?) (tsiimm ni gei uo...?) (*Você se importaria de, por favor, me trazer um[a]...?*). Você também pode dizer **Máfan nǐ gěi wǒ . . .** 麻烦你给我 ... (麻煩你給我 ...) (ma-fam ni gei uo...) (*Por favor, você se incomodaria em me dar um[a]...?*).

Vá à Tabela 8-1, no início do capítulo, para obter uma lista de utensílios comuns. Aqui estão alguns itens adicionais com os quais normalmente nos deparamos ou precisamos pedir ao jantar fora:

- **yíge rè máojīn** 一个热毛巾 (一個熱毛巾) (ii-gā rā mau-djim) (*uma toalha quente*)
- **yíge shī máojīn** 一个湿毛巾 (一個濕毛巾) (ii-gā xi mau-djim) (*uma toalha molhada*)

Quando estiver em dúvida, use a palavra de medição **ge** 个 (個) (gā) na frente do substantivo que você deseja trocar por um numeral, ou um especificador como **zhè** 这 (這) (dʒā) (*este[a], isto, esse[a], isso*) ou **nà** 那 (na) (*aquele[a], aquilo*). A palavra para *um/uma* sempre começa com **yī** 一 (ii), ou seja, o número *1* em chinês. Entre **yī** e o substantivo fica a palavra de medida. Para pauzinhos, é **shuāng** 双 (雙) (xuaam), ou seja, *par*; para guardanapo, é **zhāng** 张 (張) (dʒaam), usado para qualquer coisa com uma superfície plana (como papel, um mapa ou até mesmo uma cama); e palavra de medição para um palito é **gēn** 根 (gām), referindo-se a qualquer coisa parecida com um pedaço de pau, como uma corda, um fio ou um pedaço de grama. O chinês tem muitas palavras de medição diferentes, mas **ge** (gā) é de longe a mais comum.

Tendo uma Conversa

Audrey e William se encontraram depois do trabalho, em São Paulo, e decidiram onde comer.

William: **Audrey, nǐ hǎo!**
Audrey, ni hau!
Andreia, oi!!

Audrey: **Nǐ hǎo. Hǎo jiǔ méi jiàn.**
ni hau. hau djiu mei djiem.
Oi. Faz tempo que não vejo você.

William: **Nǐ è bú è?**
ni ā bu ā?
Você está com fome?

Audrey: **Wǒ hěn è. Nǐ ne?**
uo hām ā. ni nā?
Sim, com muita fome. E você?

Capítulo 8: Jantando Fora e Comprando Comida

William: **Wǒ yě hěn è.**
Uo ie hām ā.
Eu também estou com muita fome.

Audrey: **Wǒmen qù Zhōngguóchéng chī Zhōngguó cài, hǎo bù hǎo?**
uo-mām tsiü dʒom-guo-tchāmm tchi dʒom-guo tsai, hau bu hau?
Vamos comer comida chinesa no bairro chinês, tudo bem?

William: **Hǎo. Nǐ zhīdào Zhōngguóchéng nǎ jiā cānguǎn hǎo ma?**
hau. ni dʒi-dau dʒom-guo-tchāmm na djia tsam-guam hau ma?
Tudo bem. Você conhece um bom restaurante chinês?

Audrey: **Běijīng kǎo yā diàn hǎoxiàng bú cuò.**
bei-djimm kau ia diem hau-ciaam bu tsuo.
O Pato de Pequim parece muito bom.

William: **Hǎo jíle. Wǒmen zǒu ba.**
hau dji-lā. uo-mām zou ba.
Ótimo. Vamos.

Vocabulário

Nǐ è bú è? 你饿不饿? (你餓不餓?)	ni ā bu ā?	Você está com fome?
Zhōngguó cài 中国菜 (中國菜)	dʒom-guo tsai	comida Chinesa
cānguǎn 餐馆 (餐館)	tsam-guam	restaurante

Nǐ hǎo 你好 (ni hau), que aparece no diálogo do Tendo uma Conversa, anterior, pode ser traduzido como *Oi.*, *Olá.*, ou *Como você está?*.

Entendendo o que está no menu

Você é vegetariano? Se sim, você quer pedir um **sùcài** 素菜 (su-tsai) (*pratos vegetarianos*). Entretanto, se você é um carnívoro inveterado, deve definitivamente ficar de olho nos tipos de **hūncài** 荤菜 (葷菜) (huām-tsai) (*pratos de peixe ou carne*) listados no **càidān** 菜单 (菜單) (tsai dam) (*menu*). Ao contrário do arroz ou macarrão que você possa pedir, que vêm em tigelas individuais para todos na mesa, os **cài** 菜 (tsai) (*pratos*) que você pede chegam em grandes pratos e é esperado que os compartilhe com os outros.

Você deve se familiarizar com os tipos básicos de alimentos no menu, caso só possa contar com caracteres chineses e a romanização em **pīnyīn**. Ter esse conhecimento lhe permite saber imediatamente qual a seção a se focar (ou, da mesma forma, a se evitar).

Veja a carne, por exemplo. Temos os nomes dos animais, tais como **zhū** 猪 (豬) (dʒu) (*porco*), **niú** 牛 (niu) (*vaca*) ou **yáng** 羊 (iaam) (*cordeiro*). Basta combinar a palavra para o animal e a palavra **ròu** 肉 (rou), que significa *carne*, como **zhū ròu** 猪肉 (豬肉) (dʒu rou) (*carne de porco*), **niú ròu** 牛肉 (niu rou) (*carne de boi*) ou **yáng ròu** 羊肉 (iaam rou) (*carne de carneiro*). Voilà! Você tem o prato.

A Tabela 8-2 mostra os elementos típicos de um cardápio chinês.

Tabela 8-2	Elementos Típicos de um Menu Chinês	
Chinês	*Pronúncia*	*Português*
diǎnxīn 点心 (點心)	diem-cim	*sobremesa/lache*
hǎixiān 海鲜 (海鮮)	hai-ciam	*frutos do mar*
jī lèi 鸡类 (雞類)	dji lei	*pratos de aves*
kāiwèicài 开胃菜 (開胃菜)	kai-uei-tsai	*aperitivo*
ròu lèi 肉类 (肉類)	rou lei	*pratos de carne de boi*
sùcài 素菜	su-tsai	*pratos vegetarianos*
tāng 汤 (湯)	taam	*sopa*
yǐnliào 饮料 (飲料)	iim-liau	*bebidas*

Tendo uma Conversa

Eduardo, Otávio e Cecília se encontram em um restaurante em Xangai, depois do trabalho, e um atendente os cumprimenta. (Faixa 10)

Atendente: **Jǐ wèi?**
dji uei?
Quantos são no seu grupo?

Capítulo 8: Jantando Fora e Comprando Comida **117**

Otávio: **Sān wèi.**
sam uei.
São três.

O atendente os leva a uma mesa. Agora, os três devem decidir que refeições pedir.

Atendente: **Qǐng zuò zhèr. Zhè shì càidān.**
tsiimm zuo dʒār. dʒā xi tsai-dam.
Por favor, sentem-se aqui. Aqui está o menu.

Otávio: **Nǐ yào chī fàn háishì yào chī miàn?**
ni iau tchi fam hai-xi iau tchi miam?
Você quer comer arroz ou macarrão?

Eduardo: **Liǎngge dōu kěyǐ.**
liaam-gā dou kā-ii.
Qualquer um está bom.

Cecilia: **Wǒ hěn xǐhuān yāoguǒ jīdīng. Nǐmen ne?**
uo hām ci-huam iau-guo dji-dimm. ni-mām nā?
Eu adoro frango em cubos com castanha-de-caju. E vocês?

Eduardo: **Duìbùqǐ, wǒ chī sù. Wǒmen néng bù néng diǎn yìdiǎr dòufu?**
dui-bu-tchii, uo tchi su. uo-mām nāmm bu nāmm diem ii-diar dou-fu?
Desculpe, sou vegetariano. Podemos pedir tofu?

Cecilia: **Dāngrán kěyǐ.**
daam-ram kā-ii.
Claro que podemos.

Otávio: **Bù guǎn zěnme yàng, wǒmen lái sān píng píjiǔ, hǎo bù hǎo?**
bu guam zām-mā iaam, uo-mām lai sam pimm pi-djiu, hau bu hau?
Independentemente de tudo, vamos pedir três garrafas de cerveja, tudo bem?

Eduardo: **Hěn hǎo!**
hām hau!
Ótimo!

118 Parte II: Chinês na Prática

Vocabulário

Jǐ wèi? 几位? (幾位?)	dji uei?	Quantos são no seu grupo
bù guǎn zěnme yàng 不管怎么样 (不管怎麼樣)	bu guam zǎm-mǎ iáam	Independente de tudo/ Não importa o que
píjiu 啤酒	pi-djiu	cerveja

Delícia vegetariana

Se você é vegetariano, pode sentir-se perdido ao olhar para um menu repleto, principalmente de carne de porco (a carne principal da China), de boi e peixe. Não se preocupe. Desde que memorize alguns dos termos apresentados na Tabela 8-3, você não vai passar fome.

Tabela 8-3 Vegetais Comumente Encontrados em Pratos Chineses

Chinês	Pronúncia	Português
bōcài 菠菜	bo-tsai	espinafre
dòufu 豆腐	dou-fu	tofu
fānqié 番茄	fam-tsiie	tomate
jièlán 芥兰 (芥蘭)	djie-lam	brócolis Chinês
mógū 蘑菇	mo-gu	cogumelo
qiézi 茄子	tsie-zi	berinjela
qīngjiāo 青椒	tsimm-djiau	pimenta verde
sìjìdòu 四季豆	si-dji-dou	vagem
tǔdòu 土豆	tu-dou	batata
xīlánhuā 西兰花 (西蘭花)	ci-lam-hua	brócolis
yáng báicài 洋白菜	iaam bai-tsai	repolho
yùmǐ 玉米	iü-mi	milho
zhúsǔn 竹笋 (竹筍)	dʒu-sum	broto de bambu

Capítulo 8: Jantando Fora e Comprando Comida

Quando você tem um bom conhecimento sobre os vegetais usados em pratos chineses, você, vegetariano com orgulho, pode começar a pedir pratos vegetarianos em todos seus restaurantes favoritos. A Tabela 8-4 mostra alguns pratos vegetarianos que caem bem numa noite fora.

Tabela 8-4	Pratos Vegetarianos	
Chinês	*Pronúncia*	*Português*
dànhuā tāng 蛋花汤 (蛋花湯)	dam-hua taam	*sopa de gotas de ovo*
gānbiān sìjìdòu 干煸四季豆 (乾煸四季豆)	gam-biam si-dji-dou	*vagem sauté*
hóngshāo dòufu 红烧豆腐 (紅燒豆腐)	hom-xau dou-fu	*tofu assado em molho de soja*
suān là tāng 酸辣汤 (酸辣湯)	suam la taam	*sopa picante e azeda*
yúxiāng qiézi 鱼香茄子 (魚香茄子)	iü-ciaam tsiie-zi	*berinjela picante com alho*

Você pode ficar tentado a **chī** 吃 (tchi) (*comer*) sua sopa em um restaurante chinês, mas, na verdade, em vez disso, você deve **hē** 喝 (hã) (*beber*) a sopa. Se o gosto for muito bom, pode dizer que a sopa é **hěn hǎohē** 很好喝 (hãm hau-hã) (*muito saborosa*), assim como qualquer outra coisa que tenha pedido para beber.

Alguns pratos chineses favoritos

Você deve estar familiarizado com vários dos seguintes pratos, se já esteve em um restaurante chinês:

- **Běijīng kǎo yā** 北京烤鸭 (北京烤鴨) (bei-djimm kau ia) (*pato assado à Pequim*)
- **chūnjuǎn** 春卷 (春捲) (tchuãm-djuam) (*rolinho primavera*)
- **dòufu gān** 豆腐干 (豆腐乾) (dou-fu gam) (*tofu defumado*)
- **jièlán niúròu** 芥兰牛肉 (芥蘭牛肉) (djie-lam niu-rou) (*bife com brócolis*)
- **gōngbǎo jīdīng** 宫保鸡丁 (宮保雞丁) (gom-bau dji-dimm) (*frango xadrez*)

Parte II: Chinês na Prática

Caindo de boca no Ano-Novo Chinês

Na véspera do Ano-Novo Lunar chinês, conhecido como **chú xī** 除夕 (tchu ci), os chineses comem um grande **niányèfàn** 年夜饭 (年夜飯) (niem-ie-fam) (*jantar da véspera de Ano-Novo*). O jantar inclui quase sempre um cozido de **yú** 鱼 (魚) (iü) (*peixe*), porque a palavra peixe rima com a palavra para a abundância (**yú**), embora os caracteres de tais palavras sejam bastante diferentes. Em algumas das partes mais pobres do norte da China, as pessoas costumam comer **jiǎozi** 饺子 (餃子) (djiau-zi) (*bolinhos*), em vez de peixe, porque sua forma lembra a dos tradicionais **yuánbāo** 元宝 (元寶) (iuem-bau) (*lingotes de ouro*) utilizados nos tempos pré-modernos por pessoas de posses. Essas pessoas esperam que a prosperidade e a abundância dessas famílias ricas também entrem em suas vidas através do consumo do **jiǎozi**. Sulistas muitas vezes comem **fā cài** 发菜 (fa tsai) (*uma espécie de vegetal preto pegajoso*), que rima com **fā cái** 发财 (發財) (fa tsai), embora você pronuncie as palavras em tons diferentes. **Fā cái** significa ficar rico e prosperar; na verdade, a saudação mais comum no dia de Ano-Novo é **Gōngxǐ fā cái!** 恭喜发财! (恭喜發財!) (gom-ci fa tsai) (*Felicitações e que você prospere!*)

- **háoyóu niúròu** 蚝油牛肉 (蠔油牛肉) (hau-iou niu-rou) (*carne com molho de ostra*)
- **húntūn tāng** 馄饨汤 (餛飩湯) (huām-tum taam) (*sopa de wonton*)
- **shuàn yángròu** 涮羊肉 (xuam iaam-rou) (*hot pot mongol*)
- **tángcù yú** 糖醋鱼 (糖醋魚) (taam-tsu iü) (*peixe agridoce*)
- **yān huángguā** 腌黄瓜 (醃黃瓜) (iem huaam-gua) (*pepino em conserva*)

Molhos e temperos

Os chineses usam tudo quanto é tipo de temperos e molhos para fazer seus saborosos pratos. Aqui estão apenas alguns dos básicos:

- **cù** 醋 (tsu) (*vinagre*)
- **jiāng** 姜 (djiaam) (*gengibre*)
- **jiàngyóu** 酱油 (醬油) (djiaam-iou) (*molho de soja*)
- **làyóu** 辣油 (la-iou) (*molho de pimenta*)
- **máyóu** 麻油 (ma-iou) (*óleo de gergelim*)
- **yán** 盐 (鹽) (iem) (*sal*)

Apesar de a comida chinesa ser tão variada que lhe propicie três refeições por dia para sempre, de vez em quando você pode ter vontade de um bom e velho hambúrguer ou uma pilha de batatas fritas. Na verdade, você pode se surpreender ao encontrar lugares como McDonald's pela Ásia quando você menos esperar. A Tabela 8-5 lista alguns itens que você pode pedir

Capítulo 8: Jantando Fora e Comprando Comida   *121*

quando está com desejo da velha comida ocidental e a Tabela 8-6 lista bebidas comuns.

Tabela 8-5	Comida Ocidental	
Chinês	*Pronúncia*	*Português*
bǐsā bǐng 比萨饼 (比薩餅)	bi-sa bimm	*pizza*
hànbǎobāo 汉堡包 (漢堡包)	ham-bau-bau	*hambúrguer*
kǎo tǔdòu 烤土豆	kau tu-dou	*batata assada*
règǒu 热狗 (熱狗)	rã-gou	*cachorro-quente*
sānmíngzhì 三明治	sam-mimm-dʒi	*sanduíche*
shālā jiàng 沙拉酱 (沙拉醬)	xa-la djiaam	*molho de salada*
shālā zìzhùguì 沙拉自助柜 (沙拉自助櫃)	xa-la zi-dʒu-gui	*bufê de saladas*
tǔdòuní 土豆泥	tu-dou-ni	*purê de batata*
yáng pái 羊排	iaam pai	*costeletas de cordeiro*
yìdàlì shì miàntiáo 意大利式面条 (意大利式麵條)	ii-dali xi miam-tiau	*espaguete*
zhà jī 炸鸡 (炸雞)	dʒa dji	*frango frito*
zhà shǔtiáo 炸薯条 (炸薯條)	dʒa xu-tiau	*batata frita*
zhà yángcōng quān 炸洋葱圈 (炸洋蔥圈)	dʒa iaam-tsom tsiuem	*anéis de cebola*
zhū pái 猪排 (豬排)	dʒu pai	*costeletas de porco*

Tabela 8-6	Bebidas	
Chinês	*Pronúncia*	*Português*
chá 茶	tcha	*chá*
gān hóng pūtáojiǔ 干红葡萄酒 (干红葡萄酒)	gam hom pu-tau-djiu	*vinho tinto seco*
guǒzhī 果汁	guo-dʒi	*suco de frutas*
kāfēi 咖啡	ka-fei	*café*
kělè 可乐 (可樂)	kã-lã	*refrigerante (cola)*
kuāngquánshuǐ 矿泉水 (礦泉水)	kuaam-tsiuem-xui	*água mineral*
níngméng qìshuǐ 柠檬汽水 (檸檬汽水)	nimm-mãmm tchii-xui	*limonada (refrigerante)*
niúnǎi 牛奶	niu-nai	*leite*
píjiǔ 啤酒	pi-djiu	*cerveja*

Fazendo um pedido e conversando com a equipe de garçons

Aposto que você está acostumado a cada um pedindo um prato para si mesmo, certo? Bem, na China, os clientes quase sempre compartilham pratos, colocando-os em pratos comuns, bem no meio da mesa, onde todos possam escolher. Você se acostuma a pedir com todo o grupo em mente, e não apenas a si — só mais um exemplo de como o coletivo é sempre levado em consideração antes que do individual na cultura chinesa.

A etiqueta à mesa chinesa determina que todos decidam em conjunto o que pedir. As duas categorias principais sobre as quais se deve decidir são os **cài** 菜 (tsai) (*pratos de comida*) e a **tāng** 汤 (湯) (taam) (*sopa*). Sinta-se livre para ser o primeiro a perguntar **Wǒmen yīnggāi jiào jǐge cài jǐge tāng?** 我们应该叫几个菜几个汤? (我們應該叫幾個菜幾個湯?) (uo-mām iimm-gai djiau dji-gā tsai dji-gā taam?) (*Quantos pratos e quantas sopas devemos pedir?*). O ideal é que cada um dos cinco sabores básicos apareça nos pratos que você escolher, para sua refeição ser uma "verdadeira" refeição chinesa: **suān** 酸 (suam) (*azedo*), **tián** 甜 (tiem) (*doce*), **kǔ** 苦 (ku) (*amargo*), **là** 辣 (la) (*picante*) e **xián** 咸 (ciam) (*salgado*).

Sei que pode ser difícil escolher o que comer dentre todas as fantásticas escolhas à disposição em um menu chinês, afinal, os chineses aperfeiçoaram a arte de cozinhar muito antes de os franceses e italianos entrarem em cena. Mas quando finalmente encontrar algo de que goste, você tem que saber como dizer ao garçom o que quer **chī** 吃 (tchi) (*comer*), se gosta de comida picante, se quer evitar **wèijīng** 味精 (uei-djimm) (*glutamato monossódico*), que tipo de cerveja você quer **hē** 喝 (hā) (*beber*), além de querer saber que tipo de **náshǒu cài** 拿手菜 (na-xou tsai) (*especialidade da casa*) o restaurante está oferecendo hoje.

Aqui estão algumas perguntas passíveis de serem feitas pelo garçom ou pela garçonete:

- **Nǐmen yào hē diǎr shénme?** 你们要喝点儿什么? (你們要喝點兒甚麼?) (ni-mām iau hā diar xām-mā?) (*O que vocês gostariam de beber?*)

- **Nǐmen yào shénme cài?** 你们要什么菜? (你們要甚麼菜?) (ni-mām iau xām-mā tsai?) (*O que vocês gostariam de pedir? [Literalmente: De que tipo de comida vocês gostariam?]*)

- **Yào jǐ píng píjiǔ?** 要几瓶啤酒? (要幾瓶啤酒?) (iau dji pimm pi-djiu?) (*Quantas garrafas de cerveja você quer?*)

Ao abordar garçons ou garçonetes, você pode chamá-los pelo mesmo nome: **fúwùyuán** 服务员 (服務員) (fu-uu-iuem) (*equipe do restaurante*). Na verdade, ele e ela compartilham a mesma palavra chinesa também: **tā** 他/她/它 (ta). Isso não é fácil de lembrar? Aqui estão algumas perguntas, pedidos e declarações que podem ser úteis:

Capítulo 8: Jantando Fora e Comprando Comida

- **Dà shīfu náshǒu cài shì shénme?** 大师傅拿手菜是什么? (大師傅拿手菜是甚麼?) (da xi-fu na-xou tsai xi xām-mā?) (*Qual é a especialidade do chef?*)
- **Nǐ gěi wǒmen jièshào cài, hǎo ma?** 你给我们介绍菜, 好吗? (你給我們介紹菜, 好嗎?) (ni gei uo-mām djie-xau tsai, hau ma?) (*Você pode recomendar alguns pratos?*)
- **Nǐmen yǒu kuàngquán shuǐ ma?** 你们有矿泉水吗? (你們有礦泉水嗎?) (ni-mām iou kuaam-tsiuem xui ma?) (*Vocês têm água mineral?*)
- **Qǐng bǎ yǐnliào sòng lái.** 请把饮料送来. (請把飲料送來.) (tsiimm ba iim-liau som lai.) (*Por favor, traga nossas bebidas.*)
- **Qǐng bié fàng wèijīng, wǒ guòmǐn.** 请别放味精, 我过敏. (請別放味精, 我過敏.) (tsiimm bie faam uei-djiimm, uo guo-mim.) (*Por favor, não usem glutamato monossódico, eu sou alérgica.*)
- **Qǐng cā zhuōzi.** 请擦桌子. (請擦桌子.) (tsiimm tsa dʒuo-zi.) (*Por favor, limpe a mesa.*)
- **Qǐng gěi wǒ càidān.** 请给我菜单. (請給我菜單.) (tsiimm gei uo tsai-dam.) (*Por favor, traga-me o menu.*)
- **Wǒ bù chī zhūròu.** 我不吃猪肉. (我不吃豬肉.) (uo bu tchi dʒu-rou.) (*Eu não como carne de porco.*)
- **Wǒ bù néng chī yǒu táng de cài.** 我不能吃有糖的菜. (uo bu nāmm tchi iou taam dā tsai.) (*Não posso comer nada que tenha açúcar.*)
- **Wǒ bú yào là de cài.** 我不要辣的菜. (uo bu iau la dā tsai.) (*Não quero nada picante.*)
- **Wǒ bú yuànyì chī hǎishēn.** 我不愿意吃海参. (我不願意吃海參.) (uo bu iuem-ii tchi hai-xām) (*Não quero experimentar pepinos-do-mar.*)
- **Wǒ méi diǎn zhèige.** 我没点这个. (我没点這個.) (uo mei diem dzei-gā.) (*Eu não pedi isso.*)
- **Wǒmen yào yíge suān là tāng.** 我们要一个酸辣汤. (我們要一個酸辣湯.) (uo-mām iau ii-gā suam la taam.) (*Gostaríamos de uma sopa picante e azeda.*)
- **Yú xīnxiān ma?** 鱼新鲜吗? (魚新鮮嗎?) (iü cim-ciam ma?) (*O peixe está fresco?*)

Substantivos comuns a coisas em chinês não fazem distinção entre singular e plural. Se você quer falar de uma **píngguǒ** 苹果 (蘋果) (pimm-guo) (*maçã*), duas **júzi** 桔子 (dju-zi) (*laranjas*) ou ambas, **píngguó hé júzi** 苹果和桔子 (pimm-guo hā dju-zi) (*maçãs e laranjas*), será sempre a mesma coisa em chinês. Por outro lado, se quiser se referir a seres humanos, você pode sempre adicionar o sufixo **men** 们 (們) (mām). A palavra para *eu* é **wǒ** 我 (uo), mas *nós* torna-se **wǒmen** 我们 (我們) (uo-mām). O mesmo vale para **nǐ** 你 (*você*) e **tā** 他/她/它 (ta) (*ele/ela/ele(a) [para objetos e animais]*). *Vocês* vira **nǐmen** 你们 (你們) (ni-mām) e *eles* vira **tāmen** 他们 他們) / 她们 (她們) / 它们 (它們) (ta-mām). Entretanto, se

Parte II: Chinês na Prática

você quiser se referir a um número específico de maçãs, não usa **men** como sufixo. Você pode dizer **píngguǒ** para *a maçã (ou maçãs)* ou **liǎngge píngguǒ** 两个苹果 (兩個蘋果) (liaam-gā pimm-guo), significando *duas maçãs*. Como você prefere as maçãs?

Mergulhando de cabeça no dim sum

Dim sum é provavelmente o alimento mais popular entre os chineses que vivem no Ocidente, entre as pessoas na província de Guangdong e em toda a Hong Kong, onde você pode achá-lo servido no café da manhã, almoço e jantar às vezes. Os vendedores ainda vendem lanches dim sum nas estações de metrô.

O principal motivo apontado para o sucesso do prato é que ele toma a forma de pequenas porções e é frequentemente servido com chá, para ajudar a amenizar o efeito do óleo e da gordura depois. No entanto, você tem que indicar para os garçons quando quiser um prato com um pouco de tudo do carrinho de dim sum que eles empurram pelo restaurante, ou eles apenas passam por você. Restaurantes que servem dim sum são geralmente lotados e barulhentos, o que só contribui para a diversão.

Parte do fascínio pelo dim sum é que você experimenta uma grande variedade de sabores diferentes, enquanto põe o papo em dia com seus velhos amigos. Refeições dim sum podem durar horas, razão pela qual a maioria dos chineses escolhe os fins de semana para ter um dim sum. Não tem problema ele se prolongar por um sábado ou domingo.

Como as porções de dim sum são muito pequenas, o garçom muitas vezes conta o total pelo número de pratos deixados em sua mesa. Você pode dizer ao garçom que quer um tipo específico de dim sum dizendo **Qǐng lái yì dié** _____. 请来一碟 _____. (請來一碟 _____.) (tsiimm lai ii die _____.) (*Por favor, dê-me um prato de* _____.). Preencha o espaço em branco com uma das saborosas opções que eu listo na Tabela 8-7.

Tabela 8-7	Pratos Comuns no Dim Sum	
Chinês	*Pronúncia*	*Português*
chūnjuǎn 春卷 (春捲)	tchuǎm-djuem	*rolinhos primavera*
dàntǎ 蛋挞 (蛋撻)	dam-ta	*torta de ovo*
dòushā bāo 豆沙包	dou-xa bau	*pães doces de feijão*
guō tiē 锅贴 (鍋貼)	guo tie	*bolinhos de porco fritos*
luóbō gāo 萝卜糕 (蘿蔔糕)	luo-bo gau	*bolo de nabo*
niàng qīngjiāo 酿青椒 (釀青椒)	niaam tsiimm-djiau	*pimentão recheado*
niúròu wán 牛肉丸	niu-rou uam	*bolas de carne*
xiā jiǎo 虾饺 (蝦餃)	cia djiau	*bolinhos de camarão*

Capítulo 8: Jantando Fora e Comprando Comida **125**

Chinês	Pronúncia	Português
xiǎolóng bāo 小笼包 (小籠包)	ciau-lom bau	pãezinhos de porco no vapor
xiā wán 虾丸 (蝦丸)	cia uam	bolas de camarão
yùjiǎo 芋饺 (芋餃)	iü-djiau	inhame frito

Você já usou a partícula **guò** 过 (過) (guo)? Se quiser perguntar se alguém já fez alguma coisa, use essa palavra logo após o verbo para transmitir a mensagem:

Nǐ qù guò Bāxī méiyǒu? 你去过巴西没有？(你去過巴西沒有？) (ni tsiü guo ba-ci mei-iou?) (*Você já esteve alguma vez no Brasil?*)

Nǐ chī guò Yìdàlì fàn ma? 你吃过意大利饭吗？(你吃過意大利飯嗎？) (ni tchi guo ii-dali fam ma?) (*Você já comeu comida italiana?*)

Encontrando os banheiros

Depois de ter comido alguma coisa, você pode precisar de um banheiro. A vontade pode ser enorme se você está bem no meio de um banquete com 12 pratos em Pequim e já tomou algumas doses de **máotái** 茅台 (mau-tai), a mais forte de todas as bebidas da China.

Agora, tudo que você tem a fazer é reunir energia para perguntar *Onde é o banheiro?*: **Cèsuǒ zài nǎr?** 厕所在哪儿？(廁所在哪兒？) (tsã-suo zai nar?), se você estiver na China continental, ou **Cèsuǒ zài nǎlǐ?** 厕所在哪里？(廁所在哪 裡？) (tsã-suo zai nali?), se você estiver em Taiwan. Você também pode perguntar **Nǎlǐ kěyǐ xǐ shǒu?** 哪里可以洗手？(哪裡可以洗手？) (na-li kã-li ci xou?) (*Onde posso lavar as mãos?*)

Se você estiver na China continental, não se esqueça de levar um pouco de papel higiênico com você antes de sair do hotel, porque muitos banheiros públicos não possuem nenhum. Na maioria dos casos, as imagens nas portas do banheiro são autoexplicativas, mas você também pode ver 男, o **pīnyīn** para **nán** (nam) (*masculino*) e 女, o **pīnyīn** para **nǚ** (nü) (*feminino*), antes da palavra **cèsuǒ**. Essas são as palavras nas quais você deve prestar atenção acima de tudo.

Você também pode encontrar a palavra **cèsuǒ** no termo para pichação: **cèsuǒ wénxué** 厕所文学 (廁所文學) (tsã-suo uãm-ciue) (Literalmente: *literatura de banheiro*). Como é de fato.

Finalizando sua refeição e pagando a conta

Depois que você experimentou todas as combinações possíveis da culinária chinesa (ou francesa ou italiana, o que for), você não será capaz de simplesmente passar despercebido pela porta da frente em direção ao

126 Parte II: Chinês na Prática

pôr do sol. Hora de pagar a conta, meu amigo. Esperemos que a despesa tenha valido a pena. Aqui estão algumas frases que você deve saber quando chegar a hora:

- ✔ **Bāokuò fúwùfèi.** 包括服务费. (包括服務費.) (bau-kuo fu-uu-fei.) (*A gorjeta está incluída.*)
- ✔ **fēnkāi suàn** 分开算 (分開算) (fām-kai suam) (*dividir a conta*)
- ✔ **jiézhàng** 结账 (結賬) (djie-dʒaam) (*pagar a conta*)
- ✔ **Qǐng jiézhàng.** 请结账. (請結賬.) (*tsiimm djie-dzaam.*) (*A conta, por favor.*)
- ✔ **Qǐng kāi shōujù.** 请开收据. (請開收據.) (tsiimm kai xou-dju.) (*Por favor, dê-me o recibo/nota fiscal.*)
- ✔ **Wǒ kěyǐ yòng xìnyòng kǎ ma?** 我可以用信用卡吗? (我可以用信用卡嗎?) (uo kā-ii iom cim-iom ka ma?) (*Posso usar cartão de crédito?*)
- ✔ **Wǒ qǐng kè.** 我请客. (我請客.) (uo tsiimm kā.) (*É por minha conta.*)
- ✔ **Zhàngdān yǒu cuò.** 账单有错. (賬單有錯.) (dʒaam-dam iou tsuo.) (*A conta está errada.*)

Todo o Chá da China

Você encontra tantos diferentes tipos de chá quanto de dialetos chineses. Centenas, na verdade. No entanto, para pedir ou comprar essa bebida de forma mais fácil, você só precisa saber os tipos mais comuns de chá:

- ✔ **Lù chá** 绿茶 (綠茶) (lü tcha) (*chá verde*): O chá verde é o mais antigo de todos os chás na China, com muitas subvariedades não fermentadas. O tipo mais famoso de chá verde é chamado **lóngjǐng chá** 龙井茶 (龍井茶) (lom-djimm tcha), que significa *chá do poço do dragão*. Você pode encontrá-lo perto da famosa região do Lago Oeste, em Hangzhou, mas as pessoas no sul geralmente preferem esse tipo de chá.
- ✔ **Hóng chá** 红茶 (紅茶) (hom tcha) (*chá preto*): Apesar de **hóng** significar *vermelho* em chinês, você traduz essa expressão como *chá preto*. Ao contrário do chá verde, chás pretos são fermentados, e são apreciados principalmente por pessoas da província de Fujian.
- ✔ **Wūlóng chá** 乌龙茶 (烏龍茶) (uu-lom tcha) (*chá preto do dragão*): Esse tipo de chá é semifermentado. É o preferido das províncias de Guangdong e Fujian, no sul, e em Taiwan.
- ✔ **Mòlì huā chá** 茉莉花茶 (茉莉花茶) (mo-li hua tcha) (*Jasmine*): Esse tipo de chá é feito de uma combinação dos chás preto, verde e **Wūlóng**, além de algumas flores perfumadas, como jasmim ou magnólia, misturados na medida certa. A maioria dos nortistas tem uma fraqueza pelo chá de jasmim, provavelmente porque o norte é frio e esse tipo de chá aumenta a temperatura do corpo.

Capítulo 8: Jantando Fora e Comprando Comida 127

O chá é sempre oferecido aos convidados no momento em que entram numa casa chinesa. Os anfitriões não estão apenas sendo educados, a oferta de chá demonstra respeito ao convidado e apresenta uma maneira de compartilhar algo que todas as partes possam desfrutar juntos. Pode ser considerado rude não tomar pelo menos um gole. O costume chinês diz que um anfitrião só enche 70% da capacidade de uma xícara de chá. Supõe-se que os outros 30% conteriam amizade e afeto. Isso não é um conceito legal?

Você frequentemente usa o adjetivo **hǎo** 好 (hau) (*bom*) com um verbo para criar um adjetivo que signifique *bom de/para*. Aqui estão alguns exemplos:

hǎochī 好吃 (hau-tchi) (*saboroso[a]* [Literalmente: bom de comer])

hǎohē 好喝 (hau-hã) (*saboroso[a]* [Literalmente: bom de beber])

hǎokàn 好看 (hau-kam) (*bonito[a], interessante* [Literalmente: bom de se olhar ou ver]) Essa designação pode ser aplicada a pessoas ou até mesmo filmes.

hǎowán 好玩 (hau-uam) (*divertido, interessante* [Literalmente: bom de jogar])

Levando Seu Chinês por Aí

Os restaurantes são ótimos, mas de vez em quando você pode querer socializar como as pessoas comprando alimentos para um jantar caseiro em família. Mercados de alimentos ao ar livre são abundantes na China e são ótimos lugares para ver como os cidadãos locais fazem compras e o que eles compram. E que melhor maneira de praticar o chinês? Você sempre pode apontar para o que quer e descobrir com o vendedor o termo correto para ele.

Os mercados noturnos chineses

Mercados noturnos são ótimos lugares para passear, fazer compras, comer e sair com a família e amigos. Vendedores oferecem seus produtos, desde roupas a **xiǎo chī** 小吃 (ciau tchi) (*lanches* [Literalmente: comidinhas]), em meio a todo tipo de barulho e barracas lotadas, um ambiente que só pode ser descrito como uma atmosfera carnavalesca. O mercado noturno mais famoso em Taiwan está em **Shìlín** 士林 (xi-lim), distrito de Taipei, que fecha bem depois da meia-noite. Na China continental, não perca o **Kāifēng yèshì** 开封夜市 (開封夜市) (kai-fãmm ie-xi) (*mercado noturno de Kaifeng*), na província de Henan, no norte da China. À noite, as ruas de Kaifeng se transformam em verdadeiros restaurantes, com bolinhos ao estilo nortenho como especialidade.

Parte II: Chinês na Prática

Além de roupas, livros e utensílios de cozinha, mercados ao ar livre podem oferecer todos os tipos de alimentos:

- **Ròu** 肉 (rou) (*carne*): **niú ròu** 牛肉 (niu rou) (*carne de boi*), **yáng ròu** 羊肉 (iaam rou) (*carne de cordeiro*) ou **jī ròu** 鸡肉 (雞肉) (dji rou) (*frango*)
- **Shuǐguǒ** 水果 (xui-guo) (*fruta*): **píngguǒ** 苹果 (蘋果) (pimm-guo) (*maçãs*) ou **júzi** 桔子 (dju-zi) (*laranjas*)
- **Yú** 鱼 (魚) (iü) (*peixe*): **xiā** 虾 (蝦) (cia) (*camarão*), **pángxiè** 螃蟹 (paam-cie) (*caranguejo*), **lóngxiā** 龙虾 (龍蝦) (lom-cia) (*lagosta*) ou **yóuyú** 鱿鱼 (魷魚) (iou-iu) (*lula*)

O povo chinês geralmente não come alimentos crus. A ideia de uma salada crua é realmente estranha para eles. Na verdade, os chineses geralmente consideram que a **shēngcài** 生菜 (xāmm-tsai) (*alface*), traduzido literalmente como comida crua, sirva exclusivamente para animais de pasto.

Fazendo comparações

Quando você quer comparar pessoas ou objetos, geralmente você coloca a palavra **bǐ** 比 (bi) (*comparado a*) entre dois substantivos, seguido por um adjetivo: A **bǐ** B (*adjetivo*). Essa construção significa que A *é mais ____ do que* B.

Aqui estão alguns exemplos:

Píngguǒ bǐ júzi hǎochī. 苹果比桔子好吃. (蘋果比橘子好吃.) (pimm-guo bi dju-zi hau-tchi.) (*Maçãs são mais gostosas do que laranjas.*)

Tā bǐ nǐ niánqīng. 她比你年轻 (年輕). (ta bi ni niam-tsimm.) (*Ela é mais jovem do que você.*)

Zhèige fànguǎr bǐ nèige fànguǎr guì. 这个饭馆比那个饭馆贵. (這個飯館比那個飯館貴.) (dʒei-gā fam-guar bi na-gā fam-guar gui.) (*Este restaurante é mais caro do que o outro.*)

Quanto custa este ovo de mil anos?

Quando você estiver pronto para comprar alguns alimentos prontos, aqui estão duas maneiras simples para perguntar o preço dos produtos:

- **Duōshǎo qián?** 多少钱? (多少錢?) (duo-xau tsiiam?) (*Quanto custa?*)
- **Jǐkuài qián?** 几块钱? (幾塊錢?) (dji-kuai tsiiam?) (Literalmente: *Quantos dólares custa?*)

A única diferença entre as duas perguntas é a quantia implícita do custo. Se você usar a palavra **duōshǎo** 多少 (duo-xau), você quer saber sobre algo que provavelmente custa mais de $10 dólares. Se você usar **jǐ** 几 (幾) (dji) na frente de **kuài** 块 (塊) (kuai) (*dólares*), você presume que o produto custa menos de

$10 dólares. (Você também pode usar **jǐ** na frente da **suì** 岁 (歲) (sui) (*anos*) quando quiser saber a idade de uma criança menor de 10 anos.)

Tendo uma Conversa

 Em uma feira, em Kaifeng, Marta e Emanuel olham alguns legumes e discutem o preço com um homem mais velho, que está vendendo os produtos em sua tenda. (Faixa 11)

Marta: **Shīfu, qǐng wèn, nǐ yǒu méiyǒu bōcài?**
xi-fu, tsiim uām, ni iou mei-iou bo-tsai?
Senhor, posso saber se você tem algum espinafre?

Shīfu: **Dāngrán. Yào jǐjīn?**
daam-ram. iau dji-djim?
Claro. Você gostaria de quantos quilos?

Emanuel: **Wǒmen mǎi sānjīn, hǎo bùhǎo?**
uo-mām mai sam-djim, hau bu-hau?
Vamos querer três quilos, está bem?

Marta: **Hǎo. Sānjīn ba.**
hau. sam-djim ba.
Okay. Vão ser três quilos, então.

Shīfu: **Méi wèntí. Yìjīn sān kuài qián. Nèmme, yígòng jiǔ kuài.**
mei uām-ti. ii-djim sam kuai tsiiam. nām-mā, ii-gom djiu kuai.
Sem problema. O quilo é $3 dólares. Então, tudo junto dá $9 dólares.

Emanuel: **Děng yíxià. Bōcài bǐ jièlán guì duōle. Wǒmen mǎi jièlán ba.**
dāmm ii-cia. bo-tsai bi djie-lam gui duo-lā. uo-mām mai djie-lam ba.
Espere aí. O espinafre é mais caro do que o brócolis chinês. Vamos comprar brócolis chinês, então.

Shīfu: **Hǎo. Jièlán liǎngkuài yìjīn. Hái yào sānjīn ma?**
hau. djie-lam liaam-kuai ii-djim. hai iau sam-djim ma?
Tudo bem. O brócolis chinês é $2 dólares o quilo. Você ainda quer três quilos?

Marta: **Shì de.**
xi dā.
Sim.

Parte II: Chinês na Prática

Shīfu: **Nà, sānjīn yígòng liù kuài.**
na, sam-djim ii-gom liu kuai.
Nesse caso, três quilos darão $6.

Emanuel: **Hăo. Zhè shì liù kuài.**
hau. dʒā xi liu kuai.
Tudo bem. Aqui estão os $6 dólares.

Shīfu: **Xièxiè.**
cie-cie.
Obrigado.

Emanuel: **Xièxiè. Zàijiàn.**
Cie-cie. zai-djiem.
Obrigado. Tchau.

Shīfu: **Zàijiàn.**
zai-djiem.
Tchau.

Vocabulário

shīfu 师傅 (師傅)	xi-fu	Senhor
Hăo. 好.	hau.	Tudo bem./ Está bem.
Děng yíxià. 等一下.	dāmm ii-cia.	Espere aí.

Shīfu 师傅 (師傅) (xi-fu) é um termo usado para indicar alguém que presta um serviço; mostra mais respeito devido à idade do que o termo **fúwùyuán** 服务员 (服務員) (fu-uu-iuem), que indica qualquer tipo de atendente.

Capítulo 8: Jantando Fora e Comprando Comida

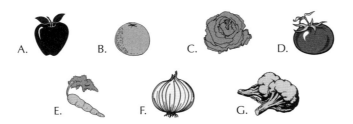

Identifique as frutas e os legumes e escreva seus nomes em chinês abaixo. Confira o Apêndice D para obter as respostas.

A. _____
B. _____
C. _____
D. _____
E. _____
F. _____
G. _____

132 Parte II: Chinês na Prática

Capítulo 9

Comprando com Facilidade

Neste Capítulo

▶ Visitando as lojas
▶ Procurando roupas e outros itens
▶ Negociando por um preço melhor

*V*ocê sempre sonhou em fazer compras até não poder mais em um país estrangeiro, onde a taxa de câmbio é realmente ótima? Ou em terras distantes, onde mercados ao ar livre sejam abundantes, mesmo à noite? Este capítulo o ajuda a transitar tanto nas pequenas lojas quanto nas luxuosas lojas de departamentos, dando uma mão com os preços, cores e mercadorias, e, no geral, negociando o melhor acordo sempre que possível.

Mǎi dōngxi 买东西(買東西) (mai dom-ci) (*comprar coisas*) é um dos passatempos que mais agradam às pessoas de todo o mundo. Se você está indo só **guàngshāngdiàn** 逛商店 (guamm-xamm-diem) (*olhar as vitrines*) ou realmente **mǎi dōngxi,** não importa. Você ainda pode se divertir olhando toda a **shāngpǐn** 商品 (xaam-pim) (*mercadoria*), fantasiando sobre a compra de um **zuànshí jièzhǐ** 钻石戒指 (鑽石戒指) (zuam-xi djie-dʒi) (*anel de diamante*) e pechinchando o **jiàgé** 价格 價格) (djia-gā) (*preço*).

Indo às Compras

Você pode encontrar todos os tipos de lojas para atender às suas necessidades comerciais em toda a China. A Tabela 9-1 apresenta algumas opções de lojas comuns.

134 Parte II: Chinês na Prática

Tabela 9-1	Tipos de loja	
Chinês	*Pronúncia*	*Português*
bǎihuò shāngdiàn 百货商店 (百貨商店)	bai-huo xaam-diem	*loja de departamentos*
cài shìchǎng 菜市场 (菜市場)	tsai xi-tchaam	*mercado*
chàngpiàn diàn 唱片店	tchaam-piam diem	*loja de música*
chāojí shìchǎng 超级市场 (超級市場)	tchau-dji xi-tchaam	*supermercado*
fúzhuāng diàn 服装店 (服裝店)	fu-dʒuaam diem	*loja de roupas*
lǐpǐn diàn 礼品店 (禮品店)	li-pim diem	*loja de presentes*
shūdiàn 书店 (書店)	xu-diem	*livraria*
wánjù diàn 玩具店	uam-dju diem	*loja de brinquedos*
wǔjīn diàn 五金店	uu-djim diem	*loja de ferragens*
xiédiàn 鞋店	cie-diem	*sapataria*
yàofáng 药房 (藥房)	iau-faam	*farmácia*
zhūbǎo diàn 珠宝店	dʒu-bau diem	*joalheria*

Aqui estão algumas coisas que você pode encontrar em várias lojas:

✔ **Zài yíge shūdiàn nǐ kěyǐ mǎi shū, zázhì hé bàozhǐ.** 在一个书店你可以买书, 杂志和报纸. (在一個書店你可以買書, 雜誌和報紙.) (zai ii-gā xu-diem ni kā-ii mai xu, za-dʒi hā bau-dʒi.) (*Em uma livraria, você pode comprar livros, revistas e jornais.*)

✔ **Zài yíge wǔjīn diàn nǐ kěyǐ mǎi zhuǎnjiē qì, chātóu hé yānwù bàojǐng qì.** 在一个五金店你可以买转接器, 插头和烟雾报警器. (在一個五金店你可以買轉接器, 插頭和煙霧報警器.) (zai ii-gā uu-djim diem ni kā-ii mai dʒuam-djie tchii, tcha-tou hā iam-uu bau-djimm tchii.) (*Em uma loja de ferragens, você pode comprar adaptadores, tomadas e detectores de fumaça.*)

✔ **Zài yíge zhūbǎo diàn nǐ kěyǐ mǎi shǒuzhuó, ěrhuán, xiàngliàn, xiōngzhēn hé jièzhi.** 在一个珠宝店你可以买手镯,耳环,项链,胸针和戒指. (在一個珠寶店你可以買手鐲,耳環,項鍊,胸針和戒指.) (zai ii-gā dʒu-bau diem ni kā-ii mai xou-dʒuo, ar-huam, ciaam-liam, ciom-dʒām hā djie-dʒi.) (*Em uma loja de joias, você pode comprar pulseiras, brincos, colares, broches e anéis.*)

Capítulo 9: Comprando com Facilidade **135**

Quando você finalmente decidir o que comprar, você pode querer ligar com antecedência para verificar o horário de atendimento da loja. Aqui estão algumas perguntas que podem ajudar:

- **Nǐmen wǔdiǎn zhōng yǐhòu hái kāi ma?** 你们五点钟以后还开吗? (你們五點鐘以後還開嗎?) (ni-mām uu-diem dʒom ii-hou hai kai ma?) (*Vocês estão abertos depois das 17h?*)

- **Nǐmen xīngqītiān kāi bùkāi?** 你们星期天开不开? (你們星期天開不開?) (ni-mām cimm-tchii-tiem kai bu-kai?) (*Vocês abrem aos domingos?*)

- **Nín jǐdiǎn zhōng kāi/guān mén?** 您几点钟开/关门? (您幾點鐘開/關門?) (nim dji-diem dʒom kai/guam mām?) (*A que horas vocês abrem/fecham?*)

A maioria das lojas na China abre muito cedo, por volta das 8h, e e ficam abertas até 20h, ou até mais tarde. Se você quer uma experiência de compras menos tumultuada, evite compras nos fins de semana, quando aparentemente um quarto da humanidade está na rua fazendo a mesma coisa.

Tendo uma Conversa

Elaine e Jéferson falam sobre ir às compras hoje. Veja como eles começam.

Elaine: **Wǒ jīntiān xiǎng qù mǎi dōngxi.**
uo djim-tiem ciaam tsiü mai dom-ci.
Quero fazer compras hoje.

Jéferson: **Nǐ qù nǎr mǎi dōngxi?**
ni tsiü nar mai dom-ci?
Onde você vai fazer compras?

Elaine: **Wǒ yào qù bǎihuò shāngdiàn mǎi yīfu.**
uo iau tsiü bai-huo xaam-diem mai ii-fu.
Quero ir a uma loja de departamentos para comprar umas roupas.

Jéferson: **Tīngshuō zài zhèige chénglǐ dōngxi dōu hěn guì.**
timm-xuo zai dʒei-gā tchāmm-li dom-ci dou hām gui.
Ouvi dizer que tudo é muito caro na cidade.

Parte II: Chinês na Prática

Elaine: **Nà bùyídìng. Kàn shì shénme diàn. Yǒude hěn guì, yǒude yìdiǎn dōu búguì.**
na bu-ii-dimm. kam xi xām-mā diem. iou-dā hām gui, iou-dā ii-diem dou bu-gui.
Não necessariamente. Depende da loja. Algumas são muito caras e algumas não são de forma alguma.

Jéferson: **Hǎo ba. Wǒmen zǒu ba. Wǒmen qù mǎi yīfu.**
hau ba. uo-mām zou ba. uu-mām tsiü mai ii-fu.
Ótimo. Vamos. Vamos comprar algumas roupas.

Vocabulário

bǎihuò shāngdiàn 百货商店 (百貨商店)	bai-huo xaam-diem	loja de departamentos
tīngshuō 听说 (聽説)	timm-xuo	ouvi dizer
bùyídìng 不一定	bu-ii-dimm	não necessariamente
Wǒmen zǒu ba. 我们走吧. (我們走吧.)	uo-mām zou ba	Vamos

Sempre que você vir as palavras **yìdiǎn dōu bú** 一点都不 (一點都不) (ii-diem dou bu) antes de um adjetivo, significa *de forma alguma*. Essa construção é uma ótima maneira de enfatizar algo. Você pode dizer algo como **Wǒ yìdiǎn dōu búlèi.** 我一点都不累. (我一點都不累.) (uo ii-diem dou bu-lei.) (*Eu não estou nem um pouco cansado.*) ou **Tā yìdiǎn dōu búpiàoliàng.** 她一点都不漂亮. (她一點都不漂亮.) (ta ii-diem dou bu piau-liaam). (*Ela não é nada bonita. / De forma alguma ela é bonita.*) para enfatizar seu ponto de vista.

Conseguindo o que Se Quer em uma Loja de Departamentos

Se você não tem ideia de como começar a fazer compras na China, muito menos o que quer comprar, você pode querer começar em uma das inúmeras lojas de departamentos que surgiram em toda a China na última década. Nelas você pode obter praticamente qualquer coisa de qualquer marca que esteja procurando, desde **zhūbǎo** 珠宝 (dʒuo-bau) (*joias*) e **huāpíng** 花瓶 (hua-pimm) (*vasos*) a **yīfu** 衣服 (ii-fu) (*roupas*) e **yuèqì** 乐器 (樂器) (iue-tchii) (*instrumentos musicais*).

Capítulo 9: Comprando com Facilidade 137

As lojas de departamentos não são os únicos lugares em que você pode comprar, mas elas são certamente as mais práticas, porque tudo está ali a curta distância e você pode transitar sem esbarrar em vendedores tentando empurrar seus produtos.

Mesmo que os tradicionais mercados de vielas e as fachadas de lojas ainda existam na China, shoppings ao estilo ocidental estão rapidamente deixando sua impressão em lugares como Pequim e Xangai. No entanto, você ainda pode obter melhores preços nos inúmeros mercados ao ar livre e com vendedores ambulantes, que vendem artes e artesanato tradicionais e outras especialidades. A principal zona comercial de Pequim não está longe da Praça **Tiān'ānmén** 天安门 (天安門)(tiem-am-mām), nas ruas **Wángfǔjǐng** 王府井 (uaam-fu-djim) e **Dōngdān** 东单 (東單) (dom-dam). Ou na Rua **Jiànguóménwài Dàjiē** 建国门外大街 (建國門外大街) (djiam-guo mām-uai dā-djie).

Apenas olhando

Você pode querer ligar primeiro para conferir quando a maior loja de departamentos da cidade abre, antes de decidir dar uma volta. Está um dia bonito lá fora, você está de bom humor, tudo está bem com o mundo, e tudo que você quer fazer é olhar as vitrines — de dentro da loja. Você começa no **dì yī céng** 第一层 (第一層) (di ii-tsāmm) (*primeiro andar*), pega a **zìdòng lóutī** 自动楼梯 (自動樓梯) (zi-dom lou-ti) (*escada rolante*) por todo o caminho até o **dì sān céng** 第三层 (第三層) (di sam tsāmm) (*terceiro andar*), e curte olhar as toneladas de **shāngpǐn** 商品 (xaam-pim) (*mercadoria*) sozinho em silêncio, quando de repente um **shòuhuòyuán** 售货员 (售貨員) (xou-huo-iuem) (*vendedor*) se esgueira por trás de você e diz **Nǐ xiǎng mǎi shénme?** 你想买什么? (你想買甚麼?) (ni ciaam mai xām-mā?) (*O que você gostaria de comprar?*)

Nesse ponto, você realmente só quer ser deixado em paz, então você diz **Wǒ zhǐ shì kànkàn. Xièxiè.** 我只是看看. 谢谢. (我只是看看. 謝謝.) (uo dʒi xi kam-kam. cie-cie) (*Eu estou apenas olhando. Obrigado[a].*)

Pedindo ajuda

Mas se você realmente quer ajuda? Em primeiro lugar, é melhor procurar em volta pelo vendedor que você acabou de mandar embora. Você pode não encontrar muitos outros nas proximidades, quando finalmente precisar deles. No entanto, se você tiver sorte, aqui estão algumas perguntas que você pode querer fazer:

Parte II: Chinês na Prática

- **Năr yŏu wàitào?** 哪儿有外套? (哪兒有外套?) (nar iou uai-tau?) (*Onde estão as jaquetas?*)

- **Néng bùnéng bāngmáng?** 能不能帮忙? (能不能幫忙?) (nāmm bu-nāmm baam-maam?) (*Você pode me ajudar?*)

- **Nĭ yŏu méiyŏu Yīngwén de shū?** 你有没有英文的书? (你有沒有英文的書?) (ni iou mei-iou imm-uām dā xu?) (*Você tem livros em inglês?*)

- **Nĭmen mài búmài guāngpán?** 你们卖不卖光盘? (你們賣不賣光盤?) (ni-mām mai bumai guaam-pam?) (*Vocês vendem CDs?*)

- **Qĭng nĭ gĕi wŏ kànkàn nĭde xīzhuāng.** 请你给我看看你的西装. (請你給我看看你的西裝.) (tsiimm ni gei uo kam-kam ni-dā ci-dʒuaam.) (*Por favor, mostre-me os seus ternos [ocidentais].*)

- **Wŏ zhăo yì bĕn yŏu guān Zhōngguó lìshĭ de shū.** 我找一本有关中国历史的书. (我找一本有關中國歷史的書.) (uo dʒau ii bam iou guam dʒom-guo li-xi dā xu.) (*Estou procurando um livro de história chinesa.*)

Tendo uma Conversa

Tatiana e Clara estão em uma loja de roupas. Elas tentam encontrar uma **fúwùyuán** (fu-uu-iuam) (*atendente*) para ajudá-las a achar vestidos dos seus tamanhos. (Faixa 12)

Tatiana: **Xiăojiĕ! Nĭ néng bāng wŏmen ma?**
ciau-djie! ni-nāmm baam uo-mām ma?
Senhorita! Você poderia nos ajudar?

Fúwùyuán: **Kĕyĭ. Qĭng dĕng yíxià.**
kā-ii. tsiimm dāmm ii-cia.
Sim. Só um instante.

Depois que a atendente da loja guarda algumas caixas, retorna para ajudar Tatiana e Clara.

Fúwùyuán: **Hăo. Nĭmen yào măi shénme?**
hau. ni-mām iau mai xām-mā?
Está bem. O que querem comprar?

Tatiana: **Năr yŏu qúnzi?**
nar iou tsium-zi?
Onde estão as saias?

Fúwùyuán: **Qúnzi jiù zài nàr.**
tsium-zi djiu zai nar.
As saias estão logo ali.

Capítulo 9: Comprando com Facilidade *139*

Vocabulário

xiaojiě 小姐	ciau-djie	Senhorita
Qǐng děng yíxià. 请等一下. (請等一下.)	tsiimm-dãmm ii-cia.	Só um instante.
Qúnzi jiù zài nàr. 裙子就在那儿. (裙子就在那兒.)	tsium-zi djiu zai nar.	As saias estão logo ali.

Comprando Roupas

Comprar roupa é uma arte — que exige muita paciência e firmeza, para não mencionar a quantidade de vocabulário novo, se você vai fazer isso em chinês. Você precisa saber como pedir o seu tamanho, a forma de ver se algo está disponível em uma cor ou tecido diferentes, e como comparar maçãs e laranjas (ou, pelo menos, saias e camisas).

Qual é o seu tamanho?

Se você pedir uma roupa no **dàxiǎo** 大小 (da-ciau) (*tamanho*) que você está acostumado a pedir no Brasil, quando estiver em Taiwan ou na China continental, terá uma surpresa. Os números utilizados no Brasil são muito diferentes daqueles com que você deve se acostumar quando lida com tamanhos chineses.

Aqui estão algumas frases úteis que você pode querer saber:

- ✔ **Dàxiǎo búduì.** 大小不对. (大小不對.) (da-ciau bu-dui.) (*É o tamanho errado.*)
- ✔ **Hěn héshēn.** 很合身. (hãm hã-xãm). (*Cabe perfeitamente.*)
- ✔ **Nín chuān duō dà hào?** 您穿多大号? (您穿多大號?) (nim tchuam duo da hau?) (*Qual o seu tamanho?*)
- ✔ **Zài Bāxī wǒde chǐcùn shì wǔ hào.** 在巴西我 的尺寸是三十八号. (在巴西我的尺寸是三十八號.) (zai ba-ci uo-dã tchi-tsum xi sam-xi-ba hau.) (*No Brasil, visto tamanho 38.*)

_140_ **Parte II: Chinês na Prática** _____

Em vez de usar a palavra **dàxiǎo**, você pode dizer coisas como as seguintes:

- ✔ **Nín chuān jǐ hào de chènshān?** 您穿几号的衬衫? (您穿幾號的襯衫?) (nim tchuam dji hau dā tchām-xam?) (*Qual o tamanho da camisa que você usa?*)

- ✔ **Wǒ chuān sānshíqī hào.** 我穿三十七号. (我穿三十七號.) (uo tchuam sam-xi-tsii hau.) (*Uso tamanho 37.*)

- ✔ **Wǒ chuān xiǎohào.** 我穿小号. (我穿小號.) (uo tchuam ciau-hau.) (*Uso tamanho P.*)

Claro, você sempre pode adivinhar o seu tamanho aproximado apenas indicando que você deseja ver algo em uma das seguintes categorias:

- ✔ **xiǎo** 小 (ciau) (*pequeno*)

- ✔ **zhōng** 中 (dʒom) (*médio*)

- ✔ **dà** 大 (da) (*grande*)

Tendo uma Conversa

Cláudia se aproxima de uma vendedora em uma loja de departamentos em Pequim. Ela não tem certeza de qual tamanho pedir, porque os sistemas de medição são diferentes na China e no Brasil.

Cláudia: **Xiǎojiě!**
ciau-djie!
Senhorita!

Vendedora: **Nǐ hǎo. Xiǎng mǎi shénme?**
ni hau. ciaam mai xām-mā?
Olá. O que você gostaria de comprar?

Cláudia: **Wǒ xiǎng mǎi yíjiàn jiákè.**
uo ciaam mai ii-djiam djia-kā.
Estou à procura de um casaco.

Vendedora: **Hǎo ba. Nǐ chuān jǐ hào?**
hau ba. ni tchuam dji hau?
Muito bem. Qual o seu tamanho?

Cláudia: **Wǒ bùzhīdào. Bāxī de hàomǎ hé Zhōngguó de hàomǎ hěn bùyíyàng.**
uo bu-dʒi-dau. ba-ci dā hau-ma hā dʒom-guo dā hau-ma hām bu-ii-iaam.
Não sei. Tamanhos brasileiros são tão diferentes dos tamanhos chineses.

Capítulo 9: Comprando com Facilidade *141*

Vendedora: **Wǒ gūjì nǐ chuān xiǎohào.**
uo gu-dji ni tchuam ciau-hau.
Acredito que você use um tamanho pequeno.

Cláudia: **Hǎo ba. Nà, máfán nǐ gěi wǒ kànkàn xiǎohào de jiákè. Xièxiè.**
hau ba. na, ma-fam ni gei uo kam-kam ciau-hau dã djia-kā. cie-cie.
Pode estar certa. Você se importaria de me mostrar as jaquetas de tamanho P, então? Obrigada.

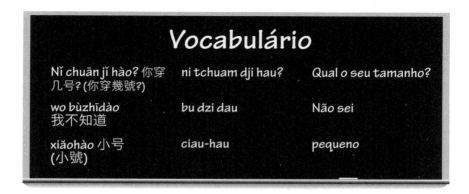

Comparando qualidades: Bom, melhor, mais

Quando você quiser usar o superlativo a fim de dizer que algo é absolutamente o melhor — ou, falando nisso, o pior —, sempre tenha esta pequena palavra em mente: **zuì** 最 (zui), que significa *o(a) mais*.

Zuì é só uma palavra que deve ser complementada com outro termo, caso contrário, ela não tem muito significado. Aqui estão alguns superlativos que você pode precisar usar de vez em quando:

- **zuì hǎo** 最好 (zui hau) (*melhor, o(a) melhor*)
- **zuì lèi** 最累 (zui lei) (*o mais cansado/a mais cansada*)
- **zuì màn** 最慢 (zui mam) (*o mais lento/a mais lenta*)
- **zuì máng** 最忙 (zui maam) (*o mais ocupado/a mais ocupada*)

142 Parte II: Chinês na Prática

> ✔ **zuì qíguài** 最奇怪 (zui tchii-guai) (*o mais estranho/a mais estranha*)
>
> ✔ **zuì yǒumíng** 最有名 (zui iou-mimm) (*o mais famoso/a mais famosa*)
>
> ✔ **zuì yǒuqián** 最有钱 (最有錢) (zui iou-tsiiem) (*o mais rico/a mais rica*)

Se você apenas quer dizer que alguma coisa é melhor do que qualquer outra coisa, ou mais alguma coisa do que outra (não necessariamente a melhor), você usa a palavra **gèng** 更 (gāmm) antes de um adjetivo. Para quem fala inglês, pode considerá-la o equivalente ao sufixo -er na língua inglesa. Outra palavra que significa *mais* é **yìdiǎn** 一点 (一點) (ii-diem). Apesar de o termo **gèng** vir antes de um adjetivo, o termo **yìdiǎn** deve aparecer após o adjetivo. Em vez de dizer **gèng kuài** 更快 (gāmm kuai) (*mais rápido*), por exemplo, você diria **kuài yìdiǎn** 快一点 (快一點) (kuai ii-diem), significando *mais rápido*.

Aqui estão alguns exemplos:

> **gèng cōngmíng** 更聪明 (更聰明) (gāmm tsom-mimm) (*mais inteligente*)
>
> **gèng hǎo** 更好 (gāmm hau) (*melhor*)
>
> **gèng guì** 更贵 (更貴) (gāmm gui) (*mais caro*)
>
> **gèng piányì** 更便宜 (gāmm piem-ii) (*mais barato*)
>
> **piányī yìdiǎn** 便宜一点 (便宜一點) (piem-ii ii-diem) (*mais barato*)
>
> **gèng kuài** 更快 (gāmm kuai) (*mais rápido*)
>
> **gèng màn** 更慢 (gāmm mam) (*mais devagar*)
>
> **duǎn yìdiǎn** 短一点 (短一點) (duam ii-diem) (*mais curto*)
>
> **cháng yìdiǎn** 长一点 (長一點) (tchaam ii-diem) (*mais longo*)
>
> **xiǎo yìdiǎn** 小一点 (小一點) (ciau ii-diem) (*menor*)
>
> **dà yìdiǎn** 大一点 (大一點) (da ii-diem) (*maior*)

Comparando dois itens

A maneira mais simples de comparar dois itens é usar o termo **bǐ** 比 (bi) (*em comparação com*) entre as duas coisas que você está comparando, seguido por um adjetivo. Se você disser **A bǐ B hǎo** A 比 B 好 (A bi B hau), estará dizendo que *A é melhor do que B*.

Aqui estão algumas maneiras de fazer comparações com **bǐ**:

> **Hóngde bǐ huángde hǎo.** 红的比黄的好. (紅的比黃的好. (hom-dā bi huaam-dā hau.) (*O vermelho é melhor do que o amarelo*).
>
> **Tā bǐ wǒ lǎo.** 她比我老. (ta bi uo lau.) (*Ela é mais velha do que eu.*)
>
> **Zhèige wūzi bǐ nèige dà.** 这个屋子比那个大. (這個屋子比那個大.) (dʒei-gā uu-zi bi nei-gā da). (*Este quarto é maior do que aquele.*)

Capítulo 9: Comprando com Facilidade **_143_**

Uma maneira de expressar a semelhança entre duas coisas é usar **gēn** 跟 (gām) ou **hé** 和 (hā) entre as duas coisas que estão sendo comparadas, seguido pela palavra **yíyàng** 一样 (一樣) (ii-iaam) (*o mesmo*), seguida do adjetivo. Então, se você disser **A gēn B yíyàng dà** A 跟 B 一样大 (A 跟 B 一樣大) (A gām B ii-iamm da), estará dizendo que *A e B são igualmente grandes* ou *tão grande quanto o outro*. Você também pode simplesmente dizer **A gēn B yíyàng.**, significando que *A e B são iguais*. Aqui estão algumas coisas que você pode dizer com essa frase-padrão:

> ✔ **Gēge hé dìdi yíyàng gāo.** 哥哥和弟弟一样高. (哥哥和弟弟一樣高.) (gā-gā hā di-di ii-iaam gau.) (*Meu irmão mais velho é tão alto quanto o meu irmão mais novo.*)
>
> ✔ **Māo gēn gǒu yíyàng tiáopí.** 猫跟狗一样调皮. (貓跟狗一樣調皮.) (mau gām gou ii-iaam tiau-pi.) (*Os gatos são tão obedientes/travessos quanto os cães.*)
>
> ✔ **Wǒ gēn nǐ yíyàng dà.** 我跟你一样大. (我跟你一樣大.) (uo gām ni ii-iaam da.) (*Você e eu somos da mesma idade.*)

E se você quiser fazer uma comparação negativa, como em *Eu não sou tão alto quanto ele.*? Para isso, você tem que usar o seguinte padrão de frase: **A méiyǒu B nèmme + adjetivo.** A 没有B 那么 (那麼) (A mei-iou B ná-mā + adjetivo.) (*A não é tão [adjetivo] quanto B.*). Você pode ver esse padrão na prática nas seguintes frases:

> **Shāyú méiyǒu jīnyú nème kě'ài.** 鲨鱼没有金鱼那么可爱.(鯊魚沒有金魚那麼可愛.) (xa-iu mei-iou djim-iu nā-mā kā-ai.) (*Tubarões não são tão bonitos quanto peixinhos dourados.*)
>
> **Pútáoyá wén méiyǒu Zhōngwén nème nán.** 葡萄牙文没有中文那么难. (葡萄牙文沒有中文那麼難.) (pu-tau-ia-uām mei-iou dʒom-uām nā-mā nam.) (*Português não é tão difícil quanto chinês.*)
>
> **Māo de wěiba méiyǒu tùzi de wěiba nème cū.** 猫的尾巴没有兔子的尾巴那么粗.(猫的尾巴没有兔子的尾巴那么粗.) (mau dā uei-ba mei-iou tu-zi dā uei-ba nā-mā tsu.) (*Os rabos dos gatos não são tão grossos quanto os rabos dos coelhos.*)

Tendo uma Conversa

Olívia e Lěiléi vão às compras e olham alguns dos tradicionais vestidos das mulheres chinesas, conhecidos como **qípáo** (tsi-pau). São vestidos até os tornozelos, de gola alta e com uma grande fenda em uma das pernas.

Olívia: **Zhèi jiàn qípáo zěnmeyàng?**
dʒei djiam tchii-pau zām-mā-iaam?
O que você acha deste tradicional vestido chinês?

Lěiléi:	**Wǒ juéde hěn hǎo.** uo djue-dā hām hau. *Acho que é muito bonito.*
Olívia:	**Zhēnde ma?** dʒām-dā ma? *Mesmo?*
Lěiléi:	**Zhēnde. Kěshì jīnsède méiyǒu hóngde nème piàoliàng.** dʒām-dā. kei-xi djim-sā-dā mei-iou hom-dā nā-mā piau-liaam. *Mesmo. Mas o dourado não é tão bonito quanto o vermelho.*
Olívia:	**Jīnsède hé hóngde yíyàng guì ma?** djim-sā-dā hā hom-dā ii-iaam gui ma? *O dourado e o vermelho custam a mesma coisa?*
Lěiléi:	**Méiyǒu. Jīnsède bǐ hóngde piányi.** mei-iou. djim-sā-dā bi hom-dā piam-ii. *Não. O dourado é menos caro que o vermelho.*
Olívia:	**Nà, wǒ jiù mǎi jīnsède.** na, uo djiu mai djim-sā-dā. *Neste caso, vou comprar o dourado.*

Você pode usar dois classificadores quando se trata de roupas: **jiàn** e **tiáo**. Classificadores são as palavras usadas entre um número ou as palavras *isto*, *este(a)*, *aquilo*, *aquele(a)* ou *esse(a)* e a roupa sobre a qual você está falando. Você usa **jiàn** quando está falando da roupa usada na parte superior do corpo e **tiáo** para roupas usadas na parte inferior. Então você diz **yíjiàn chènshān** 一件衬衫 (一件襯衫) (ii-djiam tchām-xam) (*uma camisa*) ou **sāntiáo kùzi** 三条裤子 (三條褲子) (sam-tiau ku-zi) (*três pares de calças*).

O que você está vestindo/usando? Chuān versus dài

Dài 戴 (dai) e **chuān** 穿 (tchuam), significam *usar e vestir*. Em português, você pode dizer que está vestindo ou usando um vestido, um terno, uma saia, mas, se disser que está vestindo uns óculos, olhariam você de forma estranha — nós dizemos que usamos brincos, sapatos, óculos. Em chinês não é muito diferente, você só pode **dài** (*usar*) coisas como **màozi** 帽子 (mau-zi) (*chapéus*), **yǎnjìng** 眼镜 (鏡) (iem-djimm) (*óculos*) e **xiézi** 鞋子 (cie-zi) (*sapatos*) — em outras palavras, artigos mais parecidos com acessórios do

Capítulo 9: Comprando com Facilidade **145**

que a roupa em si. No entanto, você só pode **chuān** (*vestir*) coisas como **qúnzi** 裙子 (tsium-zi) (*saias*) e **dàyī** 大衣 (da-ii) (*casacos*).

Aqui estão algumas coisas que você pode, **chuān:**

- **bèixīn** 背心 (bei-cim) (*colete*)
- **chángkù** 长裤 (長褲) (tchaam-ku) (*calças*)
- **chángxiù** 长袖 (長袖) (tchaam-ciu) (*camisa de manga comprida*)
- **chènshān** 衬衫 (襯衫) (tchām-xam) (*blusa*)
- **dàyī** 大衣 (da-ii) (*casaco*)
- **duǎnkù** 短裤 (短褲) (duam-ku) (*shorts*)
- **duǎnxiù** 短袖 (duam-ciu) (*camisa de manga curta*)
- **gāogēnxié** 高跟鞋 (gau-gām-cie) (*salto alto*)
- **jiákè** 夹克 (夾克) (djia-kā) (*jaqueta*)
- **kùzi** 裤子 (褲子) (ku-zi) (*calças*)
- **nèiyī** 内衣 (nei-ii) (*roupas íntimas*)
- **niúzǎikù** 牛仔裤 (牛仔褲) (niu-zai-ku) (*jeans*)
- **qúnzi** 裙子 (tsium-zi) (*saia*)
- **tuōxié** 拖鞋 (tuo-cie) (*chinelo*)
- **wàzi** 袜子 (襪子) (ua-zi) (*meias*)
- **yǔyī** 雨衣 (iü-ii) (*capa de chuva*)

Aqui estão algumas coisas que você pode **dài**, mas não **chuān:**

- **lǐngdài** 领带 (領帶) (limm-dai) (*gravata*)
- **shǒubiǎo** 手表 (xou-biau) (*relógio de pulso*)
- **shǒutào** 手套 (xou-tau) (*luvas*)
- **zhūbǎo** 珠宝 (dʒu-bau) (*joias*)

Perguntando sobre a cor e o material

Quando você vai comprar roupas, tem a chance de comparar todas as diferentes **yánsè** 颜色 (顏色) (iam-sā) (*cores*) em que elas vêm e escolher aquela que fica melhor em você. Você geralmente prefere camisas de **dānsè** 单色 (單色) (dam-sā) (*cores lisas*) ou **huā** 花 (hua) (*estampadas*)? Que tal um tom **shēn yìdiǎn** 深一点 (深一點) (xām ii-diem) (*mais escuro*) ou **dàn yìdiǎn** 淡一点 (淡一點) (dam ii-diem) (*mais claro*)?

146 Parte II: Chinês na Prática

Independentemente de quais sejam suas preferências de vestuário, depois que você aprende a expressar seu desejo com a palavra correta, pode se sentir seguro para pedir o que quiser.

A seguir está uma lista de palavras úteis para você usar na próxima vez em você for comprar tanto roupas quanto materiais para criar sua própria roupa. **Shénme yánsè** 什么颜色? (甚麼顏色?) (xām-mā iam-sā?) (*qual cor?*) é a sua favorita da lista a seguir? Não seja tímido para falar sobre suas preferências. Se alguém quer que use rosa com bolinhas roxas para um casamento, você sempre pode educadamente dizer **Yánsè búduì.** 颜色不对. (顏色 不對.) (iam-sā bu-dui.) (*É a cor errada.*) e deixar por isso mesmo.

- ✔ **bái** 白 (bai) (*branco*)
- ✔ **fēnhóng** 粉红 (粉紅) (fām-hom) (*rosa*)
- ✔ **hēi** 黑 (hei) (*preto*)
- ✔ **hóng** 红 (紅) (hom) (*vermelho*)
- ✔ **huáng** 黄 (huaam) (*amarelo*)
- ✔ **júhóng** 橘红 (橘紅) (dju-hom) (*laranja*)
- ✔ **lán** 蓝 (藍) (lam) (*azul*)
- ✔ **zǐ** 紫 (zi) (*roxo*)

Liàozi 料子 (liau-zi) (*tecido*) é outra coisa a se considerar quando você está escolhendo roupas. Confira estes termos para materiais de vestuário comuns:

- ✔ **duànzi** 缎子 (緞子) (duam-zi) (*cetim*)
- ✔ **kāisīmǐ** 开司米 (開司米) (kai-si-mi) (*caxemira*)
- ✔ **sīchóu** 丝绸 (絲綢) (si-tchou) (*seda*)
- ✔ **yángmáo** 羊毛 (iaam-mau) (*lã*)

Tendo uma Conversa

Laura sai para comprar suéteres com seu marido Evandro e pede a ele para analisar qual cor fica melhor nela.

Laura: **Zhèi jiàn máoyī nǐ juéde zěnmeyàng?**
dʒei djiam mau-ii ni djue-dā zām-mā-iaam?
O que você acha deste suéter?

Evandro: **Nèi jiàn máoyī tài xiǎo. Yánsè yě búpiàoliàng.**
nei djiam mau-ii tai ciau. iam-sā ie bu-piau-liaam.
Esse suéter é muito pequeno. A cor também não é legal.

Capítulo 9: Comprando com Facilidade **147**

Laura:	**Nǐ xǐhuān shénme yánsè?**
	ni ci-huam xām-mā iam-sā?
	Você gosta de qual cor?
Evandro:	**Wǒ xǐhuān hóngde. Búyào nèige hēide.**
	uo ci-huam hom-dā. bu-iau nei-gā hei-dā.
	Gosto do vermelho. Você não deve levar o preto.
Laura:	**Hǎole. Nà, wǒ jiù mǎi hóngde ba.**
	hau-lā. na, uo djiu mai hom-dā ba.
	Tudo bem. Nesse caso, vou comprar o vermelho.

Quando a partícula de possessivo **de** está ligada a um adjetivo e não há nenhum substantivo depois dela, podemos traduzir como *aquele(a) que é (adjetivo)*, como em **hóngde** 红的 (紅的) (hom-dā) (*o vermelho [subentendendo-se aquele que é vermelho]*), **dà de** 大的 (da dā) (*o grande/aquele que é grande*), **tián de** 甜的 (tiem dā) (*o doce/aquele que é doce*), e assim por diante.

Comprando Outros Itens

Claro que roupas não são as únicas coisas no mundo para comprar (embora eu conheça alguns que discordariam disso). Que tal algumas antiguidades ou brinquedos de alta tecnologia? As possibilidades são infinitas neste mundo voltado para o consumidor.

Caçando antiguidades

Um dos melhores lugares do mundo para ir à procura de **gǔdǒng** 古董 (gu-dom) (*antiguidades*) é — você adivinhou — a China. **Gǔdǒng diàn** 古董店 (gu-dom diem) (*antiquários*) são abundantes nas grandes cidades, perto das grandes lojas e em vielas. Você pode comprar de tudo, desde **diāokè pǐn** 雕刻品 (*objetos esculpidos*) de 200 anos a **bí yān hú** 鼻烟壶 (鼻煙壺) (bi iem hu) (*frascos de rapé*) de 100 anos. Você pode encontrar todos os tipos de coisas raras.

No entanto, depois de encontrar a antiguidade perfeita, você precisa lidar com todas as possíveis restrições à exportação, como para a porcelana com mais de 200 anos ou alguns tipos de produtos feitos de madeiras raras. Você tem que ter um selo de cera vermelha colado no item, para poder levá-lo legalmente para fora da China. Os escritórios de artefatos culturais da cidade onde você compra o item é que devem aplicar o selo.

Parte II: Chinês na Prática

Um pouco ao sudoeste da Praça **Tiān'ānmén** (*A Praça da Paz Celestial*), em Pequim, está **Liúlìchǎng** 琉璃厂 (琉璃廠) (liu-li-tchaam), uma área considerada a melhor na cidade para antiguidades e outros artesanatos e artes tradicionais. Em **Xangai**, o mercado de antiguidades de **Dōngtái** 东台 (東台) (dom-tai) é o único para se olhar, não muito longe de **Huáihǎi Lù** 淮海路 (huai-hai lu). Você pode até achar um Mercado Fantasma na Cidade Velha, aonde as pessoas vão no fim de semana de compras de antiguidades. O Mercado Fantasma é assim chamado por causa da hora em que os vendedores começam a abrir as lojas — antes do amanhecer, quando apenas os fantasmas podem verificar o que está à venda. Mesmo que você esteja lidando com antiguidades, você ainda está autorizado a barganhar o preço, por isso não se acanhe em tentar conseguir o melhor negócio possível.

Aqui estão algumas palavras e frases que vêm a calhar quando você está à procura de antiguidades:

- **dēnglóng** 灯笼 (燈籠) (dāmm-lom) (*lanterna*)
- **fóxiàng** 佛像 (fo-ciaam) (*budas*)
- **gǔdǒng jiājù** 古董家具 (gu-dom djia djü) (*mobiliário antigo*)
- **guìzi** 柜子 (櫃子) (gui-zi) (*armário*)
- **jìbài yòng de zhuōzi** 祭拜用的桌子 (dji-bai iom dā dʒuo-zi) (*mesa de altar*)
- **jǐngtàilán** 景泰蓝 (景泰藍) (djimm-tai-lam) (*cloisonné*)
- **píngfēng** 屏风 (屏風) (pimm-fāmm) (*biombo*)
- **shénxiàng** 神像 (xām-ciaam) (*imagem*)
- **shūfǎ** 书法 (書法) (xu-fa) (*caligrafia*)
- **xiōngzhēn** 胸针 (胸針) (ciuom-dʒām) (*broche*)
- **xiùhuā zhìpǐn** 绣花制品 (繡花製品) (ciu-hua dʒi-pim) (*bordado*)
- **yù** 玉 (iü) (*jade*)

Estas frases podem ajudá-lo a encontrar exatamente o que está procurando e evitar surpresas quando tentar levar seu tesouro para casa:

- **Kěyǐ bùkěyǐ jiā zhúnxǔ chūguó de huòqì yìn?** 可以不可以加准许出国的货器印? (可以不可以加准許出國的貨器印?) (kā-ii bu-kā-ii djia dʒum-ciü tchu-guo dā huo-tchii iim?) (*Você pode colocar o selo de exportação nele?*)
- **Něige cháodài de?** 哪个朝代的? (哪個朝代的?) (nei-gā tchau-dai dā?) (*De qual dinastia é?*)

Capítulo 9: Comprando com Facilidade

- **Néng dài chūguó ma?** 能带出国吗? (能帶出國嗎?) (nāmm dai tchu-guo ma?) (*Pode ser retirado da China?*)
- **Nǐde gǔdǒng dìtǎn zài nǎr?** 你的古董地毯在哪儿? (你的古董地毯在哪兒?) (ni-dā gu dom di tam zai nar?) (*Onde estão seus tapetes antigos?*)
- **Zhèige duōshǎo nián?** 这个多少年? (這個多少年?) (dʒei-gā duo-xau niem?) (*Quantos anos tem isso?*)
- **Zhèi shì něige cháodài de?** 这是哪个朝代的? (這是哪個朝代的?) (dʒei xi nei-gā tchau-dai dā?) (*De qual dinastia é isso?*)

Comprando alta tecnologia e eletrônicos

Nos dias de hoje, novos aparelhos eletrônicos aparecem no mercado a cada dois minutos, ou ao menos assim parece. Justamente quando você pensa que adquiriu o mais recente modelo de algo, outro sai com grande alarde. Segue uma lista dos itens mais usados (e mais comumente comprados) e dos quais você pode precisar — mesmo durante a leitura de *Chinês Para Leigos*. Agora você já sabe como pedir o que quer quando estiver numa loja.

- **chuánzhēn jī** 传真机 (傳真機) (tchuam-dʒām dji) (*aparelho de fax*)
- **dǎyìnjī** 打印机 (打印機) (da-iim-dji) (*impressora*)
- **diànnǎo shèbèi** 电脑设备 (電腦設備) (diem-nau xābei) (*equipamentos de informática*)
- **diànshì jī** 电视机 (電視機) (diem-xi dji) (*televisão*)
- **gèrén diànnǎo** 个人电脑 (個人電腦) (gā-rām diem-nau) (*computador*)
- **guāngpán** 光盘 (光盤) (guaam-pam) (*CD*)
- **shǔbiāo** 鼠标 (鼠標) (xu-biau) (*mouse*)
- **jiànpán** 键盘 (鍵盤) (djiem-pam) (*teclado*)
- **jìsuàn qī** 计算器 (計算器) (dji-suam tchii) (*calculadora*)
- **kǎlā'ōukè jī** 卡拉欧克机 (卡拉歐克機) (ka-la-ou-kā dji) (*máquina de caraoquê*)
- **MP3 bōfàngqì** MP3 播放器 (MP3 bo-faam-tchii) (*MP3 player*)
- **ruǎnjiàn** 软件 (軟件) (ruam-djiem) (*software*)
- **sǎomiáoyí** 扫描仪 (掃描儀) (sau-miau-ii) (*scanner*)
- **shèxiàng jī** 摄像机 (攝像機) (xā-ciaam dji) (*câmera*)
- **shǒutíshì** 手提式 (xou-ti-xi) (*notebook*)
- **xiǎnshìqì** 显示器 (顯示器) (ciem-xi-tchii) (*monitor*)

150 Parte II: Chinês na Prática

- ✔ **xiǎo píngbǎn diànnǎo** 小平板电脑 (小平板電腦) (ciau pimm-bam diem-nau) (*tablet*)
- ✔ **yìngjiàn** 硬件 (iimm-djiem) (*hardware*)
- ✔ **zǔhé yīnxiǎng** 组合音响 (組合音響) (zu-hā iimm-ciaam) (*aparelho de som*)

Conseguindo um Bom Preço e Pagando

Gente do mundo inteiro deseja conseguir bons preços em suas compras. Pelo menos deveriam. Esta seção ajuda você a descobrir as alegrias (e armadilhas) de pechinchar em chinês.

Negociação de preços no mercado noturno

Uma das coisas divertidas para fazer em Taiwan e na China continental é visitar um dos inúmeros animados mercados noturnos. Lá você pode encontrar tudo, desde roupas e joias a antiguidades e comida. Como os chineses amam fazer compras e **tǎojià huánjià** 讨价还价 (討價還價) (tau-djia huam-djia) (*pechinchar*), você terá companhia de sobra em suas jornadas.

Sempre se deve presumir que os preços são negociáveis em um mercado ao ar livre. Você sempre pode perguntar uma das opções a seguir e ver o que acontece:

- ✔ **Néng bùnéng piányí yìdiǎr?** 能不能便宜一点儿? (能不能便宜一點兒?) (nāmm bu-nāmm piem-ii ii-diar?) (*Você poderia fazer um preço mais em conta?*)
- ✔ **Néng bùnéng shǎo yìdiǎr?** 能不能少一点儿? (能不能少一點兒?) (nāmm bu-nāmm xau ii-diar?) (*Você pode baixar o preço?*)

Ou você pode sempre jogar duro e dizer algo como **Zěnme zhèmma guì ah?** 怎么这么贵啊? (怎麼這麼貴啊?) (zăm-mā dʒăm-mā gui a?) (*Por que isso está tão caro?*) com uma voz exasperada, começar a se afastar e ver o que acontece. (Aposto que eles voltam atrás e baixam o preço.)

Estas perguntas também vale a pena conhecer

- ✔ **Dǎ zhé, hǎo bùhǎo?** 打折, 好不好? (da dʒā, hau bu-hau?) (*Que tal me dar um desconto?*)

✔ **Kěyǐ jiǎng jià ma?** 可以讲价吗? (可以講價嗎?) (kā-ii djiaam djia ma?) (*Podemos negociar o preço?*)

✔ **Nǐmen yào bú yào Měiyuán?** 你们要不要美元? (你們要不要美元?) (ni-mām iau bu iau mei-iuem?) (*Você aceita dólares americanos?*)

✔ **Zhèige duōshǎo qián?** 这个多少钱 (這個多少錢?) (dʒei-gā duo-xau tsiiem?) (*Quanto é isso?*)

Se você vir algo chamado **Yǒuyí Shāngdiàn** 友谊商店 (友誼商店) (iou-ii xaam-diem) (*Loja da Amizade*), esteja ciente de que é uma das onipresentes lojas estatais na China, então os preços são geralmente fixos. No entanto, a negociação é a regra em toda a parte. Cuidado com mercadorias sem preços marcados nelas! Se você perguntar sobre elas, provavelmente vão falar um preço muito diferente do cobrado para os moradores. Muitas vezes, você pode conseguir de 5 a 10% de desconto verbalmente, então tente praticar a barganha antes de colocar os pés em um mercado de rua.

Pagando pela compra (ou exigindo um reembolso)

Quando você terminar de verificar todas as mercadorias, pechinchar (ou não) no preço e decidir o que comprar, provavelmente vai pegar sua **qiánbāo** 钱包 (錢包) (tsiiem-bau) (*carteira*) para ver se deve tirar o seu **xìnyòng kǎ** 信用卡 (cimm-iom ka) (*cartão de crédito*) ou algum **xiànqián** 现钱 (現錢) (ciem-tsiiem) (*dinheiro*), ou, se fez mesmo um bom negócio, apenas algum **língqián** 零钱 (零錢) (limm-tsiiem) (*trocado*). Quando **fùqián** 付钱 (付錢) (fu-tsiiem) (*pagar*), você também pode querer receber um **shōujù** 收据 (收據) (xou-djiü) (*recibo*).

Se você acabar sendo **bùyúkuài** 不愉快 (bu-iü-kuai) (*infeliz*) na sua compra, uma destas frases pode vir a calhar quando você tentar **tuì huí** 退回 (tui-hui) (*devolver*) sua mercadoria:

✔ **Duì wǒ bù héshēn.** 对我不合身. (對我不合身.) (dui uo bu hā-xām.) (*Não serviu em mim.*)

✔ **Qǐng nǐ bāo qǐlái.** 请你包起来. (請你包起來.) (tsiimm ni bau tsii-lai.) (*Por favor, embrulhe estes[s]/esta[s]/isto.*)

✔ **Qǐng nǐ bǎ qián jìrù wǒde xìnyòng kǎ.** 请你把钱计入我的信用卡. (請你把錢計入我的信用卡.) (tsiimm ni ba tsiiem dji-ru uo-dā cim-iom ka.) (*Por favor, faça o estorno no meu cartão de crédito.*)

✔ **Wǒ néng bùnéng jiàn zǒngjīnglǐ?** 我能不能见总经理? (我能不能見總經理?) (uo nāmm bu-nāmm djiem zom-djimm-li?) (*Posso ver o gerente?*)

152 Parte II: Chinês na Prática

- ✔ **Wǒ yào qiú tuìkuǎn.** 我要求退款. (uo iau tsiu tui-kuam.) (*Eu quero ser reembolsado[a].*)

- ✔ **Wǒ yào tuì huò.** 我要退货. (我要退貨.) (uo iau tui huo.) (*Gostaria de devolver isto.*)

É assim que você deve perguntar pelo troco:

Nǐ yǒu méiyǒu yí kuài qián de língqián? 你有没有一块钱的零钱? (你有没有一塊錢的零錢?) (ni iou mei-iou ii kuai tsiiem dā limm-tsiiem?) (*Você tem troco para um dólar?*)

Capítulo 9: Comprando com Facilidade   *153*

Veja essas ilustrações. Em que tipo de loja você encontra esses itens? As respostas estão no Apêndice D.

A. **Zhūbǎo diàn** 珠宝店 (珠寶店) _____

B. **Cài shìchǎng** 菜市场 (菜市場) _____

C. **Huādiàn** 花店 _____

D. **Yàofáng** 药房 (藥房) _____

E. **Wánjù diàn** 玩具店 _____

154 Parte II: Chinês na Prática

Capítulo 10
Conhecendo a Cidade

Neste Capítulo

▶ Indo a um show
▶ Visitando museus e locais históricos
▶ Assistindo a um filme ou concerto
▶ Indo a bares e casas noturnas

Nem pense em só ficar nas proximidades de seu hotel ou de casa em um belo dia de sol — especialmente se está prestes a explorar uma nova **chéngshì** 城市 (tchãmm-xi) (*cidade*) chinesa. Você tem tanta coisa para ver e fazer. Você pode querer ver uma apresentação da Ópera de Pequim ou dirigir-se ao museu mais próximo para conferir uma exposição de arte. Ou talvez um filme ou show e uma bebida sejam mais o seu estilo. Seja como for que você prefira gastar seu tempo na cidade, este capítulo fornece o vocabulário que você precisa.

Comparecendo a uma Apresentação

Planejando ir a alguns **yǎnchū** 演出 (iem-tchu) (*shows*) num futuro próximo? Você tem muitas opções hoje em dia. Você pode conferir algumas **gējù** 歌剧 (歌劇) (gā-djiü) (*óperas*) ou, se preferir, um **bāléiwǔ** 芭蕾舞 (ba-lei-uu) (*balé*) ou um **yīnyuèhuì** (iim-iue-hui) (*concerto musical*).

Xangai, em particular, é bastante famosa por suas **zájì tuán** 杂技团 (雜技團) (za-dji tuam) (*trupes de acrobatas*).

As seções a seguir o(a) ajudam a falar sobre todos os tipos de apresentações, a nomear o seu tipo favorito de música para pegar seus ingressos e a conversar sobre as experiências dos outros.

Conhecendo diferentes tipos de música

É comum ouvirmos que a linguagem da música atravessa fronteiras. Se você estiver se sentindo um pouco exausto depois de praticar chinês, você pode ir a um evento musical à noite, onde pode relaxar. Deixe a música transportá-lo para um outro espaço mental.

Parte II: Chinês na Prática

Seguem alguns termos para ajudá-lo a falar sobre música e apresentações:

- **dàiwèiyuán** 带位员 (帶位員) (dai-uei-iuem) (*lanterninha*)
- **gē chàng huì** 歌唱会 (歌唱會) (gā tchaam hui) (*recital de coral*)
- **gǔdiǎn yīnyuè** 古典音乐 (古典音樂) (gu-diem iim-iue) (*música clássica*)
- **jiāoxiǎng yuè** 交响乐 (交響樂) (djiau-ciaam iue) (*música sinfônica*)
- **jiémùdān** 节目单 (節目單) (djie-mu-dam) (*programa*)
- **jùchǎng** 剧场 (劇場) (djiü-tchaam) (*teatro*)
- **juéshì yīnyuè** 爵士音乐 (爵士音樂) (djue-xi iim-iue) (*jazz*)
- **lǐtáng** 礼堂 (禮堂) (li-taam) (*auditório*)
- **míngē** 民歌 (mim-gā) (*música popular chinesa*)
- **mùjiān xiūxi** 幕间休息 (幕間休息) (mu-djiam ciu-ci) (*intervalo*)
- **qì yuè** 器乐 (器樂) (tchii iue) (*música instrumental*)
- **shìnèi yuè** 室内乐 (室內樂) (xi-nei iue) (*música de câmara*)
- **yáogǔn yuè** 摇滚乐 (搖滾樂) (iau-gum iue) (*rock and roll*)
- **Zhōngguó gǔdiǎn yīnyuè** 中国古典音乐 (中國古典音樂) (dʒom-guo gu-diem iim-iue) (*música clássica chinesa*)

No final de um concerto na China, você não ouve alguém gritando "Bis!", mas sim **Zài lái yíge, zài lái yíge!** 再来一个! (再來一個!) (zai lai ii-gā, zai lai ii-gā!) (*Mais um!*)

Tendo uma Conversa

Lídia e Nelson falam sobre a que tipo de concerto devem assistir neste fim de semana.

Nelson: **Wǒmen zhèige zhōumò qù yīnyuè tīng tīng Zhōngguó gǔdiǎn yīnyuè ba.**
uo-mām dʒei-gā dʒou-mo tsiü iim-iue timm timm dʒom-guo gu-diem iim-iue ba.
Vamos a uma sala de concertos para ouvir um recital de música clássica chinesa neste fim de semana.

Lídia: **Wǒ bùxǐhuān Zhōngguó gǔdiǎn yīnyuè. Wǒ gèng xǐhuān juéshì yīnyuè.**
uo bu-xi-huam dʒom-guo gu-diem iim-iue. uo gāmm ci-huam djue-xi iim-iue.
Não gosto de música clássica chinesa. Prefiro jazz.

Capítulo 10: Conhecendo a Cidade **157**

Nelson:	**Juéshì yīnyuè tài qíguài. Yáogǔn yuè yě bùxǐhuān.** djue-xi iim-iue tai tchii-guai. iau-guãm iue ie bu-ci-huam. *Jazz é tão estranho. Também não gosto de rock and roll.*
Lídia:	**Nǐ dàgài zhǐ xǐhuān jiāoxiǎng yuè nèi lèi de yīnyuè ba.** ni da-gai dʒi ci-huam djiau-ciaam iue nei lei dã iim-iue ba. *Você provavelmente só gosta de música sinfônica e esse tipo de coisa.*
Nelson:	**Duì le.** dui lã. *Sim.*

Vocabulário

yīnyuè tīng 音乐厅 (音樂廳)	iim-iue timm	sala de concertos
Zhōngguó gǔdiǎnyīnyuè 中国古典音乐 (中國古典音樂)	dʒom-guo gu-diem iim-iue	música clássica Chinesa
juéshì yīnyuè 爵士音乐 (爵士音樂)	djue-xi iim-iue	jazz
qíguài 奇怪	tchii-guai	estranho
yáogǔn yuè 摇滚乐 (搖滾樂)	iau-guãm iue	rock and roll
jiāoxiǎng yuè 交响乐 (交響樂)	djiau-ciaam iue	música sinfônica
Duì le. 对了. (對了.)	dui lã	Sim. [informal]

Comprando um ingresso

Antes que você possa assistir a qualquer apresentação, você tem que comprar um **piào** 票 (piau) (*ingresso/bilhete*) ou dois. As seguintes frases devem ajudá-lo a conseguir o que deseja, ou pelo menos entender o que está sendo dito:

Parte II: Chinês na Prática

- Duìbùqǐ, jīntiān wǎnshàng de piào dōu màiwán le. 对不起, 今天晚上的票都卖完了. (對不起, 今天晚上的票都賣完了.) (dui-bu-tchii, djim-tiem uam-xaam dã piau dou mai-uam lã.) (*Sinto muito, os ingressos para esta noite estão todos esgotados.*)

- Shénme shíhòu kāiyǎn? 什么时侯开演? (甚麼時候開演?) (xãm-mã xi-hou kai-iam?) (*A que horas o show começa?*)

- Shénme shíhòu yǎn wán? 什么时侯演完? (甚麼時候演完?) (xãm-mã xi-hou iam uam?) (*A que horas o show termina?*)

- Wǒ yào mǎi yì zhāng dàrén piào, liǎng zhāng értóng piào. 我要买一张大人票, 两张儿童票. (我要買一張大人票, 兩張兒童票.) (uo iau mai ii dʒáam da-rãm piau, liaam dʒaam ar-tom piau) (*Eu gostaria de comprar um ingresso de adulto e dois ingressos de criança.*)

- Yǒu méiyǒu jīntiān wǎnshàng yǎnchū de piào? 有没有今天晚上演出的票? (iou mei-iou djim-tiem uam-xaam iam-tchu dã piau?) (*Há algum ingresso para a apresentação desta noite?*)

- Zài nǎr kěyǐ mǎidào piào? 在哪儿可以买到票? (在哪兒可以買到票?) (zai nar kã-ii mai-dau piau?) (*Onde posso comprar ingressos?*)

Perguntando se alguém fez algo

Se você está pensando em sair com novos amigos e quer perguntar-lhes se já fizeram algo, para que possa planejar um programa especial, basta adicionar a partícula **-guò** 过 (過) (guo) ao verbo e usar a palavra interrogativa **ma** 吗 (嗎) (ma) ou **méiyǒu** 没有 (mei-iou) no final. Aqui estão alguns exemplos:

Nǐ kànguò Jīngjù ma? 你看过京剧吗? (你看過京劇嗎?) (ni kam-guo djimm-djiü ma?) (*Você já viu a Ópera de Pequim?*)

Confira a Ópera de Pequim

Alguma vez você já foi à **Jīngjù** (djimm-djiü) (Ópera de Pequim)? Essa ópera chinesa é uma das formas de arte mais amadas na China, com uma história de mais de 200 anos. A ópera é um grande espetáculo musical, com canções e acrobacias, contando e recontando as grandes obras da história e da literatura chinesa. Há várias apresentações, especialmente durante as festas tradicionais, quando todos estão de folga do trabalho.

Mesmo que se chame Ópera de Pequim (Beijing), na verdade, suas origens são as províncias de Anhui e Hubei. Originalmente encenada para a família real, chegou a Pequim em 1790 e mais tarde se tornou conhecida para o público geral. Existem milhares de filiais locais da Ópera Chinesa (incluindo Pequim), cada uma com um dialeto único. A Ópera é a única forma de arte que agrada a todos os níveis da sociedade, em um país de mais de um bilhão de pessoas.

Capítulo 10: Conhecendo a Cidade *159*

> **Nǐ chīguò xiā méiyǒu?** 你吃过虾没有? (你吃過蝦沒有?) (ni tchi-guo cia mei-iou?) (*Você já comeu camarão?*)

> **Nǐ qùguò Bāxī ma?** 你去這巴西吗? (你去过巴西嗎?) (ni tsiu-guo ba-ci ma?) (*Você já esteve no Brasil?*)

Para responder a qualquer uma das perguntas anteriores, você pode repetir o verbo mais **guò** se a resposta for sim, ou simplesmente dizer **méiyǒu**, significando *Não, nunca*. Se quiser, você também pode dizer **méiyǒu** + verbo + **guò**.

Se você faz algo **chángcháng** 常常 (tchaam-tchaam) (*frequentemente*) ou apenas **yǒude shíhòu** 有的时侯 (iou-dā xi-hou) (*às vezes*), não tenha vergonha de dizer isso. Você pode usar esses advérbios em perguntas e respostas.

Visitando Museus e Galerias

Espetáculos de teatro e performances musicais ao vivo não são as únicas formas de entretenimento que você pode ver para se alimentar de **wénhuà** 文化 (uām-hua) (*cultura*). Uma das atividades mais calmas e mais agradáveis para se fazer sem pressa é visitar um **bówùguǎn** 博物馆 (博物館) (bo-uu-guam) (*museu*) ou **huàláng** 画廊 (畫廊) (hua-laam) (*galeria*).

Você pode conferir tudo, desde **gǔdàide yìshù pǐn** 古代的艺术品 (古代的藝術品) (gu-dai-dā ii-xu pim) (*artefatos antigos*) até **shānshuǐ huà** 山水画 (山水畫) (xam-xui hua) (*pintura de paisagem*) e **xiàndài yìshù** 现代艺术 (現代藝術) (ciam-dai ii-xu) (*arte moderna*). Às vezes, a melhor razão para ir a um **bówùguǎn** é comprar algumas **lǐwù** 礼物 (禮物) (li-uu) (*lembranças*) e alguns **zhāotiě** 招贴 (招貼) (dʒau-tie) (*pôsteres*) legais para si.

Aqui estão algumas coisas que você pode querer perguntar em um museu ou galeria:

- ✔ **Bówùguǎn jǐdiǎn zhōng kāimén?** 博物馆几点钟开门? (博物館幾點鐘開門?) (bo-uu-guam dji-diem dʒom kai-mām?) (*A que horas o museu abre?*)

- ✔ **Lǐpǐn shāngdiàn shénme shíhòu guānmén?** 礼品商店什么时侯关门? (禮品商店甚麼時候關門?) (li-pim xaam-diem xām-mā xi-hou guam-mām?) (*A que horas a loja de presentes fecha?*)

- ✔ **Nǐmen mài búmài zhāotiě?** 你们卖不卖招贴? (你們賣不賣招貼?) (ni-mām mai bu-mai dzau-tie?) (*Você vende pôsteres?*)

Parte II: Chinês na Prática

Tendo uma Conversa

 Jorge chega ao museu de arte local, bem no fim do dia; então, ele se aproxima do funcionário para fazer algumas perguntas. (Faixa 13)

Jorge: **Qǐngwèn, nǐmen jǐdiǎn zhōng guānmén?**
tsiimm-uām, ni-mām dji-diem dʒom guam-mām?
Com licença, a que horas vocês fecham?

Funcionário: **Zhèige bówùguǎn wǎnshàng liù diǎn zhōng guānmén.**
dʒei-gā bo-uu-guam uam-xaam liu diem dʒom guam-mām.
Este museu fecha às 18h.

Jorge: **Xiànzài yǐjīng wǔdiǎn duō le. Wǒ néng bùnéng miǎnfèi jìnqù?**
ciam-zai ii-djimm uu-diem duo lā. uu nāmm bu-nāmm miem-fei djimm-tsiü?
Já passam das 17h. Posso entrar de graça?

Funcionário: **Bùxíng. Hái yào fùqián. Shí kuài yì zhāng.**
bu-cimm. hai iau fu-tsiiem. xi kuai ii dʒaam.
Não. Você ainda tem que pagar. São $10 por ingresso.

Jorge: **Nà, wǒ míngtiān zài lái, duō huā yìdiǎr shíjiān zài zhèr. Xièxiè.**
na, uo mimm-tiem zai lai, duo hua ii-diar xi-djiem zai dʒār. cie-cie.
Neste caso, vou voltar amanhã para passar um pouco mais de tempo aqui. Obrigado.

Vocabulário

Qǐngwèn 请问 (請問)	tsiimm-uām	Posso perguntar...?
bówùguǎn 博物馆 (博物館)	bo-uu-guam	museu
miǎnfèi 免费 (免費)	miem-fei	de graça

Capítulo 10: Conhecendo a Cidade

Visitando Locais Históricos

Certifique-se de ter pelo menos uma viagem bem planejada para um local histórico se você visitar a China, mesmo se for por apenas uma semana a negócios. Visite a **Cháng Chéng** 长城 (長城) (tchaam tchãmm) (*Grande Muralha*), por exemplo. Ao norte de Pequim, a muralha é uma das maiores obras feitas pelo homem.

E enquanto estiver a caminho da Grande Muralha, você pode querer parar nas **Míng shísān líng** 明十三陵 (mimm xi-sam limm) (*Tumbas Ming*), que contêm os mausoléus de 13 imperadores da dinastia **Ming** (1368-1644), guardados por animais de pedra e estátuas de guerreiros.

De longe, a maneira mais fácil de ver os principais locais históricos da China é participar de uma excursão. Aqui estão algumas frases que podem vir a calhar:

- **Bàn tiān duōshǎo qián?** 半天多少钱? (半天多少錢?) (bam tiem duo-xau tsiiem?) (*Quanto custa metade de um dia?*)
- **Lǚxíngshè zài nǎr?** 旅行社在哪儿? (旅行社在哪兒?) (lü-cimm-xã zai nar?) (*Onde é a agência de viagens?*)
- **Nǐ yǒu méiyǒu lǚyóu shǒucè?** 你有没有旅游手册? (你有沒有旅遊手冊?) (ni iou mei-iou lü-iou xou-tsã?) (*Você tem um roteiro?*)
- **Yǒu méiyǒu shuō Yīngwén de dǎoyóu?** 有没有说英文的导游? (有沒有 說英文的導遊?) (iou mei-iou xuo iimm-uãm dã dau-iou?) (*Há guias que falem inglês?*)

Alguns dos locais históricos mais visitados da China incluem a Grande Muralha, a Cidade Proibida, em Pequim, e os guerreiros de terracota de **Xi'an**, onde um exército de mais de 6.000 guerreiros e cavalos esculpidos fica de guarda sobre o túmulo do primeiro imperador da China, **Qīn Shihuáng** (tsiim xi-huaam), que remonta ao século III a.C.

Tendo uma Conversa

Samuel pede um táxi e leva seus dois filhos para o Templo do Buda de Jade, em Xangai, onde ele tenta obter bilhetes de entrada com um funcionário. Ele está ansioso para mostrar aos seus filhos a arquitetura do templo da Dinastia **Song** (960-1279).

Samuel: **Qǐngwèn, zài nǎr kěyǐ mǎi piào?**
tsiimm-uãm, zai nar kã-ii mai piau?
Com licença, onde posso comprar bilhetes para entrada?

Funcionário: **Jiù zài zhèr.**
djiu zai dʒãr.
Você pode comprá-los aqui.

162 Parte II: Chinês na Prática

Samuel:	**Hǎojíle. Piàojià duōshǎo?** hau-dji-lā. piau-djia duo-xau? *Ótimo. Qual o valor do ingresso?*
Funcionário:	**Yìzhāng shí kuài.** ii-dʒaam xi kuai. *Os ingressos custam $10 cada.*
Samuel:	**Xiǎo háizi miǎnfèi ma?** ciau hai-zi miam-fei ma? *As crianças entram de graça?*
Funcionário:	**Bù miǎnfèi, kěshì xiǎo háizi bànpiào.** bu miam-fei, kā-xi ciau hai-zi bam-piau. *Não, elas pagam meia-entrada.*
Samuel:	**Wǒmen kě bù kěyǐ zhàoxiàng?** uo-mām kā bu kā-ii dʒau-ciaam? *Podemos tirar fotos?*
Funcionário:	**Dāngrán kěyǐ. Méiyǒu wèntí.** daam-ram kā-ii. mei-iou uām-ti. *Claro que podem. Sem problema.*

Vocabulário

Piàojià duōshǎo? 票价多少 (票價多少?)	piau-djia duo-xau?	Qual o valor do ingresso?
zhàoxiàng 照相	dʒau-ciaam	tirar fotos
dāngrán 当然 (當然)	daam-ram	é claro
Méiyou wèntí. 没有问题. (沒有問題.)	mei-iou uām-ti.	Sem problema.

Indo ao Cinema

Depois de um dia inteiro de passeio, você pode querer relaxar, diminuir o ritmo e pegar um **diànyǐng** 电影 (電影) (diem-iimm) (*cinema*). No cinema, você deve sentar e assistir ao que está na **yínmù** 银幕 (銀幕) (iim-mu) (*tela*) sem andar ou falar. Mas o que fazer quando as luzes se apagam e de repente você percebe que o filme é completamente em **Zhōngwén** 中文 (dʒom-uām) (*chinês*), sem qualquer **Yīngwén zìmù** 英文字幕 (iimm-uām zi-mu) (*legenda*

Capítulo 10: Conhecendo a Cidade **163**

em inglês), muito menos em **Pútáoyá wén**葡萄牙文 (pu-tau-ia uãm) (*português*)? Você lê este livro, é claro!

Que tipo de filme você quer ver? A Tabela 10-1 dá alguns gêneros para escolher:

Tabela 10-1	Gêneros de filmes	
Chinês	*Pronúncia*	*Português*
àiqíng piān 爱情片 (愛情片)	ai-tsiimm piem	*romance*
dònghuà piān 动画片 (動畫片)	dom-hua piem	*desenho animado*
dòngzuò piān 动作片 (動作片)	dom-zuo piem	*ação*
gùshi piān 故事片	gu-xi piem	*drama*
jìlù piān 纪录片 (紀錄片)	dji-lu piem	*documentário*
kǒngbù piān 恐怖片	kom-bu piem	*terror*
wàiguópiān 外国片 (外國片)	uai-guo-piem	*filme estrangeiro*
wǔxiá piān 武侠片 (武俠片)	uu-cia piem	*kung-fu*
xǐjù piān 喜剧片 (喜劇片)	ci-dju piem	*comédia*

Tendo uma Conversa

Vanessa e Elias decidem ir ao cinema hoje à noite.

Vanessa: **Wǒmen jīntiān wǎnshàng qù kàn yíbù diànyǐng ba.**
uo-mãm djim-tiem uam-xaam tsiü kam ii-bu diem-iimm ba.
Vamos ver um filme esta noite.

Elias: **Jīntiān yǎn shénme?**
djim-tiem iem xãm-mã?
O que está passando hoje?

Vanessa: **Yíge Zhāng Yìmóu dǎoyǎn de piānzi. Wǒ wàngle nèige míngzi.**
ii-gã dʒaam ii-mou dau-iem dã piem-zi. uo uaam-lã nei-gã mimm-zi.
Um filme dirigido por Zhang Yimou. Esqueci o nome.

Elias: **Shì shuō Yīngwén de ma?**
xi xuo iimm-uãm dã ma?
É em Inglês?

Vanessa: **Búshì, kěshì yǒu Yīngwén zìmù.**
bu-xi, kã-xi iou iimm-uãm zi-mu.
Não, mas há legendas em inglês.

164 Parte II: Chinês na Prática

Vocabulário

Jīntiān yǎn shénme? 今天演什么? (今天演甚麼?)	djim-tiem iem xām-mã?	O que está passando hoje?
dǎoyǎn 导演 (導演)	dau-iem	diretor
Yīngwén zìmù 英文字幕	iimm-uām zi-mu	legendas em inglês

Indo de Bar em Bar, de Clube em Clube

Você é uma coruja noturna, que depois de um dia cheio de passeios e até mesmo um concerto à noite ainda tem energia para sair por aí procurando um pouco de diversão? Se for assim, você precisa conhecer algumas conversas de bar, especialmente quando está de férias em uma cidade como Xangai — ou São Paulo. Afinal, nem todo mundo que você encontrar ou com quem sair pode ser fluente em inglês. Português? Ainda mais raro. As seguintes frases podem vir a calhar quando você estiver visitando os bares locais e salões de dança:

- **Nǐ xiǎng gēn wǒ tiàowǔ ma?** 你想跟我跳舞吗? (你想跟我跳舞嗎?) (ni ciaam gām uo tiau-uu ma?) (*Você gostaria de dançar comigo?*)
- **Qǐng lái yìpíng píjiǔ.** 请来一瓶啤酒. (請來一瓶啤酒.) (tsiimm lai ii-pimm pi-djiu.) (*Por favor, traga uma garrafa de cerveja.*)
- **Wǒmen dào nǎr qù tiàowǔ?** 我们到哪儿去跳舞? (我們到哪兒去跳舞?) (uo-mām dau nar tsiü tiau-uu?) (*Onde podemos dançar?*)
- **Wǒ néng bùnéng qǐng nǐ hē jiǔ?** 我能不能请你喝酒? (我能不能請你喝酒?) (uo nāmm bu-nāmm tsiimm ni hā djiu?) (*Posso oferecer uma bebida para você?*)
- **Yǒu méiyǒu rùchǎng fèi?** 有没有入场费? (有沒有入場費?) (iou mei-iou ru-tchaam fei?) (*É cobrado couvert?*)

Quando você vai a um bar com os amigos, você pode pedir uma **bīngzhèn de píjiǔ** 冰镇的啤酒 (冰鎮的啤酒) (bimm-dʒām dā pi-djiu) (*cerveja gelada*), ou talvez um pouco de **pútáo jiǔ** 葡萄酒 (pu-tau djiu) (*vinho*) **hóng** 红 (紅) (hom) (*tinto [Literalmente: vermelho]*) ou **bái** 白 (bai) (*branco*). E não se esqueça de pedir **huāshēngmǐ** 花生米 (hua-xāmm-mi) (*amendoim*) ou **tǔdòupiàn** 土豆片 (tu-dou-piem) (*batatas fritas*), assim você não fica muito bêbado com toda essa **píjiǔ.**

Capítulo 10: Conhecendo a Cidade 165

Diversão & Jogos

Relacione o termo em português à esquerda com o termo chinês correspondente à direita. Você pode encontrar as respostas no Apêndice D.

1. *cinema*
2. *sala de concerto*
3. *museu*
4. *arte*
5. *concerto*
6. *Ópera de Pequim*

a. **yīnyuè huì** 音乐会 (音樂會)
b. **Jīngjù** 京剧 (京劇)
c. **yìshù** 艺术 (藝術)
d. **bówùguǎn** 博物馆 (博物館)
e. **yīnyuè tīng** 音乐厅 (音樂廳)
f. **diànyǐng yuàn** 电影院 (電影院)

166 Parte II: Chinês na Prática

Capítulo 11

Usando o Telefone ou E-mail

Neste Capítulo

▶ Atendendo o telefone

▶ Entendendo a linguagem do celular

▶ Lidando com secretárias eletrônicas e correios de voz

▶ Navegando na internet e checando e-mail

*E*mbora o e-mail possa ser o método preferido de comunicação nos dias de hoje, nada supera ouvir a **shēngyīn** 声音 (聲音) (xãmm-iim) (*voz*) do seu amado ou amada do outro lado da linha, ou se fazer compreendido pela pessoa com quem você precisa fazer uma negociação. Mais uma razão para saber como usar o telefone, além de navegar na internet.

A arte de fazer uma chamada telefônica em outro idioma, e até mesmo em outro país — uma arte. Para dominá-la, você tem que se sentir confortável com itens básicos, como usar o telefone, em primeiro lugar. O que você diz quando alguém atende do outro lado? Este capítulo ajuda a navegar pelo terreno da comunicação, esteja você em Fortaleza ou na China.

Familiarizando-se com Termos da Telefonia

Antes mesmo de chegar perto de um **diànhuà** 电话 (電話) (diem-hua) (*telefone*), você pode querer familiarizar-se com algumas palavras e frases chinesas comumente usadas para conectar pessoas. Na verdade, você vê tantos tipos diferentes de telefones hoje em dia, que não deve ter problemas para descobrir qual melhor atende às suas necessidades:

- ✔ **gōngyòng diànhuà** 公用电话 (公用電話) (gom-iom diem-hua) (*telefone público*)
- ✔ **shǒujī** 手机 (手機) (xou-dji) (*celular*)
- ✔ **wúxiàn diànhuà** 无线电话 (無線電話) (uu-ciem diem-hua) (*telefone sem fio*)

168 Parte II: Chinês na Prática _____

Não deixe de conferir algumas coisas de antemão, como o **dìqū hàomǎ** 地区号码 (地區號碼) (di-tsiü hau-ma) (*código de área*) e o **diànhuà hàomǎ** 电话号码 (電話號碼) (diem-hua hau-ma) (*número de telefone*) para **bō** 拨 (撥) (bo) (*discar*). Às vezes você precisa da ajuda de um(a) **jiēxiànyuán** 接线员 (接線員) (djie-ciem-iuem) (*telefonista*) para algum dos seguintes tipos de chamadas, mas outras você pode efetuar sozinho:

- **běnshì diànhuà** 本市电话 (本市電話) (bām-xi diem-hua) (*chamada local*)

- **chángtú diànhuà** 长途电话 (長途電話) (tchaam-tu diem-hua) (*chamada de longa distância; interurbana*)

- **duìfāng fùfèi diànhuà** 对方付费电话 (對方付費電話) (dui-faam fu-fei diem-hua) (*chamada a cobrar*)

- **guójì diànhuà** 国际电话 (國際電話) (guo-dji diem-hua) (*chamadas internacionais*)

Estas são algumas outras ferramentas de comunicação que você pode querer usar:

- **chá diànhuà hàomǎbù** 查电话号码簿 (查電話號碼簿) (tcha diem-hua hau-ma-bu) (*procure um número em uma lista telefônica*)

- **dǎ diànhuà** 打电话 (打電話) (da diem-hua) (*fazer uma chamada telefônica*)

- **diànhuà hàomǎ** 电话号码 (電話號碼) (diem-hua hau-ma) (*número de telefone*)

- **diànhuàkǎ** 电话卡 (電話卡) (diem-hua-ka) (*cartão de telefone*)

Se você é como eu, precisa fazer várias perguntas básicas antes de descobrir o que fazer com um telefone no exterior. Aqui estão algumas perguntas que podem ser úteis:

- **Běnshì diànhuà shōufèi duōshǎo qián?** 本市电话收费多少钱? (本市電話收費多少錢?) (bām-xi diem-hua xou-fei duo-xau tsiiem?) (*Quanto custa uma chamada local?*)

- **Zài nǎr kěyǐ dǎ diànhuà?** 在哪儿可以打电话? (在哪兒可以打電話?) (zai nar kā-ii da diem-hua?) (*Onde posso fazer uma ligação?*)

- **Zěnme dǎ diànhuà?** 怎么打电话? (怎麼打電話?) (zām-mā da diem-hua?) (*Como posso telefonar?*)

Movimentando-se com um Celular

A maioria das pessoas no mundo não tem telefone em casa. Pode imaginar? Isso vale para a China continental, onde quase um quarto da humanidade reside. No entanto, você pode encontrar telefones em todos os lugares em Taiwan, assim como em Cingapura e Hong Kong. Nas grandes cidades de

Capítulo 11: Usando o Telefone ou E-mail

todo o mundo, você está propenso a ver milhões de pessoas (às vezes, literalmente milhões de pessoas, em lugares como Xangai) na rua com o seu **shǒujī** 手机 (手機) (xou-dji) (*celular*) a tiracolo... ou, melhor, na mão, ao lado de sua **zuǐbā** 嘴巴 (zui-ba) (*boca*), fofocando a distância. É o meio de comunicação preferido nos dias de hoje, então a maioria das pessoas que você encontra tem um **shǒujī hàomǎ** 手机号码 (手機號碼) (xou-dji hau-ma) (*número de celular*).

Embora as mais conhecidas marcas de celulares tenham tentado a sorte no vasto mercado chinês de usuários de celulares, as marcas nacionais TCL e Ningbo Bird dominam o mercado chinês nos dias de hoje.

Telefones celulares tornaram-se tão populares, que recentemente, em 1998, mais de 10 mil telefones foram confiscados no norte da China, depois que autoridades descobriram que os membros do alto governo os haviam usado como suborno ou presente para amigos e familiares. Os telefones ainda tornaram-se o assunto de uma campanha anticorrupção do governo.

Fazendo uma Chamada Telefônica

Wéi? 喂 (餵) (uei?) (*Alô?*). Você ouve essa palavra, falada no segundo tom, do outro lado da linha quando você faz uma chamada telefônica. É uma espécie de teste para ver se há alguém lá. Você pode responder com a mesma palavra no quarto tom, assim soa como se você estivesse fazendo uma afirmação, ou você pode simplesmente ser direto e perguntar se a pessoa com quem você quer falar está no momento. (Para saber mais sobre os quatro tons, consulte o Capítulo 1.)

A frase que você pode ouvir na outra extremidade da linha na China continental é **Nǐ nǎr?** 你哪儿? (你哪兒?) (ni nar?) (Literalmente: *Onde você está?*). Alguém está perguntando a qual **dānwèi** 单位 (單位) (dam-uei) (*unidade de trabalho*) você está conectado. Após essas primeiras perguntas, você pode finalmente estar pronto para perguntar pela pessoa com a qual desejava falar inicialmente.

Durante décadas, após o regime comunista assumir a China continental em 1949, a todas as pessoas chinesas foi atribuído um **dānwèi**, que praticamente regula cada aspecto de suas vidas — de onde morariam a quando casariam e mesmo quando teriam filhos. Ainda que o sistema privado tenha crescido ao longo do caminho, perguntar sobre a **dānwèi** de uma pessoa ainda é bastante comum quando se atende o telefone.

Eis algumas coisas que você pode fazer antes, durante ou após a sua chamada:

Parte II: Chinês na Prática

- **náqǐ diànhuà** 拿起电话 (拿起電話) (na-tchii diem-hua) (*pegar/atender o telefone*)
- **dǎ diànhuà** 打电话 (打電話) (da diem-hua) (*dar um telefonema*)
- **shōudào diànhuà** 收到电话 (收到電話) (xou-dau diem-hua) (*receber um telefonema*)
- **jiē diànhuà** 接电话 (接電話) (djie diem-hua) (*atender uma chamada*)
- **huí diànhuà** 回电话 (回電話) (hui diem-hua) (*retornar um telefonema*)
- **liú yíge huà** 留一个话 (留一個話) (liu ii-gā hua) (*deixar uma mensagem*)
- **guà diànhuà** 挂电话 (掛電話) (gua diem-hua) (*desligar*)

Ligando para os amigos

Quer entrar em contato com um amigo ou um colega de trabalho para **liáotiān** 聊天 (liau-tiem) (*conversar*) depois da aula ou do trabalho? Quer conversar com seu colega sobre a prova de amanhã? Talvez estejam planejando uma festa no fim de semana e você precise checar os detalhes. Para começar a festa, você deve pegar o telefone e começar a falar.

Tendo uma Conversa

Mary liga para ver se seu amigo Luò Chéng está em casa e fala com o pai dele. (Faixa 14)

Sr. Luò: **Wéi?**
uei?
Alô?

Mary: **Qǐngwèn, Luò Chéng zài ma?**
tsiimm-uãm, luo tchãmm zai ma?
Por favor, posso falar com Luò Chéng?

Sr. Luò: **Qǐngwèn, nín shì nǎ yí wèi?**
tsiimm-uãm, nim xi na ii uei?
Posso perguntar quem está ligando?

Mary: **Wǒ shì tāde tóngxué Mary.**
uo xi ta-dā tom-ciue Mary.
Sou colega de turma dele, Mary.

Sr. Luò: **Hǎo. Shāoděng. Wǒ qù jiào tā.**
hau. xau-dãmm. uo tsiü djiau ta.
Tudo bem. Só um instante. Eu vou chamá-lo.

Capítulo 11: Usando o Telefone ou E-mail   *171*

Vocabulário

Wéi? 喂?	uei?	Alô?
Qǐngwèn, nín shì nǎ yí wèi? 请问, 您是哪一位? (請問, 您是哪一位?)	tsiimm-uãm, nim xi na ii uei?	Posso perguntar quem está ligando?
tóngxué 同学 (同學)	tom-ciue	colega de classe
Shāoděng. 稍等.	xau-dãmm.	Só um instante.

Ligando para hotéis e locais de trabalho

Ligar para locais de trabalho pode ser um pouco diferente da chamada informal feita para um amigo ou colega de trabalho. Quando você liga para um **lǚguǎn** 旅馆 (旅館) (lü-guam) (*hotel*), **shāngdiàn** 商店 (xaam-diem) (*loja*) ou uma **gōngsī** 公司 (gom-si) (*empresa*) particular, podem perguntar-lhe qual **fēnjī hàomǎ** 分机号码 (分機號碼) (fām-dji hau-ma) (*ramal*) você deseja. Se você não sabe, pode perguntar por ele: **Qǐngwèn, fēnjī hàomǎ shì duōshǎo?** 请问, 分机号码是多少? (請問, 分機號碼是多少?) (tsiim-uãm, fām-dji hau-ma xi duo-xau?) (*Posso perguntar qual é o número do ramal?*).

Depois de descobrir o ramal, o que se espera é que a telefonista diga **Wǒ xiànzài jiù gěi nǐ jiē hào.** 我现在就给你接号. (我現在就給你接號.) (uo ciem-zai djiu gei ni djie hau.) (*Vou transferi-lo agora.*).

Mesmo depois de todo o seu trabalho até agora, você pode descobrir que **jiē bù tōng** 接不通 (djie bu tom) (*não conseguiu conectar*) ou que **méiyǒu rén jiē** 没有人接 (mei-iou rãm djie) (*ninguém responde*). Talvez **diànhuàxiàn duànle** 电话线断了 (電話線斷了) (diem-hua-ciem duam-lã) (*a linha tenha sido desligada*). Isso é realmente **máfan** 麻烦 (麻煩) (ma-fam) (*chato*), não é? Aqui estão alguns outros problemas **máfan** que você pode encontrar ao tentar fazer uma chamada telefônica:

- ✔ **děnghòu** 等候 (dãmm-hou) (*em espera*)
- ✔ **diànhuà huàile** 电话坏了 (電話壞了) (diem-hua huai-lã) (*o telefone está quebrado*)
- ✔ **méiyǒu bōhàoyīn** 没有拨号音 (沒有撥號音) (mei-iou bo-hau-iim) (*sem tom de discagem*)
- ✔ **nǐ bōcuò hàomǎ le** 你拨错号码了 (你撥錯號碼了) (ni bo-tsuo hau-ma lã) (*você discou o número errado*)
- ✔ **záyīn** 杂音 (雜音) (za-iim) (*estática*)
- ✔ **zhànxiàn** 占线 (佔線) (dzam-ciem) (*a linha está ocupada*)

172 Parte II: Chinês na Prática

Se você finalmente conseguir chegar ao escritório de alguém só para descobrir que a pessoa não está lá, você sempre pode deixar uma **yǒu shēng yóujiàn** 有声邮件 (有聲郵件) (iou xāmm iou-djiem) (*mensagem de voz*). Vá para a seção "Desculpe, Não Estou em Casa Agora..." para saber como deixar e receber mensagens.

Telefonando para um cliente

Se você quer falar com seu **kèhù** 客户 (kā-hu) (*cliente*) ou seu **shēng yì huǒ bàn** 生意伙伴 (生意夥伴) (xāmm ii huo bam) (*parceiro de negócios*) no mundo empresarial de hoje, você só tem que pegar o telefone. Falar ao telefone é uma boa maneira de manter boas relações de negócios. É quase como se você estivesse lá.

Às vezes você precisa de um pouco de ajuda do(a) **mìshū** 秘书 (秘書) (mi-xu) (*secretário[a]*) para conectar-se com a pessoa com a qual você deseja falar.

Tendo uma Conversa

Carlos pede a ajuda de Liú Xiǎojiě (Srta. Liu), sua secretária de confiança em Taipei, para fazer uma ligação.

Carlos: **Liú Xiǎojiě, zěnme jiē wàixiàn?**
liu ciau-djie, zām-mā djie uai-ciem?
Srta. Liu, como faço uma chamada externa?

Liú Xiǎojiě: **Méi wèntí. Wǒ bāng nǐ dǎ zhèige hàomǎ.**
mei uām-ti. uo baam ni da dʒei-gā hau-ma.
Não se preocupe. Eu o ajudo a telefonar.

Carlos: **Xièxiè.**
cie-cie.
Obrigado.

Srta. Liu é atendida e fala com a secretária do Sr. Wang.

Liú Xiǎojiě: **Wéi? Zhè shì Wáng Xiānshēng de bàngōngshì ma?**
uei? dʒā xi uam ciem-xāmm dā bam-gom-xi ma?
Alô? Estou falando com o escritório do Sr. Wang?

Secretária: **Duì le. Jiù shì.**
dui lā. djiu xi.
Sim, está.

Liú Xiǎojiě: **Kěyǐ gěi wǒ jiē tā ma?**
kā-ii gei uo djie ta ma?
Você poderia me passar para ele, por favor?

Capítulo 11: Usando o Telefone ou E-mail **173**

Secretária:	**Duìbùqǐ, tā xiànzài kāihuì. Nǐ yào liúyán ma?** dui-bu-tsi, ta ciem-zai kai-hui. ni iau liu-iem ma? *Sinto muito, ele está em uma reunião no momento. Gostaria de deixar um recado?*
Liú Xiǎojiě:	**Máfan nǐ gàosù tā ABC gōngsī de jīnglǐ Carlos dos Santos gěi ta dǎ diànhuà le?** ma-fam ni gau-su ta ABC gom-si dã djimm-li Carlos dos Santos gei ta da diem-hua lã? *Posso pedir para dizer a ele que Carlos dos Santos, o gerente da empresa ABC, telefonou?*

Desculpe, Não Estou em Casa Agora...

Como as pessoas levam vidas tão atribuladas, muitas vezes você não consegue falar com elas diretamente quando tenta **gěi tāmen dǎ diànhuà** 给他们打电话 (給他們打電話) (gei ta-mām da diem-hua) (*ligar para elas*). Você não tem escolha, além de **liúhuà** 留话 (留話) (liu-hua) (*deixar uma mensagem*) na **lùyīn diànhuà** 录音电话 (錄音電話) (lu-iim diem-hua) (*secretária eletrônica*). Mas você também pode tentar deixar um **xìnxī** 信息 (cim-ci) (*recado*) com uma pessoa real. Nas seções seguintes, ensino como deixar e ouvir mensagens.

Ouvindo as mensagens que as pessoas deixam para você

Se você volta para casa depois de um longo e difícil dia no trabalho e descobre que várias pessoas **liúle huà** 留了话 (留了話) (liu-lã hua) (*deixaram mensagens*) para você, pode ser que fique tentado a **tīng** 听 (聽) (timm) (*ouvi-las*) imediatamente em vez de **bùlǐ** 不理 (bu-li) (*ignorá-las*). Relaxe. Tome um

Parte II: Chinês na Prática

banho quente. Tome um copo de vinho enquanto faz o jantar. Depois de uma pausa, você estará pronto para enfrentar todas as mensagens da secretária eletrônica.

Veja abaixo um modelo de mensagem comum:

> **Wéi? Roberto, zhè shì Júlia. Zhèige zhōumò wǒmen yìqǐ qù nèige wǎnhuì, hǎo bùhǎo? Yīnggāi hěn bàng. Yǒu kòng gěi wǒ dǎ diànhuà. Wǒde shǒujī hàomǎ shì èr yī èr, jiǔ sān jiǔ, jiǔ jiǔ jiǔ yī. Xièxiè.**
>
> uei? Roberto, dʒã xi Julia. dʒei-gã dʒou-mo uo-mãm ii-tchii tsiü nei-gã uam-hui, hau bu-hau? iimm-gai hãm baam. iou kom gei uo da diem-hua. uo-dã xou-dji hau-ma xi ar ii ar, djiu sam djiu, djiu djiu djiu ii. cie-cie.
>
> Alô? Roberto, é a Júlia. Quer ir a uma festa comigo neste fim de semana? Vai ser incrível. Quando você puder, ligue para mim. O meu celular é 212-939-9991. Obrigada.

Gravando e compreendendo mensagens de saudação

Eis algumas saudações comuns que você pode ouvir em uma secretária eletrônica:

- ✔ **"Zhè shì Bernardo Oliveira.":** 这是 Bernardo Oliveira. (這是 Bernardo Oliveira.) (dʒã xi Bernardo Oliveira.) (*Você está falando com Bernardo Oliveira.*)

- ✔ **Wǒ xiànzài búzài.** 我现在不在. (我現在不在.) (uo ciem-zai bu-zai.) (*Não estou no momento./Estou longe da minha mesa.*)

- ✔ **Sān yuè sì hào zhīqián wǒ zài dùjià.** 三月四号之前我在度假. (三月四號之前我在度假.) (sam iue si hau dʒi-tsiiem uo zai du-djia.) (*Estou de férias até 4 de março.*)

- ✔ **Nín rúguǒ xiǎng gēn wǒde zhùshǒu tōnghuà, qǐng bō fēnjī yī líng ba.** 您如果想跟我的助手通话, 请拨分机一零八. (您如果想跟我的助手通話, 請撥分機一零八.) (nim ru-guo ciaam gām uo-dā dʒu-xou tom-hua, tsiimm bo fām-dji ii limmba.) (*Se você quiser falar com o meu assistente, disque o ramal 108.*)

- ✔ **Qǐng liú xià nínde míngzi, diànhuà hàomǎ hé jiǎnduǎn de liúyán. Wǒ huì gěi nín huí diànhuà.** 请留下您的名字, 电话号码和简短的留言. 我会给您回电话. (請留下您的名字, 電話號碼和簡短的留言. 我會給你回電話.) (tsiimm liu cia nim-dā mimm-zi, diem-hua hau-ma hā djiem-duam dā liu-iem. uo hui gei nim hui diem-hua.) (*Por favor, deixe seu nome, número e uma breve mensagem. Retornarei a ligação.*)

Secretárias eletrônicas ainda são uma raridade na China, então muitos chineses não sabem bem o que fazer quando ouvem a sua mensagem de saudação gravada do outro lado da linha. Deixe claro na sua mensagem que quem ligou deve deixar um nome e um número de telefone após o **hū** (hu) (*bipe*).

Capítulo 11: Usando o Telefone ou E-mail *175*

Às vezes você tem que pressionar a **jǐnghàojiàn** 井号键 (井號鍵) (djimm-hau-djiem) *(tecla sustenido [também chamada de jogo da velha])* antes de deixar uma mensagem. Nesse caso, você tem que reconhecer o **jǐngzìhào** 井字号 (井字號) (djimm-zi-hau) *(sinal de libra/jogo da velha)*: #. Ao usar o correio de voz, você pode escutar os seguintes tipos de instruções em uma mensagem gravada:

- **Nín rúguǒ shǐyòng ànjiàn shì diànhuàjī, qǐng àn 3.** 您如果使用按键式电话机, 请按三. (您如果使用按鍵式電話機, 請按三.) (nim ru-guo xi-iom am-djiem xi diem-hua-dji, tsiimm am sam.) *(Se você tiver um telefone com teclas, pressione 3 agora.)*

- **Yào huí dào zhǔ mùlù qǐng àn jǐngzìhào.** 要回到主目录请按井字号. (要回到主目錄請按井字號.) (iau hui dau dʒu mu-lu tsiimm am djiimm-zi-hau.) *(Se você quiser voltar para o menu principal, pressione # agora.)*

Deixando mensagens

Quando você deixar uma mensagem na secretária eletrônica, certifique-se de dar instruções claras sobre o que você quer que a pessoa faça:

- **Bié wàngle huí wǒde diànhuà.** 别忘了回我的电话. (別忘了回我的電話.) (bie uaam-lā hui uo-dā diem-hua.) *(Não se esqueça de retornar minha ligação.)*

- **Nǐ huí jiā zhīhòu qǐng gěi wǒ dǎ diànhuà.** 你回家之后请给我打电话. (你回家之後請給我打電話.) (ni hui djia dʒi-hou tsiimm gei uo da diem-hua.) *(Depois de chegar em casa, por favor me ligue.)*

- **Wǒ zài gěi nǐ dǎ diànhuà.** 我再给你打电话. (我再給你打電話.) (uo zai gei ni da diem-hua). *(Vou ligar novamente para você.)*

Se uma pessoa atendê-lo e você tiver de deixar uma mensagem, certifique-se de ser educado. Aqui estão algumas frases boas para se ter em mente:

- **Máfan nǐ qǐng tā huí wǒde diànhuà?** 麻烦你请他回我的电话? (麻煩你請他回我的電話?) (ma-fam ni tsiimm ta hui uo-dā diem-hua?) *(Você poderia, por favor, pedir para que ele retorne minha ligação?)*

- **Qǐng gàosù tā wǒ gěi tā dǎ diànhuà le.** 请告诉她我给她打电话了. (請告訴她我給她打電話了.) (tsiimm gau-su ta uo gei ta da diem-hua lā.) *(Por favor, diga a ela que eu liguei.)*

- **Qǐng gàosù tā wǒ huì wǎn yìdiǎr lái.** 请告诉他我会晚一点儿来. (請告訴他我會晚一點兒來.) (tsiimm gau-su ta uo hui uam ii-diar lai.) *(Por favor, avise a ele que vou me atrasar um pouco.)*

- **Qǐng gěi wǒ zhuǎn tāde liúyánjī?** 请给我转他的留言机? (請給我轉他的留言機?) (tsiimm gei uo dʒuam ta-dā liu-iem-dji?) *(Você poderia me transferir para o correio de voz dele?)*

176 Parte II: Chinês na Prática

Tendo uma Conversa

Rubens liga para Beth e descobre que ela não está em casa. Ele tem de deixar um recado com a mãe da Beth.

Mãe da Beth: **Wéi?**
uei?
Alô?

Rubens: **Qǐngwèn, Beth zài ma?**
tsiimm-uām, Beth zai ma?
Alô, a Beth está?

Mãe da Beth: **Tā búzài. Tā qù yóujú le. Qǐngwèn, nín shì nǎ yí wèi?**
ta bu-zai. ta tsiü iou-djiü lā. tsiimm-uām, nim xi na ii uei?
Ela não está em casa. Ela foi aos correios. Posso perguntar quem é?

Rubens: **Wǒ shì Ruben, tāde tóngbān tóngxué. Máfan nǐ qǐng gàosù tā wǒ gěi tā dǎ diànhuà le.**
uo xi Rubens, ta-dā tom-bam tom-ciue. ma-fam ni tsiimm gau-su ta uo gei ta da diem-hua lā.
Sou o Rubens, colega de turma dela. Posso pedir, por favor, para dizer a ela que eu liguei?

Mãe da Beth: **Yídìng huì.**
ii-dimm hui.
Certamente.

Vocabulário

yóujú 邮局 (郵局)	iou-djiü	correios
Máfan nǐ? 麻烦你? (麻煩你?)	ma-fam ni?	Posso incomodá-lo? Posso pedir para você [fazer algo]?
tóngxué 同学 (同學)	tom-ciue	colega de turma
Yídìng huì 一定会. (一定會.)	ii-dimm hui.	Certamente.

Capítulo 11: Usando o Telefone ou E-mail **177**

Usando a Internet

Nestes dias, você pode achar o seu parceiro de negócios em Pequim, em questão de segundos, através do **diànzǐ kōngjiān** 电子空间 (電子空間) (diem-zi kom-djiem) (*ciberespaço*). Com computadores **shǒutí shì** 手提式 (xou-ti xi) (*portáteis*) e múltiplos **jiǎnsuǒ yǐnqíng** 检索引擎 (檢索引擎) (djiam-suo iimm-tsiimm) (*mecanismos de busca*), você pode encontrar praticamente qualquer coisa que esteja procurando. Não tem certeza do que fazer com computadores? Esqueceu sua **mìmǎ** 密码 (密碼) (mi-ma) (*senha*)? O **Jìshù fúwù** 技术服务 (技術服務) (dji-xu fu-wu) (*suporte técnico*) está a apenas um telefonema de distância. Aqui estão algumas coisas que você pode fazer hoje em dia com computadores e usando a internet:

- **ānzhuāng tiáozhì jiětiáoqì** 安装调制解调器 (安裝調製解調器) (am dʒuaam tiau-dʒi djie-tiau-tchii) (*instalar um modem*)
- **chóngxīn kāijī** 重新开机 (重新開機) (tcham-cim kai-dji) (*reiniciar*)
- **dǎkāi diànnǎo** 打开电脑 (打開電腦) (da-kai diem-nau) (*ligar o computador*)
- **guāndiào diànnǎo** 关掉电脑 (關掉電腦) (guam-diau diem-nau) (*desligar o computador*)
- **jìn rù** 进入 (進入) (djim ru) (*logar*)
- **jiànlì yíge zhànghù** 建立一个账户 (建立一個賬戶) (djiem-li ii-gā dʒaam-hu) (*criar uma conta*)
- **jiǎnsuǒ guójì yīntè wǎng** 检索 国际 因特网 (檢索 國際 因特網) (djiem-suo guo-dji iim-tã uaam) (*pesquisar na internet*)
- **liúlǎn** 浏览 (瀏覽) (liu-lam) (*browse*)
- **shàngwǎng** 上网 (上網) (xaam-uaam) (*ficar online*)
- **tuì chū** 退出 (tui tchu) (*desconectar*)
- **xiàzài wénjiàn** 下载文件 (下載文件) (cia-zai uãm-djiem) (*baixar um aquivo*)
- **xuǎnzé yìjiā wǎngshàng fúwù tígōng shāng** 选择一家网上服务提供商 (選擇一家網上服務提供商) (ciuam-zā ii-djia uaam-xaam fu-wu ti-gom xãam) (*escolher um provedor de serviços de internet*)

No começo do século XXI, a China era o lar de mais de 10 milhões de computadores e 26 milhões de usuários de Internet, embora o governo chinês tenha um controle severo para o uso da web.

178 Parte II: Chinês na Prática

Tendo uma Conversa

Eugênio e Sara discutem as maravilhas da internet.

Eugênio: **Yīntèwǎng dàodǐ shì shénme dōngxi?**
iim-tā-uaam dau-di xi xām-mā dom-ci?
O que é afinal a Internet?

Sara: **Yīntèwǎng shì yìzhǒng diànnǎo de guójì hùlián wǎng. Tā tígòng xìnxī fúwù.**
iim-tā-uaam xi ii-dʒom diem-nau dã guo-dji hu-liem uaam. ta ti-gom cim-ci fu-uu.
A Internet é uma espécie de rede internacional interconectada. Ela fornece informações.

Eugênio: **Tīngshuō wànwéiwǎng shénme dōu yǒu.**
timm-xuo uam-uei-uaam xām-mā dou iou.
Ouvi dizer que a World Wide Web tem tudo.

Sara: **Duì le. Nǐ yī shàngwǎng jiù kěyǐ liúlǎn hěn duō bùtóng de wǎngzhàn.**
dui lā. ni ii xaam-uaam djiu kā-ii liu-lam hãm duo bu-tom dã uaam-dʒam.
Correto. No instante em que você fica online, pode acessar todos os tipos de sites.

Vocabulário

dàodǐ 到底	dau-di	Literalmente: afinal
yīntèwǎng 因特网 (因特網)	iim-tā-uaam	internet
guójì 国际 (國際)	guo-dji	internacional
wànwéiwǎng 万维网 (萬維網)	uam-uei-uaam	World Wide Web
wǎngzhàn 网站 (網站)	uaam-dʒam	website/site

Capítulo 11: Usando o Telefone ou E-mail **179**

Verificando Seu E-Mail

Seu **diànzǐ yóuxiāng dìzhǐ** 电子邮箱地址 (電子郵箱地址) (diem-zi iou-ciaam di-dʒi) (*endereço de e-mail*) é tão importante quanto o seu **míngzi** 名字 (mimm-zi) (*nome*) e seu **diànhuà hàomǎ** 电话号码 (電話號碼) (diem-hua hau-ma (*número de telefone*) quando se trata de manter contato. O e-mail é quase indispensável se você quer tratar de negócios. Basta verificar sua **shōuxìnxiāng** 收信箱 (xou-cim-ciaam) (*caixa de entrada*) e você provavelmente já terá recebido mais alguns **diànzǐ yóujiàn** 电子邮件 (電子郵件) (diem-zi iou-djiem) (*e-mails*) apenas enquanto lia esta seção.

As pessoas na China são cobradas por minuto; se elas usarem os seus próprios computadores em casa, podem não ter tanto interesse em verificar o e-mail com muita frequência. Se algo é realmente importante, você pode recorrer a um telefonema, assim você sabe que alguém atenderá do outro lado da linha.

Aqui estão algumas coisas que você pode fazer com o e-mail quando tem a sua própria conta:

- **bǎ wénjiàn fùjiā zài diànzǐ yóujiàn** 把文件附加在电子邮件 (把文件附加在電子郵件) (ba uām-djiem fu-djia zai diem-zi iou-djiem) (*anexar um arquivo a um e-mail*)
- **fā diànzǐ yóujiàn** 发电子邮件 (發電子郵件) (fa diem-zi iou-djiem) (*enviar um e-mail*)
- **sòng wénjiàn** 送文件 (som uām-djiem) (*enviar um arquivo*)
- **zhuǎnfā xìnxī** 转发信息 (轉發信息) (dʒuam-fa cim-ci) (*encaminhar uma mensagem*)

Tendo uma Conversa

André e Laura falam sobre como trocar e-mails.

Laura: **Zěnme fā yíge diànzǐ yóujiàn ne?**
zām-mā fa ii-gā diem-zi iou-djiem nā?
Como você envia um e-mail?

André: **Shǒuxiān nǐ děi dǎkāi "xīn yóujiàn."**
xou-ciem ni dei da-kai "cim iou-djiem".
Primeiro você tem que abrir "novo e-mail".

Laura: **Ránhòu ne?**
ram-hou nā?
E depois?

Parte II: Chinês na Prática

André: **Ránhòu tiánhǎo shōujiànrén de diànzǐ yóuxiāng dìzhǐ hé yóujiàn de tímù. Xiěhǎo xìn, jìu kěyǐ fā le.**
ram-hou tiem-hau xou-djiem-rãm dã diem-zi iou-ciaam di-dʒi hã iou-djiem dã ti-mu. cie-hau cim, djiu kã-ii fa lã.
Depois disso, você tem que preencher o endereço de e-mail do destinatário e digitar o assunto. Depois que você terminar de escrever a mensagem, você pode finalmente enviá-lo.

Vocabulário

xīn yóujiàn 新邮件 (新郵件)	cim iou-djiem	novo e-mail
ránhòu ne? 然后呢? (然後呢?)	ram-hou nã?	E depois?
shōujiànrén 收件人	xou-djiem-rãm	destinatário
tímù 题目 (題目)	ti-mu	assunto

Capítulo 11: Usando o Telefone ou E-mail — **181**

Diversão & Jogos

Relacione cada uma das frases em chinês com a correspondente correta em português. Vá ao Apêndice D para obter as respostas.

Só um instante.

Ela está em casa?

Alô?

Desculpe, você ligou para o número errado.

Por favor, deixe uma mensagem.

Wéi? 喂?

Duìbùqǐ, nǐ bōcuò hàomǎle. 对不起, 你拨错号码了. (對不起, 你撥錯號碼了.)

Shāoděng. 稍等.

Qǐng nǐ liú yíge huà. 请你留一个话. (請你留一個話.)

Tā zài ma? 她在吗? (她在嗎?)

182 Parte II: Chinês na Prática

Capítulo 12

Chinês na Escola e no Trabalho

Neste Capítulo

▶ Transitando pelo mundo da escola

▶ Mantendo seu escritório abastecido

▶ Tendo reuniões de negócios

▶ Fazendo apresentações

Mãos à obra, hora de cuidar dos **shēng yì** 生意 (xāmm ii) (*negócios*). Seu **shēng yi,** é isso. Quer saber como administrar aquele trabalho em Jiangsu ou como lidar com o chefão? Este capítulo ajuda a fazer negócios em chinês — tudo, de um encontro de negócios à condução de uma reunião.

Como a China tem a economia que mais cresce no mundo, não é de admirar que você foi atraído a este capítulo. Pense nisso. A China é o país que mais faz crescer a fonte de lucros internacionais para empresas norte-americanas, com mais de um bilhão de clientes potenciais. A China é o maior parceiro comercial do Brasil atualmente. Com centenas de bilhões (isso mesmo, bilhões) de dólares em exportações para todo o mundo, a China está realmente deixando a sua marca.

No entanto, antes de começar a trabalhar em um lugar como Wuhan, você precisa ter uma boa educação. Este capítulo ajuda a navegar pelo lado acadêmico das coisas, do jardim de infância até a faculdade e além.

Indo à Escola

Você pode se safar dela nos primeiros 5 ou 6 anos de vida, mas, eventualmente, todos nós temos que **shàng xué** 上学 (上學) (xaam ciue) (*ir à escola*) por aproximadamente 12 anos ou mais. As seções a seguir decifram tudo o que você precisa saber sobre os termos relacionados à escola.

Escolas e materiais escolares

A Tabela 12-1 lista todos os diferentes tipos de **xué xiào** 学校 (學校) (ciue ciau) (*escola*) que você ou seus filhos podem vir a frequentar.

Tabela 12-1	Escolas	
Chinês	*Pronúncia*	*Português*
ìrjiān zhàogù zhōngxīn 日间照顾中心 (日間照顧中心)	ri-djiem dʒau-gu dʒom-cim	*creche*
yòu'ér yuán 幼儿园 (幼兒園)	iou-ar iuem	*jardim de infância*
xiǎo xué 小学 (小學)	ciau ciue	*escola primária*
zhōng xué 中学 (中學)	dʒom ciue	*escola secundária*
gāozhōng xué 高中学 (高中學)	gau-dʒom ciue	*colégio*
zhuānyè xuéxiào 专业学校 (專業學校)	dʒuam-ii ciue-ciau	*escola técnica*
dà xué 大学 (大學)	da ciue	*faculdade*
wǎng shàng kèchéng 网上课程 (網上課程)	uaam xaam kã-tchãmm	*cursos online*
yánjiū yuàn 研究院	iam-djiu iuem	*curso de pós--graduação*
yī xuéyuàn 医学院 (醫學院)	ii ciue-iuem	*faculdade de Medicina*
fǎ xuéyuàn 法学院 (法學院)	fa ciue-iuem	*faculdade de Direito*
shāng xuéyuàn 商学院 (商學院)	xaam ciue-iuem	*escola de Negócios/ Faculdade de Administração*

Digamos que você tenha conseguido entrar para a **dà xué** que era a sua **shǒu xuǎn** 首选 (首選) (xou ciuam) (*primeira escolha*). Até o final do primeiro dia de aula, você precisa comprar **kèběn** 课本 (課本) (kã-bãm) (*livros didáticos*) e **yòngpǐn** 用品 (iom-pim) (*materiais*). Aqui estão alguns materiais que você pode precisar, dependendo das **kè** 课 (課) (kã) (*aulas*) em que se inscrever:

- **bǐjìběn** 笔记本 (筆記本) (bi-dji-bãm) (*caderno*)
- **bǐjìběn diànnǎo** 笔记本电脑 (筆記本電腦) (bi-dji-bãm diem-nau) (*notebook*)
- **gāngbǐ** 钢笔 (鋼筆) (gaam-bi) (*canetas-tinteiro*)
- **jìsuàn qì** 計算器 (計算器) (dji-suam tsii) (*calculadora*)
- **mùtàn làbǐ** 木炭蜡笔 (木炭蠟筆) (mu-tam la-bi) (*lápis de carvão*)

Capítulo 12: Chinês na Escola e no Trabalho 185

- qiānbǐ 铅笔 (鉛筆) (tsiiam-bi) (*lápis*)
- sùmiǎo diàn 素描垫 (素描墊) (su-miau diem) (*prancheta de desenho*)
- táishì diànnǎo 台式电脑 (台式電腦) (tai-xi diem-nau) (*computador*)

O Palácio das Crianças, em Xangai, é um dos mais prestigiados programas de atividades extracurriculares de arte pós-moderna para crianças superdotadas em toda a China. Criada em 1918 como uma casa privada pela família de judeus iraquianos Kadoorie, que chegou a Xangai no final de 1800, apresenta características ornamentais de um palácio, com grandes lareiras, enorme escada em caracol e corredores de mármore, que lhe emprestaram seu nome original: Salão de Mármore. Os turistas costumam visitá-lo para ver as crianças exercendo suas atividades, um dos destaques de uma viagem a Xangai.

Professores e disciplinas

Lembra do seu **xiǎo xué lǎoshī** 小学老师 (小學老師) (ciau ciue lau-xi) (*professor do ensino fundamental*)? Lembra como era ótima a sensação de aprender a **yuè dú** 阅读 (閱讀) (iue du) (*ler*)? Bem, em breve **yuè dú** se transforma em **xuéxí** 学习 (學習) (ciue-ci) (*estudar*) e talvez até mesmo em uma **yánjiū** 研究 (iem-djiu) (*pesquisa*) acadêmica ou científica, e você tem que se preparar. A Tabela 12-2 lista vários tipos de disciplinas que você pode estudar com um(a) **lǎoshī** 老师 (老師) (lau-xi) (*professor[a]*) ou um **jiào shòu** 教授 (djiau xou) (*professor[a] universitário[a]*).

Table 12-2	Disciplinas Acadêmicas	
Chinês	*Pronúncia*	*Português*
dàishù xué 代数学 (代數學)	dai-xu ciue	Álgebra
Fǎyǔ 法语 (法語)	fa-iü	Francês
guójì guānxì 国际关系 (國際關係)	guo-dji guam-ci	Relações Internacionais
huàxué 化学 (化學)	hua-ciue	Química
jǐhéxué 几何学 (幾何學)	dji-hã-ciue	Geometria
jīngjìxué 经济学 (經濟學)	djimm-dji-ciue	Economia
lìshǐ 历史 (歷史)	li-xi	História
shēngwùxué 生物学 (生物學)	xãmm-uu-ciue	Biologia
shùxué 数学 (數學)	xu-ciue	Matemática

(continua)

186 Parte II: Chinês na Prática

Tabela 12-2 *(continuação)*

Chinês	Pronúncia	Português
wénxué 文学 (文學)	uãm-ciue	*Literatura*
wǔdǎo 舞蹈	uu-dau	*Dança*
wùlǐ 物理	uu-li	*Física*
Xībānyáyǔ 西班牙语 (西班牙語)	ci-bam-ia-iü	*Espanhol*
xìjù 戏剧 (戲劇)	ci-dju	*Teatro*
Yìdàlìyǔ 意大利语 (意大利語)	ii-da-li-iü	*Italiano*
Yīngyǔ 英语 (英語)	iimm-iü	*Inglês*
Pútáoyá wén 葡萄牙文	pu-tau-ia uãm	*Português*
yìshù 艺术 (藝術)	ii-xu	*Arte*
zhèngzhìxué 政治学 (政治學)	dʒãmm- dʒi-ciue	*Ciências Políticas*
zhéxué 哲学 (哲學)	dʒã-ciue	*Filosofia*

Veja algumas frases e palavras relacionadas a aulas:

- ✔ **Nǐ xué shénme?** 你学什么? (你學甚麼?) (ni ciue xãm-mã?) (*O que você está estudando?*)
- ✔ **shàng kè** 上课 (上課) (xaam- kã) (*ir para a aula*)
- ✔ **xué** 学 (學) (ciue) (*estudar; aprender*)

Exames e semestres

Depois de entrar no ritmo do **xuéqí** 学期 (學期) (ciue-tsii) (*semestre*), você começa a perceber que não é dono de seu tempo. Você tem aulas para assistir, **kè wài huódòng** 课外活动 (課外活動) (kã uai huo-dom) (*atividades extracurriculares*) para participar e um monte de **kǎoshì** 考试 (考試) (kau-xi) (*exames*) para fazer. Estas palavras e frases vêm a calhar durante o ano letivo:

- ✔ **qīmò kǎo** 期末考 (tsii-mo kau) (*exame final*)
- ✔ **qīzhōng kǎo** 期中考 (tsii-dʒom kau) (*prova intermediária*)
- ✔ **suí tǎng cèyàn** 随堂测验 (隨堂測驗) (sui taam tsã-iem) (*testes*)
- ✔ **wénzhāng** 文章 (uãm-dʒaam) (*redação*)
- ✔ **Wǒ děi xiě yìpiān wénzhān.** 我得写一篇文章. (我得寫一篇文章.) (uo dei cie ii-piem uãm-dʒam.) (*Tenho de escrever uma redação.*)
- ✔ **zuì hòu qīxiàn** 最后期限 (最後期限) (zui hou tsii-ciem) (*prazo*)

Capítulo 12: Chinês na Escola e no Trabalho   *187*

Depois de ter estudado muito e feito esses **kǎoshì**, você pode querer perguntar ao seu **tóngxué** 同学 (同學) (tom-ciue) (*colega de turma*) uma das seguintes coisas:

- ✔ **Nǐ déle jǐfēn?** 你得了几分? (你得了幾分?) (ni dā-lā dji-fām?) (*Que [nota] você tirou?*)

- ✔ **Nǐ kǎobù jígē ma?** 你考不及格吗? (你考不及格嗎?) (ni kau-bu dji-gā ma?) (*Você foi reprovado?*)

- ✔ **Nǐ kǎode jígē ma?** 你考得及格吗? (你考得及格嗎) (ni kau-dā dji-gā ma?) (*Você passou?*)

Graus e diplomas

Quando você finalmente termina os seus **xuéxí** 学习 (學習) (ciue-ci) (*estudos*) e **bìyè** 毕业 (畢業) (bi-ie) (*se forma*), é um grande dia. Todo esse trabalho duro valeu a pena e você está pronto para pegar seu **gāozhōng bìyè wénpǐn** 高中毕业文凭 (高中畢業文憑) (gau-dʒom bi-ie uām-pim) (*diploma do ensino médio*) ou **dàxué xuéwèi** 大学学位 (大學學位) (da-ciue ciue-uei) (*diploma universitário*). Pode ter certeza de que todos estão muito orgulhosos de você. Aqui estão alguns dos graus que você pode receber:

- ✔ **xuéshì xuéwèi** 学士学位 (學士學位) (ciue-xi ciue-uei) (*bacharelado*)

- ✔ **suòshì xuéwèi** 硕士学位 (碩士學位) (suo-xi ciue-uei) (*mestrado*)

- ✔ **bóshì xuéwèi** 博士学位 (博士學位) (bo-xi ciue-uei) (*doutorado*)

- ✔ **fǎxué bóshì** 法学博士 (法學博士) (fa-ciue bo-xi) (*doutorado em Direito*)

- ✔ **yīxué bóshì** 医学博士 (醫學博士) (ii-ciue bo-xi) (*doutorado em Medicina*)

Arrumando Seu Escritório

Se você é um(a) **mìshū** 秘书 (秘書) (mi-xu) (*secretário[a]*) ou o **zhǔxí** 主席 (dʒu-ci) (*presidente*) do conselho, a atmosfera e o ambiente físico de seu **bàngōngshì** 办公室 (辦公室) (bam-gom-xi) (*escritório*) são muito importantes. Ele pode até mesmo ajudá-lo a passar por um dia difícil. Monte-o o mais confortável possível. Por que não colocar uma foto do cachorro da família em sua **bàngōngzhuō** 办公桌 (辦公桌) (bam-gom-

Parte II: Chinês na Prática

dʒuo) *(mesa)*, para começar? Isso pode provocar-lhe um sorriso no rosto quando você começar o dia.

Você não precisa nem se levantar de sua **yǐzi** 椅子 (ii-zi) *(cadeira)* para perceber toda a tecnologia ao seu redor. Atualmente, praticamente qualquer escritório em que se trabalha ou que se visita tem estas coisas básicas:

- **chuánzhēn** 传真 (傳真) (tchuam-dʒām) *(fax)*
- **dǎyìnjī** 打印机 (打印機) (da-iim-dji) *(impressora)*
- **diànhuà** 电话 (電話) (diem-hua) *(telefone)*
- **diànnǎo** 电脑 (電腦) (diem-nau) *(computador)*
- **fùyìnjī** 复印机 (復印機) (fu-iim-dji) *(copiadora)*

A primeira coisa que você provavelmente procura quando começa a trabalhar na parte da manhã é a **kāfēijī** 咖啡机 (咖啡機) (ka-fei-dji) *(máquina de café)*. Talvez a parte do dia pela qual você mais anseia seja o **xiūxi** 休息 (ciu-ci) *(intervalo do café)*.

Quando você olhar ao redor da sua **xiǎogéjiān** 小隔间 (小隔間) (ciau-gã-djiem) *(baia)*, aposto que pode encontrar todas estas coisas:

- **bǐjìběn** 笔记本 (筆記本) (bi-dji-bām) *(caderno)*
- **dàng'àn** 档案 (檔案) (daam-am) *(arquivo)*
- **dìngshūjī** 钉书机 (訂書機) (dimm-xu-dji) *(grampeador)*
- **gāngbǐ** 钢笔 (鋼筆) (gaam-bi) *(caneta-tinteiro)*
- **huíwénzhēn** 回纹针 (回紋針) (hui-uãm-dʒām) *(clipe de papel)*
- **jiāo dài** 胶带 (膠帶) (djiau dai) *(fita adesiva transparente)*
- **qiānbǐ** 铅笔 (鉛筆) (tsiem-bi) *(lápis)*
- **xiàngpíjīn** 橡皮筋 (ciaam-pi-djim) *(elástico)*

Se você não consegue encontrar algum item indispensável justamente quando precisa dele, você sempre pode perguntar a alguém na próxima **xiǎogéjiān** 小隔间 (小隔間) (ciau-gã-djiem) *(baia)*. A maneira mais simples de fazer isso é usar a frase **Nǐ yǒu méiyǒu ____?** 你有没有 ____? (ni iou mei-iou ____?) *(Você tem algum[a] ____?)*. Use essa frase o quanto você quiser. Apenas se certifique de retribuir sempre que seu **tóngshì** 同事 (tom-xi) *(colega de trabalho)* precisar de algo também.

> **Nǐ yǒu méiyǒu dìngshūjī?** 你有没有钉书机? (你有沒有訂書機?) (ni iou mei-iou dimm-xu-dji?) *(Você tem um grampeador?)*

Capítulo 12: Chinês na Escola e no Trabalho **189**

Tendo uma Conversa

Rafael e Tomás são colegas de trabalho em Xi'an. Rafael está prestes a entrar em uma reunião, mas não consegue encontrar o seu caderno. Ele rapidamente verifica com seu bom amigo Tomás, na baia ao lado.

Rafael: **Tomás! Wǒ jíde yào mìng! Kuài yào kāihuì le, kěshì zhǎobúdào wǒde bǐjìběn.**
Tomás! uo dji-dã iau mimm! kuai iau kai-hui lã, kã-xi dʒau-bu-dau uo-dã bi-dji-bãm.
Tomás! Estou com tanta pressa! Estamos prestes a ter uma reunião, e eu não consigo encontrar o meu caderno.

Tomás: **Wǒ yǒu bǐjìběn. Jiè gěi nǐ.**
uo iou bi-dji-bãm. jie gei ni.
Eu tenho um caderno. Empresto a você.

Rafael: **Tài hǎo le! Xièxiè.**
tai hau lã! cie-cie.
Isso é ótimo. Obrigado.

Vocabulário

jiè 借	djie	emprestar
jíde yào mìng 急得要命	dji-dã iau mimm	com muita pressa
bǐjìběn 笔记本 (筆記本)	bi-dji-bãm	caderno

Sempre que você adiciona **-de yào mìng** 得要命 (*iau mimm*) após um verbo, você dá um toque de drama e enfatiza o que o verbo significa. Por exemplo, se você diz que está **lèi** 累 (*lei*), significa que está cansado. Mas se você diz que está **lèi de yào mìng** 累得要命 (lei dã iau mimm), significa que está totalmente exausto. Se você não está apenas **máng** 忙 (maam) (*ocupado*), mas **máng de yào mìng** 忙得要命 (maam dã iau mimm), você está extremamente ocupado, correndo feito doido. Aqui estão algumas frases úteis para comparar:

Wǒ lěng. 我冷. (uo lãmm.) (*Estou com frio.*)

Parte II: Chinês na Prática

得要命 (maam dā iau mimm), você está extremamente ocupado, correndo feito doido. Aqui estão algumas frases úteis para comparar:

Wǒ lěng. 我冷. (uo lāmm.) (*Estou com frio.*)

Wǒ lěng de yào mìng. 我冷得要命. (uo lāmm dā iau mimm.) (*Estou congelando.*)

Jīntiān hěn rè. 今天很热. (今天很熱.) (djim-tiem hām rā.) (*Está muito quente hoje.*)

Jīntiān rè de yào mìng. 今天热得要命. (今天熱得要命.) (djim-tiem rā dā iau mimm.) (*Hoje está um calorão.*)

Se você estiver enfatizando um verbo, acrescentando **-de yào mìng** após dele, você não pode usar também **hěn** 很 (hām) (*muito*) na mesma sentença, pois seria uma redundância.

Realizando uma Reunião

Parabéns! Você finalmente se estabeleceu em seu novo escritório em Pequim ou está recebendo seus parceiros de negócios de Taiwan, e está tudo pronto para ter a sua primeira reunião de negócios. Mas qual é o propósito da sua **huìyì** 会议(會議) (hui-ii) (*reunião*)? É para **yǎnshì** 演示 (iem-xi) (*uma apresentação*) sobre um novo **chǎnpǐn** 产品 (產品) (tcham-pim) (*produto*)? É para **tánpàn** 谈判 (談判) (tam-pam) (*negociar*) um **hétóng** 合同 (hā-tom) (*contrato*)? Que tal um **shòuxùn** 受训 (受訓) (xou-cium) (*treino*) — seu ou dos seus colegas chineses? Você já tem uma **yìchéng** 议程 議程 (ii-tchamm) (*pauta*) específica em mente? Espero que sim. Você definitivamente não quer parecer despreparado.

Programando e planejando uma reunião

Você pode ser uma daquelas pessoas que precisa **ānpái huìyì yìchéng** 安排会议议程 (安排會議議程) (am-pai hui-ii ii-tchāmm) (*agendar uma reunião*) apenas para se preparar para outra reunião. Aqui estão algumas coisas que você pode querer fazer em uma reunião preliminar:

- **jiějué wèntí** 解决问题 (解決問題) (djie-djiue uām-ti) (*resolver problemas*)
- **tǎolùn wèntí** 讨论问题 (討論問題) (tau-lum uām-ti) (*discutir problemas*)
- **tuánduì jiànshè** 团队建设 (團隊建設) (tuam-dui djiem-xā) (*formação de equipes*)
- **zhìdìng huìyì yìchéng** 制定会议议程 (制定會議議程) (dʒi-dimm hui-ii ii-tchāmm) (*definir uma pauta*)

Qual é o seu papel nessas reuniões? Você é aquele que **zhǔchí huìyì** 主持会议 (主持會議) (dʒu-tchi hui-ii) (*conduz a reunião*) ou apenas **cānjiā huìyì** 参加会

议 (參加會議) (tsam-djia hui-ii) (*participa da reunião*)? Você é o **xiétiáorén** 协调人 (協調人) (cie-tiau-rām) (*mediador*) da reunião, tentando extrair o máximo de **fǎnkuì** 反馈 (反饋) (fam-kui) (*feedback*) possível? Ou você sempre tem a difícil tarefa de entrar em contato com todos para **qǔxiāo huìyì** 取消会议 (取消會議) (tsiü-ciau hui-ii) (*cancelar a reunião*)?

Suponha que você é a pessoa que está conduzindo a reunião e quer garantir que todos tenham um papel importante. Aqui estão algumas frases que você pode usar para tentar incluir todos os participantes no processo:

- **Jaqueline, nǐ hái yǒu shénme xūyào bǔchōng ma?** Jaqueline, 你还有什么需要补充吗? (Jaqueline, 你還有什麼需要補充嗎?) (Jaqueline, ni hai iou xām-mā ciü-iau bu-tchom ma?) (*Jaqueline, você tem mais alguma coisa a acrescentar?*)

- **Shéi hái yǒu shénme yìjiàn huòzhě wèntí?** 谁还有什么意见或者问题? (誰還有甚麼意見或者問題?) (xei hai iou xām-mā ii-djiem huo-dʒā uām-ti?) (*Quem ainda tem algum comentário ou pergunta a fazer?*)

- **Wǒmen xūyào duì zhèige xiàngmù biǎojué ma?** 我们需要对这个项目表决吗? (我們需要對這個項目表決嗎?) (uo-mām ciü-iau dui dʒei-gā ciam-mu biau-djiue ma?) (*Será que precisamos votar sobre este assunto?*)

Fazendo os cumprimentos iniciais

Suponha que você já teve alguns contatos com seus parceiros de negócios por telefone ou via e-mail, mas nunca esteve pessoalmente com eles. Um mero "prazer em conhecê-lo" pode não ser suficiente, especialmente se quiser enfatizar o quão feliz você está em finalmente falar cara a cara. Aqui estão algumas das frases que você pode usar:

- **Hěn gāoxìng jiàn dào nín běnrén.** 很高兴见到您本人. (很高興見到您本人.) (hām gau-cimm djiam dau nim bām-rām.) (*Estou feliz em conhecê-lo pessoalmente.*)

- **Zǒngsuàn jiàn dào nín le, shízài ràng wǒ hěn gāoxìng.** 总算见到您了, 实在让我很高兴. (總算見到您了, 實在讓我很高興.) (zom-suam djiem dau nim lā, xi-zai raam uo hām gau-cimm.) (*É um prazer finalmente conhecê-lo.*)

Sempre cumprimente a pessoa que detém um posto mais alto primeiro, antes de dizer olá para os demais. Hierarquia é importante para os chineses, então tente estar sempre consciente dos costumes ou você pode inadvertidamente deixar alguém sem graça por não reconhecer sua importância no contexto geral das coisas. Essa consideração vale para seu lado da equação também. O líder da sua equipe deve entrar na sala primeiro e depois esperar para ser acomodado pelo anfitrião da reunião.

As pessoas que estão em alguma posição de poder podem ter um dos seguintes títulos:

- chǎngzhǎng 厂长 (廠長) (tchaam-dʒaam) (*diretor da fábrica*)
- dǒngshì 董事 (dom-xi) (*diretor do conselho de administração*)
- fù zǒngcái 副总裁 (副總裁) (fu zom-tsai) (*vice-presidente*)
- jīnglǐ 经理 (經理) (djimm-li) (*gerente*)
- shǒuxí kuàijì 首席会计 (首席會計) (xou-ci kuai-dji) (*diretor financeiro*)
- zhǔrèn 主任 (dʒu-rãm) (*diretor de departamento*)
- zhǔxí 主席 (dʒu-ci) (*presidente*)
- zǒngcái 总裁 (總裁) (zom-tsai) (*presidente*)
- zǔzhǎng 组长 (組長) (zu-dʒaam) (*líder da equipe*)

Em chinês, sobrenomes sempre vêm em primeiro lugar. Quando se dirige a alguém com um título, sempre diga o sobrenome em primeiro lugar, seguido pelo título. Então, se você sabe que o nome de alguém é **Lǐ Pēijié** (li pei-djie) (**Lǐ** sendo o sobrenome), e ele é o diretor da empresa, você se dirige a ele como **Lǐ Zhǔrèn** (li dʒu-rãm) (*Diretor Li*).

Tente obter uma lista dos nomes de seus parceiros chineses com antecedência para que você possa praticar a pronúncia correta deles. Isso com certeza vai garantir alguns pontos a mais.

Certifique-se de ter cartões de visita preparados (de preferência em chinês, mas também em português ou inglês) para dar quando for à China. Você deve sempre entregar e receber cada cartão de visita com as duas mãos. Sinta-se livre para colocar os cartões que você recebe na mesma ordem em que eles estão sentados (por exemplo, da esquerda para a direita, quando as pessoas sentam-se em frente a você), assim você vai se lembrar quem é quem.

Se você é o convidado de honra em um jantar de banquete, você está sentado de frente para a entrada da sala. Não se preocupe se você ficar confuso ao tentar descobrir onde se sentar diante uma mesa redonda. Seu anfitrião vai certificar-se de lhe mostrar seu lugar. (Consulte o Capítulo 8 para mais dicas de etiqueta.)

Iniciando a reunião

Aqui estão algumas coisas para dizer quando você estiver pronto para começar a reunião de negócios:

- **Huānyíng nín dào wǒmen de bàngōngshì.** 欢迎您到我们的办公室. (歡迎您到我們的辦公室.) (huam-iimm nim dau uo-mãm dã bam-gom-xi.) (*Bem-vindo ao nosso escritório.*)

Capítulo 12: Chinês na Escola e no Trabalho 193

- **Wǒ xiǎng jièshào yíxià huìyì de cānjiāzhě.** 我想介绍一下会议的参加者. (我想介紹一下會議的參加者.) (uo ciaam djie-xau ii-cia hui-ii dā tsam-djia-dʒǎ.) (*Eu gostaria de apresentar os participantes da conferência.*)
- **Zài kāihuì yǐqián, ràng wǒmen zuò yíge zìwǒ jièshào.** 在开会以前, 让我们做一个自我介绍. (在開會以前, 讓我們做一個自我介紹.) (zai kai-hui ii-tsiiem, raam uo-mǎm zuo ii-gā zi-uo djie-xau.) (*Antes que a reunião comece, vamos nos apresentar.*)
- **Zánmen kāishǐ ba.** 咱们开始吧. (咱們開始吧.) (zam-mǎm kai-xi ba.) (*Vamos começar.*)
- **Zǎoshàng hǎo.** 早上好. (zau-xaam hau.) (*Bom dia.*)

Fazendo uma apresentação

Quando você quiser fazer uma apresentação durante o encontro, aqui estão algumas palavras que você pode querer usar:

- **bǎnzi** 板子 (bam-zi) (*quadro*)
- **biǎogé** 表格 (biau-gā) (*gráficos/tabelas*)
- **cǎibǐ** 彩笔 (彩筆) (tsai-bi) (*marcador*)
- **caí liào** 材料 (tsai liau) (*handouts/folhetos*)
- **chātú** 插图 (插圖) (tcha-tu) (*ilustrações/gravuras*)
- **fěnbǐ** 粉笔 (粉筆) (fām-bi) (*giz*)
- **huàbǎn** 画板 (畫板) (hua-bam) (*cavalete*)
- **túbiǎo** 图表 (圖表) (tu-biau) (*diagramas*)

Planejando usar tecnologia em vez disso? Nesse caso, você pode querer um destes:

- **huàndēngjī** 幻灯机 (幻燈機) (huam-dāmm-dji) (*projetor de slides*)
- **píngmù** 屏幕 (pimm-mu) (*tela*)
- **PowerPoint yǎnshì** PowerPoint 演示 (PowerPoint iem-xi) (*apresentação em PowerPoint*)
- **tòu yǐng piàn** 透影片 (tou iimm piem) (*transparência*)

Se você está pensando em filmar sua apresentação, você precisa de um **lùxiàngjī** 录像机 (錄像機) (lu-ciaam-dji) (*gravador de vídeo*), e se a sala for muito grande, você pode também querer usar um **màikèfēng** 麦克风 (麥克風) (mai-kā-fāmm) (*microfone*).

Parte II: Chinês na Prática

Encerrando a reunião

Aqui estão algumas frases que podem vir a calhar no final da reunião:

- Gǎnxiè dàjiā jīntiān chūxí huìyì. 感谢大家今天出席会议. (感謝大家今天出席會議.) (gam-cie da-djia djim-tiem xu-ci hui-ii.) (*Obrigado a todos por participarem da reunião de hoje.*)

- Wǒmen xūyào zài kāihuì tǎolùn zhè jiàn shìqíng ma? 我们需要再开会讨论这件事情吗? (我們需要再開會討論這件事情嗎?) (uo-mãm ciü-iau zai kai-hui tau-luãm dʒā djiam xi-tsimm ma?) (*Será que precisamos de uma outra reunião para continuar a discussão?*)

- Zài líkāi zhīqián, wǒmen bǎ xià cì huìyì de rìqī dìng xiàlái ba. 在离开之前, 我们把下次会议的日期定下来吧. (在離開之前, 我們把下次會議的日期定下來吧.) (zai li-kai dʒi-tsiiem, uo-mãm ba cia tsi hui-ii dā ri-tsii dimm cia-lai ba) (*Antes de irmos, vamos confirmar uma data para a próxima reunião.*)

Tendo uma Conversa

Cíntia e Pedro apresentaram-se aos seus parceiros chineses da Companhia ABC, em Shenzhen. Eles pretendem fazer uma apresentação mais tarde sobre seu novo produto, um software. (Faixa 15)

Cíntia: **Dàjiā hǎo. Zhè cì huìyì de mùdì shì gěi nǐmen jièshào ABC gōngsī de xīn chǎnpǐn, yīzhǒng bào biǎo de ruǎnjiàn.**
da-djia hau. dʒā tsi hui-ii dā mu-di xi gei ni-mãm djie-xau ABC gom-si dā cim tcham-pim, ii-dʒom bau biau dā ruam-djiem.
Olá a todos. O objetivo desta reunião é apresentar a todos vocês o novo produto da empresa ABC, um tipo de software de planilha eletrônica.

Pedro: **Měi gè rén dōu yǒu huìyì yìchéng ma?**
mei gā rãm dou iou hui-ii ii-tchãmm ma?
Será que todo mundo tem uma cópia da pauta?

Cíntia: **Xièxiè, Pedro. Duì le. Dàjiā dōu yǐjīng nádào zīliào le ma?**
cie-cie, Pedro. dui lā. da-djia dou ii-djimm na-dau ziliau lā ma?
Obrigada, Pedro. A propósito, todos já receberam os materiais?

Capítulo 12: Chinês na Escola e no Trabalho   *195*

Vocabulário

huìyì 会议 (會議)	hui-ii	reunião/conferência
mùdì 目的	mu-di	objetivo
zīliào 资料 (資料)	zi-liau	material
bào biǎo 报表 (報表)	bau biau	planilha
ruǎnjiàn 软件 (軟件)	ruam-djiem	software
huìyì yìchéng 会议议程 (會議議程)	hui-ii ii-tchãmm	pauta da reunião

Discutindo Negócios e Indústria

Como a China se abriu para o mundo tão rapidamente desde a morte de Mao Zedong, em 1976, empresas de todo o mundo, das mais diversas áreas, se estabeleceram em várias partes do país. Se sua empresa tem um escritório na China continental, Taiwan, Cingapura ou Hong Kong, você sem dúvida vai encontrar um ou mais setores listados na Tabela 12-3 representados nesses locais.

Tabela 12-3	Áreas/Setores	
Chinês	**Pronúncia**	**Português**
bǎoxiǎn 保险 (保險)	bau-ciem	*seguro*
cǎikuǎng yǔ shíyóu 采矿与石油 (採礦與石油)	tsai-kuaam iü xi iou	*mineração e petróleo*
chūbǎn 出版	tchu-bam	*editora*
diànnǎo 电脑 (電腦)	diem-nau	*informática*
fángdìchǎn 房地产 (房地產)	faam-di-tcham	*imóveis*

(continua)

Parte II: Chinês na Prática

Tabela 12-3 *(continuação)*

Chinês	Pronúncia	Português
gōngchéng 工程	gom-tchămm	*engenharia*
gōngguān 公关 (公關)	gom-guam	*relações públicas*
guănggào 广告 (廣告)	guam-gau	*publicidade*
guănlǐ zīxún 管理咨询 (管理咨詢)	guam-li zi-cium	*consultoria de gestão*
jiànzào 建造 (建造)	djiem-zau	*construção*
qìchē 汽车 (汽車)	tchii-tchă	*automotiva*
shízhuāng 时装 (時裝)	xi-dʒuaam	*moda*
xīnwén 新闻 (新聞)	cim-uăm	*jornalismo*
yínháng yǔ cáiwù 银行 与财务 (銀行與財物)	iim-haam iü tsai-uu	*bancária e financeira*
yúlè 娱乐 (娛樂)	iu-lă	*entretenimento*
yùn shū 运输 (運輸)	ium xu	*transporte*
zhìyào 制药 (製藥)	dʒi-iau	*produtos farmacêuticos*

Independentemente da área na qual você esteja, aqui estão algumas coisas que pode fazer para ajudar na publicidade da sua empresa e de seus produtos ou serviços, ou para saber como ela está:

- ✔ **diàntái yú diànshì guǎnggào** 电台与电视广告 (電台與電視廣告) (diem-tai iü diem-xi guaam-gau) *(anúncios de rádio e televisão)*

- ✔ **dīngdāng** 叮当 (叮噹) (dimm-daam) *(jingles)*

- ✔ **guǎnggào xuānchuán** 广告宣传 (廣告宣傳) (guam-gau ciuam tchuam) *(campanha publicitária)*

- ✔ **pǐnpái tuīguǎng** 品牌推广 (品牌推广) (pim-pai tui-guaam) *(promoção de marca)*

- ✔ **shìchǎng yánjiū** 市场研究 (市場研究) (xi-tchaam iem-djiu) *(pesquisa de mercado)*

- ✔ **xiāofèizhě yánjiū** 消费者研究 (消費者研究) (ciau-fei-dʒă iem-djiu) *(pesquisa de consumidor)*

- ✔ **xìnxī guǎnggào** 信息广告 (信息廣告) (cim-ci guaam-gau) *(infomercial)*

- ✔ **zhíxiāo yùndòng** 直销运动 (直銷運動) (dʒi-ciau ium-dom) *(campanha de marketing direto)*

Capítulo 12: Chinês na Escola e no Trabalho **197**

E aqui estão algumas coisas que você deve ter em mãos em reuniões ou em **màoyì zhǎnxiāohuì** 贸易展销会 (貿易展銷會) (mau-ii dʒam-ciau-hui) (*feiras de comércio/exposições comerciais*):

- **chǎnpǐn mùlù** 产品目录 (產品目錄) (cham-pim mu-lu) (*catálogo*)

- **túbiāo** 图标 (圖標) (tu-biau) (*logo*)

- **xiǎocèzǐ** 小册子 (小冊子) (ciau-tsā-zi) (*brochura/panfleto*)

É claro que se o produto é bom, ele mesmo se venderá. Sua grande fonte de negócios é, sem dúvida, uma boa **kǒuchuán guǎnggào** 口传广告 (口傳廣告) (kou tchuam guaam gau) (*propaganda boca a boca*).

Tendo uma Conversa

William e Douglas, dois vendedores, visitam Guangdong para ver se uma companhia de aviação quer comprar seu produto. Eles estão em uma reunião com o presidente da companhia e já passaram da fase de apresentações e conversas iniciais.

William: **Zhè shì yǒu guān wǒmen chǎnpǐn de xiǎocèzǐ.**
dʒā xi iou guam uo-mām tcham-pim dā ciau-tsā-zi.
Aqui está um panfleto do nosso produto.

Douglas: **Wǒmen de chǎnpǐn shì yóu wǒmen zìjǐ de zhuānjiā shèjì de ěrqiě zhèngmíng shì mǎn chénggōng de.**
uo-mām dā tcham-pim xi iou uo-mām zi-dji dā dʒuam-djia xā-dji dā ar-tsiie dʒāmm-mimm xi mam tchāmm-gom dā.
Nosso produto foi projetado por nossos especialistas e tem provado ser muito bem-sucedido.

William: **Duì le, kěshì wǒmen yě kéyǐ gēnjù nǐde guīgé lái shèjì chǎnpǐn.**
dui lā, kā-xi uo-mām ie kā-ii gām-djiü ni-dā gui-gā lai xā-dji tcham-pim.
Isso está correto, mas podemos também adaptar o produto para atender às suas especificações.

Douglas: **Wǒmen de jiàgé yě hěn yǒu jìngzhēnglì.**
uo-mām dā djia-gā ie hām iou djimm-dʒāmm-li.
Nossos preços também são bastante competitivos.

Parte II: Chinês na Prática

Vocabulário

chǎnpǐn 产品 (產品)	*tcham-pim*	*produto*
mǎn chénggōng de 满成功的 (滿 成功的)	*mam tcham-gom dã*	*bem-sucedido*
gēnjù nǐde guīgé 根据你的规格 (根據你的規格)	*gãm-djiü ni-dã gui-gã*	*de acordo com suas especificações*
jiàgé 价格 (價格)	*djia-gã*	*preço*
hěn yǒu jìngzhēnglì 很有竞争力 (很有競爭力)	*hãm iou djimm-dʒãmm-li*	*bastante competitivo*

Capítulo 12: Chinês na Escola e no Trabalho

Diversão & Jogos

Faça a correspondência entre as frases em chinês e em português.
Vá ao Apêndice D para obter as respostas.

1. *Estou congelando.*
2. *Vamos começar.*
3. *Você tem uma caneta?*
4. *Quem ainda tem alguma dúvida?*
5. *Estou com frio.*

a. **Wǒ lěng.** 我冷.
b. **Nǐ yǒu méiyǒu bǐ?** 你有没有笔? (你有沒有筆?)
c. **Wǒ lěng de yào mìng.** 我冷得要命.
d. **Shéi hái yǒu shénme yìjiàn huòzhě wèntí?** 谁还有什么意见或者问题? (誰還有甚麼意見或者問題?)
e. **Zánmen kāishǐ ba.** 咱们开始吧. (咱們開始吧.)

200 Parte II: Chinês na Prática

Capítulo 13

Diversão e Atividades ao Ar Livre

Neste Capítulo

▶ Falando dos seus hobbies

▶ Apreciando a Mãe Natureza

▶ Fingindo ser Picasso

▶ Criando sua própria música

▶ Exercitando-se como um atleta

Depois de um árduo dia de trabalho, a maioria das pessoas está pronta para descontrair e relaxar. Mas por onde começar? Você se sente tão consumido pelo seu **gōngzuò** 工作 (gom-zuo) (*trabalho*) que não consegue desacelerar? Viva a vida! Melhor ainda, tenha um **yèyú àihào** 业余爱好 (業餘愛好) (ie-iü ai-hau) (*hobby*). Toque alguma **yīnyuè** 音乐 (音樂) (iim-iue) (*música*) em seu **xiǎotíqín** 小提琴 (ciau-ti-tsiim) (*violino*). Faça uma **huà** 画 (畫) (hua) (*pintura*). Jogue **zúqiú** 足球 (zu-tsiiu) (*futebol*). Faça o que for preciso para fazer você relaxar e se divertir um pouco. Seus interesses fora do trabalho o tornam uma pessoa mais interessante e você faz novos amigos ao mesmo tempo — especialmente se participar de uma **duì** 队 (隊) (dui) (*equipe*).

E se você é interessado em **lánqiú** 篮球 (籃球) (lam-tsiiu) (*basquete*), basta pronunciar o nome **Yao Ming** 姚明 (iau mimm); você vai descobrir na hora vários potenciais parceiros de conversa entre os inúmeros fãs desse superstar de 2,29m, nativo de Xangai.

Nomeando Seus Passatempos

Você é alguém que gosta de colecionar selos, jogar xadrez ou observar aves no parque? Tudo o que você gosta de fazer, seus hobbies, sempre rendem uma boa conversa. Ter pelo menos um **yèyú àihào** 业余爱好 (業餘愛好) (ie-iü ai hau) (*hobby*) é sempre uma coisa boa. Que tal se envolver em alguns dos seguintes?

Parte II: Chinês na Prática

- **guān niǎo** (guam niau) 观鸟 (觀鳥) (*observação de pássaros*)
- **jí yóu** 集邮 (集郵) (dji iou) (*coleção de selos*)
- **diàoyú** 钓鱼 (釣魚) (diau-iü) (*pesca*)
- **kàn shū** 看书 (看書) (kam xu) (*leitura*)
- **pēngtiáo** 烹调 (烹調) (pāmm-tiau) (*culinária*)
- **yuányì** 园艺 (園藝) (iuem-ii) (*jardinagem*)

Um verbo comum associado a muitos hobbies é **dǎ** 打 (da) (*fazer, jogar ou tocar [Literalmente: atingir, acertar ou bater]*). Você pode usá-lo para falar sobre praticar atividades como **tàijíquán** 太极拳 (太極拳) (tai-dji-tsiuam) (*uma forma lenta de artes marciais comumente referida como Tai chi chuan no Brasil*) e jogar **pú kè** 扑克 (撲克) (pu kā) (*cartas*), **májiàng** 麻将 (麻將) (ma-djiaam) (*mahjong*) e **guójì xiàngqí** 国际象棋 (國際象棋) (guo-dji ciaam-tsii) (*xadrez*). Aqui estão algumas perguntas rápidas com o verbo **dǎ** que podem ajudar a começar uma conversa:

- **Nǐ huì búhuì dǎ tàijíquán?** 你会不会打太极拳? (你會不會打太極拳?) (ni hui bu-hui da tai-dji-tsiuam?) (*Você sabe como praticar Tai chi chuan?*)
- **Nǐ dǎ májiàng ma?** 你打麻将吗? (你打麻將嗎?) (ni da ma-djiaam ma?) (*Você joga mahjong?*)

Ambos, **tàijíquán** e **májiàng**, são passatempos chineses por excelência. Além de **tàijíquán**, todos estão familiarizados com outras formas de **wǔshù** 武术 (武術) (uu-xu) (*artes marciais*), incluindo **kung fu** 功夫 — uma arte marcial praticada desde a dinastia **Tang** 唐 (taam), no século VIII. Na verdade, você ainda pode ver mestres de kung fu praticando no Templo Shaolin em Zhengzhou, província de Henan — um ótimo lugar para visitar, fora do caminho tradicional, se você for à a China.

O **Tàijíquán** é considerado uma arte marcial interna e é a forma de arte marcial mais amplamente praticada em todo o mundo. O termo **tàijí** (*o limite supremo*) refere-se à interação entre a oposição das forças complementares no universo — **yin** e **yang** — como a base da criação. **Quán** significa *punho*, enfatizando que essa arte é uma espécie de combate desarmado. Todas as manhãs, bem cedo, na China, milhares de pessoas se dirigem aos parques locais para praticar essa desacelerada forma de exercício juntos.

Tendo uma Conversa

Luiz e Miriam conversam sobre seus conhecimentos de Tai chi chuan um com o outro.

Luiz: **Nǐ huì búhuì dǎ tàijíquán?**
ni hui bu-hui da tai-dji-tsiuam?
Você sabe como fazer Tai chi chuan?

Capítulo 13: Diversão e Atividades ao Ar Livre 　203

Miriam: **Búhuì. Kěshì wǒ zhīdào tàijíquán shì yì zhǒng hěn liúxíng de jiànshēn yùndòng.**
bu huì, kāxi uo dzi dau tai-dji-tsiuam xi ii dʒom hām liu cimm dā djiem xām ium dom.
Não, mas eu sei que Tai chi chuan é uma atividade muito popular.

Luiz: **Duìle. Měitiān zǎoshàng hěn zǎo hěn duō rén yìqǐ dǎ tàijíquán.**
dui-lā. mei tiem zau xaam hām zau hām duo rām ii tsii da tai-dji-tsiuam.
Isso! Todas as manhãs, bem cedo, muitas pessoas fazem Tai chi chuam juntas.

Miriam: **Tàijíquán de dòngzuò kànqǐlái hěn màn.**
tai-dji-tsiuam dā dom zuo kam tsii lai hām mam.
Os movimentos de Tai chi chuam parecem ser muito lentos.

Luiz: **Yòu shuō duìle! Shēntǐ zǒngshì yào wěndìng. Dòngzuò zǒngshì yào xiétiáo.**
iou xuo dui lā! xāmti zom iau uām dimm. dom zuo zom xi iau cie tiau.
Acertou de novo! O corpo deve estar sempre estável, e os movimentos devem estar sempre em harmonia.

Vocabulário

měitiān zǎoshàng hěn zǎo 每天早上很早	mei-tiem zau-xaam hām zau	bem cedo, todas as manhãs
liúxíng 流行	liu-cimm	popular
yùndòng 运动 (運動)	ium-dom	exercício
dòngzuò 动作 (動作)	dom-zuo	movimento

Explorando a Natureza

Se você estiver trabalhando no exterior, na China, e quiser ficar muito longe das multidões, ou mesmo apenas suficientemente longe de seu **bàngōngshì** 办公室 (辦公室) (bam-gom xi) (*escritório*) para se sentir revigorado, tente ir a uma das muitas montanhas sagradas da China ou a uma bela praia para apreciar a **shānshuǐ** 山水 (xam-xui) (*paisagem*). Você pode querer **qù lùyíng** 去露营 (去露營) (tsiü lu-imm) (*acampar*) ou montar acampamento na praia e ter um **yěcān** 野餐 (ie-tsam) (*piquenique*) antes de **pá shān** 爬山 (pa xam) (*escalar uma montanha*).

Viajar pelo interior chinês é uma ótima maneira de fugir da vida da cidade. Confira estes pontos turísticos ao longo do caminho:

- **bǎotǎ** 宝塔 (寶塔) (bau-ta) (*pagode [templo em forma de torre]*)
- **dàomiào** 道庙 (道廟) (dau-miau) (*templo taoista*)
- **dàotián** 稻田 (dau-tiem) (*arrozais*)
- **fómiào** 佛庙 (佛廟) (fo-miau) (*templo budista*)
- **kǒngmiào** 孔庙 (孔廟) (kom-miau) (*Templo de Confúcio*)
- **miào** 庙 (廟) (miau) (*templo*)
- **nóngmín** 农民 (農民) (nom-mim) (*agricultores*)

Se você está sempre explorando a **dàzìrán** 大自然 (da-zi-ram) (*natureza*) com um amigo que fala chinês, algumas dessas palavras podem vir a calhar:

- **àn** 岸 (am) (*litoral*)
- **chítáng** 池塘 (tchi-taam) (*lagoa*)
- **hǎi** 海 (hai) (*oceano*)
- **hǎitān** 海滩 (海灘) (hai-tam) (*praia*)
- **hé** 河 (hā) (*rio*)
- **hú** 湖 (hu) (*lago*)
- **niǎo** 鸟 (鳥) (niau) (*pássaros*)
- **shāmò** 沙漠 (xa-mo) (*desenho*)
- **shān** 山 (xam) (*montanhas*)
- **shāndòng** 山洞 (xam-dom) (*caverna*)
- **shù** 树 (樹) (xu) (*árvores*)
- **xiǎo shān** 小山 (ciau xam) (*colinas*)
- **yún** 云 (雲) (ium) (*nuvens*)

Capítulo 13: Diversão e Atividades ao Ar Livre **205**

As montanhas sagradas da China

Budistas e taoistas têm tradicionalmente construído monastérios no alto de montanhas tranquilas ou no meio de exuberantes florestas para meditar. Algumas das **shān** 山 (xam) (*montanhas*) chinesas — cinco taoistas e quatro budistas — ainda são consideradas sagradas hoje, e todas elas permanecem em locais de peregrinação. A **Huáng Shān** 黄山 (huaam xam) (*Montanha Amarela*) é talvez a mais famosa montanha sagrada da China; constitui-se por árvores raras de pinheiros, formações rochosas incomuns e fontes termais, sendo rodeada por lagos e cachoeiras.

Tendo uma Conversa

 Hélio e Simone descobriram a beleza da estância balneária de Běidàihé (bei-dai-hā), no norte da China. (Faixa 16)

Hélio: **Nǐ kàn! Zhèr de fēngjǐng duōme piàoliàng!**
ni kam! dʒār dā fāmm-djimm duo-mā piau-liaam!
Veja! O cenário aqui é lindo! (Literalmente: O quão lindo o cenário aqui é!)

Simone: **Nǐ shuō duìle. Zhēn piàoliàng.**
ni xuo dui-lā. dʒām piau-liaam.
Você está certo. É verdadeiramente lindo.

Hélio: **Shénme dōu yǒu: shān, shēn lán de hǎi, qīng lán de tiān.**
xām-mā dou iou: xam, xām lam dā hai, tsiimm lam dā tiem.
Ele tem tudo: montanhas, mar azul profundo e céu claro.

Simone: **Nǐ shuō duìle. Xiàng tiāntáng yíyàng.**
ni xuo dui-lā. ciaam tiem-taam ii-iaam.
Você está certo. É como o paraíso.

 Para indicar uma semelhança entre duas ideias ou objetos, como na última linha do Tendo uma Conversa envolvendo Simone e Hélio, utilize **xiàng ... yíyàng** 像 ... 一样. (像 ... 一樣.) (ciaam ... ii-iaam.). Aqui estão alguns exemplos:

Parte II: Chinês na Prática

Vocabulário

fēngjǐng 风景 (風景)	fãmm-djimm	cenário
piàoliàng 漂亮	piau-liaam	lindo(a)/bonito(a)/belo(a)
shēn lán 深蓝 (深藍)	xãm lam	azul escuro
qīng lán 清蓝 (清藍)	tsiimm lam	azul claro/céu azul
tiāntáng 天堂	tiem-taam	paraíso

xiàng nǐ dìdì yíyàng 像你弟弟一样 (像你弟弟一樣) (ciaam ni di-di ii-iaam) (*parece seu irmão mais novo*)

xiàng qīngwā yíyàng 像青蛙一样 (像青蛙一樣) (ciaam tsiimm-ua ii-iaam) (*parece um sapo*)

xiàng fēngzi yíyàng 像疯子一样 (像瘋子一樣) (ciaam fãmm-zi ii-iaam) (*parece um louco*)

O Palácio das Crianças em Xangai

Se você visitar Xangai, tire um tempo para uma visita ao **Shàoniángōng** 少年宫 (xau-niem-gom) (*Palácio das Crianças*), onde talentosas crianças participam em uma variedade de atividades extracurriculares em áreas como música, arte, dança e ciência. Fundada em 1953 por Song Qingling (cujo marido, o Dr. Sun Yat-sen, fundou a República da China, ou Taiwan), o Palácio das Crianças está em um grande edifício antigo, originalmente conhecido como Salão de Mármore. Foi construído pelo magnata judeu bagdali Elly Kadoorie, em 1924, e ainda possui grandes corredores de mármore, escadas sinuosas, lareiras ornamentadas, lustres e janelas francesas.

Hoje você pode encontrar atividades como balonismo e voo livre em Anyang. É surpreendente quando você descobre que Anyang foi a capital da primeira dinastia da China, quase dois milênios antes da Era Comum. Você pode até sair em um passeio de balão de ar quente pela Grande Muralha e pela Rota da Seda. Essas atividades certamente apresentam uma boa maneira de transcorrer grandes distâncias sem a necessidade de ir a cavalo. Falando nisso, se você gostar de fazer passeios de camelo, hoje em dia as agências de viagens chinesas podem até mesmo providenciar para você montar com os mongóis, que são os cavaleiros que aperfeiçoaram a arte da cavalgada ao longo dos séculos.

Capítulo 13: Diversão e Atividades ao Ar Livre   **207**

Explorando Seu Lado Artístico

Você pode se orgulhar por ter sido o melhor dos jóqueis, mas aposto que fica com lágrimas nos olhos quando vê uma bela pintura ou escuta Beethoven. Tudo bem, apenas admita isso. Você é um homem polivalente e não há nada que possa fazer quanto a isso. Sem mais desculpas.

Está bem, agora você está pronto para explorar seu lado artístico mais sensível em chinês. Não tenha medo de expressar as suas **gǎnqíng** 感情 (gam-tsiimm) (*emoções*). Os chineses vão apreciar a sua sensibilidade a uma **shānshuǐ huà** 山水画 (山水畫) (xam-xui hua) (*pintura de paisagem*) da dinastia **Sòng** 宋 (som) (960-1279) ou a beleza de uma **cíqì** 瓷器 (tsi-tchii) (*porcelana*) da dinastia **Míng** 明 (mimm) (1368-1644).

Aposto que você tem muita **chuàngzàoxìng** 创造性 (創造性) (tchuaam-zau-cimm) (*criatividade*). Se assim for, tente uma destas artes plásticas:

- **diāokè** 雕刻 (雕刻) (diau-kā) (*escultura*)
- **huà** 画 (畫) (hua) (*pintura*)
- **shūfǎ** 书法 (書法) (xu-fa) (*caligrafia*)
- **shuǐcǎi huà** 水彩画 (水彩畫) (xui-tsai hua) (*aquarela*)
- **sùmiáo huà** 素描画 (素描畫) (su-miau hua) (*desenho/grafite*)
- **táoqì** 陶器 (tau-tchii) (*cerâmica*)

Fazendo Parte de uma Banda

Você toca algum **yuè qì** 乐器 (樂器) (iue tchii) (*instrumento musical*)? Nunca é tarde para aprender, você sabe. Assim como as crianças de todo o mundo, muitas crianças chinesas têm aulas de **xiǎo tíqín** 小提琴 (ciau ti-tsiim) (*violino*) e **gāngqín** 钢琴 (鋼琴) (gaam-tsiim) (*piano*) — muitas vezes sob coação. No entanto, eles apreciam as aulas obrigatórias quando envelhecem e têm seus próprios filhos.

Você não precisa se tornar um **yīnyuèjiā** 音乐家 (音樂家) (iim-iue-djia) (*músico*) profissional para gostar de tocar instrumentos. Que tal experimentar um destes?

- **chángdí** 长笛 (長笛) (tchaam-di) (*flauta*)
- **chánghào** 长号 (長號) (tchaam-hau) (*trombone*)
- **dà hào** 大号 (大號) (da hau) (*tuba*)
- **dà tíqín** 大提琴 (da ti-tsiim) (*violoncelo*)
- **dānhuángguǎn** 单簧管 (單簧管) (dam-huaam-guam) (*clarinete*)
- **gāngqín** 钢琴 (鋼琴) (gaam-tsiim) (*piano*)

Parte II: Chinês na Prática

- gǔ 鼓 (gu) (*bateria*)
- lǎbā 喇叭 (la-ba) (*trompete*)
- liùxiánqín 六弦琴 (liu-ciem-tsiim) (*violão/guitarra*)
- nán dīyīn 男低音 (nam di-iim) (*contrabaixo*)
- sākèsīguǎn 萨克斯管 (薩克斯管) (sa-kā-si-guam) (*saxofone*)
- shuānghuángguǎn 双簧管 (雙簧管) (xuaam-huaam-guam) (*oboé*)
- shùqín 竖琴 (豎琴) (xu-tsiim) (*harpa*)
- xiǎo tíqín 小提琴 (ciau ti-tsiim) (*violino*)
- zhōng tíqín 中提琴 (dʒom ti-tsiim) (*viola*)

A língua chinesa tem alguns verbos diferentes para indicar a prática de vários instrumentos. As pessoas que tocam instrumentos de cordas devem usar o verbo **lā** 拉 (la) (*puxar [como em puxar um arco]*) antes do nome do instrumento. Por exemplo, você pode dizer que **lā zhōng tíqín** 拉中提琴 (la dʒom-ti-tsiim) (*toca viola*), mas você só pode **tán** (tam) (*tocar*) um piano. Para instrumentos de sopro, você tem que os **chuī** 吹 (tchui) (*assoprar*).

Jogando em um Time

Não importa aonde vá no planeta, você sempre encontrará um passatempo nacional. No Brasil, assim como na maior parte da Europa, é o futebol; nos Estados Unidos, é o beisebol. E na China é o pingue-pongue; contudo, desde que Yao Ming entrou em cena o basquete vem chamando a atenção também. Aqui estão os termos chineses para esses e muitos outros esportes populares:

- bàngqiú 棒球 (baam-tsiiu) (*beisebol*)
- bīngqiú 冰球 (bimm-tsiiu) (*hóquei*)
- lánqiú 篮球 (籃球) (lam-tsiiu) (*basquete*)
- lěiqiú 垒球 (壘球) (lei-tsiiu) (*softball*)

Instrumentos tradicionais chineses

Se você já ouviu alguma música tradicional chinesa em um show ou em uma gravação, provavelmente já ouviu um destes **yuè qì** 乐器 (樂器) (iue tchii) (*instrumentos musicais*):

- **pípā** 琵琶 (pi-pa): Instrumento de cordas dedilhadas com uma escala com trastes, colocado sobre o colo de quem o toca.

- **gǔzhēng** 古筝 (古箏) (gu-dʒāmm): Instrumento grande de cordas, similar a uma cítara, que repousa sobre um grande suporte em frente ao músico.

- **èrhú** 二胡 (ar-hu): Instrumento curvado de duas cordas.

Capítulo 13: Diversão e Atividades ao Ar Livre

- **páiqiú** 排球 (pai-tsiiu) (*vôlei*)
- **pīngpāngqiú** 乒乓球 (pimm-paam-tsiiu) (*pingue-pongue*)
- **shǒuqiú** 手球 (xou-tsiiu) (*handebol*)
- **tǐcāo** 体操 (體操) (ti-tsau) (*ginástica*)
- **wǎngqiú** 网球 (網球) (uaam-tsiiu) (*tênis*)
- **yīngshì zúqiú** 英式足球 (iimm-xi zu-tsiiu) (*futebol [Literalmente: futebol ao estilo inglês]*)
- **yóuyǒng** 游泳 (iou-iom) (*natação*)
- **yǔmáoqiú** 羽毛球 (iu-mau-tsiiu) (*badminton*)
- **zúqiú** 足球 (zu-tsiiu) (*futebol [americano]*)

Alguns esportes, como ginástica e natação, envolvem vários eventos. Aqui estão os elementos comuns que compõem esses dois esportes:

- **ān mǎ** 鞍马 (鞍馬) (am ma) (*cavalo com alças*)
- **dān gàng** 单杠 (單槓) (dam gaam) (*barras fixas*)
- **gāo dī gàng** 高低杠 (高低槓) (gau di gaam) (*barras assimétricas*)
- **shuāng gàng** 双杠 (雙槓) (xuaam gaam) (*barras paralelas*)
- **zìyóu tǐcāo** 自由体操 (自由體操) (zi-iou ti-tsau) (*ginástica de solo*)
- **cè yǒng** 侧泳 (側泳) (tsã iom) (*braçada*)
- **dié yǒng** 蝶泳 (die iom) (*nado borboleta*)
- **wā yǒng** 蛙泳 (ua iom) (*nado de peito*)
- **yǎng yǒng** 仰泳 (iaam iom) (*nado de costas*)
- **zìyóu yǒng** 自由泳 (zi-iou iom) (*nado livre*)

E se você for um **tiàoshuǐ yùndòngyuán** 跳水运动员 (跳水運動員) (tiau-xui ium-dom-iuem) (*mergulhador*), é melhor você não **pà gāo** 怕高 (pa gau) (*ter medo de altura*).

Você pode usar o verbo **dǎ** para falar sobre a prática de esportes, bem como sobre outros hobbies (confira a seção anterior "Nomeando Seus Passatempos"). Mas você também pode **wán** 玩 (uam) (*jogar*) esportes que são jogados com bola também.

Lembre-se: Alguns esportes requerem o uso de **pīngpāngqiú pāi** 乒乓球拍 (pimm-paam-tsiiu pai) (*raquetes de pingue-pongue*), **wǎngqiú pāi** 网球拍 (網球拍) (uaam-tsiiu pai) (*raquetes de tênis*) ou **qiú** 球 (tsiiu) (*bolas*). Todos os jogos, no entanto, requerem um senso de **gōngpíng jìngzhēng** 公平竞争 (公平競爭) (gom-pimm djimm-dʒãmm) (*jogo justo [comumente chamado de fair play]*).

Parte II: Chinês na Prática

A temporada de futebol em Pequim é de maio a outubro, mas no sul da China dura o ano todo. Na Europa, o futebol é o esporte de preferência nacional na maioria dos países. Assim como na Europa, fãs apaixonados por vezes se envolvem em inúmeras discussões. Se você alguma vez se encontrar em Xangai, confira o jogo no Estádio Hong Kou. Em Pequim, tente o Estádio dos Trabalhadores, perto do City Hotel.

Aqui estão algumas frases úteis de saber, seja você atleta amador ou atleta profissional. Em algum momento, certamente já ouviu (ou disse) todas elas.

- **Nǐ shūle.** 你输了. (你輸了.) (ni xu-lā.) (*Você perdeu.*)
- **Wǒ dǎ de bútài hǎo.** 我打得不太好. (uo da dā bu-tai hau.) (*Eu não jogo muito bem.*)
- **Wǒ yíngle.** 我赢了. (我贏了.) (uo iimm-lā.) (*Eu venci.*)
- **Wǒ zhēn xūyào liànxí.** 我真需要练习. (我真需要練習.) (uo dʒām ciü-iau liam-ci.) (*Eu realmente preciso praticar.*)

Se você preferir assistir das arquibancadas (ou do seu sofá), aqui está uma lista de termos e frases que você precisa saber se quiser acompanhar toda a ação:

- **Bǐfēn duōshǎo?** 比分多少? (bi-fām duo-xau?) (*Qual é o placar?*)
- **chuī shàozi** 吹哨子 (tchui xau-zi) (*soprar um apito*)
- **dǎngzhù qiú** 挡住球 (擋住球) (daam-dʒu tsiiu) (*interceptar a bola*)
- **dé yì fēn** 得一分 (dā ii fām) (*marcar um ponto*)
- **fā qiú** 发球 (發球) (fa tsiiu) (*passar a bola*)
- **Něixiē duì cānjiā bǐsài?** 哪些队参加比赛? (哪些隊參加比賽?) (nei-cie dui tsam-djia bi-sai?) (*Que times estão jogando?*)
- **tījìn yì qiú** 踢进一球 (踢進一球) (ti-djim ii tsiiu) (*fazer um gol*)
- **Wǒ xiǎng qù kàn qiúsài.** 我想去看球赛 (我想去看球賽) (uo ciaam tsiü kam tsiiu-sai.) (*Quero ver um jogo [de bola].*)

Tendo uma Conversa

Eduardo e Cecília vão a um jogo de basquete juntos. (Faixa 17)

Eduardo: **Bǐsài shénme shíhòu kāishǐ?**
bi-sai xām-mā xi-hou kai-xi?
Quando é que começa o jogo?

Cecília: **Kuài yào kāishǐ le.**
kuai iau kai-xi lā.
Vai começar logo.

Capítulo 13: Diversão e Atividades ao Ar Livre **211**

Poucos minutos depois, o jogo finalmente começa.

Eduardo: **Wà! Tā méi tóuzhòng!!**
ua! ta mei tou-dʒom!
Uau! Ele errou o arremesso!

Cecília: **Méi guānxi. Lìngwài nèige duìyuán gāng gāng kòulán défēn.**
mei guam-ci. limm-uai nei-gã dui-iuem gaam gaam kou-lam dã-fãm.
Não importa. O outro jogador acabou de marcar com uma enterrada.

Vocabulário

kāishǐ 开始 (開始)	kai-xi	começar
défēn 得分	dã-fãm	marcar um ponto
kòulán 扣篮 (扣籃)	kou-lam	enterrada

Parte II: Chinês na Prática

A.

B.

C.

D.

E.

O que as pessoas nas imagens estão fazendo? Use o verbo correto em sua resposta. (Veja o Apêndice D para saber as respostas.)

A. _____
B. _____
C. _____
D. _____
E. _____

Parte III
Chinês na Estrada

A 5ª Onda
Por Rich Tennant

"Gritarei em chinês durante todo o percurso. Isso me ajuda a praticar as entonações apropriadas."

Nesta parte . . .

Ah, viajar pelo mundo! Estes capítulos o ajudam com todos os aspectos de sua viagem, desde a obtenção de um visto e reservar um quarto de hotel até decifrar a moeda estrangeira, pedindo informações e chegando a seu destino. Incluo, ainda, um capítulo sobre como lidar com emergências, embora eu espere que você nunca tenha que usá-lo. **Yí lù píng'ān!** 路平安! (ii lu pimm-am!) (*Bon voyage!*)

Capítulo 14

Planejando uma Viagem

Neste Capítulo

▶ Verificando seu calendário de datas em aberto

▶ Planejando com os feriados chineses em mente

▶ Escolhendo um destino de viagem

▶ Fazendo as malas

▶ Lidando com agentes de viagens

Um planejamento cuidadoso é a chave para uma viagem de férias ou de negócios bem-sucedida. Você tem que ter em mente não somente aonde você quer ir, mas também a melhor época para viajar. Este capítulo mostra como se preparar para uma viagem ao exterior e como escolher o dia exato, data e ano em que você quer viajar. No entanto, quando se trata de ter certeza de que seu **hùzhào** 护照 (護照) (hu-dʒau) (*passaporte*) ainda é válido e seu **qiānzhèng** 签证 (簽證) (tsiiem-dʒãmm) (*visto*) está em ordem, você está por conta própria. **Yí lù píng ān!** 一路平安! (ii lu pimm am!) (*Tenha uma boa viagem!*)

Falando sobre Quando Você Quer Viajar

A época do ano que você escolhe para viajar pode fazer toda a diferença para ter ótimas ou péssimas férias. A viagem a Pequim no mês de março, justamente quando as tempestades de poeira estão soprando do deserto de Gobi, por exemplo, é muito diferente de uma viagem em maio ou outubro, quando a poluição nos céus é menor e temos o auge dos céus ensolarados. Claro que maio e outubro são os períodos de pico de viagens para a China, exatamente por essas razões, o que significa que os preços dos hotéis também estão altos. Paris na primavera é tão maravilhosa (e tão cara) pelo mesmo motivo. Não há muito o que se fazer para ajudá-lo quanto a isso. Para saber mais sobre informações relacionadas a datas e estações, vá para o Capítulo 5.

Quer saber quando os amigos planejam sair de férias? Basta fazer-lhes uma destas perguntas básicas:

- **Nǐ jǐ yuè jǐ hào zǒu?** 你几月几号走? (你幾月幾號走?) (ni dji iue dji hau zou?) (*Quando você vai embora? [Literalmente: Qual o mês e o dia em que você vai embora?]*)

- **Nǐ jǐ yuè jǐ hào qù Zhōngguó?** 你几月几号去中国? (你幾月幾號去中國?) (ni dji iue dji hau tsiü dʒom-guo?) (*Quando você irá à China? [Literalmente: Qual o mês e dia em que você irá à China?]*)

Se você tiver que responder às perguntas anteriores, basta colocar o mês e o dia em que está planejando ir e colocar tais palavras no lugar de **yuè** e **hào**. Aqui estão alguns exemplos:

Wǒ wǔ yuè sānshí hào zǒu. 我五月三十号走.(我五月三十號走.) (uo uu iue sam-xi hau zou) (*Irei em 30 de maio.*)

Wǒ sān yuè yī hào qù Zhōngguó. 我三月一号去中国.(我三月一號去中國.) (uo sam iue ii hau tsiü dʒom-guo) (*Irei à China em 1 de março.*)

Aposto que você não pode esperar para começar a fazer planos de viagem agora!

Celebrando os Feriados Chineses

O ano de 2013, na China, foi o **shé nián** 蛇年 (xā niam) (*Ano da Serpente*). Quer saber dos anos posteriores?

- 2014: **mǎ nián** 马年 (馬年) (ma niem) (*Ano do Cavalo*)
- 2015: **yáng nián** 羊年 (iaam niem) (*Ano da Cabra*)
- 2016: **hóu nián** 猴年 (hou niem) (*Ano do Macaco*)

Após o **hóu** 猴 (hou) (*macaco*), vêm os seguintes animais 鸡 (雞) (dji) (*galo*), **gǒu** 狗 (狗) (gou) (*cão*), **zhū** 猪 (豬) (dʒu) (*porco ou javali*), **shǔ** 鼠 (xu) (*rato*), **niú** 牛 (niu) (*boi*), **hǔ** 虎 (hu) (*tigre*), **tù** 兔 (tu) (*coelho*) e, finalmente, o **lóng** 龙 (龍) (lom) (*dragão*), antes de a serpente vir novamente. No entanto, é o rato, (não a serpente), que começa todo o novo ciclo de 12 anos.

Você talvez queira que seu tempo de viagem à China continental, Taiwan ou Hong Kong coincida com certos feriados — ou, tão importante quanto, evitar certos dias e semanas.

Primeiro, você celebra o **xīnnián** 新年 (cim-niem) (*Dia do Ano-Novo*), também conhecido como **yuándàn** 元旦 (iuem-dam), em 1º de janeiro. Consiste numa celebração de três dias, coincidindo com o Ano-Novo Lunar, conhecido como **chūn jié** 春节 (春節) (tchuãm djie) (*Festival da Primavera, Ano-Novo Chinês*). A cada ano, as datas do **chūn jié** mudam, porque — você adivinhou — ele segue o **yīnlì** 阴历 (陰曆) (iim-li) (*calendário lunar*) em vez do **yánglì** 阳历 (陽曆) (iaam-li) (*calendário solar*). O **Chūn jié** sempre cai em algum momento de janeiro ou fevereiro.

Na China continental, o **Láodòng jié** 劳动节 (勞動節) (lau-dom djie) (*Dia do Trabalho*) também é celebrado em 1º de maio, e o **Guó qìng jié** 国庆节 (國慶節) (guo tsiimm djie) (*Dia Nacional*) é comemorado em 1º de outubro, em comemoração ao dia em que Mao Zedong e o Partido Comunista Chinês declararam a fundação da **Zhōnghuá rénmín gònghé guó** 中华人民共和国 (中華人民共和國) (dʒom-hua rãm-mim gom-hã guo) (*República Popular da China*), em 1949. Em Taiwan, **Guó qìng jié** é comemorado em 10 de outubro, para celebrar quando a longa história dinástica da China terminou, em 1911, e uma nova era da **Zhōnghuá mín guó** 中华民国 (中華民國) (dʒom-hua mim guo) (*República da China [outro nome para Taiwan]*) começou, sob a liderança do Dr. Sun Yat-sen. O Dia Nacional em Taiwan é muitas vezes referido como **shuāng shí jié** 双十节 (雙十節) (xuaam xi djie) (*Literalmente: dia do duas vezes 10*), pois ocorre no 10º dia do 10º mês.

Em Taiwan, muitas vezes você vê os anos escritos parecendo estar 11 anos aquém do que você acha que é o correto. Isso ocorre porque a fundação da República da China, em 1911, é considerada a linha de base para todos os anos futuros. Então, 1921 aparece como **mín guó shí nián** 民国十年 (民國十年) (mim guo xi niem); **mín guó** é a abreviatura de **Zhōnghuá mín guó**, e **shí nián**, significando 10 anos, refere-se aos 10 anos após a fundação da República da China.

Além dos principais feriados públicos dignos de fechar o comércio, você pode querer experimentar alguns dos outros divertidos e interessantes feriados chineses em primeira mão. Consulte o Capítulo 5 para mais informações sobre os feriados chineses.

Todos os tipos de festas populares acontecem em aldeias em toda a China continental e Taiwan, quando você menos espera. Então, se você de repente encontrar-se rodeado por uma multidão de jovens, batendo palmas e cantando, basta seguir a multidão e ver aonde a ação leva você. Você não vai se decepcionar. Mesmo cortejos fúnebres podem ser os mais fascinantes e musicais dos eventos, com lamentadores vestidos com sacos brancos tocando todos os tipos de instrumentos de percussão e de sopro.

Para Onde? Decidindo um Destino

Nǐ xiǎng dào nǎr qù? 你想到哪儿去? (你想到哪兒去?) (ni ciaam dau nar tsiü?) (*Aonde você quer ir?*) Planejando uma viagem para **Yàzhōu** 亚洲 (亞洲) (ia-dʒou) (*Ásia*), **Fēizhōu** 非洲 (fei-dʒou) (*África*), **Ōuzhōu** 欧洲 (歐洲) (ou-dʒou) (*Europa*) ou para **Měizhōu** 美洲 (mei-dʒou) (*as Américas*)? Será que a sua viagem é **zài guó nèi** 在国内 (在國內) (zai guo nei) (*nacional/doméstica*) ou para **zài guó wài** 在国外 (在國外) (zai guo uai) (*fora do país/internacional*)? A Tabela 14-1 mostra alguns países que você pode escolher para visitar.

Parte III: Chinês na Estrada

Tabela 14-1	Lugares para Visitar ao Redor do Mundo	
Chinês	**Pronúncia**	**Português**
Nánfēi 南非	nam-fei	África do Sul
Āgēntíng 阿根廷	a-gãm-timm	Argentina
Déguó 德国 (德國)	dã-guo	Alemanha
Jiānádà 加拿大	djia-na-da	Canadá
Zhōngguó dàlù 中国大陆 (中國大陸)	dʒom-guo da-lu	China continental
Fǎguó 法国 (法國)	fa-guo	França
Xiānggǎng 香港	ciaam-gaam	Hong Kong
Xiōngyálì 匈牙利	ciuom-ia-li	Hungria
Àiěrlán 爱尔兰 (愛爾蘭)	ai-ar-lam	Irlanda
Yǐsèliè 以色列	ii-sã-lie	Israel
Rìběn 日本	ri-bãm	Japão
Mòxīgē 墨西哥	mo-ci-gã	México
Éguó 俄国 (俄國)	ã-guo	Rússia
Ruìdiǎn 瑞典	rui-diem	Suécia
Ruìshì 瑞士	rui-xi	Suíça
Táiwān 台湾 (台灣)	tai-uam	Taiwan
Tǎnsāngníyà 坦桑尼亚 (坦桑尼亞)	tam-saam-ni-ia	Tanzânia
Yuènán 越南	iue-nam	Vietnã
Zāyīěr 扎伊尔 (扎伊爾)	za-ii-ar	Zaire

Dependendo do tipo de atividade de que você gosta de fazer quando **fàng jià** 放假 (faam djia) (*tira férias*), você pode querer considerar viajar para um lugar que tenha várias das seguintes características (ou pelo menos uma delas para fazer a viagem valer a pena), de modo que você possa **yóulǎn** 游览 (遊覽) (iou-lam) (*passear*):

- **fó miào** 佛庙 (佛廟) (fo miau) (*templo budista*)
- **gǔdǒngdiàn** 古董店 (gu-dom-diem) (*loja de antiguidades*)
- **hǎitān** 海滩 (海灘) (hai-tam) (*praia*)
- **měishùguǎn** 美术馆 (美術館) (mei-xu-guam) (*galeria de arte*)
- **mótiāndàlóu** 摩天大楼 (摩天大樓) (mo-tiem-da-lou) (*arranha-céu*)
- **shāmò** 沙漠 (xa-mo) (*deserto*)
- **shān** 山 (xam) (*montanha*)

Capítulo 14: Planejando uma Viagem

- **tǎ** 塔 (ta) (*pagode [templo]*)
- **xióngmāo** 熊猫 (熊貓) (ciuom-mau) (*pandas*)
- **xìyuàn** 剧院 (劇院) (ci-iuem) (*teatro*)
- **yóuliè** 游猎 (遊獵) (iou-lie) (*safari*)
- **zhíwùyuán** 植物园 (植物園) (dʒi-uu-iuem) (*jardins botânicos*)

A menos que você seja do tipo que gosta de perigo e emoção (ou trabalha para uma agência de ajuda humanitária), tente evitar lugares onde os seguintes fenômenos naturais ocorrem:

- **dìzhèn** 地震 (di-dʒãm) (*terremoto*)
- **hànzāi** 旱灾 (旱災) (ham-zai) (*seca*)
- **huǒzāi** 火灾 (火災) (huo-zai) (*fogo/incêndio*)
- **shuǐzāi** 水灾 (水災) (xui-zai) (*inundação*)
- **táifēng** 台风 (颱風) (tai-fãmm) (*tufão*)
- **yǔjì** 雨季 (iü-dji) (*estação chuvosa*)

Planejando viajar **cóng Xiōngyálì** 从 (從)匈牙利 (tsom ciuom-ia-li) (*da Hungria*) **dào Xiānggǎng** 到香港 (dau ciaam-gaam) (*para Hong Kong*) em breve? E que tal **cóng Rìběn** 从日本 (從日本) (tsom ri-bãm) (*do Japão*) **dào Mòxīgē** 到墨西哥 (dau mo-ci-gā) (*para o México*), em vez disso? Para onde quer que viaje, você sempre vai **cóng** (tsom) (*de*) um lugar **dào** (dau) (*para*) outro. Aqui estão algumas boas frases para ter em mente quando você diz às pessoas sobre seus próximos planos de viagem, usando o modelo **cóng ... dào**:

Cóng Nánfēi dào Zāyīěr duō cháng shíjiān? 从南非到扎伊尔多长时间? (從南非到扎伊爾多長時間?) (tsom nam-fei dau zai-ii-ar duo tchaam xi-djiem?) (*Quanto tempo leva da África do Sul para o Zaire?*)

Nǐmen shénme shíhòu cóng Zhōngguó dào zhèr lái? 你们什么时侯从中国到这儿来? (你們甚麼時候從中國到這兒來?) (ni-mãm xãm-mā xi-hou tsom dʒom-guo dau dʒār lai?) (*Quando vocês virão da China para cá?*)

Tā míngtiān cóng Yǐsèliè dào Ruìdiǎn qù. 她明天从以色列到瑞典去. (她明天從以色列到瑞典去.) (ta mimm-tiem tsom ii-sā-lie dau rui-diem tsiü.) (*Ela irá de Israel para a Suécia amanhã.*)

Wǒ cóng Niǔyuē dào Jiāzhōu qù. 我从纽约到加州去.(我從紐約到加州去.) (uo tsom niu-iue dau djia-dʒou tsiü.) (*Estou indo de Nova York para a Califórnia.*)

Parte III: Chinês na Estrada

Tendo uma Conversa

Páng Lǎoshī (paam lau-xi) (*Professor Pang*) pergunta a sua aluna americana, Wendy, aonde ela pretende ir nas próximas férias de inverno. Ela já esteve em Tianjin estudando chinês por quatro meses. (Faixa 18)

Páng Lǎoshī: **Wendy, nǐ hán jià de shíhòu xiǎng qù nǎr?**
Wendy, ni ham djia dā xi-hou ciaam tsiü nar?
Wendy, aonde você pretende ir nas férias de inverno?

Wendy: **Yīnwèi wǒ yǐjīng zài Tiānjīn sì ge yuè le, suǒyǐ wǒ xiǎng zhōngyú qù Fēizhōu kànkàn.**
iim-uei uo ii-djimm zai tiem-djim si gā iue lā, suo-ii uo ciaam dʒom-iü tsiü fei-dʒou kam-kam.
Como já estive em Tianjin durante quatro meses, eu gostaria de finalmente ir para a África a fim de dar uma olhada.

Páng Lǎoshī: **Fēizhōu! Nème yuǎn. Wèishénme yào qù nàr?**
fei- dʒou! Nā-mā iuam. uei-xām-mā iau tsiü nar?
África! Tão longe. Por que você quer ir para lá?

Wendy: **Yīnwèi dōngtiān de shíhòu Tiānjīn tài lěng. Érqiě zài Fēizhōu kěyǐ cānjiā yóuliè!**
iim-uei dom-tiem dā xi-hou tiem-djim tai lāmm. ar-tsiie zai fei-dʒou ke-ii tsam-djia iou-lie!
Porque os invernos em Tianjin são muito frios. Além do mais, na África posso participar de um safari!

Páng Lǎoshī: **Cóng Yàzhōu dào Fēizhōu zuò fēijī jǐge xiǎoshí?**
tsom ia-dʒou dau fei-dʒou zuo fei-dji dji-gā ciau-xi?
São quantas horas da Ásia para a África de avião?

Wendy: **Cóng Tiānjīn dào Tǎnsāngníyà yào chàbùduō shísān ge xiǎoshí.**
tsom tiem-djim dau tam-saam-ni-ia iau tcha-bu-duo xi-sam gā ciau-xi.
De Tianjin à Tanzânia leva cerca de 13 horas.

Páng Lǎoshī: **Qǐng dài huí lái hěn duō xiàngpiàn gěi wǒ kànkàn.**
tsimm dai hui lai hām duo ciaam-piam gei uo kam-kam.
Por favor, traga um monte de fotos para me mostrar.

Wendy: **Yídìng huì.**
ii-dimm hui.
Certamente trarei.

Capítulo 14: Planejando uma Viagem 221

Vocabulário

hán jià 寒假	ham djia	férias de inverno
zhōngyú 终于 (終於)	dʒom-iü	finalmente
ěrqiě 而且	ar-tsiie	além do mais

Passaportes e Vistos: Não Saia de Casa sem Eles

Surpresa! Na verdade, o fato de você precisar de um **hùzhào** 护照 (護照) (hu-dʒau) (*passaporte*) válido e um **qiānzhèng** 签证 (簽證) (tsiiam-dʒãmm) (*visto*), se quiser entrar na China Continental e em Taiwan, não é nenhuma surpresa. E se você está pensando em visitar alguns diferentes países da região, por qualquer período de tempo, pode precisar de alguns **qiānzhèng** diferentes para ir a cada um deles. Verifique os regulamentos antes de embarcar em seu **fēijī** 飞机 (飛機) (fei-dji) (*avião*) ou você pode ter as menores férias de sua vida.

No processo de obtenção de um visto ou dois, você provavelmente vai ter que localizar, pedir ou lidar com o seguinte:

- **B xíng gānyán yìmiǎo** B型肝炎疫苗 (B cimm gam-iam ii-miau) (*vacina de Hepatite B*)
- **dāncì rùjìng qiānzhèng** 单次入境签证 (單次入境簽證) (dam-tsi ru-djimm tsiiam-dʒãmm) (*visto de entrada única*)
- **dàshǐguǎn** 大使馆 (大使館) (da-xi-guam) (*embaixada*)
- **duōcì rùjìng qiānzhèng** 多次入境签证 (多次入境簽證) (duo-tsi ru-djimm tsiam-dʒãmm) (*visto de múltiplas entradas*)
- **guānliáo zhǔyì** 官僚主义 (官僚主義) (guam-liau dʒu-ii) (*burocracia*)
- **jiànkāng zhèngshū** 健康证书 (健康證書) (djiam-kaam dʒãmm-xu) (*atestado de saúde*)
- **lǐnshìguǎn** 领事馆 (領事館) (lim-xi-guam) (*consulado*)
- **páiduì** 排队 (排隊) (pai-dui) (*ficar na fila*)
- **qiānzhèng chù** 签证处 (簽證處) (tsiiam- dʒãmm tchu) (*divisão de vistos*)

Parte III: Chinês na Estrada

Fazendo as Malas para a Sua Viagem

Você é do tipo que gosta de **zhuāngrù** 装入 (dʒuaam-ru) (*fazer as malas/empacotar*) colocando tudo quanto é coisa em três peças de **xíngli** 行李 (cimm-li) (*bagagem*) antes de uma viagem? Ou você faz mais o tipo **bèibāo** 背包 (bei-bau) (*mochila*), levando apenas o essencial? De qualquer maneira, você tem que preparar as suas malas com antecedência se você qualificá-las como **shǒutí xíngli** 手提行李 (xou-ti cimm-li) (*bagagem de mão*) ou **tuōyùn xíngli** 托运行李 (托運行李) (tuo-ium cimm-li) (*bagagem para ser despachada*).

O tipo de roupa que se coloca dentro de uma mala depende do lugar aonde você está indo. O Capítulo 9 fornece informações sobre vários itens de vestuário. Não importa aonde pretenda ir, você deve arrumar alguns destes itens:

- **chúchòu jì** 除臭剂 (除臭劑) (tchu-tchou dji) (*desodorante*)
- **féizào** 肥皂 (fei-zau) (*sabão/sabonete*)
- **guāliǎn dāo** 刮脸刀 (刮臉刀) (gua-liem dau) (*barbeador*)
- **huàzhuāng pǐn** 化妆品 (hua-dʒuaam pim) (*maquiagem*)
- **nào zhōng** 闹钟 (鬧鐘) (nau dʒom) (*despertador*)
- **shuāzi** 刷子 (xua-zi) (*escova*)
- **shùkǒu shuǐ** 漱口水 (xu-kou xui) (*enxaguante bucal*)
- **tàiyáng yǎnjìng** 太阳眼镜 (太陽眼鏡) (tai-iaam iem-djimm) (*óculos de sol*)
- **wèi shēng jīn** 卫生巾 (衛生巾) (uei xāmm djim) (*absorventes*)
- **yágāo** 牙膏 (ia-gau) (*pasta de dentes*)
- **yáshuā** 牙刷 (ia-xua) (*escova de dentes*)
- **yuèjīng yòng miánsāi** 月经用棉塞 (月經用棉塞) (iue-djimm iom miam-sai) (*tampões para menstruação*)
- **yùndǒu** 熨斗 (ium-dou) (*ferro de passar*)
- **yǔsǎn** 雨伞 (雨傘) (iü-sam) (*guarda-chuva*)
- **zhàoxiàng jī** 照相机 (照相機) (dʒau-ciaam dji) (*câmera*)
- **zhuǎnjiē qì** 转接器 (轉接器) (dʒuam-djie tchii) (*adaptador*)

A estrutura da frase para o verbo **zhuāng** 装 (裝) (dʒuaam) (*fazer as malas/empacotar*) é **bǎ A zhuāngrù B** 把 A 装入 B (ba A dʒuaam-ru B), que se traduz como *empacotar A dentro de B*, ainda que a palavra *empacotar* venha entre o que você está empacotando (*A*) e onde você o está colocando (*B*).

Capítulo 14: Planejando uma Viagem   223

Contando com a Ajuda de uma Agência de Viagens

Você acha que pode sair perambulando ao redor do mundo sem um plano de antecedência ou reservas de hotel? Pense novamente. A China, por exemplo, é um país para onde se deveria viajar como parte de uma **guānguāng tuán** 观光团 (觀光團) (guam-guaam tuam) (*excursão*). Se não gosta da ideia de viagens de grupo, você deve pelo menos fazer reservas antecipadas para hotéis e viagens nacionais, e até mesmo para o seu próprio **dǎoyóu** 导游 (導遊) (dau-iou) (*guia*) particular por meio de uma **lǚxíngshè** 旅行社 (lü-cimm-xā) (*agência de viagens*). Lembre-se, é difícil achar alguém falando português, ou mesmo **Yīngyǔ** 英语 (英語) (iimm-iü) (*inglês*), na China; então, ter alguém que conheça tudo para ajudá-lo a resolver os detalhes com antecedência (incluindo arranjar um guia que fale português ou inglês) pode ajudar a evitar dores de cabeça quando você estiver lá.

Tendo uma Conversa

Daniela e Miguel discutem seus planos de viagem com um agente de viagens local, senhorita Lǐ, em Hong Kong. (Faixa 19)

Senhorita Lǐ: **Nǐmen hǎo. Wǒ néng bāng shénme máng?**
ni-mām hau. uo nāmm baam xām-mā maam?
Olá. Como posso ajudar?

Daniela: **Wǒmen hěn xiǎng qù Zhōngguó dàlù. Néng bùnéng yùdìng yíge lǚguǎn?**
uo-mām hām ciaam tsiü dʒom-guo da-lu. nāmm bu-nāmm iü-dimm ii-gā lü-guam?
Estamos muito interessados em viajar para a China continental. Você poderia reservar hotéis para nós com antecedência?

Senhorita Lǐ: **Méiyǒu wèntí. Nǐmen shénme shíhòu yào zǒu?**
mei-iou uām-ti. ni-mām xām-mā xi-hou iau zou?
Sem problemas. Quando vocês gostariam de ir?

Miguel: **Tīngshuō wǔ yuè fèn de tiānqì zuì hǎo.**
timm-xuo uu iue fām dā tiem-tchii zui hau.
Soube que o tempo durante maio é o melhor.

Senhorita Lǐ: **Duì le. Wǒ yě jiànyì nǐmen gēn yíge guānguāng tuán yíkuàr qù.**
dui lā. uo ie djiem-ii ni-mām gām ii-gā guam-guaam tuam ii-kuar tsiü.
Está certo. Sugiro também que vocês vão com um grupo turístico.

Parte III: Chinês na Estrada

Daniela: **Wèishénme?**
uei-xãm-mã?
Por quê?

Senhorita Lǐ: **Guānguāng tuán yǒu shuō Yīngyǔ de dǎoyóu hé yóulǎnchē. Nà zuì fāngbiàn.**
guam-guaam tuam iou xuo iimm-iü dã dau-iou hã iou-lam-tchã. na zui faam-biam.
Grupos turísticos têm um guia que fala inglês e um ônibus de turismo. Essa é a maneira mais conveniente para ir.

Miguel: **Hǎo. Juédìng le.**
hau. djue-dimm lã.
Tudo bem. Está decidido.

Vocabulário

yùdìng 预定 (預定)	iu-dimm	fazer uma reserva
jiànyì 建议 (建議)	djiem-ii	sugerir
guānguāng tuán 观光团 (觀光團)	guam-guaam tuam	grupo turístico/ excursão
dǎoyóu 导游 (導遊)	dau-iou	guia turístico
yóulǎnchē 游览车 (遊覽車)	iou-lam-tchã	ônibus de turismo
fāngbiàn 方便	faam-biam	conveniente
juédìng le 决定了 (決定了)	djue-dimm lã	está decidido

Capítulo 14: Planejando uma Viagem   **225**

Diversão & Jogos

Preencha os espaços em branco com apenas uma das alternativas dadas. Veja o Apêndice D para obter as respostas.

1. **Wǒmen jīnnián qù** _____. 我们今年去_____. (我們今年去_____.) (*Este ano nós vamos à Irlanda.*)

    a. **Àiěrlán** 爱尔兰 (愛爾蘭)

    b. **Éguó** 俄国 (俄國)

    c. **Nánfēi** 南非

2. **Tāmen** _____ **zǒu.** 他们_____走. (他們_____走.) (*Eles partem em 8 de junho.*)

    a. **sì yuè wǔ hào** 四月五号 (四月五號)

    b. **wǔ yuè jiǔ hào** 五月九号 (五月九號)

    c. **liù yuè bā hào** 六月八号 (六月八號)

3. **Wǒmen yídìng yào kàn** _____. 我们一定要看 _____. (我們一定要看_____.) (*Nós definitivamente queremos ver templos budistas.*)

    a. **xióngmāo** 熊猫 (熊貓)

    b. **fó miào** 佛庙 (佛廟)

    c. **yóuliè** 游猎 (遊獵)

4. **Bié wàngle zhuāngrù** _____. 别忘了装入 _____. (別忘了裝入 _____.) (*Não se esqueça de levar uma escova de dentes.*)

    a. **yáshuā** 牙刷

    b. **yágāo** 牙膏

    c. **huàzhuāng pǐn** 化妆品 (化妝品)

5. **Méiyǒu wèntǐ.** _____. 没有问题 _____. (沒有問題 _____.) (*Não tem problema. Brincadeira.*)

    a. **Juédìng le.** 决定了. (決定了.)

    b. **Kāi wán xiào.** 开玩笑. (開玩笑.)

    c. **Jiù wǎn le.** 就完了.

226 Parte III: Chinês na Estrada

Capítulo 15

Lidando com Dinheiro

Neste Capítulo

- Compreendendo as moedas chinesas
- Sabendo como (e onde) trocar dinheiro
- Descontando cheques e usando o cartão
- Trocando dinheiro em bancos e caixas eletrônicos
- Deixando gorjetas

Qián 钱 (錢) (tsiiem) (*dinheiro*) faz o mundo girar. As pessoas fazem dinheiro de todas as formas. A maioria das formas é legítima. Você pode ser uma daquelas pessoas sortudas que ganharam na loteria ou receberam uma grande herança e a usa para ir ao outro lado do mundo. Ou talvez você tenha uma modesta quantia que economizou, a longo prazo, enquanto trabalhava duro e pagava suas contas em dia. De qualquer forma, você conseguiu o dinheiro e descobre como trocá-lo (e logo poupá-lo ou gastá-lo) com a ajuda deste capítulo.

É claro, a família e os amigos não têm preço, mas você não pode se sustentar ou ajudar aqueles que ama, e muito menos doar para uma instituição de caridade de sua escolha, se você não tiver algo para dar. E é disso que a vida realmente se trata. (A não ser, é claro, que o seu principal objetivo na vida seja comprar um carro esportivo, adquirir obras raras de arte e viver no sul da França... Neste último caso, você precisa de um monte de **qián**. Mais uma razão para ler este capítulo.)

Neste capítulo, quero compartilhar com vocês importantes palavras e frases para adquirir e gastar dinheiro — coisas que você pode facilmente fazer hoje em dia em qualquer parte do mundo. Forneço alguns termos bancários para ajudá-lo a lidar com tudo, desde os caixas bancários até os caixas eletrônicos. Até dou dicas sobre como dar gorjetas.

228 Parte III: Chinês na Estrada

Mantendo-se em Dia com a Moeda Chinesa

Dependendo de onde na Ásia (ou em qualquer lugar onde o chinês é falado) você viva, trabalhe ou visite, você tem que se acostumar a lidar com os diferentes tipos de **huòbì** 货币 (貨幣) (huo-bi) (*moeda*), cada uma com a sua própria **duìhuànlǜ** 兑换率 (兑换率) (dui-huam-lü) (*taxa de câmbio*). Consulte a Tabela 15-1 para as versões chinesas de moeda internacional e as seções seguintes para as principais formas de **huòbì** chinesa. Aprofundo-me no assunto câmbio mais à frente, na seção "Trocando Dinheiro".

Tabela 15-1	Moedas Internacionais	
Chinês	*Pronúncia*	*Português*
Gǎngbì 港币 (港幣)	gaam-bi	*dólar de Hong Kong*
Měiyuán 美元	mei-iueam	*dólar Americano*
Ōu yuán 欧元 (歐元)	ou iuem	*euro*
Rénmínbì 人民币 (人民幣)	rãm-mim-bi	*dólar Chinês (China continental)*
Rì yuán 日元	ri iuem	*dólar Japonês*
Xīn bì 新币 (新幣)	cim bi	*dólar de Singapura*
Xīn táibì 新台币 (新臺幣)	cim tai-bi	*dólar de Taiwan*

Rénmínbì (RMB) na RPC

Na República Popular da China (RPC), a principal moeda local é o **yuán** 元 (iuem), também conhecido como **rénmínbì** 人民币 (人民幣) (rãm-mim-bi) (*[do continente] dólares chineses [Literalmente: dinheiro do povo]*) ou RMB. Mais de 1 bilhão de pessoas em todo o mundo atualmente utiliza essa moeda. Em agosto de 2013, 1 dólar americano equivalia a cerca de 6,15 dólares chineses, algo em torno de R$ 2,45. Veja como dizer isso em chinês:

> **Yì měiyuán huàn liù diǎn yī wǔ yuán rénmínbì.** 一美元换六点一五元人民币.(一美元換六點一五元人民幣.) (ii mei-iuem huam liu diem ii uu iuem rãm-mim-bi.) (*Um dólar americano equivale a 6,15 dólares chineses.*)

O **yuán** chinês, em cédulas de papel, vem em notas de 1, 2, 5, 10, 20, 50 e 100 em **rénmínbì**. Um **yuán** é equivalente a 10 **máo** 毛 (mau), que também pode ser chamado de **jiǎo** 角 (djiau) — equivalente a 10 centavos de dólar. Cada **máo** é equivalente a 10 **fēn** 分 (fãm), que seriam equivalentes às moedas de um centavo. Cédulas de papel, além do **yuán**, também vêm em valores de 2 e 5 jiǎo. As moedas são de 1, 2 e 5 **fēn**, 1, 2 e 5 **jiǎo** e 1, 2 e 5 **yuán**.

Capítulo 15: Lidando com Dinheiro **229**

Além de dizer que você tem **yì yuán**, você pode dizer que tem **yí kuài qián** 一块钱 (一塊錢) (ii kuai tsiiem), o que significa exatamente a mesma coisa — um dólar chinês. A diferença entre **yuán** e **kuài** e entre **jiăo** e **máo** é que **yuán** e **jiăo** são formas formais, de escrita por extenso, de dizer esses valores, e **kuài** e **máo** são as formas mais coloquiais.

Quer saber quanto (dinheiro) eu tenho agora no meu bolso, seu curioso? Por que simplesmente não me pergunta?

- **Nǐ yǒu jǐ kuài qián?** 你有几块钱? (你有幾塊錢?) (ni iou dji kuai tsiiem?) (*Quanto [dinheiro] você tem?*)

    Use esta frase se você presumir que o montante seja inferior a $10.

- **Nǐ yǒu duōshǎo qián?** 你有多少钱? (你有多少錢?) (ni iou duo-xau tsiiem?) (*Quanto [dinheiro] você tem?*)

    Use essa frase se você presumir que o montante seja superior a $10.

Xīn Táibì na RC

Em Taiwan, também conhecido como República da China ou RC, 1 dólar americano equivale a cerca de 30 **xīn Táibì** 新台币 (新臺幣) (cim tai-bi) (novos dólares de Taiwan). Veja como dizer isso em chinês:

Yì měiyuán huàn sānshí yuán xīn Táibì. 一美元 换三十元新台币.(一美元 換三十元新臺幣.) (ii mei-iuem huam sam-xi iuem cim tai-bi.) (*Um dólar americano equivale a 30 novos dólares de Taiwan.*)

Você vê cédulas nos valores de 50, 100, 500 e 1.000, e moedas em valores de 1, 5, 10 e 50 centavos. As moedas taiwanesas são particularmente bonitas — elas têm todos os tipos de flores gravadas nelas —, assim você pode querer economizar um pouco para trazer de volta a fim de mostrar aos amigos (ou apenas para ter). Apenas se certifique de manter algum **língqián** 零钱 (零錢) (limm-tsiiem) (*trocado*) à mão para todos os ótimos itens que você pode comprar mais barato nos maravilhosos mercados noturnos.

Dólares de Hong Kong

Hong Kong, o dínamo financeiro de longa data da Ásia, usa o dólar de Hong Kong, ou o **Găngbì** 港币 (港幣) (gaam-bi). Atualmente, um dólar americano equivale a cerca de 7,75 dólares de Hong Kong. Veja como dizer isso em chinês:

Yì měiyuán huàn qī diăn qī wǔ yuán Găngbì. 一美元换七点七五元港币.(一美元換七點七五元港幣.) (ii mei-iuem huam tchii diem tchii uu iuem gaam-bi.) (*Um dólar americano equivale a 7,75 dólares de Hong Kong.*)

Dólares de Singapura

Singapura é um país asiático onde se fala mandarim. Seus dólares são chamados **Xīn bì** 新币 (新幣) (cim bi) e vêm em cédulas de 2, 5, 10, 50 e 100. Você pode encontrar moedas nos valores de 1 centavo, 5 centavos, 10 centavos, 20 centavos, 50 centavos e 1 dólar.

Em Singapura, se você quiser dizer $1,25, você não usa o número **wǔ** 五 (uu) (*cinco*) para se referir aos 5 centavos no final do valor. Você usa o termo **bàn** 半 (bam), que significa *metade/meio*: **yí kuài liǎng máo bàn** 一块两毛半 (一塊兩毛半) (ii kuai liaam mau bam), em vez de **yí kuài liǎng máo wǔ** 一块两毛五 (一塊兩毛五) (ii kuai liaam mau uu). No entanto, você pode definitivamente usar o número **wǔ** em Taiwan, Hong Kong ou na China continental.

Trocando Dinheiro

Você pode sempre **huàn qián** 换钱 (換錢) (huam tsiiem) (*trocar dinheiro*) no momento em que chegar ao aeroporto nas inúmeras **duìhuànchù** 兑换处 (兌換處) (dui-huam-tchu) (*casas de câmbio*), ou você pode esperar até chegar a um grande banco ou ao fazer o check-in em seu hotel.

As seguintes frases vêm a calhar quando você está pronto para **huàn qián**:

- **Jīntiān de duìhuàn lǜ shi duōshǎo?** 今天的兑换率是多少? (今天的兑換率是多少?) (djim-tiem dā dui-huam lü xi duo xau?) (*Qual é taxa de câmbio de hoje?*)

- **Nǐmen shōu duōshǎo qián shǒuxùfèi?** 你们收多少钱手续费? (你們收多少錢手續費?) (ni-mām xou duo-xau tsiiem xou-ciü-fei?) (*Quanto de comissão vocês cobram?*)

- **Qǐng nǐ gěi wǒ sì zhāng wǔshí yuán de.** 请你给我四张五十元的. (請妳給我四張五十元的.) (tsiimm ni gei uo si dʒaam uu-xi iuem dā.) (*Por favor, dê-me quatro cédulas de 50 yuan.*)

- **Qǐngwèn, yínháng zài nǎr?** 请问, 银行在哪儿? (請問, 銀行在哪兒?) (tsiimm-uām, iim-haam zai nar?) (*Com licença, onde fica o banco?*)

- **Qǐngwèn, zài nǎr kěyǐ huàn qián?** 请问, 在哪儿可以换钱? (請問在哪兒可以換錢?) (tsiimm-uām, zai nar kā-ii huam tsiiem?) (*Com licença, onde posso trocar dinheiro?*)

- **Wǒ yào huàn yì bǎi měiyuán.** 我要换一百美元. (我要换一百美元.) (uo iau huam ii bai mei-iuem.) (*Eu gostaria de trocar $100 dólares americanos.*)

Não importa onde você pegue dinheiro ou quanto dinheiro você pretenda converter em moeda local, você pode ter que mostrar o seu **hùzhào** 护照 (護照) (hu-dʒau) (*passaporte*), então sempre o tenha pronto para mostrar.

Capítulo 15: Lidando com Dinheiro **231**

Tendo uma Conversa

 Jasmim chega ao aeroporto de Pequim e precisa trocar algum dinheiro. Ela pergunta ao **xínglǐyuán** (cimm-li-iuem) (*carregador*) onde pode encontrar um lugar para trocar dinheiro. (Faixa 20)

Jasmim: **Qǐngwèn, zài nǎr kěyǐ huàn qián?**
tsiimm-uām, zai nar kā-ii huam tsiiem?
Com licença, onde posso trocar dinheiro?

Xíngliyuán: **Duìhuànchù jiù zài nàr.**
dui-huam-tchu djiu zai nar.
A casa de câmbio é logo ali.

Jasmim: **Xièxiè.**
cie-cie.
Obrigada.

Jasmim vai até o balcão de troca de dinheiro para trocar alguns dólares por **yuán** chinês com a ajuda do **chūnàyuán** (tchu-na-iuem) (*caixa*).

Jasmim: **Nǐ hǎo. Wǒ yào huàn yì bǎi měiyuán de rénmínbì.**
ni hau. uo iau huam ii bai mei-iuem dā rām-mim-bi.
Olá. Eu gostaria de trocar $100 dólares americanos por dólares chineses.

Chūnàyuán: **Méiyǒu wèntí.**
mei-iou uām-ti.
Sem problema.

Jasmine: **Jīntiān de duìhuàn lǜ shì duōshǎo?**
djim-tiem dā dui-huam lü shi duo-xau?
Qual é taxa de câmbio de hoje?

Chūnàyuán: **Yì měiyuán huàn liù diǎn yī wǔ yuán rénmínbì.**
ii mei-iuem huam liu diem ii uu iuem rām-mim-bi.
Um dólar americano equivale a 6,38 dólares chineses.

Jasmine: **Hǎo. Qǐng gěi wǒ liǎng zhāng wǔshí yuán de.**
hau. tsiimm gei uo liaam dʒaam uu-xi iuem dā.
Ótimo. Por favor, dê-me duas notas de 50 yuán.

Chūnàyuán: **Méiyǒu wèntí. Qǐng gěi wǒ kànkàn nǐde hùzhào.**
mei-iou uām-ti. tsiimm gei uo kam-kam ni-dā hu-dʒau.
Sem problema. Por favor, mostre-me o seu passaporte.

Parte III: Chinês na Estrada

Vocabulário

duìhuànchù 兑换处 (對換處)	dui-huam-tchu	câmbio monetário
Měiyuán 美元	mei-iuem	dólar Americano
rénmínbì 人民币 (人民幣)	rãm-mim-bi	dólar Chinês
duìhuàn lü 兑换率 (兌換率)	dui-huam	taxa de câmbio
Qǐng gěi wo kànkàn nǐde hùzhào. 请给我看看你的护照. (請給我看看你的護照.)	tsiimm gei uo kam-kam ni-dã hu-dʒau.	Por favor, mostre-me o seu passaporte.

Gastando Dinheiro

Não acho que vou ter problemas em convencer você a gastar dinheiro. Sempre que você vir algo que queira, seja em uma loja, seja na rua, seja no mercado noturno, você pode ceder à tentação e comprá-lo, contanto que você tenha **qián** suficiente. É simples assim. Tem dinheiro, vá viajar. Ou melhor, tem dinheiro, vá gastar.

Quando for comprar algo, você pode fazê-lo com dinheiro, cheque ou cartão de crédito. E quando viaja para o exterior, você costuma usar cheques de viagem.

Se você acaba de comprar tantos itens que você mal consegue carregá-los, aqui está um advérbio do qual você deve se lembrar. Ele vem a calhar quando você começa a pensar em tudo o que está gastando: estou falando de **yígòng** 一共 (ii-gom) (*no total*), como em "Quanto custa estes 20 brinquedos e 80 blusas no total?".

Você pode ouvir a seguinte conversa em uma loja:

> **Zhèige hé nèige yígòng duōshǎo qián?** 这个和那个一共多少钱? (這個和那個一共多少錢?) (dʒei-gā hā nei-gā ii-gom duo-xau tsiiem?) (*Quanto é isso e aquilo no total?/Qual o total disso e daquilo?*)

> **Zhèige sān kuài liǎng máo wǔ, nèige yí kuài liǎng máo, suǒyǐ yígòng sì kuài sì máo wǔ.** 这个三块两毛五, 那个一块两毛, 所以一共四块四毛五. (這個三塊兩毛五, 那個一塊兩毛, 所以一共四塊四毛五.) (dʒei-gā sam kuai liaam mau uu, nei-gā ii kuai liaam mau, suo-ii ii-gom si kuai si mau uu.) (*Isto é $3,25 e aquilo é $1,20, assim o total será $4,45*)

Antes de decidir **mǎi dōngxi** 买东西 (買東西) (mai dom-ci) (*comprar coisas*), certifique-se de que você tem dinheiro **yígòng** suficiente para comprar tudo o que quiser, assim você não ficará desapontado depois de passar muitas horas em sua loja favorita.

O termo **dōngxi** 东西 (東西) (*coisas*) é literalmente uma combinação de **dōng** 东 (東) (*leste*) e **xī** 西 (西) (*oeste*). A língua chinesa, muitas vezes, combina duas palavras opostas para chegar a vários conceitos. **Dōngxi** sempre se refere a coisas materiais.

No exterior, muitos lugares aceitam MasterCard, Visa ou American Express. Contudo, alguns lugares na China não aceitam cartões; então, tenha muito dinheiro ou cheques de viagem na mão, apenas para garantir.

Usando dinheiro

Não importa o que digam, **xiànjīn** 现金 (現金) (ciae-djim) (*dinheiro [em espécie]*) em moeda local é sempre útil, independentemente de onde você esteja e que hora do dia seja. Às vezes, você pode comprar coisas e ir a lugares que você não poderia pagar com um cartão de crédito, e precisaria, então, de **xiànjīn**. Por exemplo, se seu filho ouve o caminhão de sorvete descendo a rua, você não pode simplesmente sacar seu **xìnyòngkǎ** para lhe comprar um sorvete de casquinha, quando o caminhão para na frente de sua casa. Você não pode nem mesmo tentar convencer o sorveteiro a só dar um **zhīpiào** 支票 (紙票) (dʒi-piau) (*cheque*). Para momentos como esses, meu amigo, você precisa do bom e velho **xiànjīn**. Você pode usá-lo para comprar tudo, de sorvete na rua a um ingresso de cinema. Apenas se certifique de colocar seu dinheiro em uma **qiánbāo** 钱包 (錢包) (tsiiem-bau) (*carteira*) resistente e mantê-la em seu bolso da frente para que um ladrão não possa roubá-la facilmente.

Quando você fala sobre quanto custa algo, você coloca o valor numérico antes da palavra para a cédula ou moeda. Por exemplo, você pode falar **yí kuài** 一块 (一塊) (ii kuai) (*um dólar*) ou **sān kuài** 三块 (三塊) (sam kuai) (*três dólares*). Você traduz 10 centavos, literalmente, como uma moeda de 10 centavos — **yì máo** 一毛 (ii mau) — ou 30 centavos de dólar, literalmente, como três moedas de 10 centavos — **sān máo** 三毛 (sam mau).

Veja como você fala de quantidades crescentes de dinheiro. Você menciona as unidades maiores antes das unidades menores:

> **sān kuài** 三块 (三塊) (sam kuai) (*$3,00*)
>
> **sān kuài yì máo** 三块一毛 (三塊一毛) (sam kuai ii mau) (*$3,10*)
>
> **sān kuài yì máo wǔ** 三块一毛五 (三塊一毛五) (sam kuai ii mau uu) (*$3,15*)

Ainda que **xiànjīn** seja muito útil e conveniente, você tem de pagar algumas coisas com **zhīpiào**, como o aluguel e a conta de energia elétrica, por exemplo. Não se pode usar o dinheiro para essas despesas — isso é certo. Então, quando você viajar para o exterior, a maneira mais segura de transportar dinheiro é na forma de **lǚxíng zhīpiào** 旅行支票 (lü-cimm dzi-piau) (*cheques de viagem*), que podem ser substituídos em caso de perda ou roubo.

Os elementos básicos da moeda chinesa são o **yuán** (coloquialmente conhecido como **kuài**), que você pode pensar como um real, o **jiǎo** (coloquialmente conhecido como o **máo**), que é o equivalente a uma moeda de dez centavos, e o **fēn** 分, que é equivalente à moeda de um centavo. Você pode ler mais sobre os vários tipos de moedas chinesas no início deste capítulo.

Tendo uma Conversa

Helena vai às compras em Taipei e encontra algo de que gosta. Ela pergunta ao funcionário quanto custa.

Helena: **Qǐngwèn, zhè jiàn yīfu duōshǎo qián?**
tsiim-uām, dʒā djiem ii-fu duo-xau tsiiem?
Com licença, quanto custa esta peça de roupa?

Funcionário: **Èrshíwǔ kuài.**
ar-xi-uu kuai.
São $25.

Helena: **Nǐmen shōu bù shōu zhīpiào?**
ni-mām xou bu xou dʒi-piau?
Vocês aceitam cheques?

Funcionário: **Lǚxíng zhīpiào kěyǐ. Xìnyòng kǎ yě kěyǐ.**
lü-cimm dʒi-piau kā-ii. cimm-iom ka ie kā-ii.
Cheques de viagem são aceitos. Cartões de crédito também.

Vocabulário

duōshǎo 多少	duo-xau	quanto custa
Nǐmen shōu bù shōu zhīpiào? 你们收不收支票？(你們收不收支票?)	ni-mām xou bu xou dʒi-piau?	Vocês aceitam cheques?
lüíng zhīpiào 旅行支票	lü-cimm dʒi-piau	cheques de viagem

Pagando com cartão

O **xìnyòng kǎ** 信用卡 (cimm-iom ka) (*cartão de crédito*) pode ser a maior invenção do século XX — para as empresas de cartão de crédito, isso sim. Todos os demais estão sujeitos a pagar todos os tipos de **lìlǜ** 利率 (li-lü) (*taxas de juros*) exorbitantes, se não tiverem cuidado. Ainda assim, os cartões de crédito são muito convenientes para pagar várias coisas, você não concorda?

Para saber se a loja aceita cartões de crédito, tudo o que tem que dizer é

> **Nǐmen shōu bù shōu xìnyòng kǎ?** 你们收不收信用卡? (你們收不收信用卡?) (ni-mām xou bu xou cimm-iom ka?) (*Vocês aceitam cartões de crédito?*)

Se o **jiàgé** 价格 (價格) (djia-gā) (*preço*) dos itens que você deseja comprar é **guì** 贵 (貴) (gui) (*caro*) ou **piányì** 便宜 (piem-ii) (*barato*), o **xìnyòng kǎ** vem a calhar.

Veja a lista de termos relacionados a cartão de crédito:

- ✔ **shēzhàng de zuì gāo é** 赊帐的最高额 (賒帳的最高額) (xā-dʒaam dā zui gau ā) (*linha de crédito*)
- ✔ **shōu** 收 (xou) (*aceitar*)
- ✔ **xìnyòng** 信用 (cimm-iom) (*crédito*)
- ✔ **xìnyòng xiàn'é** 信用限额 (信用限額) (cim-iom ciem-ā) (*limite de crédito*)

Efetuando Transações Bancárias

Se você está pensando em ficar na Ásia por um longo tempo ou se quer continuar a fazer negócios com uma empresa chinesa, pode querer abrir uma **huóqī zhànghù** 活期账户 (活期賬戶) (huo-tsii dʒaam-hu) (*conta-corrente*), onde você pode tanto **cún qián** 存钱 (存錢) (tsuām tsiiem) (*depositar dinheiro*) quanto **qǔ qián** 取钱 (取錢) (tsiü tsiiem) (*sacar dinheiro*). Se ficar tempo suficiente, você deve abrir uma **dìngqī cúnkuǎn hùtóu** 定期存款户头 (定期存款戶頭) (dimm-tsii tsum-kuam hu-tou) (*conta poupança*) para que você possa começar a ganhar **lìxí** 利息 (li-ci) (*juros*). Com certeza é melhor que encher seu colchão de dinheiro por anos.

Que tal tentar fazer seu dinheiro trabalhar para você, investindo em uma das seguintes coisas?

- ✔ **chǔxù cúnkuǎn** 储蓄存款 (儲蓄存款) (tchu-ciü tsum-kuam) (*comprovante de depósito/CD*)
- ✔ **guókù juàn** 国库券 (國庫券) (guo-ku djiuam) (*títulos do tesouro nacional*)
- ✔ **gǔpiào** 股票 (gu-piau) (*ações*)

Parte III: Chinês na Estrada

- ✓ **hùzhù jījīn** 互助基金 (hu-dʒu dji-djim) (*fundo mútuo*)
- ✓ **tàotóu jījīn** 套头基金 (套頭基金) (tau-tou dji-djim) (*fundo de hedge*)
- ✓ **zhàijuàn** 债券 (債券) (dʒai-djiuem) (*títulos de dívida*)

Agências bancárias na RPC geralmente abrem sete dias por semana, das 9h às 17h, mas algumas fecham entre 12h e 14h. Em Taiwan, os bancos fecham às 15h30min; em Hong Kong, normalmente, ficam abertos entre 9h e 16h30min durante a semana e entre 9h e 12h aos sábados.

Fazendo saques e depósitos

Se você precisa **cún qián** 存钱 (存錢) (tsum tsiiem) (*depositar dinheiro*) ou **qǔ qián** 取钱 (取錢) (tsu tsiiem) (*retirar dinheiro*), primeiramente você precisa ter certeza de que tem **qián** suficiente para sacar. Uma maneira de garantir que você não vai extrapolar é ter certeza de que você sabe o seu **jiéyú** 结余 (結餘) (*saldo da conta*) a qualquer momento. Às vezes você pode verificar o seu saldo disponível online e conferir quais cheques já podem ter sido compensados. No entanto, se alguém lhe dá um **yínháng běnpiào** 银行本票 (銀行本票) (ii-haam bām-piau) (*cheque administrativo*), é descontado na hora. Sorte sua!

Se você pretende usar cheques, juntamente com os depósitos, aqui estão algumas frases úteis:

- ✓ **Wǒ yào duìxiàn zhèi zhāng zhīpiào.** 我要兑现这张支票. (我要兑現這張支票. (uo iau dui-ciem dʒei dʒaam dʒi-piau.) (*Eu gostaria de trocar este cheque por dinheiro.*)

- ✓ **Bèimiàn qiān zì xiě zài nǎr?** 背面签字写在哪儿? (背面簽字寫在哪兒?) (bei-miam tsiiem zi cie zai nar?) (*Onde devo endossá-lo?*)

Tendo uma Conversa

Francisco decide abrir uma conta poupança em Hong Kong. Ele entra em um banco e se aproxima do caixa. (Faixa 21)

Francisco: **Nín hǎo. Wǒ xiǎng kāi yíge dìngqī cúnkuǎn hùtóu.**
nim hau. uo ciaam kai ii-gā dimm-tchii tsuām-kuam hu-tou.
Olá. Eu gostaria de abrir uma conta poupança.

Caixa: **Méiyǒu wèntí. Nín yào xiān cún duōshǎo qián?**
mei-iou uām-ti. nim iau ciem tsuām duo-xau tsiiem?
Sem problemas. Quanto gostaria de depositar inicialmente?

Capítulo 15: Lidando com Dinheiro   *237*

Francisco:
Wǒ yào cún yìbǎi kuài qián.
uo iau tsuãm ii-bai kuai tsiiem.
Eu gostaria de depositar $100.

Caixa:
Hǎo. Qǐng tián zhèige biǎo. Wǒ yě xūyào kànkàn nínde hùzhào.
hau. tsiimm tiem dʒei-gã biau. uo ie ciü-iau kam-kam nim-dã hu-dʒau.
Ok. Por favor, preencha este formulário. Além disso, vou precisar ver o seu passaporte.

Vocabulário

Wǒ xiǎng kāi yíge dìngqī cúnkuǎn hùtóu. 我想开一个定期存款户头. (我想開一個定期存款戶頭.)	uo ciaam kai ii-gã dimm-tchii tsuãm-kuam hu-tou.	*Eu gostaria de abrir uma conta poupança.*
cún qián 存钱 (存錢)	tsuãm tsiiem	*depositar dinheiro*
Qǐng tián zhèige biǎo. 请填这个表. (請填這個表.)	tsiimm tiem dʒei-gã biau.	*Por favor, preencha este formulário.*
hùzhào 护照 (護照)	hu-dʒau	*passaporte*

Acessando um caixa eletrônico

Uma das formas mais convenientes para conseguir algum dinheiro de forma rápida é ir ao **zìdòng tíkuǎnjī** 自动提款机 (自動提款機) (zi-dom ti-kuam-dji) (*caixa eletrônico*) mais próximo. Eles são de fato onipresentes nos dias de hoje. Aonde quer que você vá, lá estão eles, em qualquer canto da rua. Às vezes me pergunto como é que conseguimos sobreviver sem eles. (O mesmo vale para o computador... mas estou fugindo do assunto.)

Para utilizar um **zìdòng tíkuǎnjī**, você precisa de um **zìdòng tíkuǎn kǎ** 自动提款卡 (自動提款卡) (zi-dom ti-kuam ka) (*cartão eletrônico*) para saber seu saldo em conta ou para depositar ou retirar dinheiro. E você definitivamente precisa saber a sua **mìmǎ** 密码 (密碼) (mi-ma) (*senha*), caso contrário, o **zìdòng tíkuǎnjī** é inútil. Apenas lembre: certifique-se de não deixar ninguém saber a sua **mìmǎ**. É um **mìmì** 秘密 (mi-mi) (*segredo*).

Dicas de Gorjeta

É normal, no Brasil, dar uma gorjeta de 10% em restaurantes, que em geral já vem até inclusa na conta. Espera-se que se deem **xiǎo fèi** 小费 (小費) (ciau fei) (*gorjetas*) em praticamente todos os lugares daqui até a China. Em alguns casos, você deve dar **xiǎo fèi** às pessoas que ficam encarregadas dos papéis e toalhas em banheiros públicos. Melhor saber antes de sua viagem o quanto de gorjeta é esperado, para que você não passe vergonha (e, por tabela, seu conterrâneo).

Aqui estão algumas convenções gerais de gorjeta que servem para vários países de língua chinesa:

- Em Taiwan, **xiǎo fèi** são geralmente incluídas em contas de restaurantes, muito similar ao Brasil. Se não, 10% é o padrão. Você pode **gěi** 给 (給) (gei) (*dar*) um dólar (*americano*) por mala aos carregadores.

- Em Hong Kong, a maioria dos restaurantes incluem automaticamente uma gorjeta de 1%, mas fique à vontade para dar um adicional de 5% se o **fúwù** 服务 (服務) (fu-uu) (*serviço*) for bom. Pequenas gorjetas também estão de bom tamanho para taxistas, carregadores de malas e serventes de banheiro.

- Gorjetas na China costumavam ser raras, mas a ideia finalmente está pegando, especialmente agora que ser servido por alguém com uma carranca em vez de um sorriso está rapidamente se tornando uma coisa do passado. (Durante muito tempo após a Revolução Cultural, os trabalhadores simplesmente não tinham incentivo para trabalhar se comportando de forma mais agradável. Você pode culpar os trabalhadores por não terem razões para exercer suas funções com a ideia de serviço ao cliente em mente?) Uma gorjeta de 3% é padrão em restaurantes (ainda baixa em comparação com Taiwan e Hong Kong). Carregadores de malas e camareiras normalmente esperam um ou dois dólares americanos. Gorjetas em dólares americanos ainda são muito apreciadas, porque a moeda americana vale cerca de seis vezes mais do que o dólar chinês.

Se você recebe uma conta e não pode tirar cara ou coroa, pode fazer sempre a pergunta que segue para descobrir onde a gorjeta está incluída:

Zhàngdān bāokuò fúwùfèi ma? 账单包括服务费吗? (賬單包括服務費嗎?) (dzaam dam bau kuo fu-uu-fei ma?) (*A conta inclui taxa de serviço ou gorjeta?*)

Em português, quando você diz 15%, quer dizer 15% de um total de 100. A maneira de expressar **bǎifēnbǐ** 百分比 (bai-fãm-bi) (*porcentagens*) em chinês é começar com o maior valor de **bǎi** 百 (bai) (*100*) em primeiro lugar e, em seguida, informar a porcentagem desse montante. Aqui estão alguns exemplos:

bǎifēn zhī bǎi 百分之百 (bai-fãm dʒi bai) (*100% [Literalmente: Literalmente: 100 de 100 partes]*)

bǎifēn zhī bāshíwǔ 百分之八十五 (bai-fãm dʒi ba-xi-uu) (*85% [Literalmente: 85 de 100 partes]*)

Capítulo 15: Lidando com Dinheiro **239**

băifēn zhī shíwŭ 百分之十五 (bai-fām dʒi xi-uu) (*15% [Literalmente: 15 de 100 partes]*)

băifēn zhī sān 百分之三 (bai-fām dʒi sam) (*3% [Literalmente: 3 de 100 partes]*)

băifēn zhī líng diăn sān 百分之零点三 (百分之零點三) (bai-fām dʒi limm diem sam) (*0,3% [Literalmente: 0,3 de 100 partes]*)

Para mais informações sobre números, vá ao Capítulo 5.

Tendo uma Conversa

Bernardo e Carolina estão em um restaurante. Eles recebem sua conta e discutem quanto deixar de gorjeta.

Carolina: **Wŏmen de zhàngdān yígòng sānshí kuài qián. Xiăo fèi yīnggāi duōshăo?**
uo-mãm dã dʒaam-dam ii-gom sam-xi kuai tsiiem. ciau fei iimm-gai duo-xau?
Nossa conta veio $30 no total. Quanto deve ser a gorjeta?

Bernardo: **Yīnwèi fúwù hĕn hăo, suŏyĭ xiăo fèi kĕyĭ băifēn zhī èr shí. Nĭ tóngyì ma?**
iim-uei fu-uu hãm hau, suo-ii ciau fei kā-ii bai-fãm dʒi ar xi. ni tom-ii ma?
Como o serviço foi muito bom, acho que podemos deixar uma gorjeta de 20%. Você concorda?

Carolina: **Tóngyì.**
tom-ii.
Concordo.

Vocabulário

zhàngdān 账单 (賬單)	dʒaam-dam	a conta
yígòng 一共	ii-gom	total
yīnggāi 应该 (應該)	iimm-gai	dever
yīnwèi...suŏyĭ 因为...所以 (因為...所以)	iim-uei... suo-ii	como... por esse motivo/ portanto
tóngyì 同意	tom-ii	concordar

Parte III: Chinês na Estrada

Identifique, em chinês, o que as ilustrações a seguir descrevem. Veja o Apêndice D para saber as respostas corretas.

 A.   B.    C.

 D.   E.   F.

A. _____
B. _____
C. _____
D. _____
E. _____
F. _____

Capítulo 16

Andando por Aí

Neste Capítulo

▶ Viajando de avião

▶ Passando pela alfândega

▶ Andando pela cidade

*V*iajar meio mundo até a **Zhōngguó** 中国 (中國) (dʒom-guo) (*China*) pode ser um longo caminho. Saber as palavras e frases mágicas em chinês para viajar pode tornar sua viagem o mais eficiente e confortável possível. Este capítulo ajuda a chegar ao aeroporto e ao avião, a sobreviver à experiência da alfândega e a embarcar em diferentes tipos de transporte depois que você chegar ao seu destino.

Circulando pelo Aeroporto

Você se considera um viajante veterano só porque já esteve por toda a Europa e Américas? Bem, meu amigo, você está para ser acordado com uma chacoalhada. Quando se trata de se situar na China, o português (ou qualquer outra língua ocidental) não ajuda muito. Você gasta muito tempo tentando interpretar os símbolos para conseguir entender qualquer coisa que lhe diga aonde ir num **fēijīchǎng** 飞机场 (飛機場) (fei-dji-tchaam) (*aeroporto*). Você precisa pelo menos saber o **pīnyīn** 拼音 (pim-iim) (Literalmente: *soletração de sons*), sistema de romanização, senão os próprios caracteres chineses. Se não souber nada disso, estará totalmente perdido. Você pode acabar por seguir o cara ao lado, mesmo que isso leve você ao banheiro em vez de às esteiras de bagagens. (Consulte o Capítulo 1 para mais informações sobre o sistema **pīnyīn** de soletração de palavras em chinês.)

É uma boa dar uma olhada no *Chinês Para Leigos* antes de viajar. Você pode colocar em dia algumas palavras e frases essenciais antes que a experiência no aeroporto faça você querer voltar para casa no próximo avião.

Chegando ao balcão de registro

Pronto para **bànlǐ dēngjī shǒuxù** 办理登记手续 (辦理登記手續) (bam-li dãmm-dji xou-ciü) (*fazer o check-in*)? Depois de arrastar suas malas até aqui, você finalmente consegue **tuōyùn** 托运 (托運) (tuo-ium) (*despachar*) **xínglǐ** 行

Parte III: Chinês na Estrada

李 (cimm-li) (*bagagem*). Você receberá um **dēngjīpái** 登机牌 (登機牌) (dāmm-dji-pai) (*cartão de embarque*) no momento do check-in no balcão, depois você estará pronto para ir até o **chūkǒu** 出口 (tchu-kou) (*portão*) apropriado, levando apenas a sua **shǒutí xínglǐ** 手提行李 (xou-ti cimm-li) (*bagagem de mão*).

Pode passar todo tipo de pergunta por sua mente agora. Aqui estão algumas frases básicas que podem ser úteis durante o check-in:

- **Fēijī jǐ diǎn qǐfēi?** 飞机几点起飞? (飛機幾點起飛?) (fei-dji dji diem tchii-fei?) (*A que horas o avião parte?*)
- **Wǒde hángbān hàomǎ shì duōshǎo?** 我的航班号码是多少? (我的航班號碼是多少?) (uo-dā haam-bam hau-ma xi duo-xau?) (*Qual é o número do meu voo?*)
- **Wǒ xiǎng tuōyùn xíngli.** 我想托运行李. (我想托運行李.) (uo ciaam tuo-ium cimm-li.) (*Eu gostaria de despachar a minha bagagem.*)
- **Wǒ xiǎng yào kào chuāng de wèizi.** 我想要靠窗的位子. (uo ciaam iau kau tchuaam dā uei-zi.) (*Eu gostaria de um assento na janela.*)
- **Wǒ xiǎng yào kào guòdào de wèizi.** 我想要靠过道的位子. (我想要靠過道的位子.) (uo ciaam iau kau guo-dau dā uei-zi.) (*Eu gostaria de um assento no corredor.*)
- **Zài jǐ hào mén hòujī?** 在几号门候机? (在幾號門候機?) (zai dji hau mām hou-dji?) (*Em qual portão sairemos?*)
- **Zhè shì wǒde hùzhào.** 这是我的护照. (這是我的護照.) (dʒā xi uo-dā hu-dʒau.) (*Aqui está meu passaporte.*)

Após o check-in, você pode dar de cara com todos os tipos de surpresas desagradáveis. Talvez o avião não consiga **zhèngdiǎn qǐfēi** 正点起飞 (正點起飛) (dʒāmm-diem tchii-fei) (*sair na hora*) e depois de tudo a companhia aérea decide **tuīchí** 推迟 (推遲) (tui-tchi) (*adiar*) a sua partida ou a **qǔxiāo** 取消 (tsiü-ciau) (*cancelar*) completamente. Talvez o **tiānqì** 天气 (天氣) (tiem-tchii) (*tempo*) esteja causando os problemas.

Tendo uma Conversa

Shí Píng está fazendo o check-in no aeroporto de São Paulo para uma viagem de negócios a Pequim. Ela mostra o seu bilhete e passaporte ao **zhíyuán** (dʒi-iuem) (*agente*) e confere a sua bagagem. (Faixa 22)

Zhíyuán: **Nín hǎo. Qǐng chūshì nínde jīpiào.**
nim hau. tsiimm tchu-xi nim-dā dji-pau.
Olá. O bilhete, por favor.

Capítulo 16: Andando por Aí · **243**

Shí Píng: **Jiù zài zhèr.**
djiu zai dʒār.
Está aqui.

Zhíyuán: **Nín shì bú shì qù Běijīng? Néng kànkàn nínde hùzhào ma?**
nim xi bu xi tsiü bei-djimm? nāmm kam-kam nim-dā hu-dʒau ma?
Você está indo para Pequim? Posso ver seu passaporte?

Shí Píng: **Kěyǐ.**
kā-ii.
Aqui está.

Zhíyuán: **Yǒu jǐ jiàn xíngli?**
iou dji djiem cimm-li?
Quantas malas você tem?

Shí Píng: **Wǒ yǒu sānge xiāngzi.**
uo iou sam-gā ciaam-zi.
Tenho três malas.

Zhíyuán: **Yǒu méiyǒu shǒutí xíngli?**
iou mei-iou xou-ti cimm-li?
Você tem alguma bagagem de mão?

Shí Píng: **Wǒ zhǐ yǒu yíge gōngwénbāo.**
uo dʒi iou ii-gā gom-uām-bau.
Eu só tenho uma pasta.

Zhíyuán: **Hǎo. Nín yào kào guòdào de wèizi háishì yào kào chuāng de wèizi?**
hau. nim iau kau guo-dau dā uei-zi hai-xi iau kau tchuaam dā uei-zi?
Tudo bem. Gostaria de um assento no corredor ou na janela?

Shí Píng: **Wǒ xiǎng yào kào guòdào de wèizi.**
uo ciaam iau kau guo-dau dā uei-zi.
Eu gostaria de um assento no corredor.

Zhíyuán: **Hǎo. Zhèi shì nínde dēngjīpái. Qù Běijīng de yī líng bā cì bānjī, shí jiǔ pái, B zuò.**
hau. dʒei xi nim-dā dāmm-dji-pai. tsiü bei-djimm dā ii limm ba tsi bam-dji, xi djiu pai, B zuo.
Ótimo. Aqui está o seu cartão de embarque. Voo 108 para Pequim, Fileira 19, Assento B.

244 Parte III: Chinês na Estrada _____

Shí Píng:	**Xièxiè.** cie-cie. *Obrigada.*
Zhíyuán:	**Zhè shì nínde xínglǐ lǐngqǔdān. Dàole Běijīng yǐhòu kěyǐ lǐngqǔ nínde xínglǐ.** dʒā xi nim-dā cimm-li limm-tsiü-dam. dau-lā bei-djimm ii-hou kā-ii limm-tsiü nim-dā cimm-li. *Aqui estão suas etiquetas de bagagem. Depois de chegar a Pequim, você pode requerer sua bagagem.*
Shí Píng:	**Xièxiè.** cie-cie. *Obrigada.*
Zhíyuán:	**Zhù nín yí lù píng ān.** dʒu nim ii lu pimm am. *Tenha uma boa viagem.*

Vocabulário

jīpiào 机票	dji-piau	passagem/bilhete
hùzhào 护照 (護照)	hu-dzau	passaporte
shǒutí xíngli 手提行李	xou-ti cimm-li	bagagem de mão
gōngwénbāo 公文包	gom-uãm bau	pasta
lǐngqǔdān 领取单 (領取單)	limm-tsiü-dam	etiqueta de bagagem
yí lù píng ān 一路平安	ii-lu-pimm-am	tenha uma boa viagem

Embarcando no seu voo

Tudo bem! Você está pronto para embarcar no **fēijī** 飞机 (飛機) (fei-dji) (*avião*). Teve a sorte de ir de **tóuděngcāng** 头等舱 (頭等艙) (tou-dāmm-tsaam) (*primeira classe*) ou você teve que ir de **jīngjìcāng** 经济舱 (經濟艙) (djimm-dji-tsaam) (*classe econômica*)? De qualquer maneira, aqui estão algumas pessoas que você vê ao entrar no avião (pelo menos eu espero que veja):

Capítulo 16: Andando por Aí

- **chéngwùyuán** 乘务员 (乘務員) (tchãmm-uu-iuem) (*comissários de bordo*)
- **jiàshǐyuán** 驾驶员 (駕駛員) (djia-xi-iuem) (*piloto*)
- **jīzǔ** 机组 (機組) (dji-zu) (*tripulação*)

Se você for como eu, vai ficar preocupado com algumas coisas assim que o avião começar a taxiar na pista:

- **qǐfēi** 起飞 (起飛) (tchii-fei) (*decolagem*)
- **qìliú** 气流 (氣流) (tchii-liu) (*turbulência*)
- **zhuólù** 着陆 (著陸) (dʒuo-lu) (*pouso*)

Aaah! Fico nervosa só de pensar neles. Mas, está tudo bem. Os **chéngwùyuán** são para pessoas como você e eu. É por isso que eles não se esquecem de dizer antes da decolagem onde os **jiùshēngyī** 救生衣 (dju-xãmm-ii) (*coletes salva-vidas*) e as **jǐnjí chūkǒu** 紧急出口 (緊急出口) (djim-dji tchu-kou) (*saídas de emergência*) estão localizados. Você também pode ouvi-los dar as seguintes instruções, se você ainda não conseguiu se acomodar:

- **Bǎ tuōpán cānzhuō shōu qǐlái.** 把托盘餐桌收起来. (把托盤餐桌收起來.) (ba tuo-pam tsam-dʒuo xou tchii-lai.) (*Coloque sua mesa de volta.*)
- **Bǎ nǐde zuòyǐ kàobèi fàngzhí.** 把你的座椅靠背放直. (ba ni-dā zuo-ii kau-bei faam-dʒi.) (*Coloque o seu assento de volta para a posição vertical.*)
- **Bù zhǔn chōuyān.** 不准抽烟. (不准抽煙.) (bu dʒuãm tchou-iem.) (*Não é permitido fumar.*)
- **Jìjǐn nǐde ānquándài.** 系紧你的安全带. (繫緊你的安全帶.) (dji-djim ni-dā am-tsiuam-dai.) (*Aperte o cinto de segurança.*)
- **Rúguǒ kōngqì yālì yǒu biànhuà, yǎngqìzhào huì zìdòng luòxià.** 如果空气压力有变化, 氧气罩会自动落下. (如果空氣壓力有變化, 氧氣罩會自動落下.) (ru-guo kom-tchii ia-li iou biam-hua, iaam-tchii-dzau hui zi-dom luo-cia.) (*Se houver qualquer mudança na pressão do ar, as máscaras de oxigênio cairão automaticamente.*)

Você usa **bǎ** 把 (ba) quando quer colocar o objeto no início, antes de falar o verbo que indica o que você fez ou vai fazer com tal objeto. (Veja o Capítulo 18 para mais informações sobre esse termo.)

Se você não fica nervoso ao voar, provavelmente vai passar todo o seu tempo ouvindo música através dos **ěrjī** 耳机 (耳機) (ar-dji) (*fones de ouvido*), mexendo no rádio ou nos canais da televisão, ou tentando dormir. Torçamos para que no voo passe um bom **diànyǐng** 电影 (電影) (diem-iimm) (*filme*) numa viagem muito longa.

Passando pela alfândega

Se você sobreviver a toda a turbulência e ao filme chato em seu longo voo sem ter um colapso, bom para você! O próximo teste pelo qual tem que passar é a **hǎiguān** 海关 (海關) (hai-guam) (*alfândega*). Quando chegar à alfândega, você verá muitos **hǎiguān guānyuán** 海关关员 (海關關員) (hai-guam guam-iuem) (*agentes da alfândega*), nenhum deles entendendo uma palavra de inglês, que dirá de português. A Tabela 16-1 lista os itens que você precisa ter à mão para a alfândega. As seguintes frases podem vir a calhar também:

- **Nǐ dǒng Púyǔ ma?** 你懂葡语吗? (你懂葡語嗎?) (ni dom pu-iü ma?) (*Você entende português?*)

- **Wǒ shì Bāxī rén.** 我是巴西人. (uo xi ba-ci rãm.) (*Sou brasileiro.*)

- **Wǒ shì Pútáoyá rén.** 我是葡萄牙人. (uo xi pu-tau-ia rãm.) (*Sou português.*)

- **Wǒ shì Jiānádà rén.** 我是加拿大人. (uo xi djia-na-da rãm.) (*Sou canadense.*)

- **Wǒ shì Měiguó rén.** 我是美国人. (我是美國人.) (uo xi mei-guo rãm.) (*Sou estadunidense.*)

- **Wǒ shì Yīngguó rén.** 我是英国人. (我是英國人.) (uo xi iimm-guo rãm.) (*Sou britânico.*)

- **Xǐshǒujiān zài nǎr?** 洗手间在哪儿? (洗手間在哪兒?) (ci-xou-djiem zai nar?) (*Onde ficam os banheiros?*)

Tabela 16-1	Itens para Ter à Mão na Alfândega	
Chinese	*Pronúncia*	*Português*
bāo 包	bau	*bolsa*
chūjìng dēngjì kǎ 出境登记卡 (出境登記卡)	tchu-djimm dãmm-dji ka	*cartão de embarque*
jiànkāng zhèng 健康证 (健康證)	djiam-kaam dʒãmm	*atestado de saúde*
jiǔ 酒	djiu	*bebida alcoólica (declarar)*
rùjìng dēngjì kǎ 入境登记卡 (入境登記卡)	ru-djimm dãmm-dji ka	*cartão de chegada*
shēnbào de wùpǐn 申报的物品 (申報的物品)	xãm-bau dã uu-pim	*artigos para declarar*
xiāng 香烟 (香煙)	ciaam-iem	*cigarros (declarar)*
xiāngzi 箱子	ciaam-zi	*mala*
xínglǐ 行李	cimm-li	*bagagem*

Capítulo 16: Andando por Aí

O **hǎiguān guānyuán** pode perguntar-lhe algumas destas questões importantes:

- **Nǐ dǎsuàn zài zhèr dāi duōjiǔ?** 你打算在这儿待多久? (你打算在這兒待多久?) (ni da-suam zai dʒār dai dui-djiu?) (*Quanto tempo você planeja ficar?*)

- **Nǐ lái zhèr shì bàn gōngwù háishì lǚyóu?** 你来这儿是办公务还是旅游? (你來這兒是辦公務還是旅遊?) (ni lai dʒār xi bam gom-uu hai-xi lü-iou?) (*Você está aqui a negócios ou como turista?*)

- **Nǐ yǒu méiyǒu yào shēnbào de wùpǐn?** 你有没有要申报的物品? (你有沒有要申報的物品?) (ni iou mei-iou iau xām-bau dā uu-pim?) (*Você tem alguma coisa que queira declarar?*)

- **Qǐng gěi wǒ kànkàn nǐde hǎiguān shēnbàodān.** 请给我看看你的海关申报单. (請給我看看你的海關申報單.) (tsiimm gei uo kam-kam ni-dā hai-guam xām-bau-dam.) (*Por favor, mostre-me o formulário de declaração aduaneira.*)

- **Qǐng gěi wǒ kànkàn nǐde hùzhào.** 请给我看看你的护照. (請給我看看你的護照.) (tsiimm gei uo kam-kam ni-dā hu-dʒau.) (*Por favor, mostre-me seu passaporte.*)

Agentes alfandegários não são as únicas pessoas com perguntas a fazer. Você pode ter algumas perguntas que queira tentar fazer:

- **Wǒ yào fù shuì ma?** 我要付税吗? (我要付稅嗎?) (uo iau fu xui ma?) (*Devo pagar imposto?*)

- **X guāng huì sǔnhuài wǒde jiāojuǎn ma?** X光会损坏我的胶卷 吗? (X光會損壞我的膠卷嗎?) (X guaam hui suām-huai uo-dā djiau-djuam ma?) (*Será que o raio X danificará meu filme?*)

- **Xínglǐ kěyǐ shōu qǐlái ma?** 行李可以收起来吗? (行李可以收起來嗎?) (cimm-li kā-ii xou tchii-lai ma?) (*Posso fechar minhas malas agora?*)

- **Xínglǐ yào dǎkāi ma?** 行李要打开吗? (行李要打開嗎?) (cimm-li iau da-kai ma?) (*Devo abrir minhas malas?*)

Tendo uma Conversa

Geovana desembarca de seu avião em Xangai e se aproxima de um agente da alfândega. (Faixa 23)

Agente: **Qǐng gěi wǒ kànkàn nǐde hùzhào.**
tsiimm gei uo kam-kam ni-dā hu-dʒau.
Por favor, mostre-me seu passaporte.

248 Parte III: Chinês na Estrada

Geovana mostra o passaporte e o agente faz algumas perguntas importantes.

Agente: **Měiguórén. Nǐ yǒu méiyǒu yào shēnbào de wùpǐn?**
mei-guo-rām. ni iou mei-iou iau xām-bau dā uu-pim?
Americana. Você tem alguma coisa que gostaria de declarar?

Geovana: **Méiyǒu. Wǒ zhǐ yǒu yìtiáo xiāngyān.**
mei-iou. uo dʒi iou ii-tiau ciaam-iem.
Não. Eu só tenho um maço de cigarros.

Agente: **Nǐ lái zhèr shì bàn gōngwù háishì lǚyóu?**
ni lai dʒār xi bam gom-uu hai-xi lü-iou?
Você está aqui a negócios ou como turista?

Geovana: **Wǒ lái zuò shēngyì.**
uo lai zuo xāmm-ii.
Eu vim a negócios.

Agente: **Nǐ kěyǐ zǒu le.**
ni kā-ii zou lā.
Pode ir.

Vocabulário

Qǐng gěi wǒ kànkàn nǐde hùzhào. 请给我看看你的护照. (請給我看看你的護照.)	tsiimm gei uo kam-kam ni-dā hu-dʒau.	Por favor, mostre-me seu passaporte.
yìtiáo xiāngyān 一条香烟 (一條香煙)	ii-tiau ciaam-iem	maço de cigarros
gōngwù 公务 (公務)	gom-uu	a negócios
Nǐ kěyǐ zǒu le. 你可以走了.	ni kā-ii zou lā.	Você pode ir.

Andando pela Cidade

É sexta-feira à noite e você teve um dia ótimo nos negócios com os seus parceiros chineses. Você finalmente reuniu coragem para se aventurar fora de seu quarto de hotel por uma noite na cidade. Você decide conferir um salão de dança popular e começa a escolher o melhor meio de transporte para chegar lá.

Alugar um carro é praticamente impossível na China. Carros simplesmente não estão disponíveis. E mesmo se você pudesse encontrar um carro para alugar, não ia querer um, dada a burocracia e as condições de condução. A sinalização só está disponível em chinês, provavelmente a principal razão pela qual você não deve mesmo tentar dirigir. Basta pensar no lado positivo. Você não tem que se preocupar com coisas como seguro de carro. Deixe outra pessoa se preocupar em levar você do ponto A ao ponto B.

Não importa a forma de **jiāotōng** 交通 (djiau-tom) (*transporte*) que você escolheu, aqui estão algumas palavras e frases importantes:

- **fāngxiàng** 方向 (faam-xiaam) (*direções*)
- **dìtú** 地图 (地圖) (di-tu) (*mapa*)
- **Wǒ mílù le.** 我迷路了. (uo mi-lu lã.) (*Estou perdido[a]*.)

Chamando um táxi

Embora **zìxíngchē** 自行车 (自行車) (zi-cimm-tchã) (*bicicletas*), **mótuōchē** 摩托车 (摩托車) (mo-tuo-tchã) (*motocicletas*), **mǎchē** 马车 (馬車) (ma-tchã) (*carroças puxadas por cavalos*) e mesmo **niú** 牛 (niu) (*vacas*) ainda sejam as principais formas de transporte do indivíduo comum em algumas partes da China continental, a maioria dos estrangeiros pega táxis aonde quer que vá. Você pode facilmente encontrar táxis em torno dos hotéis e eles são certamente mais confortáveis e convenientes do que ter que lidar com as regras inexistentes do trânsito, respirar a poluição do ar enquanto anda de bicicleta, encontrar o seu caminho através de um labirinto de ruelas antigas, ou, dependendo da época do ano, deixar-se à mercê dos elementos naturais.

Aqui está o que você diria ao porteiro do hotel se quisesse ajuda para chamar um táxi: **Wǒ yào jiào jìchéngchē.** 我要叫计程车. (我要叫計程車.) (uo iau djiau dji-tchãmm-tchã.) (*Eu gostaria de um táxi.*)

Depois de estar acomodado com segurança no táxi, você precisa saber como dizer as seguintes frases:

- **Nǐ kěyǐ děng jǐ fēn zhōng ma?** 你可以等几分钟吗? (你可以等幾分鐘嗎?) (ni kã-ii dãmm dji fãm dʒom ma?) (*Você pode esperar alguns minutos?*)
- **Qǐng dǎ biǎo.** 请打表. (請打表.) (tsiimm da biau.) (*Por favor, ligue o taxímetro.*)

Parte III: Chinês na Estrada

- **Qǐng dài wǒ dào zhèige dìzhǐ.** 请带我到这个地址. (請帶我到這個地址.) (tsiimm dai uo dau dʒei-gā di-dzi.) (*Por favor, leve-me para este endereço.*)
- **Qǐng kāi kuài yìdiǎr.** 请开快一点儿. (請開快一點兒.) (tsiimm kai kuai ii-diar.) (*Por favor, dirija um pouco mais rápido.*)
- **Qǐng kāi màn yìdiǎr.** 请开慢一点儿. (請開慢一點兒.) (tsiimm kai mam ii-diar.) (*Por favor, dirija um pouco mais devagar.*)
- **Qǐng zǒu fēngjǐng hǎo de lù.** 请走风景好的路. (請走風景好的路.) (tsiimm zou fāmm-djimm hau dā lu.) (*Por favor, pegue uma rota panorâmica.*)
- **Wǒ děi gǎn shíjiān.** 我得赶时间. (我得趕時間.) (uo dei gam xi-djiem.) (*Estou com pressa.*)
- **Zài zhèr guǎi wār.** 在这儿拐弯儿. (在這兒拐彎兒.) (zai dʒār guai uar.) (*Vire aqui.*)

Ah, mais uma coisa. Assim que você partir com seu **sījī** 司机 (司機) (si-dji) (*motorista*) de táxi, certifique-se de colocar o **ānquándài** 安全带 (am-tsiuam-dai) (*cinto de segurança*).

Finalmente, antes de sair do táxi, estas frases podem ajudar com as negociações de preço:

- **Bié qīpiàn wǒ.** 别欺骗我. (別欺騙我.) (bie tchii-piem uo.) (*Não me engane.*)
- **Bú yòng zhǎo le.** 不用找了. (bu iom dʒau lā.) (*Fique com o troco.*)
- **Kāi wán xiào! Wǒ jùjué fù zhème duō qián.** 开玩笑! 我拒绝付这么多钱. (開玩笑! 我拒絕付這麼多錢.) (kai uam ciau! uo dju-djue fu dʒā-mā duo tsiiem.) (*Você deve estar brincando! Recuso-me a pagar tanto.*)
- **Qǐng gěi wǒ shōujù.** 请给我收据. (請給我收據.) (tsiimm gei uo xou-dju.) (*Por favor, dê-me um recibo.*)
- **Wǒ gāi gěi nǐ duōshǎo qián?** 我该给你多少钱? (我該給你多少錢?) (uo gai gei ni duo-xau tsiiem?) (*Quanto lhe devo?*)
- **Wǒ huì àn biǎo fù kuǎn.** 我会按表付款. (我會按表付款.) (uo hui am biau fu kuam.) (*Vou pagar o que o taxímetro diz.*)

Como a maioria das pessoas na China não fala português, lembre-se sempre de levar um cartão do hotel quando você sair. O cartão tem o nome e o endereço do hotel em inglês e chinês. Você sempre pode mostrar o cartão para um motorista de táxi quando quiser voltar. Se você está andando pela cidade, pode querer ter um mapa que mostra marcos locais, como pavilhões ou estações de trem perto de seu hotel.

Capítulo 16: Andando por Aí   **251**

Tendo uma Conversa

William se aventura a sair para uma noite na cidade e precisa de um táxi. Ele pede a ajuda do porteiro do seu hotel.

William: **Wǒ yào jiào jìchéngchē.**
uo iau djiau dji-tchãm-tchã.
Eu gostaria de um táxi.

Porteiro: **Hǎo.**
hau.
Claro.

William entra no táxi e mostra ao motorista um cartão com o nome e o endereço de uma boate local.

William: **Qǐng dài wǒ dào zhèige yèzǒnghuì.**
tsiimm dai uo dau dʒei-gã ie-zom-hui.
Por favor, leve-me para esta boate.

Motorista: **Méiyǒu wèntí.**
mei-iou uãm-ti.
Sem problemas.

William: **Wǒ bùjí. Qǐng kāi màn yìdiǎr.**
uo bu-dji. tsiimm kai mam ii-diar.
Não estou com pressa. Por favor, dirija um pouco mais devagar.

William finalmente chega à boate, depois de seguir pela rota panorâmica.

William: **Wǒ gāi gěi nǐ duōshǎo qián?**
uo gai gei ni duo-xau tsiiem?
Quanto lhe devo?

Motorista: **Shí kuài liǎng máo wǔ.**
xi kuai liaam mau uu.
Custará $10,25.

William entrega $15 ao motorista.

William: **Qǐng gěi wǒ shōujù. Bú yòng zhǎo le.**
tsiimm gei uo xou-dju. bu iom dzau lã.
Queria um recibo, por favor. Fique com o troco.

Motorista: **Hǎo. Xièxiè.**
hau. cie-cie.
Tudo bem. Obrigado.

252 Parte III: Chinês na Estrada

Vocabulário

yèzǒnghuì 夜总会 (夜總會)	ie-zom-hui	boate/casa noturna
bùjí 不急	bu-dji	sem pressa
shōujù 收据 (收據)	xou-dju	recibo/nota fiscal
Bú yòng zhǎo le. 不用找了.	bu iom dʒau lā.	Fique com o troco.

Embarcando no ônibus

Gōnggòng qìchē 公共汽车 (公共汽車) (gom-gom tchii-tchā) (*ônibus*) são quase tão comuns quanto as bicicletas na China. Eles também custam bem menos do que os táxis. Mas aqui está o problema: motoristas de ônibus geralmente só falam chinês, os sinais são apenas em chinês e os ônibus estão sempre superlotados. Ainda assim, se quiser embarcar numa experiência de viagem única e não se importar em perder tempo esperando pelo ônibus, coloque estas frases na sua bagagem de mão:

- **Chē piào duōshǎo qián?** 车票多少钱? (車票多少錢?) (tchā piau duo-xau tsiiem?) (*Quanto custa a passagem?*)

- **Duōjiǔ lái yítàng?** 多久来一趟? (多久來一趟?) (duo-djiu lai ii-taam?) (*Com que frequência ele passa?*)

- **Gōnggòng qìchē zhàn zài nǎr?** 公共汽车站在哪儿? (公共汽車站在哪兒?) (gom-gom tchii-tchā dʒam zai nar?) (*Onde fica o ponto de ônibus?*)

- **Qǐng gàosù wǒ zài nǎr xià chē.** 请告诉我在哪儿下车. (請告訴我在哪兒下車.) (tsiimm gau-su uo zai nar cia tchā.) (*Por favor, diga-me onde devo descer.*)

- **Yīnggāi zuò jǐ lù chē?** 应该坐几路车? (應該坐幾路車?) (iimm-gai zuo dji lu tchā?) (*Que [número de] ônibus devo pegar?*)

Tendo uma Conversa

Carlos está andando na rua, tentando encontrar um ônibus que possa levá-lo ao famoso mercado noturno de Shilin, em Taiwan. Ele vê sua velha amiga Luíza e, depois de dizer olá, pede ajuda a ela.

Carlos: **Qù Shìlín yīnggāi zuò jǐ lù gōnggòng qìchē?**
tsiü xi-lim iimm-gai zuo dji lu gom-gom tchii-tchā?
Que ônibus devo pegar para ir a Shilin?

Capítulo 16: Andando por Aí **253**

Luiza:	**Yīnggāi zuò sān lù chē. Nèige gōnggòng qìchē zhàn jiù zài zhèr.** iimm-gai zuo sam lu tchā. nei-gā gom-gom tchii-tchā dʒam djiu zai dʒār. *Você deve pegar o ônibus número 3. O ponto de ônibus é bem aqui.*
Carlos:	**Tài hǎo le. Duōjiǔ lái yítàng?** tai hau lā. duo-djiu lai ii-taam? *Ótimo. Com que frequência ele passa?*
Luiza:	**Měi sānshí fēn zhōng. Hái hǎo.** mei sam-xi fām dʒom. hai hau. *A cada 30 minutos. Não é tão ruim.*
Carlos:	**Xièxiè nǐ.** cie-cie ni. *Obrigado.*

Vocabulário

jǐ lù chē 几路车 (幾路車)	dji lu tchā	que número de ônibus
gōnggòng qìchē 公共汽车 (公共汽車)	gom-gom tsii-tchā	ônibus
gōnggòng qìchē zhàn 公共汽车站 (公共汽車站)	gom-gom tsii-tchā dʒám	ponto de ônibus
Hái hǎo. 还好 (還好).	hai hau.	Não é tão ruim.

Seguindo os trilhos

Se você quer chegar aonde precisa ir com rapidez, especialmente em Hong Kong, o caminho mais rápido para chegar lá pode levá-lo para debaixo da terra — ao **dìtiě** 地铁 (地鐵) (di-tie) (*metrô*). A maioria das **dìtiě zhàn** 地铁站 (地鐵站) (di-tie dʒam) (*estações de metrô*) são bastante fáceis de navegar.

Ao contrário de Hong Kong, o sistema de metrô na China continental é relativamente novo e você encontra estações em menos de uma dúzia de cidades. No entanto, acima do solo, o **huǒchē** 火车 (火車) (huo-tchā) (*trem*) de viagem é testado e aprovado — especialmente porque a China é um lugar muito grande e as distâncias entre as cidades são enormes. Ao contrário das

Parte III: Chinês na Estrada

Pegando o metrô ao redor da China

Hong Kong constantemente atualiza e amplia seu sistema de metrô, tornando-o bastante confiável. Taipei também tem um sistema de metrô excelente e eficiente. Em Xangai, o maior centro comercial de Pudong tem um metrô que liga os lados leste e oeste do rio Huangpu. E em Pequim, as Olimpíadas de 2008 levaram a uma extensa expansão do metrô, em preparação para a multidão que usaria o seu sistema de transporte. Atualmente, conta com 15 linhas e cerca de 200 estações.

estações de metrô, você pode encontrar muitas **huǒchēzhàn** 火车站 (火車站) (huo-tchã-dʒam) (*estações de trem*) na China. Elas até são equipadas com salas de espera.

Se você planeja viajar uma longa distância, não deixe de reservar um leito macio — ou pelo menos pedir um assento macio —, porque são acomodações mais confortáveis e não tão lotadas como outras partes do trem. Confie em mim. Leitos macios valem o custo extra. Para saber mais sobre os tipos de assentos em trens, consulte a Tabela 16-2.

Tabela 16-2	Acomodações em Trens	
Chinês	*Pronúncia*	*Português*
ruǎnwò 软卧 (軟臥)	ruam-uo	*leito macio*
ruǎnzuò 软座 (軟座)	ruam-zuo	*assento macio*
shàngpù 上铺 (上鋪)	xaam-pu	*beliche superior*
xiàpù 下铺 (下鋪)	cia-pu	*beliche inferior*
yìngwò 硬卧	iimm-uo	*leito duro*
yìngzuò 硬座	iimm-zuo	*assento duro*

Fevereiro é um mês particularmente arriscado para tentar a viagem de trem de longa distância, porque é o mês mais curto e muita vezes o Ano-Novo Chinês acontece durante fevereiro, assim você acaba sendo obrigado a encontrar um país inteiro viajando de uma parte da China para a outra. Certifique-se de consultar um **shíkèbiǎo** 时刻表 (時刻表) (xi-kã-biau) (*cronograma*) com antecedência e observar o **dàodá shíjiān** 到达时间 (到達時間) (dau-da xi-djiem) (*horário de chegada*) e o **kāichē shíjiān** 开车时间 (開車時間) (kai-tchã xi-djiem) (*horário de partida*) corretos de seu trem.

Antes de **shàngchē** 上车 (上車) (xaam-tchã) (*embarcar no trem*) para desfrutar seu assento confortável, você precisa ir à **shòupiàochù** 售票处 (售票處) (xou-piau-tchu) (*bilheteria*) para comprar o bilhete. Você pode usar as seguintes palavras e frases para cumprir seu objetivo:

Capítulo 16: Andando por Aí **255**

- ✔ **dānchéngpiào** 单程票 (單程票) (dam-tchāmm-piau) (*bilhete de ida*)

- ✔ **láihuípiào** 来回票 (來回票) (lai-hui-piau) (*bilhete de ida e volta*)

- ✔ **mànchē** 慢车 (慢車) (mam-tchā) (*trem local*)

- ✔ **piào** 票 (piau) (*bilhete/passagem*)

- ✔ **piàojià** 票价 (票價) (piau-djia) (*tarifa*)

- ✔ **tèkuài** 特快 (tā-kuai) (*trem expresso*)

Algumas frases que podem ajudá-lo na estação de trem:

- ✔ **Huǒchē cóng něige zhàntái kāi?** 火车从哪个站台开? (火車從哪個站台開?) (huo-tchā tsom nei-gā dʒam-tai kai?) (*O trem vai sair de qual portão?*)

- ✔ **Piàofáng zài nǎr?** 票房在哪儿? (票房在哪兒?) (piau-faam zai nar?) (*Onde fica a bilheteria?*)

  Observe a forma diferente de dizer bilheteria nessa questão. Opções não faltam na língua chinesa.

- ✔ **Wǒ yào yìzhāng yìngwò piào.** 我要一张硬卧票. (我要一張硬臥票.) (uo iau ii-dʒaam iimm-uo piau.) (*Eu gostaria de um bilhete de leito duro.*)

E quando, finalmente, ouvir o **lièchēyuán** 列车员 (列車員) (lie-tchā-iuem) (*condutor*) dizer **Shàng chē le!** 上车了! (上車了!) (xaam tchā lā!) (*Todos a bordo!*), você pode embarcar e fazer as seguintes perguntas:

- ✔ **Cānchē zài nǎr?** 餐车在哪儿? (餐車在哪兒?) (tsam-tchā zai nar?) (*Onde fica o vagão-restaurante?*)

- ✔ **Zhèige zuòwèi yǒu rén ma?** 这个座位有人吗? (這個座位有人嗎?) (dʒā-gā zuo-uei iou rām ma?) (*Este assento está ocupado?*)

Tendo uma Conversa

Clarissa está na estação de trem de Pequim a fim de comprar um bilhete de ida e volta para Xangai, para amanhã. Ela se aproxima de um bilheteiro para comprar sua passagem.

Clarissa: **Qǐngwèn, yǒu méiyǒu míngtiān qù Shànghǎi de huǒchē piào?**
tsiimm-uām, iou mei-iou mimm-tiem tsiü xaam-hai dā huo-tchā piau?
Com licença, você tem alguma passagem de trem para Xangai, para amanhã?

Bilheteiro: **Yǒu. Yào jǐ zhāng?**
iou. iau dji dʒaam?
Sim. Você gostaria de quantas?

256 Parte III: Chinês na Estrada

Clarissa:	**Zhǐ yì zhāng lái huí piào. Xiàge lǐbàiyī yào huí lái.**
	dʒi ii dʒaam lai hui piau. cia-gā li-bai-ii iau hui lai.
	Apenas uma passagem de ida e volta. Eu gostaria de voltar na próxima segunda-feira.
Bilheteiro:	**Hǎo. Yào yìngwò, ruǎnwò, háishì ruǎnzuò?**
	hau. iau iimm-uo, ruam-uo, hai-xi ruam-zuo?
	Está bem. Gostaria de um leito duro, um leito macio ou uma poltrona macia?
Clarissa:	**Wǒ yào yì zhāng ruǎnwò. Xièxiè.**
	uo iau ii dʒaam ruam-uo. cie-cie.
	Eu gostaria de um leito macio. Obrigada.

Vocabulário

míngtiān 明天	mimm-tiem	amanhã
lái huí piào 来回票 (來回票)	lai hui piau	bilhete/passagem de ida e volta
huí lái 回来 (回來)	hui lai	retornar

_____ Capítulo 16: Andando por Aí   **257**

A.    B.   C.

D.    E.

Como você chama esses meios de transportes em chinês? (Vá ao Apêndice D para obter as respostas.)

    A. _____

    B. _____

    C. _____

    D. _____

    E. _____

258 Parte III: Chinês na Estrada

Capítulo 17
Pedindo Informações

Neste Capítulo
- Perguntando "onde"
- Percorrendo tempo e distâncias
- Escolhendo locais específicos com números ordinais
- Apontando o caminho usando as direções

Todo mundo (sim, ate você) tem que perguntar sobre as **fāngxiàng** 方向 (faam-ciaam) (*direções*) em algum momento. Mesmo se você só precisa encontrar o banheiro — quando você precisa ir, é melhor saber.

Você pode ficar perplexo com as avenidas em Beihai ou estupefato com as direções em Dalian. Este capítulo o ajuda a descobrir exatamente como pedir indicações antes de **mílù** 迷路 (mi-lu) (*se perder*). Se você se perder em Pequim ou sair do caminho em Luoyang, este capítulo dá dicas úteis, que tornam mais fácil encontrar o caminho de volta para casa. Ou, pelo menos, de volta ao seu hotel.

Você definitivamente precisa saber como perguntar onde ficam certos lugares na China continental, onde a maioria das pessoas não fala inglês. Você tem mais probabilidade de encontrar um taxista que fale inglês em Taipei ou Kowloon, para levá-lo aonde precisa ir, do que em qualquer outra das cidades ou vilas na China continental, mas você não pode depositar todas as suas esperanças nisso.

Evitando 20 Perguntas: Basta Perguntar "Onde?"

Tudo bem, você está procurando o correio mais próximo para enviar um pacote para casa antes do aniversário de sua mãe, que é na próxima semana. Um transeunte lhe diz para descer a rua à direita, mas por mais que se esforce, tudo que você vê são algumas livrarias e uma estação de metrô. Hora de pedir informações. Mas como?

Parte III: Chinês na Estrada

A maneira mais fácil de perguntar onde está algo em chinês é usando a palavra interrogativa **năr** 哪儿 (哪兒) (nar) (*onde*). Mas você não pode simplesmente dizer **năr**, ou as pessoas não saberão do que você está falando. Você tem que usar o coverbo **zài** 在 (zai), que pode ser traduzido como *em* ou *no[a]*, na frente de **năr** (*zài năr*). (Um coverbo é oficialmente um verbo, mas funciona como uma preposição). Basta colocar o nome do que quer que esteja procurando antes da palavra **zài** para criar uma pergunta completa:

> **Nǐ zài năr?** 你在哪儿? (你在哪兒?) (ni zai nar?) (*Onde você está?*)
>
> **Shūdiàn zài năr?** 书店在哪儿? (書店在哪兒?) (xu-diem zai nar?) (*Onde é a livraria?*)
>
> **Yóujú zài năr?** 邮局在哪儿? (郵局在哪兒?) (iou-dju zai nar?) (*Onde ficam os correios?*)

Aqui estão alguns lugares pelos quais você pode procurar quando estiver perdido:

- **cèsuǒ** 厕所 (廁所) (tsã-suo) (*banheiro*)
- **chūzū qìchēzhàn** 出租汽车站 (出租汽車站) (tchu-zu tchii-chã-dʒaam) (*ponto de táxi*)
- **dìtiězhàn** 地铁站 (地鐵站) (di-tie-dʒam) (*estação de metrô*)
- **fànguǎn** 饭馆 (飯館) (fam-guam) (*restaurante*)
- **gōnggòng qìchē zhàn** 公共汽车站 (公共汽車站) (gom-gom tchii-tchã dʒam) (*ponto de ônibus*)
- **huǒchē zhàn** 火车站 (火車站) (huo-tchã dʒam) (*estação ferroviária/estação de trem*)
- **jiēdào** 街道 (djie-dau) (*rua*)
- **jízhěn shì** 急诊室 (急診室) (dji-dʒãm xi) (*sala de emergência*)
- **Bāxī dàshǐguǎn** 巴西大使馆 (巴西大使館) (ba-ci da-xi-guam) (*embaixada brasileira*)
- **piàofáng** 票房 (票房) (piau-faam) (*bilheteria*)
- **shūdiàn** 书店 (書店) (xu-diem) (*livraria*)
- **xuéxiào** 学校 (學校) (ciue-ciau) (*escola*)
- **yínháng** 银行 (銀行) (iim-haam) (*banco*)
- **yóujú** 邮局 (郵局) (iou-dju) (*correios*)

Quando você viaja para locais que não conhece, pode precisar determinar se consegue caminhar ou se precisa pegar um ônibus ou táxi para chegar a seu destino:

> **Hěn jìn ma?** 很近吗? (很進嗎?) (hãm djim ma?) (*É perto?*)
>
> **Hěn yuǎn ma?** 很远吗? (很遠嗎?) (hãm iuem ma?) (*É longe?*)

O Capítulo 16 tem informações sobre tudo quanto é tipo de transporte.

Gosto não se discute: Dizendo nǎr ou nǎlǐ

O povo chinês logo sabe de onde você é, onde estudou ou, pelo menos, de onde seu professor de língua chinesa é pela forma de você dizer a palavra *onde*. Se disser **nǎr** 哪儿 (哪兒) (nar) com um som de "r" no final da palavra, você representa um sotaque do norte da China, comumente encontrado em Pequim. Se você diz tal palavra com um som de "l" no final, em vez de um som de "r", como em **nǎlǐ** 哪里 (哪裡) (na-li), indica que provavelmente você já morou ou estudou em Taiwan.

A palavra **nǎr** falada com um terceiro tom (descendo e, em seguida, subindo) significa *onde*, mas a mesma palavra dita com um quarto de tom (em queda), **nàr**, significa *lá/ali*, por isso tome muito cuidado com o tom que você usar quando pedir informações. A pessoa a quem está perguntando pode pensar que você está fazendo uma afirmação, não uma pergunta.

Tendo uma Conversa

Vânia está prestes a deixar seu hotel em Pequim para ir à embaixada americana renovar seu passaporte. Ela não tem certeza de onde fica a embaixada, por isso pergunta a um funcionário do hotel como chegar lá. (Faixa 24)

Vânia: **Qǐngwèn, Měiguo dàshǐguǎn zài nǎr?**
tsiimm-uām, mei-guó da-xi-guam zai nar?
Com licença, onde fica a embaixada americana?

Funcionário: **Měiguó dàshǐguǎn zài guāng húa lù.**
ba-ci da-xi-guam zai guaam-hua lu.
A embaixada americana fica na rua Guānghuá Lù.

Vânia: **Hěn yuǎn ma?**
hām iuem ma?
É longe?

Funcionário: **Hěn yuǎn. Nǐ zuì hǎo zuò chūzū qìchē qù.**
hām iuem. ni zui hau zuo tchu-zu tchii-tchā tsiü.
Sim, é muito longe. É melhor pegar um táxi.

Vânia: **Xièxiè.**
cie-cie.
Obrigada.

Parte III: Chinês na Estrada

Vocabulário

qǐng wèn 请问 (請問)	tsiimm-uãm	com licença/desculpe-me
Hěn yuǎn. 很远. (很遠.)	hãm iuem.	É muito longe.
zuò chūzū qìchē 坐出租汽车 (坐出租汽車)	zuo tchu-zu tchii-tchã	pegar um táxi

Conseguindo informações sobre o caminho

Saber como perguntar onde você pode encontrar um lugar em particular é o primeiro passo, mas você também precisa saber como chegar lá. (Caso contrário, por que perguntaria onde é, em primeiro lugar, não é?) Aqui está a maneira mais simples de descobrir: **Qù _____ zěnme zǒu?** 去 _____ 怎么走? (去 _____ 怎麼走?) (tsiü _____ zãm-mã zou?) (*Como eu faço para chegar a _____?*)

Aqui estão alguns exemplos de como usar esse padrão de pergunta:

Qù fēijīchǎng zěnme zǒu? 去飞机场怎么走? (去飛機場怎麼走?) (tsiü fei-djitchaam zãm-mã zou?) (*Como faço para chegar ao aeroporto?*)

Qù túshūguǎn zěnme zǒu? 去图书馆怎么走? (去圖書館怎麼走?) (tsiü tu-xu-guam zãm-mã zou?) (*Como faço para chegar à biblioteca?*)

Qù xuéxiào zěnme zǒu? 去学校怎么走? (去學校怎麼走?) (tsiü ciue-ciau zãm-mã zou?) (*Como faço para chegar à escola?*)

Se você se perder em qualquer cidade da China continental, muitas vezes você pode voltar ao caminho perguntando onde fica **Zhōngshān Lù** 中山路 (dʒom-xam lu) ou **Jiěfàng Lù** 解放路 (djie-faam lu). **Zhōngshān,** que significa literalmente *a montanha do meio*, refere-se ao local de nascimento do Dr. Sun Yat-sen, fundador da República da China moderna (Taiwan), em 1911. **Jiěfàng,** por outro lado, significa *libertação* e refere-se à "libertação" do continente pelos comunistas em 1949. **Lù** significa apenas *estrada*. Geralmente, essas ruas estão localizadas no centro da cidade. Elas são ruas principais, o equivalente em chinês a uma Av. Brasil ou Av. Sete de Setembro. Sempre uma aposta segura.

Capítulo 17: Pedindo Informações

Compreendendo as respostas para quando se pergunta "onde"

Na ausência de uma língua internacional de sinais, com um ato de pantomima, você pode querer uma ajuda com alguns termos básicos que indicam direção e localização. Veja uma rápida lista:

- **duìmiàn** 对面 (對面) (dui-mian) (*do outro lado/em frente a*)
- **fùjìn** 附近 (fu-djim) (*próximo*)
- **hòu** 后 (後) (hou) (*atrás*)
- **kàojìn** 靠近 (kau-djim) (*perto de*)
- **lǐ** 里 (理) (li) (*dentro de*)
- **qián** 前 (tsiiem) (*frente/de frente*)
- **shàng** 上 (xaam) (*acima/sobre/além*)
- **sìzhōu** 四周 (si-dʒou) (*perto de/em torno*)
- **wài** 外 (uai) (*fora*)
- **xià** 下 (cia) (*abaixo/sob*)
- **yòu** 右 (iou) (*direita*)
- **yòu zhuǎn** 右转 (右轉) (iou dʒuam) (*vire à direita*)
- **zhí zǒu** 直走 (dʒi zou) (*siga em frente*)
- **zhuǎn wān** 转弯 (轉彎) (dʒuam uam) (*dê a volta*)
- **zuǒ** 左 (zuo) (*esquerda*)
- **zuǒ zhuǎn** 左转 (左轉) (zuo dʒuam) (*vire à esquerda*)

Três diferentes, completamente intercambiáveis, terminações de palavras que funcionam com qualquer uma das palavras de localização:

- **biān** 边 (邊) (biem)
- **miàn** 面 (miem)
- **tóu** 头 (頭) (tou)

Dessa forma, por exemplo, para dizer que o ponto de táxi está lá fora, alguém pode dizer qualquer uma das seguintes frases:

Chūzū qìchēzhàn zài wàibiān. 出租汽车站在外边. (出租汽車站在外邊.) (tchu-zu tchii-tchã-dʒam zai uai-biem.) (*O ponto de táxi é lá fora.*)

Chūzū qìchēzhàn zài wàimiàn. 出租汽车站在外面. (出租汽車站在外面). (tchu-zu tchii-tchã-dʒam zai uai-miem.) (*O ponto de táxi é lá fora.*)

Parte III: Chinês na Estrada

Chūzū qìchēzhànzài wàitóu. 出租汽车站在外头.(出租汽車站在外頭.) (tchu-zu tchii-tchā-dʒam-zai uai-tou.) (*O ponto de táxi é lá fora.*)

Às vezes, a situação pode exigir uma expressão de localização mais complexa, como quando a amigável pessoa que lhe está dando a informação não quer falar de forma simples onde algo está localizado. Talvez seu ajudante queira dizer onde uma determinada ação deva ocorrer. Por exemplo, se ele ou ela quer dizer *Por favor, vire à esquerda na frente da escola.*, aqui está o que você vai ouvir:

Qǐng nǐ zài xuéxiào qiánbiān wǎng zuǒ zhuǎn. 请你在学校前边往左转. (請你在學校前邊往左轉.) (tsiim ni zai ciue-ciau tsiiem-biem uaam zuo dʒuam.) (*Por favor, vire à esquerda na frente da escola.*)

Qǐng nǐ zài xuéxiào qiánmiàn wǎng zuǒ zhuǎn. 请你在学校前面往左转. (請你在學校前面往左轉.) (tsiimm ni zai ciue-ciau tsiiem-miem uaam zuo dʒuam.) (*Por favor, vire à esquerda na frente da escola.*)

Qǐng nǐ zài xuéxiào qiántóu wǎng zuǒ zhuǎn. 请你在学校前头往左转. (請你在學校前頭往左轉.) (tsiimm ni zai ciue-ciau tsiiem-tou uaam zuo dʒuam.) (*Por favor, vire à esquerda na frente da escola.*)

Em alguns casos, o verbo **děng** 等 (dāmm) (*esperar*) vem depois do local especificado (**xuéxiào qiánmiàn**). Eis alguns exemplos:

Zài túshūguǎn qiántóu děng. 在图书馆前头等.(在圖書館前頭等.) (zai tu-xu-guam tsiiem-tou dāmm.) (*Espere na frente da biblioteca.*)

Zài wūzi wàibiān děng. 在屋子外边等.(在屋子外邊等.) (zai uu-zi uai-biem dāmm.) (*Espere fora da sala.*)

Zài xuéxiào hòumiàn děng. 在学校后面等.(在學校後面等.) (zai ciue-ciau hou-miem dāmm.) (*Espere na parte de trás da escola.*)

Tendo uma Conversa

 Celso pede informações a Casey, em Tainan. Ele quer chegar aos correios. (Faixa 25)

Celso: **Qǐngwèn, Casey, yóujú zài nǎr?**
tsiimm-uām, Casey, iou-dju zai nar?
Com licença, Casey, onde ficam os correios?

Casey: **Yóujú jiù zài yínháng duìmiàn. Guò liǎng tiáo lù jiù shì.**
iou-dju djiu zai iim-haam dui-miem. guo liaam tiau lu djiu xi.
Os correios ficam em frente ao banco. Se você seguir mais dois quarteirões, é logo ali.

Capítulo 17: Pedindo Informações **265**

Celso:	**Xièxiè. Qù yóujú zěnme zǒu?**
	cie-cie. tsiü iou-dju zǎm-mǎ zou?
	Obrigado. Por onde devo seguir até os correios?
Casey:	**Wǎng nán zǒu. Yìzhí zǒu jiù dào le.**
	uaam nam zou. ii-dʒi zou djiu dau lā.
	Caminhe para o sul. Siga em frente e você vai vê-lo.

Vocabulário

zài yínháng duìmiàn 在银行对面 (在銀行對面)	zai iim-haam dui-miem	em frente ao banco
zǒu (zǒu lù) 走路	zou (zou lu)	caminhar/andar
wǎng 往	uaam	para/em direção a

Falando de Distâncias (Tempo e Espaço) com Lí

Mesmo que você possa usar o modelo **cóng... dào** para dizer, literalmente, *de cá para lá* (**cóng zhèr dào nàr** 从这儿到那儿 [從這兒到那兒]) (tsom dʒar dau nan) quando você quer indicar a distância de um lugar para outro, você precisa usar o coverbo "distância entre" **lí** 离 (離) (li). A frase-padrão geral é algo como isto:

> Lugar + **lí** + lugar + palavra que descreve a distância

Por exemplo

> **Gōngyuán lí túshūguǎn hěn jìn.** 公园离图书馆很近. (公園離圖書館很近.) (gom-iuem li tu-xu-guam hǎm djim.) (*O parque é muito perto da biblioteca.*)

> **Wǒ jiā lí nǐ jiā tǐng yuǎn.** 我家离你家挺远. (我家離你家挺遠.) (uo djia li ni djia timm iuem.) (*A minha casa é muito longe da sua casa.*)

Se você quiser especificar exatamente o quão longe um lugar é de outro, pode usar o número **lǐ** 里 (li) (*o equivalente chinês a um quilômetro*) seguido da palavra **lǐ** e, em seguida, a palavra **lù** 路 (lu) (Literalmente: *rua*). Se disser **sì lǐ lù** 四里路 (si li lu) (*4 quilômetros*), **bā lǐ lù** 八里路 (ba li lu) (*8 quilômetros*) ou **èrshísān lǐ lù** 二十三里路 (ar-xi-sam li lu) (*23 quilômetros*), as pessoas saberão a distância exata quando você usar esse modelo. Você também tem que usar a palavra **yǒu** 有 (iou) (*ter*) antes do número de quilômetros. No entanto, se a resposta inclui um advérbio como **yuǎn** 远 (遠) (iuem) (*longe*) ou **jìn** 近 (djim) (*perto*) em vez de uma distância numérica, você não precisa especificar o número de quilômetros ou usar a palavra **yǒu**. (Conte com o Capítulo 5 para obter informações sobre os números chineses.)

Confira os seguintes exemplos de perguntas e respostas que usam esses padrões:

Gōngyuán lí túshūguǎn duō yuǎn? 公园离图书馆多远? (公園離圖書館多麼遠?) (gom-iuem li tu-xu-guam duo iuem?) (*O quão longe o parque é da biblioteca?*)

Gōngyuán lí túshūguǎn yǒu bā lǐ lù. 公园离图书馆有八里路. (公園離圖書館有八里路.) (gom-iuem li tu-xu-guam iou ba li lu.) (*O parque fica a oito quilômetros da biblioteca.*)

Yíngháng lí nǐ jiā duō jìn? 银行离你家多近? (銀行離你家多近?) (iimm-haam li ni djia duo djim?) (*O quão perto é o banco da sua casa?*)

Hěn jìn. Zhǐ yī lǐ lù. 很近. 只一里路. (hām djim. dʒi ii li lu.) (*Muito perto. Apenas um quilômetro.*)

Você pode ter algumas outras perguntas quando indagar sobre locais e distâncias:

✔ **Yào duō cháng shíjiān?** 要多长时间? (要多長時間?) (iau duo tchaam xi-djiem?) (*Quanto tempo vai levar?*)

✔ **Zǒu de dào ma?** 走得到吗? (走得到嗎?) (zou dā dau ma?) (*Posso caminhar até lá?*)

✔ **Zǒu de dào, zǒu bú dào?** 走得到走不到? (zou dā dau, zou bu dau?) (*Pode-se caminhar até lá?*)

Para indicar se algo é provável de acontecer ou improvável de ser alcançado, o modelo que você usa inclui complementos potenciais. Você usa tais complementos colocando a palavra **de** 得 (dā) ou **bù** 不 (bu) entre o verbo e o complemento para indicar se algo potencialmente positivo ou negativo está envolvido, respectivamente.

Considere a frase **nǐ kànjiàn** 你看见 (你看見) (ni kam-djiem) (*você vê*). Se você disser **Nǐ kàn de jiàn ma?** 你看得见 吗? (你看得見嗎?) (ni kam dā djiem ma?), quer dizer *Você consegue ver?* Se substituir o **de** positivo pelo **bù** negativo e perguntar **Nǐ kàn bú jiàn ma?** 你看不见 吗? (你看不見嗎?) (ni kam bu djiem ma?), quer dizer *Você não pode ver?* Finalmente, se você usar formas potenciais positivas e negativas na mesma sentença, perguntando **Nǐ kàn de jiàn, kàn bú jiàn?** 你看得见, 看不见? (你看得見, 看不見?) (ni kam dā djiem, kam bu djiem?), significa *Você pode ver [ou não]?*

Capítulo 17: Pedindo Informações

Assim, no exemplo anterior **Zǒu de dào, zǒu bú dào?**, o que você está realmente dizendo é *Pode-se caminhar até lá [ou não]?* Da mesma forma, **Wǒmen lái de jí, lái bù jí?** 我们来得及，来不及? (我們來得及來不及?) (uo-mãm lai dã dji, lai bu dji?) significa *Será que vamos chegar a tempo [ou não]?*

Seguem outros exemplos desse padrão:

> **xǐ gānjìng** 洗干净 (洗乾淨) (ci gam-djimm) (*lavar [e limpar]*)
>
> **xǐ de gānjìng** 洗得干净 (洗得乾淨) (ci dã gam-djimm) (*é possível deixar bem limpo*)
>
> **xǐ bù gānjìng** 洗不干净 (洗不乾淨) (ci bu gam-djimm) (*não é possível deixar bem limpo*)
>
> **Xǐ de gānjìng, xǐ bù gānjìng?** 洗得干净,洗不干净? (洗得乾淨,洗不乾淨?) (ci dã gam-djimm, ci bu gam-djimm?) (*É possível deixar bem limpo?/Pode ser lavado?*)
>
> **zuò wán** 做完 (zuo uam) (*consegue terminar*)
>
> **zuò de wán** 做得完 (zuo dã uam) (*é possível terminar*)
>
> **zuò bù wán** 做不完 (zuo bu uam) (*não é possível terminar*)
>
> **Zuò de wán, zuò bù wán?** 做得完,做不完? (zuo dã uam, zuo bu uam?) (*Você consegue terminá-lo?/Pode ser terminado?*)

Usando Números Ordinais para Especificar Pontos de Referência

Se alguém já lhe disse para entrar à direita no segundo **jiāotōng dēng** 交通灯 (交通燈) (djiau-tom dãmm) (*semáforo*) ou que sua casa é a terceira à esquerda, ele usou números ordinais. (Você pode encontrar uma lista de números ordinais no Capítulo 5, nesta seção só vou mostrar como eles são usados na formulação de orientações em chinês.)

Apenas usar um número acrescido de um classificador não funciona em chinês, tal como quando você diz **sān ge** 三个 (三個) (sam gã) (*três*) de alguma coisa. Se alguém que lhe está dando instruções diz **sān ge jiāotōng dēng** 三个交通灯 (三個交通燈) (sam gã djiau-tom dãmm), você entenderá *três semáforos*. Para expressar com precisão o *terceiro semáforo*, quem lhe está ajudando terá que adicionar a palavra **dì** 第 (di) antes do numeral para criar **dì sān ge jiāotōng dēng** 第三个交通灯 (第三個交通燈) (di sam gã djiau-tom dãmm).

Como explico no capítulo 5, se você usar um número ordinal seguido por um substantivo, deve sempre ter um classificador entre eles. Você não pode combinar **dì sān** 第三 (di sam) (*o terceiro*) com **qìchē** 汽车 (汽車) (tchii-tchã) (*carro*). Você tem de colocar o classificador **ge** entre o número e o substantivo para dizer **dì sān ge qìchē** 第三个汽车 (第三個汽車) (di sam gã tchii-tchã) (*o terceiro carro*).

Seguem alguns exemplos de como você pode ouvir os números ordinais em orientações:

dì èr ge fángzi 第二个房子 (第二個房子) (di ar gā faam-zi) (*a segunda casa*)

dì yī tiáo lù 第一条路 (第一條路) (di ii tiau lu) (*a primeira rua*)

zuǒ biān dì bā ge fángzi 左边第八个房子 (左邊第八個房子) (zuo biem di ba gā faam-zi) (*a oitava casa do lado esquerdo*)

Especificando os Pontos Cardeais

As pessoas que lhe estão prestando informações podem dizer para ir para a direita ou para a esquerda até se cansarem, mas às vezes a melhor maneira de dar instruções é apontar o caminho certo usando como referência os pontos cardeais: norte, sul, leste ou oeste.

Em chinês, no entanto, você os fala na seguinte ordem:

- **dōng** 东 (東) (dom) (*leste*)
- **nán** 南 (nam) (*sul*)
- **xī** 西 (ci) (*oeste*)
- **běi** 北 (bei) (*norte*)

Não é suficientemente exato? Tente os seguintes (também na ordem chinesa correta):

- **dōng běi** 东北 (東北) (dom bei) (*nordeste*)
- **xī běi** 西北 (ci bei) (*noroeste*)
- **dōng nán** 东南 (東南) (dom nam) (*sudeste*)
- **xī nán** 西南 (ci nam) (*sudoeste*)

Quando se trata de indicar norte, sul, leste e oeste (bem como esquerda e direita), você pode usar **-biān** 边 (邊) (biem) ou **-miàn** 面 (miem) como uma palavra final, mas não **-tóu** 头 (頭) (tou), que você pode usar com outras palavras que indicam posição, como frente, trás, dentro e fora. (Falo sobre essas palavras no início deste capítulo.)

Dar informações, muitas vezes, implica múltiplas instruções. "Vire à direita e você está lá" ou "Vá em frente e você vai vê-lo bem em sua frente" nem sempre ajudam. Felizmente, um modelo chinês padrão faz indicar várias direções facilmente:

xiān 先 + Verbo 1, **zài** 再 + Verbo 2. (ciem + Verbo 1, zai + Verbo 2.) (*Primeiro faça Verbo 1 e depois faça Verbo 2.*)

Aqui estão alguns exemplos:

Xiān wàng dōng zǒu, zài wàng yòu zhuǎn. 先往东走,再往右转.(先往東走,再往右轉.) (ciem uaam dom zou,zai uaam iou dʒuam.) (*Primeiro caminhe para o leste e depois vire à direita.*)

Xiān zhí zǒu, zài wàng xī zǒu. 先直走,再往西走.(ciem dʒi zou,zai uaam ci zou.) (*Primeiro siga em frente e depois vire para o oeste.*)

Tendo uma Conversa

Linda está andando por Xangai, à procura do Museu de Xangai. Ela começa a se perguntar se está indo na direção certa, então decide perguntar a um estranho como chegar lá.

Linda:
> **Qǐngwèn, Shànghǎi bówùguǎn lí zhèr hěn yuǎn ma?**
> tsiimm-uām, xaam-hai bo-uu-guam li dʒār hām iuem ma?
> *Com licença, o Museu de Xangai é muito longe daqui?*

Estranho:
> **Bù yuǎn. Shànghǎi bówùguǎn jiù zài rénmín dà dào.**
> bu iuem. xaam-hai bo-uu-guam djiu zai rām-mim da dau.
> *Não é longe. O Museu de Xangai é na Avenida do Povo.*

Linda:
> **Rénmín dà dào lí zhèr duō yuǎn?**
> rām-mim da dau li dʒār duo iuem?
> *O quão longe é a Avenida do Povo daqui?*

Estranho:
> **Rénmín dà dào lí zhèr zhǐ yǒu yì lǐ lù zuǒyòu.**
> rām-mim da dau li dʒār dʒi iou ii li lu zuo-iou.
> *A Avenida do Povo é cerca de apenas um quilômetro daqui.*

Linda:
> **Cóng zhèr zǒu de dào, zǒu bú dào?**
> tsom dʒār zou dā dau, zou bu dau?
> *Posso andar daqui até lá?*

Estranho:
> **Kěndìng zǒu de dào. Nǐ xiān wàng nán zǒu, zài dì èr tiáo lù wàng xī zhuǎn. Dì yī ge lóu jiù shì.**
> kām-dimm zou dā dau. ni ciem uaam nam zou, zai di ar tiau lu uaam ci dʒuam. di ii gā lou djiu xi.
> *Certamente dá para andar. Primeiro caminhe para o sul e depois vire a oeste na segunda rua. Vai ser o primeiro edifício que você verá.*

Parte III: Chinês na Estrada

Linda:	**Fēicháng gǎnxiè nǐ.**
	fei-tchaam gam-cie ni.
	Estou extremamente grata [por sua ajuda].

Estranho:	**Méi shì.**
	mei xi.
	Não é nada.

Vocabulário

bówùguǎn 博物馆 (博物館)	bo-uu-guam	museu
zuǒyòu 左右	zuo-iou	aproximadamente/ cerca de
kěndìng 肯定	kǎm-dimm	certamente/ definitivamente
xiān . . . zài . . . 先 . . . 再	ciem... zai...	primeiro... depois...
fēicháng gǎnxiè 非常感谢 (非常感謝)	fei-tchaam gam-cie	muito obrigado
Méi shì. 没事.	mei xi.	Não é nada.

Capítulo 17: Pedindo Informações 271

Diversão & Jogos

Use as direções cardeais chinesas para indicar se cada edifício na ilustração está voltado para norte, sul, leste ou oeste. (Confira o Apêndice D para obter as respostas.)

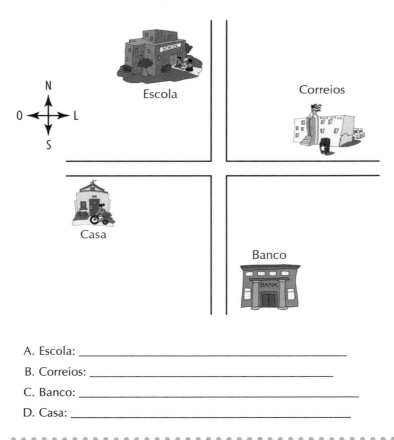

A. Escola: _____

B. Correios: _____

C. Banco: _____

D. Casa: _____

272 Parte III: Chinês na Estrada

Capítulo 18
Encontrando um Lugar para Ficar

Neste Capítulo
- Reservando um quarto
- Fazendo check-in ao chegar
- Solicitando serviços de hotel
- Pagando sua conta

O hotel certo pode ser responsável pelo êxito ou pelo fracasso de suas férias. Seja numa cidade grande ou numa cidade remota do interior com apenas um hotel que corresponda às suas expectativas, ainda assim você precisa saber como fazer o check-in, o check-out e perguntar por qualquer coisa que precise nesse ínterim (inclusive a conta). Este capítulo deixa a seu alcance a possibilidade de reservar seu hotel, fazer o check-in na recepção, o check-out no momento determinado e lidar com todos os tipos de problemas que podem vir a surgir entre um e outro.

No entanto, primeiro tenho um fato surpreendente para você: não há uma, nem duas, mas pelo menos cinco maneiras de dizer *hotel* em chinês:

- **bīnguǎn** 宾馆 (宾馆) (bim-guam) (Literalmente: *lugar para hóspedes*)
- **fàndiàn** 饭店 (飯店) (fam-diem) (Literalmente: *lugar para fazer refeições*)
- **jiǔdiàn** 酒店 (djiu-diem) (Literalmente: *lugar para tomar vinho*)
- **lǚguǎn** 旅馆 (旅館) (lü-guam) (*hotel*)
- **zhāodàisuǒ** 招待所 (dʒau-dai-suo) (Literalmente: *lugar para receber pessoas*)

Reservando um Quarto

Pensando em **yùdìng** 预定 (預定) (iu-dimm) (*reservar*) um **fángjiān** 房间 (房間) (faam-djiem) (*quarto de hotel*)? Que tipo você quer? Um quarto individual só para você? Um quarto duplo para você e alguém especial? Ou talvez uma suíte para uma ocasião especial, como seu aniversário de 50 anos de casamento?

274 Parte III: Chinês na Estrada _____

Você tem vários tipos de quartos para escolher, dependendo de seu orçamento e de suas necessidades particulares:

- **dānrén fángjiān** 单人房间 (單人房間) (dam-rãm faam-djiem) (*quarto individual*)

- **shuāngrén fángjiān** 双人房间 (雙人房間) (xuaam-rãm faam-djiem) (*quarto duplo*)

- **tàojiān** 套间 (套間) (tau-djiem) (*suíte*)

- **yíge ānjìng de fángjiān** 一个安静的房间 (一個安靜的房間) (ii-gã am-djimm dã faam-djiem) (*quarto silencioso*)

- **yíge bù xīyān de fángjiān** 一个不吸烟的房间 (一個不吸煙的房間) (ii-gã bu ci-iem dã faam-djiem) (*quarto para não fumantes*)

- **yíge cháo yuànzi de fángjiān** 一个朝院子的房间 (一個朝院子的房間) (ii-gã tchau iuem-zi dã faam-djiem) (*quarto com vista para o pátio*)

- **yíge dài yángtái de fángjiān** 一个带阳台的房间 (一個帶陽臺的房間) (ii-gã dai iaam-tai dã faam-djiem) (*quarto com sacada*)

- **yíge fāngbiàn cánjí rén de fángjiān** 一个方便残疾人的房间 (一個方便殘疾人的房間) (ii-gã faam-biem tsam-dji rãm dã faam-djiem) (*quarto para deficientes físicos*)

- **yíge guāngxiàn hǎo de fǎngjiān** 一个光线好的房间 (一個光線好的房間) (ii-gã guam ciem hau dã faam-djiem) (*quarto iluminado*)

- **yíge hǎi jīng de fángjiān** 一个海景的房间 (一個海景的房間) (ii-gã hai djimm dã faam-djiem) (*quarto com vista para o oceano*)

- **yíge yǒu kōngtiáo de fángjiān** 一个有空调的房间 (一個有空調的房間) (ii-gã iou kom-tiau dã faam-djiem) (*quarto com ar-condicionado*)

Qualquer que seja a ocasião e o tipo de quarto que você queira, é necessário saber como fazer uma reserva. Certifique-se de saber seu orçamento com antecedência (e de cumpri-lo). Você vai encontrar um hotel decente, não importa a faixa de preço, se reservar um tempo para conferir as opções.

Seguem aqui algumas coisas que você pode querer perguntar ou especificar por telefone quando começar a procurar o hotel ideal:

- **Nǐmen de fángjiān yǒu méiyǒu wǎngluò liánjié?** 你们的房间有没有网络连接? (你們的房間有沒有網絡連接?) (ni-mãm dã faam-djiem iou mei-iou uaam-luo liem-djie?) (*Seus quartos têm acesso à internet?*)

- **Nǐmen hái yǒu fángjiān ma?** 你们还有房间吗? (你們還有房間嗎?) (ni-mãm hai iou faam-djiem ma?) (*Vocês têm algum quarto disponível?*)

- **Nǐmen fángjiān de jiàgé shì duōshǎo?** 你们房间的价格是多少? (你們房間的價格是多少?) (ni-mãm faam-djiem dã djia-gã xi duo-xau?) (*Quais os valores dos quartos?*)

- **Nǐmen shōu bù shōu xìnyòng kǎ?** 你们收不收信用卡? (你們收不收信用卡?) (ni-mãm xou bu xou cim-iom ka?) (*Vocês aceitam cartões de crédito?*)

Capítulo 18: Encontrando um Lugar para Ficar   *275*

✔ **Wǒ yào yíge fángjiān zhù liǎng ge wǎnshàng.** 我要一个房间住两个晚上. (我要一個房間住兩個晚上.) (uau iau ii-gā faam-djiem dʒu liaam gā uam-xaam.) (*Gostaria de um quarto por duas noites.*)

✔ **Yǒu méiyǒu shāngwù zhōngxīn?** 有没有商务中心? (有沒有商務中心?) (iou mei-iou xaam-uu dʒom-cim?) (*Há um centro empresarial?*)

Quando você finalmente pegar o telefone para fazer a reserva de um quarto, certifique-se de ter seu cartão de crédito em mãos (consulte o Capítulo 15 para mais conversas de negócios).

Tendo uma Conversa

Ivan liga para uma conhecida rede hoteleira em Hong Kong a fim de fazer uma reserva de três dias para toda a família. O funcionário do hotel o atende prontamente. (Faixa 26)

Ivan: **Qǐngwèn, nǐmen fángjiān de jiàgé shì duōshǎo?**
tsiimm-uǎm, ni-mǎm faam-djiem dā djia-gā xi duo-xau?
Posso perguntar quais são os valores dos quartos?

Funcionário do hotel: **Wǒmen de fángjiān yì tiān wǎnshàng yì bǎi wǔ shí kuài měi yuán.**
uo-mām dā faam-djiem ii tiem uam-xaam ii bai uu xi kuai mei iuem.
Nossos quartos custam US $ 150 por noite.

Ivan: **Nà shì dānrén fángjiān hái shì shuāngrén fángjiān de jiàgé?**
na xi dam-rām faam-djiem hai xi xuaam-rām faam-djiem dā djia-gā?
Esse é o valor de um quarto individual ou duplo?

Funcionário do hotel: **Dānrén fángjiān hé shuāngrén fángjiān de jiàgé dōu yíyàng.**
dam-rām faam-djiem hā xuaam-rām faam-djiem dā djia-gā dou ii-iaam.
Os valores dos nossos quartos individuais e duplos são os mesmos.

Ivan: **Hǎo jíle. Wǒ yào liǎngge dānrén fángjiān yíge shuāngrén fángjiān.**
hau dji-lā. uo iau liaam-gā dam-rām faam-djiem ii-gā xuaam-rām faam-djiem.
Ótimo. Gostaria de dois quartos de solteiro e um duplo.

Parte III: Chinês na Estrada

Funcionário do hotel:	**Méiyǒu wèntí. Nǐmen yào jǐ ge wǎnshàng?** mei-iou uām-ti. ni-mām iau dji gā uam-xaam? *Sem problemas. Quantas noites vocês vão ficar?*
Ivan:	**Yígòng sān ge wǎnshàng.** ii-gom sam gā uam-xaam. *Ao todo, três noites.*
Funcionário do hotel:	**Hǎo. Nà yígòng yìqiān sānbǎi wǔ shí kuài.** hau. na ii-tsiam sam-bai uu xi kuai. *Muito bem. O total será 1.350 dólares.*

Vocabulário

jiàgé 价格 (價格)	djia-gā	preço
hé 和	hã	e
dōu yíyàng 都一样 (都一樣)	dou ii-iaam	ambos são o(s) mesmo(s)
dāi 待	dai	ficar
yígòng 一共	ii-gom	ao todo/no total

A conjunção **hé** 和 (hã) (*e*), juntamente com o substantivo, precede o verbo ou adjetivo principal de uma frase. Alguns sinônimos de **hé** são **gēn** 跟 (gām), **yǔ** 与 (與) (iü) e **tóng** 同 (tom), embora **tóng** seja mais bem traduzido como *com*.

Hotel ou apartamento?

A economia chinesa tornou-se um ímã para as empresas estrangeiras e dezenas de homens (e mulheres) de negócios estrangeiros começaram a fixar residência lá. Como viver na China continental pode ser bastante caro e apartamentos agradáveis que não vêm com uma longa lista de espera são difíceis de encontrar, muitos estrangeiros optam por ficar em um quarto de hotel permanente ou em um apartamento de hotel para estrangeiros. Um amigo meu em Xangai aluga seu apartamento de bom tamanho por cerca de USD $ 2.000 por mês (cerca de R$ 4.000), equiparável ao aluguel em cidades conhecidas por seus altos aluguéis, como Nova York ou Chicago. E você pode esperar que os hotéis cobrem pelo menos USD $ 150 por noite (cerca de R$ 300,00).

Capítulo 18: Encontrando um Lugar para Ficar 277

Verificando Antes de Usar a Piscina

Antes que você possa tirar proveito de todas as vantagens que seu hotel oferece (vá para a próxima seção), você tem que oficialmente **bànlǐ rùzhù shǒuxù** 办理入住手续 (辦理入住手續) (bam-li ru-dʒu xou-ciü) (*fazer o check-in*). Você não quer ser pego em flagrante enquanto se exercita na academia ou relaxa na banheira de hidromassagem, a menos que você seja um convidado de boa-fé, certo? (Não responda a isso.)

Quando você está no **fàndiàn qiántái** 饭店前台 (飯店前台) (fam-diem tsiiem-tai) (*balcão de recepção*), você sempre precisa dizer uma das seguintes frases:

- ✔ **Nǐmen hái yǒu fángjiān ma?** 你们还有房间吗? (你們還有房間嗎?) (ni-mem hai iou faam-djiem ma?) (*Vocês têm quartos disponíveis?*)
- ✔ **Wǒ méiyǒu yùdìng fángjiān.** 我没有预定房间. (我沒有預定房間.) (uo mei-iou iu-dimm faam-djiem.) (*Não tenho uma reserva.*)
- ✔ **Wǒ yǐjīng yùdìng le fángjiān.** 我已经预定了房间. (我已經預定了房間.) (uo ii-djimm iu-dimm lā faam-djiem.) (*Eu já fiz uma reserva.*)

Se você estiver com sorte, o hotel disporá de pelo menos um quarto **kōng** 空 (*vazio/vago*). Se o hotel não tem espaço disponível, você vai ouvir **Duìbùqǐ, wǒmen kèmǎn le.** 对不起, 我们客满了. (對不起, 我們客滿了.) (dui-bu-tchii, uo-mām kā-mam lā.) (*Desculpe, não há vagas./Nós estamos lotados.*)

O **qiántái fúwùyuán** 前台服务员 (前台服務員) (tsiiem-tai fu-uu-iuem) (*recepcionista*) pede-lhe para **tián** 填 (tiem) (*preencher*) alguns **biǎo** 表 (biau) (*formulários*) a fim de reservar o quarto, assim, tenha uma caneta e algum documento de **zhèngjiàn** 证件 (證件) (dʒāmm-djiem) (*identificação*) preparados — especialmente seu **hùzhào** 护照 (護照) (hu-dʒau) (*passaporte*). Voilà! Você é oficialmente um **kèrén** 客人 (kā-rām) (*hóspede*) de hotel.

Depois de fazer com sucesso o check-in, um **xíngliyuán** 行李员 (行李員) (cimm-li-iuem) (*carregador/mensageiro*) logo aparece para ajudar a levar a **xíngli** 行李 (cimm-li) (*bagagem*) para o quarto. Depois de deixá-lo lá, ele lhe entregará a **yàoshi** 钥匙 (鑰匙) (iau-xi) (*chave*), se você não a pegou com o **qiántái fúwùyuán** lá embaixo.

Tendo uma Conversa

Adriana chega a Taiwan e quer dar entrada em um hotel no centro de Taipei, mas o funcionário informa que o hotel não tem vaga. (Faixa 27)

Adriana: **Nǐ hǎo. Qǐngwèn, nǐmen hái yǒu fángjiān ma?**
ni hau. tsiiimm-uām, ni-mām hai iou faam-djiem ma?
Olá. Posso saber se vocês têm algum quarto disponível?

278 Parte III: Chinês na Estrada

Funcionário:	**Duìbùqǐ, wǒmen jīntiān kèmǎn le. Méiyǒu kōng fángjiān le.** dui-bu-tchii, uo-mãm djim-tiem kã-mam lã. mei-iou kom faam-djiem lã. *Sinto muito, mas estamos lotados hoje. Não existe nenhum quarto vago.*
Adriana:	**Zāogāo! Nǐ néng bù néng tuījiàn biéde lǚguǎn?** zau-gau! ni nãmm bu nãmm tui-djiem bie-dã lü-guam? *Droga! Você poderia recomendar um outro hotel, então?*
Funcionário:	**Kěyǐ. Gébì de lǚguǎn yǒu kōng fángjiān. Nǐ zuì hǎo zǒu guò qù shì shì kàn.** kã-ii. gã-bi dã lü-guam iou kom faam-djiem. ni zui hau zou guo tsiü xi xi kam. *Sim. O hotel ao lado tem vagas. Você pode ir até lá e dar uma olhada.*
Adriana:	**Xièxiè.** cie-cie. *Obrigada.*

Vocabulário

duìbùqǐ 对不起 (對不起)	dui-bu-tchii	desculpe/sinto muito
zāogāo 糟糕	zau-gau	droga/Que pena!
tuījiàn 推荐 (推薦)	tui-djiem	recomendar
biéde 别的	bie-dã	outro(a)
lǚguǎn 旅馆 (旅館)	lü-guam	hotel
gébì 隔壁	gã-bi	ao lado/vizinho(a)

Aproveitando o Serviço de Hotel

Depois de dar entrada em seu hotel (consulte a seção anterior), você pode se ver misteriosamente demorando um pouco no **dàtīng** 大厅 (大廳) (da-timm) (*saguão/lobby*), enquanto pensa por tempo suficiente em todos os tipos de

Capítulo 18: Encontrando um Lugar para Ficar **279**

comodidades à sua disposição. As seções a seguir apresentam a você as comodidades e serviços ao cliente que um hotel normalmente tem a oferecer.

Dependendo dos serviços de que necessita, você interage com muitos funcionários diferentes em qualquer estadia em hotel:

- **fúwùtái jīnglǐ** 服务台经理 (服務台經理) (fu-uu-tai djimm-li) (*gerência da recepção*)
- **fúwùyuán** 服务员 (服務員) (fu-uu-iuem) (*atendente*)
- **fúwùyuán lǐngbān** 服务员领班 (服務員領班) (fu-uu-iuem limm-bam) (*supervisor dos funcionários*)
- **zhùlǐ jīnglǐ** 助理经理 (助理經理) (dʒu-li djimm-li) (*assistente da gerência*)
- **zǒngjīnglǐ** 总经理 (總經理) (zom-djimm-li) (*gerente geral*)

Contando com os serviços

A maioria dos hotéis permite que você peça para ser acordado, para que não precise se preocupar em definir um alarme. Tudo que você tem a dizer é **Qǐng nǐ jiào wǒ qǐchuáng.** 请你叫我起床。(請你叫我起床。) (tsiim- ni djiau uo tchii-tchuaam.) (Literalmente: *Por favor, ligue para me acordar.*)

Depois que você estiver acordado, os luxos à sua disposição podem incluir:

- **ànmō yùgāng** 按摩浴缸 (am-mo iü-gaam) (*banheira de hidromassagem*)
- **diànshì** 电视 (電視) (diem-xi) (*televisão*)
- **gānxǐ fúwù** 干洗服务 (乾洗服務) (gam-ci fu-uu) (*serviço de lavagem a seco*)
- **lǚguǎn fàndiàn** 旅馆饭店 (旅館飯店) (lü-guam fam-diem) (*restaurante do hotel*)
- **shāngwù zhōngxīn** 商务中心 (商務中心) (xaam-uu dʒom-cim) (*centro empresarial*)
- **tǐyùguǎn** 体育馆 (體育館) (ti-iü-guam) (*academia*)
- **xǐyī fúwù** 洗衣服务 (洗衣服務) (ci-ii fu-uu) (*serviço de lavanderia*)
- **yóuyǒngchí** 游泳池 (iou-iom-tchi) (*piscina*)

Resolvendo problemas

É, bem... você finalmente está abrigado em seu grande e bonito quarto de hotel, quando descobre que a **mén suǒ bú shàng** 门锁不上 (門鎖不上) (mãm suo bu xaam) (*porta não trava*) e o **kōngtiáo huài le** 空调坏了 (空調壞了) (kom-tiau huai lã) (*ar-condicionado não funciona*). Para piorar a situação, sua **chuānghu dǎ bù kāi** 窗户打不开 (窗戶打不開) (tchuaam-hu da bu kai) (*janela não abre*). Onda de calor! Pode ser difícil de acreditar, mas, além de tudo isso, seu **mǎtǒng dǔzhùle** 马桶堵住了 (馬桶堵住了) (ma-tom du-dʒu-lã) (*vaso sanitário*

280 Parte III: Chinês na Estrada

está entupido). Hora de chamar a **kèfáng fúwùyuán** 客房服务员 (客房服務員) (kã-faam fu-uu-iuam) (*camareira do hotel*) mais próxima para obter ajuda.

Chame rápido se os seguintes equipamentos estiverem **huàile** 坏了 (壞了) (huai-lã) (*quebrados*) e precisarem de conserto imediato:

- **chāzuò** 插座 (tcha-zuo) (*tomada elétrica*)
- **kāiguān** 开关 (開關) (kai-guam) (*interruptor de luz*)
- **kōngtiáo** 空调 (空調) (kom-tiau) (*ar-condicionado*)
- **mǎtǒng** 马桶 (馬桶) (ma-tom) (*vaso sanitário*)
- **nuǎnqì** 暖气 (暖氣) (nuam-tchii) (*aquecedor*)
- **yáokòng qì** 遥控器 (遙控器) (iau-kom tchii) (*controle remoto*)

Mesmo se você não estiver tendo uma emergência com equipamentos, você pode querer a limpeza ou troca dos seguintes itens:

- **chuīfēngjī** 吹风机 (吹風機) (tchui-fãmm-dji) (*secador de cabelo*)
- **máojīn** 毛巾 (mau-djim) (*toalha*)
- **máotǎn** 毛毯 (mau-tam) (*cobertor de lã/manta de lã*)
- **wèishēngzhǐ** 卫生纸 (衛生紙) (uei-xãmm-dʒi) (*papel higiênico*)
- **zhěntóu** 枕头 (枕頭) (dʒãm-tou) (*travesseiro*)

Talvez você só precise de alguém para **dǎsǎo fángjiān** 打扫房间 (打掃房間) (da-sau faam-djiem) (*limpar o quarto*). Que bom. Mesmo os melhores hotéis precisam de alguns ajustes de vez em quando.

Ei! Quase me esqueci de um dos melhores tipos de serviço que se pode aproveitar: o serviço de quarto! No entanto, antes de decidir pedir serviço de quarto para comida, lembre-se que geralmente é duas vezes mais caro que um jantar no restaurante do hotel, em função da conveniência do serviço.

Para fazer uma comparação, dizendo que algo é um determinado número de vezes mais caro do que qualquer outra coisa, você usa primeiro a palavra **guì** 贵 (貴) (gui) (*caro*), seguida pelo número de vezes que você acha que é mais caro e a palavra **bèi** 倍 (bei) (*traduzido aproximadamente como vezes*). Você pode comparar o custo relativo de dois produtos ou serviços usando a palavra **bǐ** 比 (bi) (*comparado a*), no seguinte padrão:

X **bǐ** Y **guì** # **bèi** (X 比 Y 贵 (貴) # 倍)

Seguem alguns exemplos:

Zhège fángjiān bǐ nèige guì shí bèi. 这个房间比那个贵十倍. (這個房間比那個貴十倍.) (dʒã-gã faam-djiem bi nei-gã gui xi bei.) (*Este quarto é dez vezes mais caro do que o outro.*)

Capítulo 18: Encontrando um Lugar para Ficar 281

Zuò chūzūchē bǐ zuò gōnggòng qìchē guì wǔ bèi. 坐出租车比坐公共汽车贵五倍.(坐出租車比坐公共汽車貴五倍.) (zuo tchu-zu-tchā bi zuo gom-gom tchii-tchā gui uu bei.) *(Pegar um táxi é cinco vezes mais caro do que pegar um ônibus.)*

Nunca beba diretamente da torneira em seu hotel chinês, pois a água não é confiável. Cada quarto de hotel na China tem uma grande garrafa de água fervente que você pode usar para fazer chá ou para beber. Você pode escovar os dentes com água da torneira, já que vai cuspi-la. Os chineses também não se atrevem a beber água da torneira, então você está em boa companhia.

Tendo uma Conversa

Daniel entra em seu quarto de hotel depois de fazer o check-in, para logo descobrir que a torneira do banheiro está quebrada. Ele liga para o serviço de limpeza do quarto e poucos minutos depois ouve uma batida em sua porta.

Camareira: **Kèfáng fúwùyuán!**
kā-faam fu-uu-iuem!
Limpeza de quarto!

Daniel: **Qǐng jìn!**
tsiimm djim!
Entre!

Camareira: **Yǒu shénme wèntí?**
iou xām-mā uām-ti?
Qual é o problema?

Daniel: **Zhèige shuǐlóngtóu huàile. Yě méiyǒu rèshuǐ.**
dʒei-gā xui-lom-tou huai-lā. ie mei-iou rā-xui.
Esta torneira está quebrada. Também não tem água quente.

Camareira: **Hěn duìbùqǐ. Mǎshàng sòng shuǐnuǎngōng guòlái kànkàn.**
hām dui-bu-tchii. ma-xaam som xui-nuam-gom guo-lai kam-kam.
Desculpe. Vamos enviar um encanador imediatamente para dar uma olhada.

Daniel: **Xièxiè.**
cie-cie.
Obrigado.

282 Parte III: Chinês na Estrada

Quando a camareira começa a sair, Daniel de repente se lembra de algumas outras coisas das quais ela poderia ser capaz de cuidar.

Daniel: **Xiǎojiě, nǐmen yǒu méiyǒu xǐyī fúwù?**
ciau-djie, ni-mãm iou mei-iou ci-ii fu-uu?
Senhorita, vocês têm algum serviço de lavanderia?

Camareira: **Yǒu.**
iou.
Sim, nós temos.

Daniel: **Hǎo jíle. Jīntiān kěyǐ bǎ zhè xiē yīfú xǐ hǎo ma?**
hau dji-lā. djim-tiem kā-ii ba dʒā cie ii-fu ci hau ma?
Ótimo. Posso ter estas roupas lavadas hoje?

Camareira: **Kěyǐ.**
kā-ii.
Sim.

Daniel: **Yóuqíshì zhèige wūdiǎn. Néng bùnéng qùdiào?**
iou-tchii-xi dʒei-gā uu-diem. nãmm bu-nãmm tsiü-diau?
Especialmente esta mancha. Ela pode ser removida?

Camareira: **Méiyǒu wèntí.**
mei-iou uãm-ti.
Sem problema.

Daniel: **Hǎo. Xièxiè.**
hau. cie-cie.
Ótimo. Obrigado.

Vocabulário

Qǐng jìn! 请进! (請進!)	tsiimm djim!	Entre!
mǎshàng 马上 (馬上)	ma-xaam	imediatamente
shuǐnuǎngōng 水暖工	xui-nuam-gom	encanador
yóuqíshì 尤其是	iou-tchii-xi	especialmente
wūdiǎn 污点 (污點)	uu-diem	mancha

Capítulo 18: Encontrando um Lugar para Ficar   **283**

Como você pode ver no diálogo do Tendo uma Conversa anterior, o coverbo **bǎ** 把 (ba) muitas vezes aparece logo após o sujeito da frase, separando-o do objeto direto, que é sempre algo de concreto em vez de uma ideia abstrata. Ele separa os objetos diretos e indiretos.

Não existe o padrão de frase a seguir:

> Sujeito + verbo + complemento (+ objeto indireto) + objeto

Em vez disso, há este padrão:

> Sujeito + **bǎ** + objeto + verbo + complemento (+ objeto indireto)

Aqui estão alguns exemplos:

> **Qǐng nǐ bǎ nǐde hùzhào ná gěi qiántái fúwùyuán.** 请你把你的护照拿给前台服务员.(请你把你的護照拿給前台服務員.) (tsiimm ni ba ni-dā hu-dʒau na gei tsiiem-tai fu-uu-iuem.) (*Por favor, entregue seu passaporte para o funcionário da recepção.*)

> **Wǒ bǎ shū jiè gěi nǐ.** 我把书借给你.(我把書借給你.) (uo ba xu djie gei ni.) (*Vou emprestar-lhe o livro.*)

Fazendo o Check-out Antes de Partir

Esse triste momento chegou novamente. Hora de dizer adeus. Hora de **téngchū** 腾出 (騰出) (tāmm-tchu) (*desocupar*) seu quarto de hotel e **tuìfáng** 退房 (tui-faam) (*fazer o check-out*).

Você pode precisar dizer algumas das seguintes coisas quando chega ao fim sua estadia:

- **Jiézhàng yǐhòu wǒ néng bùnéng bǎ bāoguǒ liú zài qiántái?** 结帐以后我能不能把包裹留在前台? (結帳以後我能不能把包裹留在前台?) (djie-dʒaam ii-hou uo nāmm bu-nāmm ba bau-guo liu zai tsiiem-tai?) (*Depois de fazer o check-out, posso deixar minhas malas na recepção?*)

- **Nǐmen jiēshòu shénme xìnyòng kǎ?** 你们接收什么信用卡? (你們接收甚麼信用卡?) (ni-mām djie-xou xǎm-mā cim-iom ka?) (*Quais cartões de crédito são aceitos?*)

- **Wǒ bù yīnggāi fù zhè xiàng.** 我不应该付这项.(我不應該付這項.) (uo bu iimm-gai fu dʒā ciaam.) (*Eu não deveria ser cobrado por este item.*)

- **Wǒ yào fù zhàng.** 我要付账.(我要付賬.) (uo iau fu dʒaam.) (*Eu gostaria de pagar a conta.*)

- **Yǒu méiyǒu qù fēijīchǎng de bānchē?** 有没有去飞机场的班车? (有沒有去飛機場的班車?) (iou mei-iou tsiü fei-dji-tchaam dā bam-tchā?) (*Existe um serviço de transporte para o aeroporto?*)

- **Zhè búshì wǒde zhāngdàn.** 这不是我的账单.(這不是我的賬單.) (dʒā bu-xi uo-dā dʒaam-dam.) (*Esta não é a minha conta.*)

284 Parte III: Chinês na Estrada

Tendo uma Conversa

Nilza está pronta para fazer o check-out após sua estadia de três dias em um hotel cinco estrelas, em Xangai. Ela se aproxima do funcionário da recepção para efetuar o check-out.

Nilza: **Nǐ hǎo. Wǒ jīntiān yào tuìfáng, suǒyǐ yào fù zhàng.**
ni hau. uo djim-tiem iau tui-faam, suo-ii iau fu dʒaam.
Olá. Eu gostaria de fazer o check-out e pagar a conta.

Funcionário: **Qǐngwèn, nín de fángjiān hàomǎ shì duōshǎo?**
tsiimm-uãm, nim dã faam-djiem hau-ma xi duo-xau?
Poderia me dizer qual é o número do quarto?

Nilza: **Wǔlíngliù hào fángjiān.**
uu-limm-liu hau faam-djiem.
Quarto 506.

Funcionário: **Hǎo. Zhè shì nínde zhàngdān. Yígòng yìqiān wǔbǎi kuài.**
hau. dʒã xi nin-dã dʒaam-dam. ii-gom ii-tsiiam uu-bai kuai.
Está bem. Esta é a sua conta. São $ 1.500 no total.

Nilza paga a conta com seu cartão de crédito.

Nilza: **Zhè shì wǒmen fángjiān de yàoshi.**
dʒã xi uo-mãm faam-djiem dã iau-xi.
Esta é a chave do quarto.

Funcionário: **Xièxiè.**
cie-cie.
Obrigado.

Nilza: **Jiézhàng yǐhòu wǒ néng bùnéng bǎ bāoguǒ liú zài qiántái?**
djie-dʒaam ii-hou uo nãmm bu-nãmm ba bau-guo liu zai tsiiem-tai?
Depois de fazer o check-out, posso deixar minhas malas na recepção?

Funcionário: **Kěyǐ. Méiyǒu wèntí.**
kã-ii. mei-iou uãm-ti.
Sim. Sem problemas.

Capítulo 18: Encontrando um Lugar para Ficar 285

Vocabulário

tuìfáng 退房	tui-faam	(fazer) check-out
suǒyǐ 所以	suo-ii	então/assim/ por isso
Nín de fángjiān hàomǎ shì duōshǎo? 您的房间号码 是多少? (您的房間號碼 是多少?)	nim dã faam-djiem hau-ma xi duo-xau?	Qual é o número do quarto?
zhàngdān 账单 (賬單)	dʒaam-dam	conta
yàoshi 钥匙 (鑰匙)	iau-xi	chave

Parte III: Chinês na Estrada

Diversão & Jogos

Preencha as lacunas usando as seguintes palavras: **tuìfáng** 退房, **zhàngdān** 账单 (賬單), **fángjiān** 房间 (房間), **kèmǎn** 客满 (客滿) e **qǐchuáng** 起床. Você pode encontrar as respostas no Apêndice D.

1. **Nǐmen de** _____ **yǒu méiyǒu wǎngluò liánjié?** 你们的 _____ 有没有网络连接? (你們的 _____ 有沒有網絡連接?)

   Seus quartos têm acesso à internet?

2. **Duìbùqǐ, wǒmen** _____ **le.** 对不起, 我们 _____ 了. (對不起, 我們 _____ 了.)

   Sinto muito, não temos vagas.

3. **Qǐng nǐ jiào wǒ** _____. 请你叫我 _____. (請你叫我 _____.)

   Por favor, telefone para me acordar.

4. **Zhè búshì wǒde** _____. 这不是我的 _____. (這不是我的 _____.)

   Esta não é minha conta.

5. **Wǒ jīntiān yào** _____. 我今天要 _____.

   Eu gostaria de fazer o check-out hoje.

Capítulo 19

Lidando com Emergências

- -

Neste Capítulo

▶ Gritando por socorro

▶ Visitando seu médico

▶ Indo até as autoridades

▶ Procurando por aconselhamento jurídico

- -

*V*ocê pode facilmente planejar coisas divertidas e emocionantes que queira experimentar quando viajar ou sair com os amigos, mas não pode prever a necessidade de chamar a polícia para denunciar um roubo ou de ter que correr para uma sala de emergência com **lánmò yán** 阑尾炎 (闌尾炎) (lam-mo iem) (*apendicite*) em sua viagem para a Grande Muralha. Essas coisas podem acontecer e acontecem, e este capítulo dá as ferramentas de linguagem que você precisaria para conseguir comunicar seus problemas durante os momentos de necessidade.

Pedindo Ajuda em Momentos de Necessidade

Quando você se depara com uma situação de emergência, a última coisa que você quer é gastar seu tempo à procura de um dicionário de Chinês-Português imenso para descobrir como ligar rapidamente para obter ajuda. Tente memorizar estas frases antes de surgir uma emergência:

✔ **Jiào jǐngchá!** 叫警察 (djiau djimm-tcha!) (*Chame a polícia!*)

✔ **Jiào jiùhùchē!** 叫救护车! (叫救護車! (djiau djiu-hu-tchā!) (*Chame uma ambulância!*)

✔ **Jiù mìng!** 救命! (djiu mimm!) (*Socorro!/Ajude-me!*)

✔ **Zháohuǒ lā!** 着火啦! (dʒau-huo la!) (*Fogo!*)

✔ **Zhuā zéi!** 抓贼 (抓贼!) (dʒua zei!) (*Pegue o ladrão!*)

Parte III: Chinês na Estrada

Tenha cuidado ao dizer as palavras **jiào** 叫 (djiau) (*chamar*) e **jiù** 救 (djiu) (*salvar*) nas frases anteriores. Você não quer, por engano, pedir a alguém para salvar a polícia em vez de chamar a polícia.

Às vezes você tem de perguntar por alguém que fale inglês. Aqui estão algumas frases que você pode deixar escapar durante emergências:

- **Nǐ shuō Yīngwén ma?** 你说英文吗? (你說英文嗎?) (ni xuo iimm-uãm ma?) (*Você fala inglês?*)
- **Wǒ xūyào yíge jiǎng Yīngwén de lǜshī.** 我需要一个讲英文的律师. (我需要一個講英文的律師.) (uo ciü-iau ii-gã djiaam iimm-uãm dã lü-xi.) (*Preciso de um advogado que fale inglês.*)
- **Yǒu méiyǒu jiǎng Yīngwén de dàifu?** 有没有讲英文的大夫? (有沒有講英文的大夫?) (iou mei-iou djiaam iimm-uãm dã dai-fu?) (*Há algum médico que fale inglês?*)

Quando finalmente tiver alguém que possa ajudá-lo, você precisará saber o que dizer para obter ajuda imediata:

- **Wǒ bèi rén qiǎng le.** 我被人抢了. (我被人搶了.) (uo bei rãm tsiiaam lã.) (*Fui roubado[a].*)
- **Wǒ yào huì bào yíge chē huò.** 我要汇报一个车祸. (我要匯報一個車禍.) (uo iau hui bau ii-gã tchã huo.) (*Eu gostaria de relatar um acidente de carro.*)
- **Yǒu rén shòu shāng le.** 有人受伤了. (有人受傷了.) (iou rãm xou xaam lã.) (*Pessoas estão feridas.*)

Recebendo Cuidados Médicos

É o maior pesadelo de todos — ficar doente e não saber o porquê ou como melhorar. Se de repente você vai parar no **yīyuàn** 医院 (醫院) (ii-iuem) (*hospital*) ou vai ver um **yīshēng** 医生 (醫生) (ii-xãmm) (*médico*), é preciso explicar o que o aflige — muitas vezes em pouco tempo. Pode ser mais fácil falar do que fazer, especialmente se você tem que se explicar em chinês (ou ajudar uma vítima chinesa que esteja tendo problemas em se comunicar), mas não se preocupe. Nas seções seguintes, vou guiá-lo passo a passo para uma visita ao médico.

Quando você viajar, não se esqueça de levar seus medicamentos que precisam de receita. Carregue-os em separado numa mala de mão ou em sua bolsa. Você não quer deixá-los junto com a bagagem, para nunca vê-los novamente se a bagagem se perder.

Aqui estão algumas dicas extras de emergências médicas para viajar para a China:

- A menos que você esteja em uma grande cidade como Pequim ou Xangai, se você ficar gravemente doente durante a estada na China, sua melhor aposta é voar para Hong Kong ou de volta para casa para cuidados médicos. Não se esqueça de verificar o seguro de viagem antes de ir.

- ***Aviso:*** O povo chinês não tem sangue O negativo, então os hospitais chineses não o tem armazenado. Se você tiver uma emergência médica na China e necessitar de sangue O negativo, você deve verificar diretamente com a embaixada ou consulado de seu país mais próximo para obter ajuda. Você pode precisar ser levado de helicóptero para receber os cuidados adequados. Você também pode levar suas próprias agulhas hipodérmicas no caso de precisar de uma injeção, porque não tem como garantir que as agulhas que venha a encontrar sejam esterilizadas. Melhor prevenir do que remediar longe de casa.

Decidindo se deve consultar um médico

Se tiver sorte, você nunca vai precisar usar qualquer uma das frases que apresento neste capítulo. Entretanto, se você ficar sem sorte, continue lendo. Mesmo que você nunca tenha fumado um dia sequer em sua vida, ainda pode desenvolver uma tosse ou mesmo bronquite. Hora de ver um **yīshēng.**

Tendo uma Conversa

Dàlín e sua esposa, **Miăn**, estão viajando pela primeira vez de volta à China, depois de 20 anos. **Miăn** está preocupada com uma tontura que começou de repente. Os dois discutem os sintomas.

Dàlín: **Nĭ zěnme bùshūfu?**
ni zăm-mā bu-xu-fu?
O que há de errado?

Miăn: **Wŏ gănjué bùshūfu kěshì bù zhīdào wŏ déle shénme bìng.**
uo gam-djue bu-xu-fu kā-xi bu dʒi-dau uo dā-lā xām-mā bimm.
Não me sinto bem, mas não sei o que tenho.

Dàlín: **Nĭ fā shāo ma?**
ni fa xau ma?
Você está com febre?

290 Parte III: Chinês na Estrada

Miǎn: **Méiyǒu, dànshì wǒ tóuyūn. Yěxǔ wǒ xūyào kàn nèikē yīshēng.**
mei-iou, dam-xi uo tou-ium. ie-ciü uo ciü-iau kam nei-kā ii-xāmm.
Não, mas tenho tontura. Talvez eu precise ver um clínico geral.

Dàlín liga para a clínica médica mais próxima para fazer uma consulta e, em seguida, volta para Miǎn.

Dàlín: **Wǒ jīntiān xiàwǔ sān diǎn zhōng yuē le yíge shíjiān. Nǐ zuì hǎo zànshí zuò xiàlái.**
uo djim-tiem cia-uu sam diem dʒom iue lā ii-gā xi-djiem. ni zui hau zam-xi zuo cia-lai.
Marquei uma consulta para as 3 da tarde. Enquanto isso, é melhor você se sentar por um tempo.

Vocabulário

Nǐ zěnme bùshūfu? 你怎么不舒服? (你怎麼不舒服?)	ni zǎm-mǎ bu-xu-fu?	O que tem de errado?
Nǐ fā shāo ma? 你发烧吗? (你發燒嗎?)	ni fa xau ma?	Você está com febre?
zànshí 暂时 (暫時)	zam-xi	por enquanto
Wǒ tóuyūn. 我头晕. (我頭暈.)	uo tou-ium	Estou com tontura.

Embora verbos não expressem tempo em chinês, muitas vezes você os liga a coisas chamadas marcadores de aspecto, que vêm diretamente após o verbo e indicam o grau de realização de uma ação. Os marcadores de aspecto **xiàlái** 下来 (下來) (cia-lai) e **xiàqù** 下去 (cia-tsiü) são dois exemplos. **Xiàlái** refere-se a uma ação que lentamente se transforma em uma não ação ou um estado mais calmo, como **zuò xiàlái** 坐下来 (zuo cia-lai) (*sentar e descansar*) do diálogo anterior do Tendo uma Conversa. **Xiàqù** refere-se a uma ação contínua.

Descrevendo o que lhe aflige

O mais importante primeiro: você não pode dizer ao médico onde dói se não conhecer a palavra para o que está doendo. (Claro, você pode apontar, eu

Capítulo 19: Lidando com Emergências   *291*

acho, mas não passa disso. Quando foi a última vez que tentou apontar para os órgãos internos?) A Tabela 19-1 explicita as partes do corpo em geral.

Tabela 19-1	Partes do Corpo Básicas	
Chinês	*Pronúncia*	*Português*
tóu 头 (頭)	tou	*cabeça*
ěrduō 耳朵	ar-duo	*orelha/ouvido*
liǎn 脸 (臉)	liam	*rosto*
yǎnjīng 眼睛	iam-djimm	*olho*
bízi 鼻子	bi-zi	*nariz*
bózi 脖子	bo-zi	*pescoço*
hóulóng 喉咙 (喉嚨)	hou-lom	*garganta*
jiānbǎng 肩膀	djiem-baam	*ombro*
gēbo 胳膊	gã-bo	*braço*
shǒu 手	xou	*mão*
shǒuzhǐ 手指	xou-dʒi	*dedo (da mão)*
xiōng 胸	ciuom	*peito*
fèi 肺	fei	*pulmões*
xīn 心	cim	*coração*
dùzi 肚子	du-zi	*estômago*
gān 肝	gam	*fígado*
shèn 肾	xãm	*rim*
bèi 背	bei	*costas*
tuǐ 腿	tui	*perna*
jiǎo 脚 (腳)	djiau	*pé*
jiǎozhǐ 脚趾 (腳趾)	djiau-dʒi	*dedo (do pé)*
shēntǐ 身体 (身體)	xãm-ti	*corpo*
gǔtóu 骨头 (骨頭)	gu-tou	*osso*
jīròu 肌肉	dji-rou	*músculos*
shénjīng 神经 (神經)	xãm-djimm	*nervos*

Talvez você esteja só checando seu velho **wēndùjì** 温度计 (溫度計) (uām-du-dji) (*termômetro*) e descobre que **Wǒ fā shāo le!** 我发烧了! (我發燒了!) (uo fa xau lã) (*Eu estou com febre!*) Hora de descobrir qual é o problema. Seja correndo para uma **jízhěnshì** 急诊室 (急診室) (dji-dʒãm-xi) (*sala de emergência*) ou fazendo uma visita normal a um consultório médico particular, você provavelmente vai interagir com as mesmas perguntas básicas sobre seus sintomas. A Tabela 19-2 lista alguns sintomas que você pode ter.

Parte III: Chinês na Estrada

Tabela 19-2	Sintomas Médicos Comuns	
Chinês	*Pronúncia*	*Português*
bèi tòng 背痛	bei tom	*dor nas costas*
biànmì 便秘	biem-mi	*constipação*
ěr tòng 耳痛	ar-tom	*dor de ouvido*
ěxīn 恶心 (噁心)	ã-cim	*náusea*
fāshāo 发烧 (發燒)	fa-xau	*febre*
hóulóng téng 喉咙痛 (喉嚨痛)	hou-lom tãmm	*dor de garganta*
lādùzi 拉肚子	la-du-zi	*diarreia*
pàngle 胖了	paam-lã	*engordar*
shòule 瘦了	xou-lã	*perder peso*
tóuténg 头疼 (頭疼)	tou-tãmm	*dor de cabeça*
wèi tòng 胃痛	uei tom	*dor de estômago*
xiàntǐ zhǒngle 腺体肿了 (腺體腫了)	ciem-ti dʒom-lã	*glândulas inchadas*
yá tòng 牙痛	ia tom	*dor de dente*

Em caso de emergência, você pode não ter forças para lembrar a pronúncia e o tom adequado para dizer a palavra que quer usar. Você pode querer dizer que está se sentindo um pouco **tóuyūn** 头晕 (頭暈) (tou-ium) (*tonto*), mas se sair parecendo **tuōyùn** 托运 (托運) (tuo-ium) em vez disso, você avisou a quem o está assistindo que você está enviando sua bagagem na frente.

Tendo uma Conversa

 Fernanda vai a sua consulta com **Huò Dàifu** (*Dr. Huo*). Como esta é a primeira visita de Fernanda ao Dr. Huo, a **jiēdàiyuán** (djie-dai-iuám) (*recepcionista*) precisa que ela preencha alguns formulários antes de estar com o médico e falar de seus sintomas. (Faixa 28)

Jiēdàiyuán: **Nǐ shì lái kànbìng de ma?**
ni xi lai kam-bimm dã ma?
Você veio para ver um médico?

Fernanda: **Shì de.**
xi dã.
Sim.

Jiēdàiyuán: **Yǒu méiyǒu yīliáo bǎoxiǎn?**
iou mei-iou ii-liau bau-ciem?
Você tem um plano de saúde?

Capítulo 19: Lidando com Emergências *293*

Fernanda: **Yǒu.**
iou.
Sim, eu tenho.

Jiēdàiyuán: **Hǎo. Qǐng qiān yíxià zhèi zhāng biǎo.**
hau. tsiimm tsiam ii-cia dʒei dʒaam biau.
Está bem. Por favor, preencha este formulário.

Um pouco mais tarde, a recepcionista apresenta Fernanda à **hùshì** (hu-xi) (*enfermeira*), que pretende medir a pressão arterial dela.

Jiēdàiyuán: **Hùshì huì xiān liáng yíxià xuèyā.**
hu-xi hui ciem liaam ii-cia ciue-ia.
A enfermeira vai primeiro medir sua pressão arterial.

Hùshì: **Qǐng juǎnqǐ nǐde xiùzi.**
tsiimm djuam-tchii ni-dā ciu-zi.
Por favor, arregace as mangas.

Hùshì: **Hǎo. Huò Dàifu xiànzài gěi nǐ kànbìng.**
hau. huo dai-fu ciem-zai gei ni kam-bimm.
Tudo bem. Dr. Huo vai vê-la agora.

Fernanda entra no consultório do Dr. Huo e, depois de algumas perguntas introdutórias básicas, ele quer saber o que a traz ali.

Huò Dàifu: **Yǒu shénme zhèngzhuàng?**
iou xām-mā dʒāmm-dʒuaam?
Quais são seus sintomas?

Fernanda: **Wǒde hóulóng cóng zuótiān jiù tòngle.**
uo-dā hou-lom tsom zuo-tiem djiu tom-lā.
Estou com dor de garganta desde ontem.

Huò Dàifu: **Hǎo. Wǒ xiān yòng tīngzhěnqì tīng yíxià nǐde xīnzàng.**
hau. uo ciem iom timm-dʒām-tchii timm ii-cia ni-dā cim-zaam.
Tudo bem. Vou primeiro usar um estetoscópio para ouvir seu coração.

Dr. Huo coloca o estetoscópio no peito de Fernanda.

Huò Dàifu: **Shēn hūxī.**
xām hu-ci.
Respire fundo.

294 Parte III: Chinês na Estrada

Dr. Huo termina de ouvir com o estetoscópio e pega uma espátula.

Huò Dàifu: **Qǐng bǎ zuǐ zhāngkāi, bǎ shétóu shēn chūlái . . . duì le.**
               Nǐde hóulóng hǎoxiàng yǒu yìdiǎn fāyán.
               tsimm ba zui dʒaam-kai, ba xā-tou xām tchu-lai…
               dui lā. ni-dā hou-lom hau-ciaam iou ii-diem fa-iem.
               Por favor, abra a boca e estique a língua... Sim.
               A sua garganta parece estar inflamada.

Vocabulário

Yǒu méiyǒu yīliáo bǎoxiǎn? 有没有医疗保险? (有沒有醫療保險?)	iou mei-iou ii-liau bau-ciem?	Você tem um plano de saúde?
hǎo 好	hau	tudo bem
Qǐng qiān yíxià zhèi zhāng biǎo. 请签一下这张表. (请簽一下這张表.)	tsiimm tsiem ii-cia dʒei dʒaam biau.	Por favor, preencha este formulário.
fāyán le 发炎了 (發炎了)	fa-iem lā	está inflamado(a)

Falando sobre seu histórico médico

Quando você consultar um médico pela primeira vez, ele ou ela vai querer saber mais sobre seu **bìng lì** 病历 (病歷) (bimm li) (*histórico clínico*). Você vai ouvir a seguinte pergunta: **Nǐ jiā yǒu méiyǒu _____ de bìnglì?** 你家有没有 _____ 的病历? (你家有沒有 _____ 的病歷?) (ni djia iou mei-iou _____ dā bimm-li?) (*A sua família tem algum histórico de _____?*)

A Tabela 19-3 lista algumas das doenças mais graves que espero que nem você nem seus familiares tenham.

Tabela 19-3	Doenças Graves	
Chinês	*Pronúncia*	*Português*
áizhèng 癌症	ai-dʒǎmm	*câncer*
àizībìng 艾滋病	ai-zi-bimm	*AIDS*
bǐngxíng gānyán 丙型肝炎	bimm-cimm gam-iem	*hepatite C*

Capítulo 19: Lidando com Emergências **295**

Chinês	Pronúncia	Português
fèi'ái 肺癌	fei-ai	*câncer de pulmão*
fèi jiéhé 肺结核 (肺結核)	fei djie-hã	*tuberculose*
huòluàn 霍乱 (霍亂)	huo-luam	*cólera*
jiǎxíng gānyán 甲型肝炎	djia-cimm gam-iem	*hepatite A*
lìjí 痢疾	li-dji	*disenteria*
qìchuǎnbìng 气喘病 (氣喘病)	tchii-tchuam-bimm	*asma*
shuǐ dòu 水痘	xui dou	*catapora*
tángniàobìng 糖尿病	taam-niau-bimm	*diabetes*
xīnzàng yǒu máobìng 心脏有毛病 (心臟有毛病)	cim-zaam iou mau-bimm	*problemas cardíacos*
yǐxíng gānyán 已型肝炎	ii-cimm gam-iem	*hepatite B*

Fazendo um diagnóstico

Será que o seu médico diz estas palavras mágicas: **Méi shénme** 没什么（沒甚麼) (mei xām-mã) (*Não é nada*)? Sim, nem o meu. Muito ruim. Aposto que já ouviu histórias de como os médicos que utilizam tradicionais técnicas médicas de culturas antigas pode só de olhar para uma pessoa, saber imediatamente o que a incomoda. A verdade é que, além de simples resfriados e gripe, a maioria dos médicos ainda precisa pedir todos os tipos de exames para dar um diagnóstico adequado. Eles podem até precisar realizar os seguintes procedimentos:

- ✔ **huà yàn** 化验 (化驗) (hua iem) (*exames de laboratório*)
- ✔ **xīndiàntú** 心电图 (心電圖) (cim-diem-tu) (*eletrocardiograma*)
- ✔ **huàyàn yíxià xiǎobiàn** 化验一下小便 (化驗一下小便) (hua-iem ii-cia ciau-biam) (*exame de urina*)

Quando o médico está pronto para dar o veredito, aqui estão alguns dos problemas que você pode ouvir (os menores, pelo menos; confira a Tabela 19-3 para diagnósticos mais graves):

- ✔ **bìngdú** 病毒 (bimm-du) (*virose*)
- ✔ **gǎnmào** 感冒 (gam-mau) (*resfriado*)
- ✔ **gǎnrǎn** 感染 (gam-ram) (*infecção*)
- ✔ **guòmǐn** 过敏 (過敏) (guo-mim) (*alergias*)
- ✔ **liúgǎn** 流感 (liu-gam) (*gripe*)
- ✔ **qìguǎnyán** 气管炎 (氣管炎) (tchii-guam-iem) (*bronquite*)

Parte III: Chinês na Estrada

Tendo uma Conversa

Pedro leva sua filha, Laura, ao **yīshēng** (*médico*) depois de perceber que ela tem tossido. O médico verifica a temperatura dela e fala sobre o que ela pode ter com a família.

Yīshēng: **Laura, hǎo xiāoxi! Nǐde tǐwēn zhèngcháng.**
Laura, hau ciau-ci! ni-dā ti-uām dʒāmm-tchaam.
Laura, boas notícias! A sua temperatura está normal.

Laura: **Hǎo jí le.**
hau dji lā.
Ótimo.

Yīshēng: **Kěnéng zhǐ shì gǎnmào.**
kā-nāmm dʒi xi gam-mau..
Talvez seja apenas um pequeno resfriado.

Pedro: **Hái chuánrǎn ma?**
hai tchuam-ram ma?
Ainda assim, é contagioso?

Yīshēng: **Bú huì.**
bu hui.
Não.

Laura: **Yánzhòng ma?**
iem-dʒom ma?
É algo sério?

Yīshēng: **Bù yánzhòng. Nǐ zuì hǎo xiūxi jǐ tiān hē hěn duō shuǐ, jiù hǎo le.**
bu iem-dʒom. ni zui hau ciu-ci dji tiem hā hām duo xui, djiu hau lā.
Não é sério. Você deve descansar por alguns dias e beber muito líquido. Deve melhorar.

Pedro: **Tā děi zài chuángshàng tǎng duōjiǔ?**
ta dei zai tchuaam-xaam taam duo-djiu?
Quanto tempo ela deve ficar de cama?

Yīshēng: **Zuì hǎo liǎng sān tiān.**
zui hau liaam sam tiem.
O ideal seriam dois ou três dias.

Capítulo 19: Lidando com Emergências **297**

Vocabulário

Hǎo xiāoxi! 好消息!	hau ciau-ci!	Boas notícias!
Yánzhòng ma? 严重吗? (嚴重嗎?)	iem-dʒom ma?	É sério?
Hē hěn duō shuǐ. 喝很多水.	hã hãm duo xui.	Beba muito líquido.

Lembrando que em chinês, geralmente, você coloca um prefixo negativo, como **bù** 不 (bu), na frente do verbo que está negando. Por exemplo, no diálogo anterior do Tendo uma Conversa, Laura pergunta ao médico se **yánzhòng ma** e ele responde que **bù yánzhòng**.

Cuidando de sua saúde

Nem tudo pode ser curado com uma tigela de **jī tāng** 鸡汤 (雞湯) (dji taam) (*canja de galinha*), apesar do que minha avó me falava. Contudo, se sua avó cozinha tão bem quanto a minha cozinhava, mal é que não vai fazer.

Seu médico pode prescrever algum **yào** 药 (藥) (iau) (*remédio*) para fazer você se sentir melhor. Depois de **tián** 填 (填) (tiem) (*preencher*) sua **yīliáo chǔ fāng** 医疗处方 (醫療處方) (ii-liau tchu faam) (*receita*), você pode se deparar com as seguintes instruções:

- ✔ **Fàn hòu chī.** 饭后吃. (飯後吃.) (fam hou tchi.) (*Tomar depois das refeições.*)
- ✔ **Měi sìge xiǎoshí chī yícì.** 每四个小时吃一次. (每四個小時吃一次.) (mei si-gã ciau-xi tchi ii-tsi.) (*Tomar um comprimido a cada quatro horas.*)
- ✔ **Měi tiān chī liǎng cì, měi cì sān piàn.** 每天吃两次, 每次三片. (每天吃兩次, 每次三片.) (mei tiem tchi liaam tsi, mei tsi sam piam.) (*Tome três comprimidos duas vezes por dia.*)

Chamando a Polícia

Já teve algo **tōu le** (tou lã) (*roubado*)? Ser vítima é uma sensação horrível, o que eu posso afirmar por experiência própria. Você fica com raiva dessa experiência assustadora, especialmente se isso acontece em outro país e o **zéi** 贼 (賊) (zei) (*ladrão*) **táopǎo** 逃跑 (tau-pau) (*foge*) rapidamente.

Espero que você nunca seja vítima de um crime como roubo (ou algo pior). Ainda assim, você deve sempre estar preparado com algumas palavras-

298 Parte III: Chinês na Estrada

-chave que podem ser usadas quando a **jǐngchá** 警察 (djimm-tcha) (*polícia*) finalmente aparecer no **jǐngchē** 警车 (警車) (djimm-tchā) (*carro de polícia*) e levá-lo de volta para a **jǐngchájú** 警察局 (djimm-tcha-dju) (*delegacia de polícia*) a fim de identificar um possível **zéi**. Esperemos que o culpado seja **zhuā le** 抓了 (dʒua lā) (*preso*).

Você também pode se deparar com uma situação de emergência que não o envolve. Se você alguma vez presenciar um acidente, aqui estão algumas frases que pode dizer à polícia, equipes de emergência ou vítimas:

- ✔ **Bié kū. Jǐngchá hé jiùhùchē láile.** 别哭. 警察和救护车来了. (別哭. 警察和救護車來了.) (bie ku. djimm-tcha hā djiu-hu-tche lai-lā.) (*Não chore. A polícia e a ambulância chegaram.*)
- ✔ **Tā bèi chē yàzháo le.** 他被车压着了. (他被車压着了.) (ta bei tchā ia-dʒau lā.) (*Ele foi atropelado por um carro.*)
- ✔ **Tā zài liúxiě.** 他在流血. (ta zai liu-cie.) (*Ele está sangrando.*)

Obtendo Ajuda Legal

Nove em cada dez estrangeiros nunca precisam procurar um advogado durante uma estada na China. No entanto, se você precisar de um **lǜshī** 律师 (律師) (lü-xi) (*advogado*), a melhor aposta é verificar com a **dàshǐguǎn** 大使馆 (大使館) (da-xi-guam) (*embaixada*) ou o **língshìguǎn** 领事馆 (領事館) (limm-xi-guam) (*consulado*) de seu país para orientação.

Pode ser muito chato e estressante ter que lidar com **lǜshī**, não importa em que país esteja, mas você tem de admitir — eles conhecem a **fǎlǜ** 法律 (fa-lü) (*lei*). E se você tiver que ir para o **fǎyuàn** 法院 (fa-iuem) (*tribunal*) por qualquer incidente sério, você vai querer que o juiz **pànjué** 判决 (判决) (pam-djue) (*tome uma decisão*) a seu favor. Moral da história: um bom **lǜshī** faz valer o peso em ouro, mesmo que no fim das contas você ainda o considere um predador imbatível.

Capítulo 19: Lidando com Emergências **299**

Diversão & Jogos

Identifique as seguintes partes do corpo em chinês. Verifique o Apêndice D para as respostas.

1. Braço: _____
2. Ombro: _____
3. Dedo da mão: _____
4. Perna: _____
5. Pescoço: _____
6. Peito: _____
7. Olho: _____
8. Orelha/Ouvido: _____
9. Nariz: _____

300 Parte III: Chinês na Estrada

Parte IV
A Parte dos Dez

"Nós ainda estamos aprendendo a língua e Martin insiste em fazer mímica quando não sabe a palavra. Outro dia ele tentou comprar um assento de vaso sanitário e quase o expulsaram da loja."

Nesta parte . . .

Esta parte é curta e agradável. Forneço dicas práticas para ter em mente quando se aprende chinês. Tão importante quanto isso são as dez indicações que dou de coisas a serem evitadas quando você está na China ou com conhecidos chineses.

Capítulo 20

Dez Maneiras de Aprender Chinês Rapidamente

Neste Capítulo

▶ Praticando, ouvindo e assistindo

▶ Falando enquanto você cozinha, come e compra comida

▶ Buscando oportunidades para praticar

E ste capítulo contém dez boas atividades que podem ajudar a acelerar seu aprendizado da língua chinesa. Ter ferramentas de aprendizagem úteis, de fácil acesso e fáceis de seguir faz uma grande diferença em seu progresso. E, além disso, você também pode se divertir com elas.

Ouça Áudios em Língua Chinesa, CDs e CD-ROMs

Imagine tentar descobrir como os tons chineses soam sem realmente ouvi-los em áudio. É quase como imaginar qual seria o som da Quinta Sinfonia de Beethoven com base somente em uma descrição escrita. Mesmo se ler todo este livro, você se sentirá bastante pressionado para descobrir o modo exato de como realmente soam o primeiro, o segundo, o terceiro e o quarto tons — por isso, recomenda-se que você escute as faixas de áudio que o acompanham. Seja criativo com a sua descoberta da língua (e sua escuta da língua), utilizando todas as gravações e todos os CDs e CD-ROMs de idiomas que você encontrar. Continue imitando o que ouve, para que sua pronúncia e entonação melhorem continuamente. Em breve, você será capaz de diferenciar um falante nativo do mandarim de um falante nativo do cantonês.

Confira uma Apresentação da Ópera de Pequim

Tudo bem, admito que a primeira vez que assisti a uma apresentação da Ópera de Pequim desejei que tivesse trazido um par de tampões de ouvido. O gosto pela ópera é algo que se desenvolve, se adquire, sem sombra de dúvidas. Quase como caviar. Mas recomendo que se passe um tempo cultivando um apreço por ela. A Ópera de Pequim tem origem no final dos anos 1700, quando trupes de ópera encenavam apresentações para a família real. Só mais tarde é que se tornou uma arte popular; e, agora, é parada obrigatória para qualquer pessoa que afirme apreciar a cultura chinesa. A maquiagem, o figurino, a música cacofônica e os movimentos estilizados são previsíveis e muito estimados pelo povo chinês. Ouvir a Ópera de Pequim não só ajuda a desenvolver um apreço por uma grande forma de arte chinesa, mas também afina seu reconhecimento da pronúncia do mandarim-padrão. Você pode até aprender algumas músicas ao mesmo tempo. Você só tem a ganhar.

Cozinhe com uma Wok

Você pode se surpreender com o que cozinhar com uma wok — panela oriental — pode fazer pelo seu chinês. Além de começar a comer de forma mais saudável, você também aprende palavras chinesas por osmose, porque é forçado a visitar alguns mercados de comida asiática para reunir os ingredientes de que precisa para cozinhar. Já ouviu falar de **dòufu** 豆腐 (dou-fu) (*tofu*)? E de bok choi? Tudo bem que isso é cantonês, mas no mandarim é **bái cài** 白菜 (bai tsai) (*acelga*). É o melhor da culinária chinesa tradicional, tudo feito com uma wok, deixando você no estado de espírito adequado para querer absorver mais do idioma chinês. Tente seguir algumas receitas de um livro de culinária chinesa e repita os nomes dos ingredientes várias vezes. Caso você não seja um grande cozinheiro, adquira o hábito de comer em restaurantes chineses e decore os nomes de pelo menos dez pratos antes do final da refeição.

Compre Alimentos em um Bairro Chinês

Socialize com as massas de falantes do mandarim enquanto apura seu ouvido para os sons e os tons do chinês. Comprar comida é apenas uma das coisas divertidas para fazer em um bairro chinês, é claro, mas é uma que vale a pena ser feita muitas vezes. Além de cultivar um bom ouvido para o chinês, ainda fica a par dos gestos que muitas vezes acompanham os sons.

Navegue na Internet

Toneladas de informações sobre a língua e a cultura chinesa a apenas um clique de distância. Estamos na era da informação — tire proveito disso. Tudo está disponível: desde lições sobre como escrever os caracteres chineses até vídeos da Ópera de Pequim. (Vá à seção anterior "Confira uma Apresentação da Ópera de Pequim" para saber mais sobre essa opção em particular.) Seja lá o que tenha motivado você a começar a falar chinês, em geral, a internet o mantém envolvido. Basta fazer uma pesquisa rápida sobre lugares como Xangai, Pequim, Taipei ou por palavras-chave da cultura, como *wok* ou *pagode*. Você vai se surpreender com o que pode encontrar.

Assista a Filmes de Kung Fu

Bruce Lee é apenas a ponta do iceberg. Vá à videolocadora mais próxima e peça para ver a lista de filmes de kung fu. Você vai encontrar de tudo, desde filmes de ação de Hong Kong a filmes de artes marciais realizados na China continental. Escolha o que lhe interessa. Diretores como Zhang Yimou e Chen Kaige se tornaram famosos em todo o mundo. (Eles não dirigiam filmes de kung fu... mas ainda assim vale a pena conferir.)

A melhor maneira de compreender chinês é assistir aos filmes várias vezes, para ver quantas palavras e frases você consegue entender em uma sessão. Você logo se torna especialista em antecipar quais gestos acompanham determinadas palavras e desenvolve um bom ouvido para todos os tons.

Troque Conhecimentos sobre o Idioma

Encontrar um parceiro de idioma tem sido uma das melhores maneiras de dominar o chinês. Você começa a aprender a língua, mas também desenvolve uma amizade ao longo do caminho. Se você conhecer algum chinês na escola ou na faculdade, ou mesmo se mora próximo a um, não hesite em propor uma troca de conhecimentos de linguagem. E não se esqueça de pedir a seu parceiro de idioma para compartilhar impressões sobre a cultura chinesa e brasileira. É quando começa a verdadeira diversão.

Faça Amigos Chineses

As possibilidades de conhecer pessoas que falam a língua chinesa são infinitas. Confira a baia ao lado da sua, em seu escritório, ou a mesa à sua frente na sala de aula. E que tal a mãe do garoto que está na aula de caratê de seu filho? Aonde quer que você vá, há chances de fazer um novo amigo que, além de saber falar chinês, também pode lhe ensinar um pouco sobre a cultura. Você pode até achar um novo amigo para ver aquele filme de kung fu ou para ajudá-lo a fazer compras num estabelecimento chinês (sem falar de como usar uma panela wok para cozinhar alimentos chineses).

Estude a Caligrafia Chinesa

A caligrafia chinesa é uma das formas de arte mais belas do mundo. Por que não pegar um pincel e criar esses belos traços em papel de arroz? Todo o ritual de preparação da tinta e do papel é um exercício de paciência e meditação, e você começa a entender as dificuldades escolares que os chineses enfrentam para aprender a escrever em chinês. Você pode descobrir como escrever seu nome em chinês (ter seu nome transliterado, porque não há alfabeto em chinês) e, em seguida, praticar a escrita desses caracteres várias vezes, até conseguir assinar um cartão de Ano-Novo Chinês e enviá-lo a um amigo.

Seja Curioso e Criativo

Se você procurar por oportunidades de praticar chinês, garanto que pode encontrá-las. Use a imaginação. E pare de se preocupar em falhar. Na verdade, cometa tantos erros quanto puder, para que você possa fazer uma nota mental do que deve dizer ou fazer de forma diferente na próxima vez. Congratule-se cada vez que descobrir algo novo em chinês ou pensar numa nova maneira de conhecer mais sobre esse idioma e seu povo. Mantenha a conversa em dia com as novas palavras e frases que você encontrar neste livro e divirta-se assistindo às expressões nos rostos das pessoas quando você abrir a boca.

Capítulo 21

Dez Coisas para Nunca Fazer na China

Neste Capítulo

- ▶ Compreendendo a etiqueta chinesa
- ▶ Sendo gentil e humilde em situações sociais

Este capítulo pode poupá-lo de certos constrangimentos e, possivelmente, até mesmo de uma total humilhação um dia. Ele lhe dá dez dicas importantes sobre o que não fazer se você realmente quer fazer amigos e passar uma boa impressão a seus conhecidos chineses. Aceite minhas dicas de coração.

Nunca Aceite um Elogio de Bom Grado

Você talvez fique sem palavras quando elogiar um anfitrião chinês após uma refeição maravilhosa e receber como resposta: "Não, não, a comida estava horrível". Você ouve a mesma coisa quando diz a um pai chinês o quão inteligente ou bonito é seu filho — ele responderá ao elogio com uma recusa: "Não, ele é estúpido, na verdade" ou "Ele não é nada bonito". Essas pessoas não estão sendo desagradáveis — mas sim humildes e educadas. Moral da história: finja humildade, mesmo que isso acabe com você! Para marcar alguns pontos com os chineses, é fundamental agir com um pouco menos de orgulho e de autorreconhecimento.

Para recusar um elogio, você pode dizer algo como **Nǎlǐ, nǎlǐ.** 哪里哪里. (哪裡哪裡.) (na-li, na-li.), se você estiver falando com alguém de Taiwan, ou **Nǎr de huà.** 哪儿的话. (哪兒的話.) (nar dā hua.), se você estiver falando com alguém da China continental. Ambos significam *Não, não, eu não mereço qualquer elogio.* (O Capítulo 4 mostra algumas outras maneiras de rejeitar elogios.)

Nunca Envergonhe Alguém

A pior coisa que você pode fazer a um conhecido chinês é humilhá-lo publicamente ou constrangê-lo. Isso os deixa extremamente envergonhados. Não aponte um erro na frente de outras pessoas nem grite com alguém.

A boa notícia é que você pode realmente ajudar alguém a ficar bem, elogiando-o e dando-lhe crédito quando devido. Faça isso sempre que surgir uma oportunidade. Sua gentileza é muito apreciada.

Nunca Perca a Paciência em Público

Demonstrações públicas de raiva são malvistas pelos chineses e eles ficam muito desconfortáveis em lidar com elas — especialmente se quem perde a paciência é um turista estrangeiro, por exemplo. Esse conceito anda lado a lado com a gafe de envergonhar alguém (geralmente o anfitrião chinês), sobre o que falei há pouco. Os chineses valorizam a harmonia do grupo — por isso, os estrangeiros devem tentar engolir em seco, ser educados e lidar com problemas em particular.

Nunca se Dirija às Pessoas por Seus Primeiros Nomes de Cara

Os chineses têm nome e sobrenome, como qualquer um. No entanto, na China, o sobrenome vem sempre em primeiro lugar. A família (e a coletividade, em geral) sempre precede o individual. João Silva, em Goiás, seria conhecido como Silva João (ou equivalente), em Xangai. Se um homem é apresentado a você como Lǐ Míng, você pode seguramente se referir a ele como o Sr. Lǐ (não como Sr. Míng).

Ao contrário dos ocidentais, os chineses não se sentem muito confortáveis chamando uns aos outros por seus primeiros nomes. Apenas os membros da família e alguns amigos próximos poderiam referir-se a Lǐ Míng simplesmente por Míng. No entanto, podem adicionar o prefixo **lǎo** 老 (lau) (*velho/ancião*) ou **xiǎo** 小 (ciau) (*jovem*) antes do nome de família para mostrar familiaridade e proximidade. **Lǎo Lǐ** 老李 (lau li) (*Velho Lǐ*) pode referir-se a seu amigo mais jovem, assim como **Xiǎo Chén** 小陈 (小陳) (ciau tchām) (*Jovem Chén*).

Nunca Pegue a Comida com o Lado Errado dos Pauzinhos

Da próxima vez em que estiver à mesa de jantar com um anfitrião chinês, você poderá descobrir que não existem talheres de servir para os muitos pratos partilhados. Em vez disso, todo mundo se serve (ou aos outros) virando os pauzinhos ao contrário para tirar comida dos pratos principais, antes de colocá-la nos pratos individuais. Por que virá-los ao contrário? Porque você não quer colocar a parte dos pauzinhos que coloca na boca nas tigelas de alimentos partilhadas, das quais todo mundo come.

No Brasil, já nos acostumamos a chamar os pauzinhos orientais de comida de hashi. Vale reforçar que hashi é o nome que os japoneses dão a eles. Os chineses falantes do mandarim os nomeiam de **kuàizi** (筷子) (kuai-zi).

Nunca Beba Bebidas Alcoólicas sem Antes Oferecer um Brinde

Banquetes chineses incluem de oito a dez pratos principais e abundância de álcool. Você pode beber vinho de arroz e ou o robusto **Máo Tái** 茅台 (mau tai), conhecido por ser capaz de derrubar qualquer estrangeiro. Uma maneira de diminuir o consumo é observar a etiqueta chinesa, sempre oferecendo um brinde ao anfitrião ou a alguém à mesa antes de tomar um gole (sim, antes de cada gole). Brindar não só o impede de beber demais, muito rapidamente, mas também mostra a sua gratidão para com o anfitrião e seu respeito pelos outros convidados.

Tudo o que você precisa fazer é levantar a taça com a mão direita, segurando a parte inferior da taça por baixo com a mão esquerda, dizer o nome da pessoa à qual deseja brindar, olhar diretamente para ela com um sorriso, dar um aceno como uma forma de respeito, e depois tomar um tímido gole.

No entanto, se alguém brinda a você com **gān bēi** 干杯 (gam bei), cuidado. **Gān bēi** significa *entornar/virar*, então, espera-se que você beba toda a bebida rapidamente. Não se preocupe. Em vez disso, você sempre pode dizer **suí yì** 随意 (sui ii) (*como quiser*) em resposta e tomar apenas um gole.

Nunca Deixe Alguém Pagar a Conta sem Relutar

A maioria dos ocidentais fica atordoada da primeira vez que testemunham as muito barulhentas e caóticas cenas no fim das refeições num restaurante chinês. A hora de pagar a conta chegou e todos estão simplesmente fazendo o que é esperado que se faça — lutar para ser aquele que a pagará. Os chineses acreditam que vociferar energicamente na tentativa de arrancar a conta das mãos de quem quer que esteja com ela é ter boas maneiras. Essa luta pode continuar por alguns bons minutos até que alguém "ganhe" e pague a conta. O gesto de estar ávido e disposto a pagar é sempre apreciado.

Nunca Apareça de Mãos Vazias

Os chineses trocam presentes frequentemente, e não apenas em ocasiões especiais. Se você vai jantar na casa de alguém, encontrar um parceiro de negócios em potencial ou vai a qualquer outra reunião previamente marcada, ambas as partes trocam presentes, como pequenos símbolos de amizade e boa vontade. Os ocidentais são muitas vezes surpreendidos pelo número de presentes que os anfitriões chineses dão. Recomenda-se que você leve várias lembrancinhas (genéricas, que não sejam masculinas ou femininas) quando for à China. Você nunca sabe quando vai encontrar alguém que quer presentear com uma lembrança especial. Por isso, é melhor estar preparado.

Nunca Aceite Alimentos, Bebidas ou Presentes sem Antes Recusá-los Algumas Vezes

Nenhum convidado que se preze deve aceitar de imediato qualquer alimento, bebida ou presente que possa ser oferecido pelos anfitriões, não importa o quão ansioso esteja para aceitar. A etiqueta chinesa adequada o impede de fazer qualquer coisa que o faça parecer ganancioso ou ansioso por receber qualquer oferta; por isso, certifique-se de, educadamente, recusar algumas vezes. Por exemplo, se alguém tenta servir-lhe comida, diga imediatamente **Zìjǐ lái.** 自己来. (自己來.) (zi-dji lai.) (*Eu mesmo me sirvo.*). Você deve fazer isso várias vezes e, em seguida, deixar a pessoa servi-lo de qualquer maneira. Pelo menos ela saberá que você não queria que ela tivesse tanto trabalho.

Nunca Aceite o Primeiro "Não, Obrigado"

Os chineses recusam automaticamente alimentos ou bebidas várias vezes — mesmo se eles estiverem com muita fome ou sede. Eles podem dizer algo como **bú yòng, bú yòng** 不用, 不用 (bu iom, bu iom) (*não tem necessidade, não tem necessidade/não precisa, não precisa*). Nunca aceite a primeira recusa. Mesmo se eles recusarem uma ou duas vezes, ofereça novamente. Um bom convidado deve recusar pelo menos uma vez, mas um bom anfitrião também deve fazer a oferta pelo menos duas vezes.

Parte V
Apêndices

A 5ª Onda
Por Rich Tennant

"Existe alguma frase fácil em chinês para tirar uma lula de um chapéu de cowboy que não me faça parecer um turista?"

Nesta parte . . .

Os apêndices estão aqui para lhe oferecer fontes de referências chinesas. Forneço um minidicionário com algumas das palavras que você usa com mais frequência. Em seguida, incluo uma simples lista de verbos em chinês, porque no chinês não há um equivalente à conjugação de verbos do português. Depois, listo as faixas de áudio incluídas neste livro para que você possa ouvi-las enquanto lê e, em seguida, praticar chinês com os tons corretos. Finalmente, você tem as respostas para os exercícios Diversão & Jogos, que aparecem no final dos capítulos.

Minidicionário Chinês-Português

A

ǎi (ai): baixo; pequeno(a)

àirén (ai-rãm): esposa; marido (usado apenas na RPC)

āiyá (ai-ia): oh meu Deus!

ānjìng (am-djimm): calmo; quieto; silencioso

ānpái (am-pai): organizar; planejar

ānquán dài (am-tsiuam dai): cinto de segurança

B

bàba (ba-ba): pai

bǎifēn bǐ (bai-fãm bi): porcentagem

bàn (bam): meio; metade

bāngmáng (baam-maam): ajudar

bàngōngshì (bam-gom-xi): escritório

bàngōngzhuō (bam-gom-dʒuo): mesa; escrivaninha

bànyè (bam-ie): meia-noite

bàoqiàn (bau-tsiam): desculpe; sinto muito

bàozhǐ (bau-dʒi): jornal

Bāxī (ba-ci): Brasil

Bāxī rén (ba-ci rãm): brasileiro(a)

biéde (bie-dã): outro(a)

bìng (bimm): estar doente; doença

bīnguǎn (bim-guam): hotel

C

bō (bo): discar

bówùguǎn (bo-uu-guam): museu

bù (bu): não

búkèqì (bu-kã-tchii): de nada

bǔchōng (bu-tchom): adicionar; complementar

búcuò (bu-tsuo): não é ruim; muito bom

bùzhǎng (bu-dʒaam): chefe de departamento; ministro

C

cá (tsa): esfregar; apagar

cài (tsai): comida; prato

càidān (tsai-dam): menu; cardápio

cānguǎn (tsam-guam): restaurante

cānjīnzhǐ (tsam-djim-dʒi): guardanapo

cèsuǒ (tsã-suo): banheiro

chá (tcha): chá

chángcháng (tchaam-tchaam): muitas vezes; frequentemente

chángtú diànhuà (tchaam-tu diem-hua): chamada telefônica de longa distância

chāojí shìchǎng (tchau-dji xi-tchaam): supermercado

chātóu (tcha-tou): plug; adaptador

chāzi (tcha-zi): garfo

chéngshì (tchãmm-xi): cidade

chī yào (tchi iau): tomar remédio

chīfàn (tchi-fam): comer; fazer refeição

314 Parte V: Apêndices

chuān (tchuam): vestir

chuáng (tchuaam): cama

chuánzhēn jī (tchuam-dʒām dji): aparelho de fax

chūfā (tchu-fa): iniciar a partida

chūzū (tchu-zu): alugar

chūzū chē (tchu-zu tchã): táxi

cóng (tsom): de; desde; a partir de

cōngmíng (tsom-mimm): inteligente

cuò (tsuo): incorreto; erro

D

dà (da): grande

dǎ (da): tocar (instrumento musical); jogar; bater

dàlù (da-lu): continente; continental (China)

dānchéng piào (dam-tchãmm piau): bilhete de ida

dāngrán (daam-ram): claro; sem dúvida

dànshì (dam-xi): mas; no entanto; entretanto

dàshǐguǎn (da-xi-guam): embaixada

dàtīng (da-timm): saguão; hall de entrada

děng (dãmm): esperar

dēng jīpái (dãmm dji-pai): cartão de embarque

diǎn (diem): pedir (comida)

diànhuà (diem-hua): telefone

diànhuà hàomǎ (diem-hua hau-ma): número de telefone

diànhuà hàomǎbù (diem-hua hau-ma--bu): agenda de telefone

diànnǎo (diem-nau): computador

diànshì (diem-xi): televisão

diàntī (diem-ti): elevador

diànyǐng (diem-iimm): filme

diànzǐ yóujiàn (diem-zi iou-dji em): e-mail

diànzǐ yóuxiāng dìzhǐ (diem-zi iou-ciaam di-dʒi): endereço de e-mail

dìfāng (di-faam): lugar

dìng wèi (dimm uei): fazer uma reserva

dìqū (di-tsiü): área; localização

dìtiě (di-tie): metrô

dìtú (di-tu): mapa

dìzhǐ (di-dʒi): endereço

dōngxī (dom-ci): coisa

dōu (dou): partícula que indica ambos; todos; tudo

duìbùqǐ (dui-bu-tchii): com licença; desculpe-me

duìfāng fùfèi diànhuà (dui-faam fu-fei diem-hua): chamada a cobrar

duìhuàn lǜ (dui-huam lü): taxa de câmbio

duìhuànchù (dui-huam-tchu): casas de câmbio

duìmiàn (dui-miem): em frente

dùjià (du-djia): tirar férias

duō (duo): muito(s)

duō jiǔ (duo djiu): quanto tempo

duōshǎo (duo-xau): quanto

E

è (ã): com fome; faminto(a)

érzi (ar-zi): filho

F

fǎlǜ (fa-lü): lei

fàn (fam): comida; refeição

fàndiàn (fam-diem): restaurante; hotel

fàndiàn qiántái (fam-diem tsiiem-tai): recepção do hotel

fàng jià (faam djia): tirar férias

fángjiān (faam-djiem): cômodo; aposentos; quarto

fànguǎn (fam-guam): hotel

fángzi (faam-zi): casa

fàntīng (fam-timm): sala de jantar

fēijī (fei-dji): avião

Apêndice A: Minidicionário 315

fēijīchǎng (fei-dji-tchaam): aeroporto

féizào (fei-zau): sabão

fēn (fãm): minuto; um centavo

fùjìn (fu-djim): área; vizinhança

fùmǔ (fu-mu): pais

fù qián (fu tsiiem): pagar

fùqīn (fu-tsiim): pai

fúwùyuán (fu-uu-iuem): garçom; garçonete

fúwùtái jīnglǐ (fu-uu-tai djimm-li): gerente da recepção

fúwùyuán (fu-uu-iuem): atendente

G

gǎibiàn (gai-biem): mudar (atitude/ comportamento)

Gǎngbì (gaam-bi): dólar de Hong Kong

gāngbǐ (gaam-bi): caneta-tinteiro

gānjìng (gam-djimm): limpo(a)

gǎnxiè (gam-cie): muito obrigado(a)

gāofēngqī (gau-fãmm-tchii): hora do rush; alta temporada

gàosù (gau-su): contar

gāosù gōnglù (gau-su gom-lu): autoestrada

gāoxìng (gau-cimm): feliz

gěi (gei): dar

gèng (gãmm): mais ainda

gèrén diànnǎo (gã-rãm diem-nau): computador pessoal

gōnggòng qìchē (gom-gom tchii-tchã): ônibus público

gōnggòng qìchē zhàn (gom-gom tchii--tchã dʒam): ponto de ônibus

gōnglù (gom-lu): rodovia

gōngsī (gom-si): empresa

gōngwénbāo (gom-uãm-bau): pasta

gōngxǐ (gom-ci): parabéns

gōngyòng diànhuà (gom-iom diem-hua): telefone público

gōngzuò (gom-zuo): trabalhar; trabalho (emprego)

guà (gua): desligar; pendurar

guǎn (guam): preocupar-se; importar-se

guān guāng tuán (guam-guaam tuam): excursão; grupo turístico

guāngpán (guaam-pam): CD de música

gǔdài (gu-dai): antigo(a); antiguidade; antigamente

guì (gui): caro

guójì diànhuà (guo-dji diem-hua): ligação telefônica internacional

guójì wǎngluò (guo-dji uaam-luo): Internet

guójiā (guo-djia): país

guóyǔ (guo-iü): mandarim (termo usado em Taiwan)

H

hǎiguān (hai-guam): alfândega

háizi (hai-zi): criança; filho(a)

Hànyǔ (ham-iü): língua chinesa

hǎo (hau): bom; boa; bem

hǎokàn (hau-kam): bonito(a)

hàomǎ (hau-ma): número

hē (hã): beber

hétóng (hã-tom): contrato

huài (huai): quebrado; ruim

huàn (huam): trocar (de transporte, dinheiro, etc.)

huàndēngjī (huaam-dãmm-dji): projetor de slides

huàndēngpiàn (huaam-dãmm-piem): slides

huānyíng (huam-iimm): bem-vindo(a)

huí (hui): responder; retornar; voltar

huì (hui): saber como fazer algo

huí lái (hui lai): voltar

huìyì (hui-ii): reunião

huò zhe (huo dʒã): ou

huòbì (huo-bi): moeda

316 Parte V: Apêndices

huǒchē zhàn (huo-tchã dʒam): estação de trem
hùshī (huo-xi): enfermeiro(a)
hùtóu (hu-tou): conta bancária
hùzhào (hu-dʒau): passaporte

J

jǐ (dji): vários, quantos
jiā (djia): família, casa
jiàgé (djia-gã): preço
jiàn (djiem): ver
jiǎnchá (djiem-tcha): examinar
jiǎng (djiaam): falar
jiànshēn yùndòng (djiem-xãm ium-dom): exercitar-se
jiǎnsuǒ (djiem-suo): pesquisar
jiànyì (djiem-ii): sugerir; sugestão
jiào (djiau): ser chamado; chamar
jiāo (djiau): ensinar
jiàoshòu (djiau-xou): professor universitário
jiāotōng (djiau-tom): transporte
jiàrì (djia-ri): feriado
jí (dji): pressa
jiè (djie): emprestar; tomar emprestado
jiē (djie): atender o telefone
jiéhūn (djie-hum): casar
jiějué (djie-djue): resolver; solucionar
jiérì (djie-ri): data comemorativa
jièshào (djie-xau): apresentar
jiéyú (djie-iü): saldo da conta
jìn (djim): proibido
jǐngchá (djimm-tcha): polícia
jǐngchájú (djimm-tcha-dju): delegacia de polícia
jīngjìcāng (djimm-dji-tsaam): classe econômica
jīngjìrén (djimm-dji-rãm): corretor

jīnglǐ (djimm-li): gerente
jǐnjí chūkǒu (djim-dji tchu-kou): saídas de emergência
jīntiān (djim-tiem): hoje
jiǔ (djiu): vinho; álcool (bebida)
jiùhùchē (djiu-hu-tchã): ambulância
jiùshēng yī (djiu-xãm ii): coletes salva-vidas
jízhěnshì (dji-dʒãm-xi): sala de emergência

K

kāfēi (ka-fei): café
kāfēitīng (ka-fei-timm): café (estabelecimento); cafeteria; lanchonete
kāi (kai): abrir
kāi chē (kai-tchã): dirigir
kāihuì (kai-hui): ter uma reunião
kāimén (kai-mãm): abrir a porta
kāishǐ (kai-xi): começar
kàn (kam): ler; ver
kànbìng (kam-bimm): consultar um médico
kàojìn (kau-djim): próximo a; ao lado de
kè (kã): aula; lição
kě (kã): sede; sedento(a)
kè hù (kã hu): cliente
kěndìng (kãm-dimm): definitivamente
kěnéng (kã-nãmm): talvez; possível
kěpà (kã-pa): assustador(a)
kèrén (kã-rãm): convidado; hóspede
kěxí (kã-ci): que pena; infelizmente
kěyǐ (kã-ii): poder (verbo); ser capaz de
kōngtiáo (kom-tiau): ar-condicionado
kòngwèi (kom-uei): vago (assento)
kuài (kuai): rápido
kuàijì kuai-dji): contabilidade
kuàizi (kuai-zi): pauzinhos de comer

Apêndice A: Minidicionário **317**

L

lái (lai): vir; chegar

láihuí piào (lai-hui piau): bilhete de ida e volta

lǎo (lau): velho; antigo; ultrapassado

lǎobǎn (lau-bam): chefe; patrão

lǎoshī (lau-xi): professor(a)

lèi (lei): cansado(a)

léishè guāngdié (lei-xã guaam-die): CD-ROM

lěng (lãmm): frio

lǐ (li): dentro

liáotiān (liau-tiem): conversar

lǐbài (li-bai): semana; rezar; orar

líkāi (li-kai): deixar; afastar

lǐngqǔdān (limm-tsiü-dam): etiqueta de bagagem

lǐnshìguǎn (limm-xi-guam): consulado

lǐtáng (li-taam): auditório

liúhuà (liu-hua): deixar uma mensagem

liúlǎn (liu-lam): navegar (internet)

liúxíng (liu-cimm): estar na moda

lǐwù (li-uu): presentes

lóushàng (lou-xaam): (no) andar de cima

lóuxià (lou-cia): (no) andar de baixo

lù (lu): estrada; rua

lǚguǎn (lü-guam): hotel

lùshī (lü-xi): advogado

lùxiàngjī (lu-ciaam-dji): gravador de vídeo

lǚxíng (lü-cimm): viajar

lǚxíng dàilǐrén (lü-cimm dai-li-rãm): agente de viagens

lǚxíng zhīpiào (lü-cimm dʒi-piau): cheques de viagem

lǚxíngshè (lü-cimm-xã): agência de viagens

lùyīn diànhuà (lu-iim diem-hua): secretária eletrônica

lǚyóu (lü-iou): excursão; tour

lǚyóu shǒucè (lü-iou xou-tsã): guia de viagem (livro)

M

máfan (ma-fam): problemas

mài (mai): vender

mǎi (mai): comprar

māma (ma-ma): mãe

màn (mam): devagar; lento(a)

mànchē (mam-tchã): trem local

máng (maam): ocupado(a)

máojīn (mau-djimm): toalha

máotǎn (mau-tam): cobertor de lã

màoyì zhǎnxiāohuì (mau-ii dʒam-ciau-hui): feira; exposição comercial

měige (mei-gã): cada

Měiguó (mei-guo): Estados Unidos

Měiguóren (mei-guo-rãm): estadunidense

méiyǒu (mei-iou): não ter

Měiyuán (mei-iuem): dólar americano

mén (mãm): porta

ménkǒu (mãm-kou): entrada

miàn (miem): rosto; macarrão

miǎnfèi (miem-fei): gratuito(a)

miàntiáo (miem-tiau): macarrão

mǐfàn (mi-fam): arroz

mílù (mi-lu): perder-se

mìmǎ (mi-ma): senha

míngnián (mimm-niem): ano que vem

míngpiàn (mimm-piem): cartão de visita

míngtiān (mimm-tiem): amanhã

mìshū (mi-xu): secretário(a)

mǔqīn (mu-tsiim): mãe

N

ná (na): pegar

nà (na): aquilo; aquele(a)

nǎ (na): que; qual

Parte V: Apêndices

nán péngyǒu (nam pãmm-iou): namorado
nào zhōng (nau dʒom): despertador
nǎr (nar): onde; aonde
nàr (nar): lá; ali
nǐ (ni): você
niánjì (niem-dji): idade
niánqīng (niem-tsiimm): jovem
nǐmen (ni-mãm): vocês
nín (nim): você (formal)
nuǎnhuó (nuam-huo): quente; morno; afetuoso(a)
nǔpéngyǒu (nü-pãmm-iou): namorada

O

Ōu yuán (ou iuem): euro
Ōuzhōu (ou-dʒou): Europa

P

pànjué (pam-djue): tomar uma decisão legal
pēngtiáo yìshù (pãmm-tiau ii-xu): artes culinárias
péngyǒu (pãmm-iou): amigo(a)
piányí (piem-ii): barato(a)
piànzi (piem-zi): filme
piào (piau): ingresso; bilhete
piàoliàng (piau-liaam): bonito(a); lindo(a)
píngcháng (pimm-tchaam): normalmente; em geral; comumente
pǐntuō (pim-tuo): meio litro (unidade de medida)
pīnyīn (pim-iim): sistema de romanização chinesa
pútáoyá wén (pu-tau-ia-uãm): língua portuguesa
Pǔtōnghuà (pu-tom-hua): mandarim (termo usado na China continental)

Q

qián (tsiiem): antes; de frente
qiān chū (tsiiem tchu): fazer log off
qiánbāo (tsiiem-bau): carteira
qiānbǐ (tsiiam-bi): lápis
qiántái fúwùyuán (tsiiam-tai fu-uu--iuem): recepcionista
qiānzhèng (tsiiem-dʒãmm): passaporte
qiáo (tsiiau): ponte
qìchē (tchii-tchã): carro
qǐfēi (tchii-fei): decolar (avião)
qíguài (tchii-guai): estranho(a); esquisito(a)
qiān rù (tsiiem ru): logar; entrar no sistema
qíng (tsiimm): afeto
qìng (tsiimm): celebrar
qǐng (tsiimm): por favor; convidar
qīng (tsiimm): claro(a)
qīngzǎo (tsiimm-zau): de manhã cedo
qítā (tchii-ta): outro; qualquer outra coisa
qīzi (tchii-zi): esposa
qù (tsiü): ir
qǔ qián (tsiü tsiiem): retirar o dinheiro
quánbù (tsiuam-bu): inteiro; tudo; a coisa toda
qùdiào (tsiü-diau): apagar, remover
qùnián (tsiü-niam): ano passado
qúnzi (tsium-zi): saia
qǔxiāo (tsiü-ciau): cancelar

R

ràng (raam): permitir; deixar
rè (rã): quente
rén (rãm): pessoa
rénmínbì (rãm-mim-bi): dólar da RPC
rènshi (rãm-xi): conhecer alguém
Rì yuán (ri iuem): dólar japonês

Apêndice A: Minidicionário — 319

Rìběn (ri-bãm): Japão
rìlì (ri-li): calendário
rìqī (ri-tchii): data
róngxìng (rom-cimm): sentir-se honrado(a)
róngyì (rom-ii): fácil
ròu (rou): carne
ruǎnjiàn (ruam-djiem): software

S

shàng (xaam): acima; em cima; para cima; conseguir
shāngdiàn (xaam-diem): loja
shàngge xīngqī (xaam-gã cimm-tchii): semana passada
shàngge yuè (xaam-gã iue): mês passado
shàngwǎng (xaam-uaam): ficar online
shāngwù zhōngxīn (xaam-uu dʒom-cim): centro empresarial
shāngyè (xaam-ie): negócios
shéi (xei): quem
shēn (xãm): cor escura; profundo(a)
shēngqì (xãmm-tchii): furioso(a)
shēngrì (xãmm-ri): aniversário
shēngyì huǒbàn (xãmm-ii huo-bam): parceiro de negócios
shēngyīn (xãmm-iim): voz
shénme (xãm-mã): o que
shēntǐ (xãm-ti): corpo
shì (xi): sim; verbo ser
shīfu (xi-fu): mestre; chefe; cozinheiro
shíhòu (xi-hou): tempo
shíjiānbiǎo (xi-djiem-biau): programação
shípǐn záhuò (xi-pim za-huo): mantimentos
shuǐzāi (xui-zai): inundação
shōudào (xou-dau): receber
shǒujī (xou-dji): celular
shǒujī hàomǎ (xou-dji hau-ma): número de celular

shōujù (xou-dju): recibo; nota fiscal
shòushāng (xou-xaam): ser ferido
shǒutí xínglǐ (xou-ti cimm-li): bagagem de mão
shǒutíshìdiànnǎo (xou-ti-xi diem-nau): notebook
shū (xu): perder
shuāng (xuaam): um par
shuāngrén fángjiān (xuaam-rãm faam-djiem): quarto duplo; quarto de casal
shūfu (xu-fu): confortável
shuǐguǒ (xui-guo): fruta
shuìjiào (xui-djiau): dormir
shuō (xuo): falar
sījī (si-dji): motorista
sìzhōu (si-dʒou): em torno de; ao redor
sòng (som): enviar; levar; presentear
sōng (som): solto; folgado
sùcài (su-tsai): pratos vegetarianos
suì (sui): idade
suǒ (suo): trancar
sùshè (su-xã): dormitório (alojamento)

T

tā (ta): ele(a)
tāde (ta-dã): dele; dela
tài (tai): muito; demais
táishì (tai-xi): área de trabalho
tàitài (tai-tai): esposa (termo usado principalmente em Taiwan)
Táiwān (tai-uam): Taiwan
tàiyáng yǎnjìng (tai-iaam iem djimm): óculos de sol
tāmen (ta-mãm): eles; elas
tāng (taam): sopa
tánpàn (tam-pam): negociar
tǎnzi (tam-zi): cobertor; manta
tàojiān (tau-djiem): suíte
tǎolùn (tau-luãm): discutir
tèsè (tã-sã): característica; peculiaridade

tián (tiem): preencher (um formulário)

tiānqì (tiem-tchii): clima; tempo (meteorológico)

tiàowǔ (tiau-uu): dançar

tīng (timm): ouvir; escutar

tóngshì (tom-xi): colega

tóngwū (tom-uu): colega de quarto

tóngyì (tom-ii): concordar

tóuděng cāng (tou-tãmm tsaam): primeira classe

tóuténg (tou-tãmm): dor de cabeça

tuīchí (tui-tchi): adiado(a)

tuìfáng (tui-faam): sair de um quarto; fazer check-out

tuìhuí (tui-hui): devolver a mercadoria

tuìkuǎn (tui-kuam): restituição (de um valor pago)

tuōyùn (tuo-ium): check-in de bagagem

W

wài (uai): exterior; externo; do lado de fora

wàibì (uai-bi): moeda estrangeira

wàijiāoguān (uai-djiau-guam): diplomata

wǎnfàn (uam-fam): jantar

wǎngluò liánjié (uaam-luo liem-djie): acesso à internet

wǎngshàng fúwù tígōng shāng (uaam--xaam fu-uu ti-gom xaam): provedor de serviços de Internet

wǎngzhàn (uaam-dʒam): website

wǎnhuì (uam-hui): festa

wǎnshàng (uam-xaam): noite (das 18h à meia-noite)

wéi (uei): alô (somente ao telefone)

wèishēng zhǐ (uei-xãmm dʒi): papel higiênico

wèishénme (uei-xãm-mã): por que; por quê

wénjiàn (uãm-djiem): arquivo

wènlù (uãm-lu): pedir informações (sobre direções na rua)

wentí (uãm-ti): problema

wǒ (uo): eu

wǒde (uo-dã): meu(s); minha(s)

wǒmen (uo-mãm): nós

wòshì (uo-xi): quarto; dormitório

wǔfàn (uu-fam): almoço

wǔyuè (uu-iue): maio

X

xǐ (ci): lavar

xià (cia): abaixo; para baixo; descer

xiàge (cia-gã): próximo(a)

xiàge xīngqī (cia-gã cimm-tsii): semana que vem

xiàge yuè (cia-gã iue): mês que vem

xiǎng (ciaam): pensar; desejar; ter saudade

Xiānggǎng (ciaam-gaam): Hong Kong

xiàngmù (ciaam-mu): item

xiāngzi (ciaam-zi): mala; caixa

xiànjīn (ciem-djim): dinheiro

xiánliáo (ciem-liau): conversa casual; papo

xiántán (ciem-tam): conversar; bater papo

xiànzài (ciem-zai): agora

xiǎo (ciau): pequeno(a)

xiǎofèi (ciau-fei): gorjeta

xiǎo géjiān (ciau gã-djiam): cubículo; baia

xiǎo xīn (ciau cim): tomar cuidado

xiàwǔ (cia uu): tarde (do meio-dia às 18h)

xiàzài (cia-zai): fazer download; baixar (internet)

xīcān (ci-tsam): comida ocidental

xièxiè (cie-cie): obrigado(a)

xiézi (cie-zi): sapatos

xǐhuān (ci-huam): gostar

xīn (cim): novo(a)

Xīn bì (cim bi): dólar de Singapura

Apêndice A: Minidicionário *321*

xínglǐ (cimm-li): bagagem

xīngqī'èr (cimm-tchii-ar): terça-feira

xīngqīliù (cimm-tchii-liu): sábado

xīngqīsān (cimm-tchii-sam): quarta-feira

xīngqīsì (cimm-tchii-si): quinta-feira

xīngqītiān (cimm-tchii-tiem): domingo

xīngqīwǔ (cimm-tchii-uu): sexta-feira

xīngqīyī (cimm-tchii-ii): segunda-feira

xīn Táibì (cim tai-bi): dólar de Taiwan

xìnxī (cim-ci): mensagem

xìnyòng kǎ (cim-iom ka): cartão de crédito

xǐshǒu jiān (ci-xou djiem): banheiro

xiūxi (ciu-ci): descansar

xǐyī fúwù (ci-ii fu-uu): serviço de lavanderia

xuǎnzé (ciuãm-zã): escolher

xuéshēng (ciue-xãmm): estudante

xuéxí (ciue-ci): estudar

xuéxiào (ciue-ciau): escola

xūyào (ciü-iau): precisar

Y

yǎnjìng (iem-djimm): óculos

yǎnjīng (iem-djimm): olho

yǎnshì (iem-xi): uma apresentação

yào (iau): querer

yàofáng (iau-faam): farmácia

yáokòng qì (iau-kom tchii): controle remoto

yàoshi (iau-xi): chave

yàowán (iau-uam): pílula

yáshuā (ia-xua): escova de dentes

yáyī (ia-ii): dentista

Yàzhōu (ia-dʒou): Ásia

yě (ie): também

yī (ii): um

yìchéng (ii-tchãmm): agenda; pauta de reunião

yīfu (ii-fu): vestuário

yǐhòu (ii-hou): depois; no futuro

yìhuǎr jiàn (ii-huar djiem): até mais; vejo você mais tarde

yìhuǎr (ii-huar): em pouco tempo

yìjiàn (ii-djiem): opinião; parecer

yíng (iimm): vencer

yìngbì (iimm-bi): moedas

yīnggāi (iimm-gai): dever

yínháng (iim-haam): banco

Yīngwén (iimm-uãm): língua inglesa

Yīngyǔ (iimm-iü): língua inglesa

yǐnliào (iim-liau): bebidas

yīnwèi (iim-uei): porque

yīnyuè (iim-iue): música

yīqǐ (ii-tchii): juntos

yīshēng (ii-xãmm): médico

yǐwéi (ii-uei): considerar

yìxiē (ii-cie): alguns; algumas

yíyàng (ii-iaam): o mesmo

yīyuàn (ii-iuem): hospital

yǐzi (ii-zi): cadeira

yòng (iom): usar

yònghù xìngmíng (iom-hu cimm-mimm): nome de usuário

yòu (iou): lado direito

yǒu (iou): ter

yǒu shēng yóujiàn (iou xãmm iou-djiem): correio de voz

yóujú (iou-dju): agência/posto de correios

yóulǎn (iou-lam): visitar lugares; passear

yǔ (iü): chuva

yuán (iuem): dólar chinês

yuǎn (iuem): longe; distante

yùdìng (iü-dimm): fazer uma reserva

Yuènán (iue-nam): Vietnã

yùndòng (ium-dom): exercício físico; esporte

yùnqì (ium-tchii): sorte

yǔsǎn (iü-sam): guarda-chuva

yùsuàn (iü-suam): orçamento

yǔyī (iü-ii): capa de chuva

Z

zàijiàn (zai-djiem): adeus

zánmen (zam-mãm): nós (informal)

zǎofàn (zau-fam): café da manhã

zāogāo (zau-gau): Droga!; Poxa!; que pena

zǎoshàng (zau-xaam): manhã (das 6h ao meio-dia)

zázhì (za-dʒi): revista

zéi (zei): ladrão

zěnme (zãm-mã): como; de que maneira

zhàngdān (dʒaam-dam): conta

zhàngfu (dʒaam-fu): marido

zhàntái (dʒam-tai): plataforma (trem, metrô)

zhǎo (dʒau): procurar

zhāohu (dʒau-hu): cumprimento; saudação

zhàopiàn (dʒau-piem): foto

zhàoxiàng (dʒau-ciaam): tirar fotos

zhàoxiàng jī (dʒau-ciaam dji): câmera

zhēn (dʒãm): sério; verdade

zhèngdiǎn (dʒãmm-diem): na hora

zhèngjiàn (dʒãmm-djiem): identidade (documentos)

zhí (dʒi): em linha reta; direto

zhǐ (dʒi): apenas; somente

zhīdào (dʒi-dau): saber (informações)

zhíliàng (dʒi-liaam): qualidade

zhīpiào (dʒi-piau): cheque

zhīpiào bù (dʒi-piau bu): talão de cheques

zhōng (dʒom): hora, relógio

Zhōngguó (dʒom-guo): China

Zhōngguó rén (dʒom-guo rãm): chinês; chinesa

Zhōngwén (dʒom-uãm): língua chinesa

zhōngwǔ (dʒom-uu): meio-dia

zhōngyú (dʒom-iü): finalmente

zhōumò (dʒou-mo): fim de semana

zhù (dʒu): residir

zhuǎn (dʒuam): transferir; transformar; virar

zhūbǎo (dʒu-bau): joias

zhǔguǎn (dʒu-guam): CEO (diretor executivo), diretor de operações

zhuólù (dʒuo-lu): pouso

zhuōzi (dʒuo-zi): mesa

zìdòng lóutī (zi-dom lou-ti): escada rolante

zìdòng tíkuǎn kǎ (zi-dom ti-kuam ka): cartão eletrônico

zìdòng tíkuǎnjī (zi-dom ti-kuam-dji): caixa eletrônico

zìjǐ (zi-dji): si mesmo

zǒngcái (zom-tsai): presidente de uma empresa

zǒngshì (zom-xi): sempre

zǒngsuàn (zom-suam): finalmente

zǒu (zou): andar; caminhar

zūfèi (zu-fei): aluguel (valor)

zǔfù (zu-fu): avô paterno

zǔmǔ (zu-mu): avó paterna

zuì (zui): o mais; a mais

zuǒ (zuo): esquerda

zuótiān (zuo-tiem): ontem

Minidicionário Português-Chinês

A

abaixo: **xià** (cia)

abrir: **kāi** (kai)

abrir a porta: **kāimén** (kai-mãm)

acesso à internet: **wǎngluò liánjié** (uaam-luo liem-djie)

acima: **shàng** (xaam)

adeus: **zàijiàn** (zai-djiem)

adiado(a): **tuīchí** (tui-tchi)

adicionar: **bǔchōng** (bu-tchuã)

advogado: **lǜshī** (lü-xi)

aeroporto: **fēijīchǎng** (fei-dji-tchom)

afeto: **qíng** (tsiimm)

afetuoso(a): **nuǎnhuó** (nuam-huo)

agência de viagens: **lǚxíngshè** (lü-cimm-xã)

agenda: **yìchéng** (ii-tchãmm)

agenda de telefone: **diànhuà hàomǎbù** (diem-hua hau-ma-bu)

agente de viagens: **lǚxíng dàilǐrén** (lü--cimm dai-li-rãm)

agora: **xiànzài** (cieam-zai)

ajudar: **bāngmáng** (baam-maam)

álcool: **jiǔ** (djiu)

alfândega: **hǎiguān** (hai-guam)

alguns; algumas: **yìxiē** (ii-cie)

ali: **nàr** (nar)

almoço: **wǔfàn** (uu-fam)

alô (somente ao telefone): **wéi** (uei)

aluguel (valor): **zūfèi** (zu-fei)

alugar: **chūzū** (tchu-zu)

amanhã: **míngtiān** (mimm-tiem)

ambos: **dōu** (dou)

ambulância: **jiùhùchē** (djiu-hu-tchã)

amigo(a): **péngyǒu** (pãmm-iou)

antigamente: **gǔdài** (gu-dai)

andar: **zǒu** (zou)

(no) andar de baixo: **lóuxià** (lou-cia)

(no) andar de cima: **lóushàng** (lou-xaam)

aniversário: **shēngrì** (xãmm-ri)

ano passado: **qùnián** (tsiu-niem)

ano que vem: **míngnián** (mimm-niem)

antigo: **gǔdài** (gu-dai); **lǎo** (lau)

antiguidade: **gǔdài** (gu-dai)

perto de: **kàojìn** (kau-djim)

ao redor: **sìzhōu** (si-dʒou)

aparelho de fax: **chuánzhēn jī** (tchuam-dʒãm dji)

apagar: **qùdiào** (tsiü-diau)

apenas: **zhǐ** (dʒi)

aposentos: **fángjiān** (faam-djiem)

apresentação: **yǎnshì** (iem-xi)

apresentar: **jièshào** (djie-xau)

aquele(a); aquilo: **nà** (na)

ar-condicionado: **kōngtiáo** (kom-tiau)

área: **dìqū** (di-tsiü); **fùjìn** (fu-djim)

área de trabalho: **táishì** (tai-xi)

arquivo: **wénjiàn** (uãm-djiem)

324 Parte V: Apêndices

arroz: **mǐfàn** (mi-fam)

artes culinárias: **pēngtiáo yìshù** (pãmm-tiau-ii-xu)

assustador(a): **kěpà** (kã-pa)

atendente: **fúwùyuán** (fu-uu-iuem)

atender o telefone: **jiē** (djie)

Ásia: **Yàzhōu** (ia-dʒou)

até mais: **yìhuǎr jiàn** (ii-huar djiem)

auditório: **lǐtáng** (li-taam)

aula: **kè** (kã)

autoestrada: **gāosù gōnglù** (gau-su gom-lu)

avião: **fēijī** (fei-dji)

avó paterna: **zǔmǔ** (zu-mu)

avô paterno: **zǔfù** (zu-fu)

B

baia: **xiǎo géjiān** (ciau gã-djiem)

baixo(a) altura: **ǎi** (ai)

bagagem: **xínglǐ** (cimm-li)

bagagem de mão: **shǒutí xínglǐ** (xou-ti cimm-li)

banco: **yínháng** (iim-haam)

banheiro: **cèsuǒ** (tsã-suo); **xǐshǒu jiān** (ci-xou djiem)

barato: **piányì** (piem-ii)

beber: **hē** (hã)

bebidas: **yǐnliào** (iim-liau)

bem; bom; boa: **hǎo** (hau)

bem-vindo(a): **huānyíng** (huam-iimm)

bilhete: **piào** (piau)

bilhete de ida: **dānchéng piào** (dam--tchãmm piau)

bilhete de ida e volta: **láihuí piào** (lai-hui piau)

trancar: **suǒ** (suo)

bonito(a): **hǎokàn** (hau-kam); **piàoliàng** (piau-liaam)

Brasil: **Bāxī** (ba-ci)

brasileiro(a): **Bāxī rén** (ba-ci rãm)

C

cada: **měige** (mei-gã)

cadeira: **yǐzi** (ii-zi)

café (estabelecimento): **kāfēi** (ka-fei); **kāfēitīng** (ka-fei-timm)

café da manhã: **zǎofàn** (zau-fam)

caixa eletrônico: **zìdòng tíkuǎnjī** (zi-dom ti-kuam-dji)

calendário: **rìlì** (ri-li)

calmo; quieto: **ānjìng** (am-djimm)

cama: **chuáng** (tchuaam)

câmera: **zhàoxiàng jī** (dʒau-ciaam dji)

caminhar: **zǒu** (zou)

cancelar: **qǔxiāo** (tsiü-ciau)

caneta-tinteiro: **gāngbǐ** (gaam-bi)

cansado(a): **lèi** (lei)

capa de chuva: **yǔyī** (iü-ii)

característica: **tèsè** (tã-sã)

cardápio: **càidān** (tsai-dam)

carne: **ròu** (rou)

caro: **guì** (gui)

carro: **qìchē** (tchii-tchã)

cartão de crédito: **xìnyòng kǎ** (cim-iom ka)

cartão eletrônico: **zìdòng tíkuǎn kǎ** (zi-dom ti-kuam ka)

cartão de embarque: **dēng jīpái** (dãmm dji-pai)

cartão de visita: **míngpiàn** (mimm-piem)

carteira: **qiánbāo** (tsiiam-bau)

casa: **fángzi** (faam-zi); **jiā** (djia)

casar: **jiéhūn** (djie-hum)

casas de câmbio: **duìhuànchù** (dui-huam-tchu)

CD de música: **guāngpán** (guaam-pam)

CD-ROM: **léishè guāngdié** (lei-xã guaam-die)

celebrar: **qìng** (tsiimm)

celular: **shǒujī** (xou-dji)

Apêndice A: Minidicionário   325

(um) centavo: **fēn** (fãm)

centro empresarial: **shāngwù zhōngxīn** (xaam-uu dʒom-cim)

CEO (empresa): **zhǔguǎn** (dʒu-guam)

chá: **chá** (tcha)

chamada a cobrar: **duìfāng fùfèi diànhuà** (dui-faam fu-fei diem-hua)

chamada telefônica de longa distância: **chángtú diànhuà** (tchaam-tu diem-hua)

chave: **yàoshi** (iau-xi)

check-in de bagagem: **tuōyùn** (tuo-ium)

chefe: **lǎobǎn** (lau-bam)

chefe de departamento: **bùzhǎng** (bu-dʒaam)

chegar: **lái** (lai)

cheque: **zhīpiào** (dʒi-piau)

cheques de viagem: **lǚxíng zhīpiào** (lü--cimm dʒi-piau)

China: **Zhōngguó** (dʒom-guo)

chinês; chinesa: **Zhōngguó rén** (dʒom-guo rãm)

chuva: **yǔ** (iü)

clima (meteorológico): **tiānqì** (tiem-tchii)

cidade: **chéngshì** (tchãmm-xi)

cinto de segurança: **ānquán dài** (am--tsiuãm dai)

claro(a): **qīng** (tsiimm)

classe: **kè** (kã)

classe econômica: **jīngjìcāng** (djimm-dji-tsaam)

cliente: **kè hù** (kã hu)

cobertor: **máotǎn** (mau-tam); **tǎnzi** (tam-zi)

coisa: **dōngxī** (dom-ci)

colega: **tóngshì** (tom-xi)

colega de quarto: **tóngwū** (tom-uu)

com fome: **è** (ã)

com licença: **duìbùqǐ** (dui-bu-tschii)

coletes salva-vidas: **jiùshēng yī** (djiu--xãmm ii)

começar: **kāishǐ** (kai-xi)

comer: **chīfàn** (tchi-fam)

comida: **cài** (tsai); **fàn** (fam)

comida ocidental: **xīcān** (ci-tsam)

como: **zěnme** (zãm-mã)

cômodo: **fángjiān** (faam-djiem)

comprar: **mǎi** (mai)

computador: **diànnǎo** (diem-nau)

computador pessoal: **gèrén diànnǎo** (gã-rãm diem-nau)

concordar: **tóngyì** (tom-ii)

concierge: **fúwùtái jīnglǐ** (fu-uu-tai djimm-li)

confortável: **shūfu** (xu-fu)

conhecer alguém: **rènshi** (rãm-xi)

considerar: **yǐwéi** (ii-uei)

consulado: **lǐnshìguǎn** (limm-xi-guam)

consultar um médico: **kànbìng** (kam-bimm)

conta: **zhàngdān** (dʒaam-dam)

conta bancária: **hùtóu** (hu-tou)

contabilidade: **kuàijì** (kuai-dji)

contar: **gàosù** (gau-su)

continente; continental (China): **dàlù** (da-lu)

contrato: **hétóng** (hã-tom)

controle remoto: **yáokòng qì** (iau-kom tchii)

conversa casual: **xiánliáo** (ciem-liau)

conversar: **liáotiān** (liau-tiem); **xiántán**

convidado: **kèrén** (kã-rãm)

corpo: **shēntǐ** (xãm-ti)

correio de voz: **yǒu shēng yóujiàn** (iou xãmm iou-djiem)

correios: **yóujú** (iou-dju)

corretor: **jīngjìrén** (djimm-dji-rãm)

cozinheiro; chef: **shīfu** (xi-fu)

criança: **háizi** (hai-zi)

cubículo: **xiǎo géjiān** (ciau gã-djiem)

cumprimento: **zhāohu** (dʒau-hu)

D

dançar: **tiàowǔ** (tiau-uu)

dar: **gěi** (gei)

data: **rìqī** (ri-tchii)

data comemorativa: **jiérì** (djie-ri)

de: **cóng** (tsom)

de manhã bem cedo: **qīngzǎo** (tsiimm-zau)

de nada: **búkèqì** (bu-kã-tchii)

decolar (avião): **qǐfēi** (tchii-fei)

definitivamente: **kěndìng** (kãm-dimm)

deixar: **líkāi** (li-kai); **ràng** (raam)

deixar uma mensagem: **liúhuà** (liu-hua)

dele: **tāde** (ta-dã)

delegacia de polícia: **jǐngchájú** (djimm-tcha-dju)

dentista: **yáyī** (ia-ii)

dentro: **lǐ** (li)

descansar: **xiūxi** (ciu-ci)

descer: **xià** (cia)

desculpe(-me): **bàoqiàn** (bau-tsiam); **duìbùqǐ** (dui-bu-tchii)

desligar: **guà** (gua)

despertador: **nào zhōng** (nau dʒom)

devagar: **màn** (mam)

dever: **yīnggāi** (iimm-gai)

devolver a mercadoria: **tuìhuí** (tui-hui)

dinheiro: **qián** (tsiiam); **xiànjīn** (ciem-djim)

diplomata: **wàijiāoguān** (uai-djiau-guam)

direto: **zhí** (dʒi)

dirigir: **kāi chē** (kai-tchã)

discar: **bō** (bo)

discutir: **tǎolùn** (tau-luãm)

distante: **yuǎn** (iuem)

dólar americano: **Měiyuán** (mei-iuem)

dólar chinês: **yuán** (iuem)

dólar da RPC: **rénmínbì** (rãm-mim-bi)

dólar de Hong Kong: **Gǎngbì** (gaam-bi)

dólar de Singapura: **Xīn bì** (cim bi)

dólar de Taiwan: **xīn Táibì** (cim tai-bi)

dólar japonês: **Rì yuán** (ri iuem)

domingo: **xīngqītiān** (cimm-tchii-tiem)

dor de cabeça: **tóuténg** (tou-tãam)

dormir: **shuìjiào** (xui-djiau)

dormitório: **sùshè** (su-xã)

E

e-mail: **diànzǐ yóujiàn** (diem-zi iou-diem)

ela; ele: **tā** (ta)

elas; eles: **tāmen** (ta-mãm)

elevador: **diàntī** (diem-ti)

embaixada: **dàshǐguǎn** (da-xi-guam)

empresa: **gōngsī** (gom-si)

emprestar: **jiè** (djie)

em cima: **shàng** (xaam)

em frente: **duìmiàn** (dui-miem)

em linha reta: **zhí** (dʒi)

em pouco tempo: **yìhuǎr** (ii-huar)

em torno de: **sìzhōu** (si-dʒou)

endereço: **dìzhǐ** (di-dʒi)

endereço de e-mail: **diànzǐ yóuxiāng dìzhǐ** (diem-zi iou-ciaam di-dʒi)

enfermeiro(a): **hùshī** (hu-xi)

escutar: **tīng** (timm)

ensinar: **jiāo** (djiau)

entrada: **ménkǒu** (mãm-kou)

entrar no sistema: **qiān rù** (tsiiam ru)

entretanto: **dànshì** (dam-xi)

enviar: **sòng** (som)

erro: **cuò** (tsuo)

escada rolante: **zìdòng lóutī** (zi-dom lou-ti)

escola: **xuéxiào** (ciue-ciau)

escolher: **xuǎnzé** (ciuãm-zã)

escova de dentes: **yáshuā** (ia-xua)

Apêndice A: Minidicionário **327**

escritório: **bàngōngshì** (bam-gom-xi)

escrivaninha: **bàngōngzhuō** (bam-gom-dʒuo)

escuro (cor): **shēn** (xãm)

esfregar; apagar: **cá** (tsa)

esperar: **děng** (dãmm)

esposa: **àirén** (ai-rãm) (usado apenas na RPC); **qīzi** (tchii-zi); **tàitài** (tai-tai) (termo usado principalmente em Taiwan)

esquerda: **zuǒ** (zuo)

esse(a): **zhè** (dzã)

Estados Unidos: **Měiguó** (mei-guo)

estadunidense: **Měiguóren** (mei-guo-rãm)

estar doente: **bìng** (bimm)

estação de trem: **huǒchē zhàn** (huo-tchã dʒam)

estrada: **lù** (lu)

estranho(a): **qíguài** (tchii-guai)

estudante: **xuéshēng** (ciue-xãmm)

estudar: **xuéxí** (ciue-ci)

etiqueta de babagem: **lǐngqǔdān** (limm-tsiü-dam)

eu: **wǒ** (uo)

euro: **Ōu yuán** (ou iuem)

Europa: **Ōuzhōu** (ou-dʒou)

examinar: **jiǎnchá** (djiem-tcha)

excursão: **guānguāng tuán** (guam-guaam tuam); **lǚyóu** (lü-iou)

exercício físico: **yùndòng** (ium-dom)

exercitar-se (físico): **jiànshēn yùndòng** (djiem-xãm ium-dom)

exterior; externo: **wài** (uai)

F

fácil: **róngyì** (rom-ii)

falar: **jiǎng** (djiaam); **shuō** (xuo)

família: **jiā** (djia)

faminto(a): **è** (ã)

farmácia: **yàofáng** (iau-faam)

fazer check-out: **tuìfáng** (tui-faam)

fazer download: **xiàzài** (cia-zai)

fazer log off: **qiān chū** (tsiiam tchu)

fazer uma reserva: **dìng wèi** (dimm uei); **yùdìng** (iü-dimm)

feira/exposição comercial: **màoyì zhǎnxiāohuì** (mau-ii dʒam-ciau-hui)

feliz: **gāoxìng** (gau-cimm)

feriado: **jiérì** (djie-ri)

festa: **wǎnhuì** (uam-hui)

ficar online: **shàngwǎng** (xaam-uaam)

filho: **érzi** (ar-zi)

filho(a): **háizi** (hai-zi)

filme: **diànyǐng** (diem-iimm); **piānzi** (piem-zi)

fim de semana: **zhōumò** (dʒou-mo)

finalmente: **zhōngyú** (dʒom-iü); **zǒngsuàn** (zom-suam)

folgado: **sōng** (som)

foto: **zhàopiàn** (dʒau-piem)

frente: **qián** (tsiiem)

frequentemente: **chángcháng** (tchaam-tchaam)

frio: **lěng** (lãmm)

fruta: **shuǐguǒ** (xui-guo)

furioso(a): **shēngqì** (xãmm-tchii)

G

garçom; garçonete: **fúwùguán** (fu-uu-iuem)

garfo: **chāzi** (tcha-zi)

gostar: **xǐhuān** (ci-huam)

gerente: **jīnglǐ** (djimm-li)

gorjeta: **xiǎofèi** (ciau-fei)

graças: **xièxiè** (cie-cie)

grande: **dà** (da)

guardanapo: **cānjīnzhǐ** (tsam-djim-dʒi)

gratuito(a): **miǎnfèi** (miem-fei)

gravador de vídeo: **lùxiàngjī** (lu-ciaam-dji)

328 Parte V: Apêndices

grupo turístico: **guānguāng tuán** (guam--guaam tuam)

guarda-chuva: **yǔsǎn** (iü-sam)

guia: **lǚyóu shǒucè** (lü-iou xou-tsã)

H

hall de entrada: **dàtīng** (da-timm)

hoje: **jīntiān** (djim-tiem)

Hong Kong: **Xiānggǎng** (ciaam-gaam)

hora: **zhōng** (dʒom)

hora do rush: **gāofēngqī** (gau-fãmm-tchii)

hóspede: **kèrén** (kã-rãm)

hospital: **yīyuàn** (ii-iuem)

hotel: **bīnguǎn** (bim-guam); **fànguǎn** (fam-guam); **lǚguǎn** (lü-guam)

I

idade: **niánjì** (niem-dji); **suì** (sui)

identidade (documento): **zhèngjiàn** (dʒãmm-djiem)

importar-se: **guǎn** (guam)

incorreto: **cuò** (tsuo)

infelizmente: **kěxí** (kã-ci)

ingresso: **piào** (piau)

iniciar a partida (viagem): **chūfā** (tchu-fa)

inteiro: **quánbù** (tsiuãm-bu)

inteligente: **cōngmíng** (tsom-mimm)

internet: **guójì wǎngluò** (guo-dji uaam-luo)

inundação: **shuǐzāi** (xui-zai)

ir: **qù** (tsiü)

irritante: **máfan** (ma-fam)

isso: **zhè** (dzã)

item: **xiàngmù** (ciaam-mu)

J

jantar: **wǎnfàn** (uam-fam)

Japão: **Rìběn** (ri-bãm)

jogar: **dǎ** (da)

joias: **zhūbǎo** (dʒu-bau)

jornal: **bàozhǐ** (bau-dʒi)

jovem: **niánqīng** (niem-tsiimm)

juntos: **yīqǐ** (ii-tchii)

K

km (quilômetros — equivalente chinês): **lǐ** (li)

L

lá: **nàr** (nar)

(do) lado de fora: **wài** (uai)

lado direito: **yòu** (iou)

ladrão: **zéi** (zei)

lápis: **qiānbǐ** (tsiiem-bi)

lavar: **xǐ** (ci)

lei: **fǎlǜ** (fa-lü)

lento(a): **màn** (mam)

ler: **kàn** (kam)

ligação telefônica internacional: **guójì diànhuà** (guo-dji diem-hua)

limpo(a): **gānjìng** (gam-djimm)

lindo(a): **piàoliàng** (piau-liaam)

língua chinesa: **Hànyǔ** (ham-iü)

língua chinesa: **Zhōngwén** (dʒom-uãm)

língua inglesa: **Yīngwén** (iimm-uãm)

língua inglesa: **Yīngyǔ** (iimm-iü)

língua portuguesa: **pútáoyá wén** (pu-tau-ia-uãm)

livro: **shū** (xu)

localização: **dìqū** (di-tsiü)

logar: **qiān rù** (tsiiem ru)

loja: **shāngdiàn** (xaam-diem)

longe: **yuǎn** (iuem)

lugar: **dìfāng** (di-faam)

Apêndice A: Minidicionário 329

M

macarrão: **miàntiáo** (miem-tiau)

mãe: **mǔqīn** (mu-tsiim)

mãe: **māma** (ma-ma)

maio: **wǔyuè** (uu-iue)

o(a) mais: **zuì** (zui)

mais ainda: **gèng** (gãmm)

mala: **xiāngzi** (ciaam-zi)

mandarim: **Guóyǔ** (guo-iü) (termo usado em Taiwan); **Pǔtōnghuà** (pu-tom-hua) (termo usado na China continental)

manhã: **zǎoshàng** (zau-xaam)

mantimentos: **shípǐn záhuò** (xi-pim za-huo)

mapa: **dìtú** (di-tu)

marido: **zhàngfu** (dʒaam-fu)

mas: **dànshì** (dam-xi)

médico: **yīshēng** (ii-xãmm)

meia-noite: **bànyè** (bam-ie)

meio; metade: **bàn** (bam)

meio litro (unidade de medida): **pǐntuō** (pim-tuo)

meio-dia: **zhōngwǔ** (dʒom-uu)

mensagem: **xìnxī** (cim-ci)

menu: **càidān** (tsai-dam)

mês passado: **shàngge yuè** (xaam-gã iue)

mês que vem: **xiàge yuè** (cia-gã iue)

mesa: **bàngōngzhuō** (bam-gom-dʒuo); **zhuōzi** (dʒuo-zi)

mestre: **shīfu** (xi-fu)

metrô: **dìtiě** (di-tie)

meu: **wǒde** (uo-dã)

ministro: **bùzhǎng** (bu-dʒaam)

minuto: **fēn** (fãm)

moeda: **huòbì** (huo-bi)

moeda estrangeira: **wàibì** (uai-bi)

moedas: **yìngbì** (iimm-bi)

mudar (atitude/comportamento): **gǎibiàn** (gai-biem)

muitas vezes: **chángcháng** (tchaam-tchaam)

muito: **tài** (tai); **hěn** (hãm)

muito(s): **duō** (duo)

muito bom: **búcuò** (bu-tsuo)

muito obrigado(a): **gǎnxiè** (gam-cie)

museu: **bówùguǎn** (bo-uu-guam)

música: **yīnyuè** (iim-iue)

N

na hora: **zhèngdiǎn** (dʒãmm-diem)

namorada: **nǚpéngyǒu** (nü-pãmm-iou)

namorado: **nán péngyǒu** (nam pãmm-iou)

não: **bù** (bu)

não é ruim: **búcuò** (bu-tsuo)

não ter: **méiyǒu** (mei-iou)

navegar (internet): **liúlǎn** (liu-lam)

negociar: **tánpàn** (tam-pam)

negócios: **shāngyè** (xaam-ie)

no entanto: **dànshì** (dam-xi)

noite: **wǎnshàng** (uam-xaam)

nome de usuário: **yònghù xìngmíng** (iom-hu cimm-mimm)

normalmente: **píngcháng** (pimm-tchaam)

nós: **wǒmen** (uo-mãm)

nós (informal): **zánmen** (zam-mãm)

nota fiscal: **shōujù** (xou-dju)

notebook: **shǒutíshìdiànnǎu** (xou-ti-xi dien-nau)

novo(a): **xīn** (cim)

número: **hàomǎ** (hau-ma)

número de celular: **shǒujī hàomǎ** (xou-dji hau-ma)

número de telefone: **diànhuà hàomǎ** (diem-hua hau-ma)

O

o(a) mais: **zui** (zui)

o mesmo: **yíyàng** (ii-iaam)

Parte V: Apêndices

o que: **shénme** (xãm-mã)

óculos: **yǎnjìng** (iem-djimm)

óculos de sol: **tàiyáng yǎnjìng** (tai-iaam iem djimm)

ocupado(a): máng (maam)

Oh meu Deus!: **āiyá** (ai-ia)

olho: **yǎnjīng** (iem-djimm)

onde: **nǎr** (nar)

ônibus público: **gōnggòng qìchē** (gom--gom tchii-tchã)

ontem: **zuótiān** (zuo-tiem)

opinião: **yìjiàn** (ii-djiem)

orar: **lǐbài** (li-bai)

orçamento: **yùsuàn** (iü-suam)

organizar: **ānpái** (am-pai)

ou: **huò zhe** (huo dʒã)

outro: **qítā** (tchii-ta)

outro(a): **biéde** (bie-dã)

ouvir: **tīng** (timm)

P

pagar: **fù qián** (fu tsiiem)

pai: **bàba** (ba-ba); **fùqīn** (fu-tsiim)

pais: **fùmǔ** (fu-mu)

país: **guójiā** (guo-djia)

papel higiênico: **wèishēng zhǐ** (uei-xãmm dʒi)

(um) par: **shuāng** (xuaam)

parabéns: **gōngxǐ** (gom-ci)

para cima: **shàng** (xaam)

parceiro de negócios: **shēngyì huǒbàn** (xãmm-iim huo-bam)

parecer: **yìjiàn** (ii-djiem)

passaporte: **hùzhào** (hu-dʒau)

passear: **yóulǎn** (iou-lam)

pasta: **gōngwénbāo** (gom-uãm-bau)

pauzinhos de comida: **kuàizi** (kuai-zi)

pegar: **ná** (na)

pegar emprestado: **jiè** (djie)

pedir (comida): **diǎn** (diem)

pedir informações (sobre direções): **wènlù** (uãm-lu)

pensar: **xiǎng** (ciaam)

pequeno(a): **xiǎu** (ciau)

porcentagem: **bǎifēn bǐ** (bai-fãm bi)

perder: **shū** (xu)

perder-se: **mílù** (mi-lu)

permitir: **ràng** (raam)

pesquisar: **jiǎnsuǒ** (djiem-suo)

pessoa: **rén** (rãm)

pílula: **yàowán** (iau-uam)

plataforma (trem, metrô): **zhàntái** (dʒam-tai)

plug, adaptador: **chātóu** (tcha-tou)

poder (verbo): **kěyǐ** (kã-ii)

polícia: **jǐngchá** (djimm-tcha)

ponte: **qiáo** (tsiiau)

ponto de ônibus: **gōnggòng qìchē zhàn** (gom-gom tchii-tchã dʒam)

popular (estar na moda): **liúxíng** (liu-cimm)

por favor: **qǐng** (tsiimm)

por que; por quê: **wèishénme** (uei-xãm-mã)

porque: **yīnwèi** (iim-uei)

porta: **mén** (mãm)

posto de correios: **yóujú** (iou-dju)

pouso: **zhuólù** (dʒuo-lu)

Poxa!: **zāogāo** (zau-gau)

pratos vegetarianos: **sùcài** (su-tsai)

precisar: **xūyào** (ciü-iau)

preço: **jiàgé** (djia-gã)

preencher um formulário: **tián** (tiem)

preocupar-se: **guǎn** (guam)

presentes: **lǐwù** (li-uu)

presidente de uma empresa: **zǒngcái** (zom-tsai)

pressa: **jí** (dji)

Apêndice A: Minidicionário   **331**

primeira classe: **tóudĕng cāng** (tou-dãmm tsaam)

problema: **wèntí** (uãm-ti)

procurar: **zhăo** (dʒau)

professor(a): **lăoshī** (lau-xi)

professor universitário: **jiàoshòu** (djiau-xou)

profundo: **shēn** (xãm)

programação: **shíjiānbiăo** (xi-djiem-biau)

projetor de slides: **huándēngjī** (huam-dãmm-dji)

provedor de serviços de internet: **wăngshàng fúwù tígōng shāng** (uaam--xaam fu-uu ti-gom xaam)

próximo(a): **xiàge** (cia-gã)

próximo a: **kàojìn** (kau-djim)

(no) próximo ano: **míngnián** (mimm-niam)

Q

qual; que: **nă** (na)

qualidade: **zhíliàng** (dʒi-liaam)

qualquer outra coisa: **qítā** (tchii-ta)

quanto: **duōshăo** (duo-xau)

quanto tempo: **duō jiŭ** (duo djiu)

quantos: **jĭ** (dji)

quarta-feira: **xīngqīsān** (cimm-tchii-sam)

quarto: **fángjiān** (faam-djiem); quarto **wòshì** (uo-xi)

quarto duplo; quarto de casal: **shuāngrén fángjiān** (xuaam-rãm faam-djiem)

que pena: **kĕxí** (kã-ci); **zāogāo** (zau-gau)

quebrado: **huài** (huai)

quem: **shéi** (xei)

quente: **nuănhuó** (nuam-huo); **rè** (rã)

querer: **yào** (iau)

quieto: **ānjìng** (am-djimm)

quilômetro (equivalente chinês): **lĭ** (li)

quinta-feira: **xīngqīsì** (cimm-tchii-si)

R

rápido: **kuài** (kuai)

realmente: **zhēn** (dʒãm)

receber: **shōudào** (xou-dau)

recepção: **fàndiàn qiántái** (fam-diem tsiiem-tai)

recepcionista: **qiántái fúwùyuán** (tsiiem--tai fu-uu-iuem)

recibo: **shōujù** (xou-dju)

remédio: **yào** (iau)

remover: **qùdiào** (tsiü-diau)

residir: **zhù** (dʒu)

resolver: **jiĕjué** (djie-djue)

responder; retornar: **huí** (hui)

restaurante: **cānguăn** (tsam-guam); **fàndiàn** (fam-diem)

restituição: **tuìkuăn** (tui-kuam)

retirar o dinheiro: **qŭ qián** (tsiü tsiiem)

reunião: **huìyì** (hui-ii)

revista: **zázhì** (za-dʒi)

rezar: **lĭbài** (li-bai)

rodovia: **gōnglù** (gom-lu)

rosto: **miàn** (miem)

rua: **jiē** (djie)

ruim: **huài** (huai)

S

sábado: **xīngqīliù** (cimm-tchii-liu)

sabão: **féizào** (fei-zau)

saber como fazer algo: **huì** (hui)

saber informações: **zhīdào** (dʒi-dau)

saguão: **dàtīng** (da-timm)

saia: **qúnzi** (tsium-zi)

saídas de emergência: **jĭnjí chūkŏu** (djim--dji tchu-kou)

sala de emergência: **jízhĕnshì** (dji-dʒãm-xi)

sala de jantar: **fàntīng** (fam-timm)

332 Parte V: Apêndices

saldo da conta: **jiéyú** (djie-iü)

sapatos: **xiézi** (cie-zi)

saudação: **zhāohu** (dʒau-hu)

secretário(a): **mìshū** (mi-xu)

secretária eletrônica: **lùyīn diànhuà** (lu-iim diem-hua)

sede; sedento(a): **kě** (kã)

segunda-feira: **xīngqīyī** (cimm-tchii-ii)

sem dúvida: **dāngrán** (daam-ram)

semana: **lǐbài** (li-bai)

semana passada: **shàngge xīngqī** (xaam--gã cimm-tchii)

semana que vem: **xiàge xīngqī** (cia-gã cimm-tchii)

sempre: **zǒngshì** (zom-xi)

senha: **mìmǎ** (mi-ma)

sentir-se honrado(a): **róngxìng** (rom-cimm)

ser capaz de: **kěyǐ** (kã-ii)

ser chamado: **jiào** (djiau)

ser ferido: **shòushāng** (xou-xaam)

serviço de lavanderia: **xǐyī fúwù** (ci-ii fu-uu)

sexta-feira: **xīngqīwǔ** (cimm-tchii-uu)

si mesmo: **zìjǐ** (zi-dji)

sim: **shì** (xi)

sinto muito: **bàoqiàn** (bau-tsiem)

sistema de romanização chinesa: **pīnyīn** (pim-iim)

site: **wǎngzhàn** (uaam-dʒam)

slides: **huándēngpiàn** (huam-dãmm-piem)

software: **ruǎnjiàn** (ruam-djiem)

solto: **sōng** (som)

solucionar: **jiějué** (djie-djue)

somente: **zhǐ** (dʒi)

sopa: **tāng** (taam)

sorte: **yùnqì** (ium-tchii)

sugerir; sugestão: **jiànyì** (djiem-ii)

suíte: **tàojiān** (tau-djiem)

supermercado: **chāojí shìchǎng** (tchau-dji xi-tchaam)

T

Taiwan: **Táiwān** (tai-uam)

talão de cheques: **zhīpiào bù** (dʒi-piau bu)

talvez: **kěnéng** (kã-nãmm)

tamanho médio: **zhōng hào** (dʒom hau)

também: **yě** (ie)

tarde: **xiàwǔ** (cia uu)

taxa de câmbio: **duìhuàn lǜ** (dui-huam lü)

táxi: **chūzū chē** (tchu-zu tchã)

telefone: **diànhuà** (diem-hua)

telefone público: **gōngyòng diànhuà** (gom-iom diem-hua)

televisão: **diànshì** (diem-xi)

tempo: **shíhòu** (xi-hou)

ter: **yǒu** (iou)

terça-feira: **xīngqī'èr** (cimm-tchii-ar)

tempo (meteorológico): **tiānqì** (tiem-tchii)

ter cuidado: **xiǎo xīn** (ciau cim)

ter uma reunião: **kāihuì** (kai-hui)

tirar férias: **fàng jià** (faam-djia)

tirar fotos: **zhàoxiàng** (dʒau-ciaam)

toalha: **máojīn** (mau-djimm)

tocar (instrumento musical): **dǎ** (da); **tán** (tam)

todos: **dōu** (dou)

tudo: **dōu** (dou); **quánbù** (tsiuãm-bu)

tomar remédio: **chī yào** (tchi iau)

tomar uma decisão legal: **pànjué** (pam-djue)

tour; turnê: **lǚyóu** (lü-iou)

trabalhar; trabalho (emprego): **gōngzuò** (gom-zuo)

transferir; transformar: **zhuǎn** (dʒuam)

transporte: **jiāotōng** (djiau-tom)

trem local: **mànchē** (mam-tchã)

trocar (de transporte, dinheiro, etc.); **huàn** (huam)

U

ultrapassado: **lǎo** (lau)
um (numeral): **yī** (ii)
unidade de moeda: **kuài** (kuai)
usar: **yòng** (iom)

V

vago: **kòngwèi** (kom-uei)
vários: **jǐ** (dji)
vaso sanitário: **mǎ tǒng** (ma-tong)
vejo você mais tarde: **yìhuǎr jiàn** (ii-huar djiem)
velho: **lǎo** (lau)
vencer: **yíng** (iimm)
vender: **mài** (mai)
ver: **jiàn** (djiem); **kàn** (kam)
verbo ser: **shì** (xi)
verdade: **zhēn** (dʒãm)
vestir: **chuān** (tchuam)
vestuário: **yīfu** (ii-fu)
viajar: **lǚxíng** (lü-cimm)
Vietnã: **Yuènán** (iue-nam)
vinho: **jiǔ** (djiu)
vir: **lái** (lai)
visitar lugares: **yóulǎn** (iou-lam)
visto: **qiānzhèng** (tsiiem-dʒamm)
vizinhança: **fùjìn** (fu-djim)
você: **nǐ** (ni)
você (formal): **nín** (nim)
vocês: **nǐmen** (ni-mãm)
voltar: **huí lái** (hui lai)
voz: **shēngyīn** (xãmm-iim)

W

website: **wǎngzhàn** (uaam-dʒam)

334   Parte V: Apêndices

Apêndice B
Verbos em Chinês

A qui está uma lista acessível de verbos chineses úteis. Para uma descrição geral de como funcionam os verbos em chinês, consulte o Capítulo 3.

àn (am): pressionar

ānpái (am-pai): organizar; agendar

ānzhuāng (am-dʒuaam): instalar

bāngmáng (baam-maam): ajudar

bō (bo): discar

cānjiā (tsam-djia): participar

chàng (tchaam): cantar

chī (tchi): comer

chídào (tchi-dau): atrasar-se

chóngxīn kāijī (tchom-cim kai-dji): reiniciar (computador)

chuān (tchuam): vestir; usar (roupas)

chuī (tchui): soprar

cún qián (tsuãm tsiem): depositar dinheiro

dǎ (da): bater; atacar; jogar; tocar; brincar

dài (dai): trazer; levar; usar (acessórios)

děng (dãmm): esperar

diǎn (diem): pedir (comida)

dǒng (dom): entender; compreender

è (ã): estar com fome

fēi (fei): voar

fù zhàng (fu dʒaam): pagar uma conta

gǎibiàn (gai-biem): mudar

gǎnjué (gam-djue): sentir

gǎnxiè (gam-cie): agradecer

gàosù (gau-su): contar; falar

gāoxìng (gau-cimm): ser/estar feliz

gěi (gei): dar

gōngzuò (gom-zuo): trabalhar

guà (gua): desligar (telefone)

guān (guam): fechar

gūjì (gu-dji): estimar; calcular

guò (guo): passar

hē (hã): beber

hézuò (hã-zuo): cooperar

huà (hua): pintar

huàn (huam): trocar

336 Parte V: Apêndices

huānyíng (huam-iimm): acolher; dar boas-vindas

huí (hui): voltar; retornar

huì (hui): saber como fazer algo

hūxī (hu-ci): respirar

jiàn (djiem): ver

jiǎng (djiaam): falar

jiànlì (djiem-li): abrir; montar; construir, fundar (empresas, instituições)

jiànyì (djiem-ii): sugerir

jiào (djiau): chamar

jiē (djie): atender (um telefonema)

jiè (djie): emprestar; pegar emprestado

jiěfàng (djie-faam): liberar; soltar

jiéhūn (djie-hum): casar

jiějué (djie-djue): resolver

jièshào (djie-xau): apresentar; introduzir

jiézhàng (djie-dʒaam): fechar a conta

jiù (djiu): salvar (uma vida)

juédìng (djue-dimm): decidir

kāi (kai): abrir

kāi chē (kai tchã): dirigir

kāihuì (kai-hui): ter ou estar em uma reunião

kàn (kam): ler; olhar; ver

kě (kã): estar com sede

lái (lai): vir; chegar

liànxí (liem-ci): praticar

líkāi (li-kai): deixar; partir; sair

liú (liu): deixar (um objeto, uma mensagem)

mà (ma): repreender; xingar

mǎi (mai): comprar

mài (mai): vender

máng (maam): estar ocupado

mílù (mi-lu): perder-se

ná (na): pegar

néng (nãmm): ser capaz de

pànjué (pam-djue): tomar uma decisão legal

qiān rù (tsiiem ru): entrar; logar (internet)

qiān chū (tsiiem tchu): desconectar; sair de um sistema (informática)

qǐng (tsiimm): convidar; pedir "por favor"

qù (tsiü): ir

qǔ qián (tsiü tsiiem): retirar dinheiro

qǔxiāo (tsiü-ciau): cancelar

ràng (raam): permitir

rènshi (rãm-xi): conhecer (uma pessoa); reconhecer

shàng (xaam): conseguir; ter sucesso; subir; ir

shàngwǎng (xaam-uaam): ficar online

shì (xi): ser

shōu (xou): receber

shòu (xou): receber; aceitar (dinheiro, ingresso, etc.)

shū (xu): perder

shuō (xuo): falar

Apêndice B: Verbos em Chinês 337

sòng (som): enviar; presentear; levar

tánpàn (tam-pam): negociar

tǎolùn (tau-luãm): discutir

tián (tiem): preencher (um formulário)

tīng (timm): ouvir; escutar

tóngyì (tom-ii): concordar

tuìfáng (tui-faam): fazer check-out (de hotel)

tuìhuí (tui-hui): devolver (mercadoria)

tuōyùn (tuo-ium): fazer check-in de bagagem

wán (uam): jogar; tocar; brincar

wàng (uaam): esquecer

wèn (uãm): perguntar

xǐ (ci): lavar

xià (cia): descer

xiǎng (ciaam): pensar, sentir falta

xiàzài (cia-zai): baixar (um arquivo); fazer download

xǐhuān (ci-huam): gostar; apreciar

xìn (cim): acreditar

xuǎnzé (ciuam-zã): escolher

xuéxí (ciue-ci): estudar

yǎnshì (iem-xi): fazer uma apresentação

yào (iau): querer

yíng (iimm): ganhar; vencer

yòng (iom): usar

yǒu (iou): ter; haver; existir

yóulǎn (iou-lam): passear

yóuyǒng (iou-iom): nadar

yuànyì (iuem-ii): estar disposto a

yùsuàn (iü-suam): orçamentar (fazer orçamento)

zhǎo (dʒau): procurar

zhàoxiàng (dʒau-ciaam): tirar fotos

zhīdào (dʒi-dau): conhecer; saber (um fato)

zhù (dʒu): residir

zhuā (dʒua): pegar; capturar

zhuǎn (dʒuam): transferir; girar; mudar

zhuāngrù (dʒuaam-ru): embalar

zhuǎnzū (dʒuam-zu): sublocar

zhǔchí (dʒu-tchi): guiar; conduzir (reunião, evento)

zǒu lù (zou [lu]): caminhar; andar

zū (zu): alugar

zuò (zuo): fazer; construir; sentar-se

zuò fàn (zuo fam): cozinhar

338 Parte V: Apêndices

Apêndice C
Nos Áudios

Lista de Faixas

Segue a lista das faixas que aparecem nos áudios do livro. O material pode ser baixado no site: `https://altabooks.com.br/CD/` ou buscando o título da obra no site: `https://altabooks.com.br/`

Faixa 1: Introdução

Faixa 2: Sons consonantais

Faixa 3: Tons

Faixa 4: Saindo para jantar

Faixa 5: Apresentações

Faixa 6: Indo ver um filme

Faixa 7: Chamando um corretor de imóveis

Faixa 8: Perguntando as horas

Faixa 9: Falando sobre profissões

Faixa 10: Indo a um restaurante

Faixa 11: Fazendo compras no mercado

Faixa 12: Comprando roupas

Faixa 13: Indo ao museu

Faixa 14: Fazendo uma chamada telefônica

Faixa 15: Iniciando uma reunião

Faixa 16: Indo a um resort à beira-mar

Faixa 17: Indo a um jogo de basquete

340 **Parte V: Apêndices**

Faixa 18: Discutindo planos de férias

Faixa 19: Fazendo planos com um agente de viagens

Faixa 20: Trocando dinheiro

Faixa 21: Abrindo uma conta no banco

Faixa 22: Fazendo check-in no aeroporto

Faixa 23: Passando pela alfândega

Faixa 24: Acertando o caminho para a embaixada

Faixa 25: Pedindo informações sobre o posto de correios

Faixa 26: Fazendo uma reserva de hotel

Faixa 27: Perguntando sobre vagas em hotéis

Faixa 28: Chegando ao consultório médico

Apêndice D
Respostas dos Exercícios

A seguir estão todas as respostas para os exercícios Diversão & Jogos.

Capítulo 2

c, a, d, c, c

Capítulo 3

b, e, a, d, c

Capítulo 4

Atividade 1: **hǎo, míngzi, Déguórén, bàofēngxuě, jiàn**

Atividade 2:

1. (C) **Hǎo jiǔ méi jiàn.**
2. (D) **Wǎn ān.**
3. (E) **Zǎo.**
4. (F) **Nǎr de huà.**
5. (A) **Hěn gāoxìng jiàndào nǐ.**
6. (B) **Yílù pīng'ān.**

Capítulo 5

wǔ, qī, shí, sānshí, liùshí, jiǔshí

Capítulo 6

yùshì: *banheiro*

wòshì: *quarto*

fàntīng: *sala de jantar*

tǎnzi: *manta*

yángtái: *varanda*

zhěntóu: *travesseiro*

342 Parte V: Apêndices

bèizi: *cobertor*

shūzhuō: *escrivaninha*

shāfā: *sofá*

Capítulo 7

yīshēng: *médico(a)*

lǎoshī: *professor(a)*

fēixīngyuán: *piloto*

kuàijì: *contador(a)*

Capítulo 8

A. **píngguǒ** (*maçã*)

B. **júzi** (*laranja*)

C. **shēngcài** (*alface*)

D. **fānqié** (*tomate*)

E. **hú luóbō** (*cenoura*)

F. **yángcōng** (*cebola*)

G. **xīlánhuā** (*brócolis*)

Capítulo 9

A. **zhūbǎo diàn** (*joalheria*)

B. **cài shìchǎng:** (*mercado*)

B. **huādiàn:** (*floricultura*)

D. **yàofáng:** (*drogaria*)

E. **wánjù diàn:** (*loja de brinquedos*)

Capítulo 10

1. f

2. e

3. d

4. c

5. a

6. b

Apêndice D: Respostas dos Exercícios 343

Capítulo 11

Só um instante.: **Shǎoděng**

Ela está em casa?: **Tā zài ma?**

Alô?: **Wéi?**

Desculpe, você ligou para o número errado.: **Duìbùqǐ, nǐ bōcuòle hàomǎ.**

Por favor, deixe uma mensagem.: **Qǐng nǐ liú yíge huà.**

Capítulo 12

1. c
2. e
3. b
4. d
5. a

Capítulo 13

A. **dǎ pīngpōngqiú**

B. **tán gāngqín**

C. **dǎ gōngfu**

D. **chuī chángdí**

E. **pá shān**

Capítulo 14

1. **Àiěrlán**
2. **liù yuè bā hào**
3. **fó miào**
4. **yáshuā**
5. **Kāi wán xiào**

Capítulo 15

A. **zìdòng tíkuǎnjī** (*caixa eletrônico*)

B. **chūnàyuán** (*caixa de banco*)

C. **yínháng** (*banco*)

D. **hùzhào** (*passaporte*)

E. **xìnyòng kǎ** (*cartão de crédito*)

F. **qiánbāo** (*carteira*)

344 Parte V: Apêndices

Capítulo 16

A. **fēijī**

B. **huǒchē**

C. **dìtiě**

D. **gōnggòng qìchē**

E. **chūzū chē / jì chéng chē**

Capítulo 17

A. **Xuéxiào zài běibiān/běimiàn.** (*A escola fica ao norte.*)

B. **Yóujú zài dōngbiān/dōngmiàn.** (*Os correios ficam ao leste.*)

C. **Yíngháng zài nánbiān/nánmiàn.** (*O banco fica ao sul.*)

D. **Fángzi zài xībiān/xīmiàn.** (*A casa fica a oeste.*)

Capítulo 18

1. **fángjiān**

2. **kèmǎn**

3. **qǐchuáng**

4. **zhàngdān**

5. **tuìfáng**

Capítulo 19

1. **gēbō:** *braço*

2. **jiānbǎng:** *ombro*

3. **shǒuzhǐ:** *dedo da mão*

4. **tuǐ:** *perna*

5. **bózi:** *pescoço*

6. **xiōngqiāng:** *peito*

7. **yǎnjīng:** *olho*

8. **ěrduō:** *orelha/ouvido*

9. **bízi:** *nariz*

Índice

• A •

A (letra), 14
abordando pessoas, 51
acomodações
    check-in/ check-out, 277-279, 284-286
    fazendo reservas, 273
    serviços de hotel, 279
    Tendo uma Conversa, 275
adeus, 63
adjetivos, 37
advérbios, 43
aeroportos, 241
agências de viagens, 223
àirén (esposa), cônjuge, 55
ajuda legal, 298
álcool, 309
alfândega, 246
aluguel de carros, 249
àn (pressionar), 335
ānpái (organizar/planejar), 335
ānzhuāng (instalar), 335
apartamento, 84-86
apresentações, 51
apresentações, assistindo, 155
artigos, 36
artigos definidos, 36
artigos indefinidos, 36
atividades ao ar livre. (*Veja* recreação e atividades ao ar livre)
atrações e vida noturna, 164
    assistindo a apresentações, 155
    bares e clubes, 164
    cinemas, 162
    locais históricos, 161
    museus e galerias, 159
    Tendo uma Conversa, 160
āyí (tia), 56

• B •

B (letra), 12
bàba (pai), 14, 52
bái (branco), 164
bái cài (couve chinesa), 304
bǎifēnbǐ (porcentagem), 238
bǎihuò shāngdiàn (loja de departamentos), 136
bālěiwǔ (balé), 155
bàn (meio/metade), 69, 72
bāngmáng (ajudar), 335
bàngōngshì (escritório), 187
bàngōngzhuō (mesa/escrivaninha), 187
banco, 235
banheiro, 90
bànlǐdēngjì shǒuxù (fazer check-in), 277
bànyè (meia-noite), 71
bào biǎo (planilha), 195
bares e clubes, 164
bāshí (oitenta), 67
batendo um papo
    estabelecendo uma conexão, 97
    no trabalho, 102–105
    sobre onde você vive, 105–106
    Tendo uma Conversa, 98
bèibāo (mochila), 222
bízi (nariz), 291
bǐ (comparado a), 129, 142
bǐshùn (ordem de traços), 24
bí yān hú (frascos de rapé), 147
biǎo (formulário), 277
biǎoyì (ideogramas), 22
biéde (outro[a]), 278
bìng lì (histórico médico), 294
bīngzhèn de píjiǔ (cerveja gelada), 164
bìyè (colar grau/formar-se/graduar-se), 187
bō (discar), 168, 313
boas maneiras à mesa, 111
bówùguǎn (museu), 159, 160
bù (não), 17, 27
bùjí (sem pressa), 252
bùlǐ (ignorar), 173
bùyídìng (não necessariamente), 136
bùyúkuài (descontente, desagradável), 151

• C •

C (letra), 12
cài (pratos de comida), 122
cáichǎn (propriedade/ bens), 84

346 Chinês Para Leigos

càidān (menu), 116
caixa eletrônico, 237
caligrafia, 306
caracteres
   dicionário, 29
   ordem, 26
   ordem dos traços, 24
   pictogramas, ideogramas e escritas, 22
   radicais, 23
   significado, 23
   simplificado, 28
   sobre, 21
   tradicional, 28
caracteres simplificados, 28
caracteres tradicionais, 28
casa
   apartamentos, 84
   decoração, 87
   fēng shuǐ, 87
   sobre, 83
   Tendo uma Conversa, 85
CDs, 303, 339
chamadas telefônicas, fazendo, 169
comprando antiguidades, 147
comprando ingressos, 157
cānguǎn (restaurante), 115
cantonês, 10
cartão de negócios, 192
cartões de crédito, 232
contas, pagando, 232
conversando, 55
cè (volume), 27
celular, 169
cèsuǒ (banheiro), 90
chá, 126
chájī (mesa de centro), 91
Cháng Chéng (A Grande Muralha), 161
chàng gē (cantar), 42
chángcháng (frequentemente), 159
chǎnpǐn (produto), 190
chéng (cuidar, encarregar-se), 26
chéngbǎo (castelo), 83
chéngshi (cidade), 155
chéngzūrén (inquilino), 84
chēzhàn (ponto de ônibus), 99
chī (comer), 39, 110, 119
chídào (atrasar-se, estar atrasado), 70
chīfàn (fazer refeições), 74
chinês. (*Veja também os tópicos específicos*)

aprendendo, 303
dialetos, 10
feriados, 80, 216
sobre, 9
sons, 12
chóng (inseto), 22
chóngxīn kāiji (reiniciar [computador]), 335
chú xī (Ano-Novo Chinês/Ano-Novo Lunar), 120
chuān (vestir), 144
chuānghu (janelas), 87
chuānglián (cortinas), 87
chuàngzàoxìng (criatividade), 207
chúfáng (cozinha), 88, 90
chuī (assoprar, soprar), 208
chūkǒu (portão/saída), 242
chūn jié (Festival da Primavera), 216
chūnjì (primavera), 79
chūntiān (primavera), 59
chūzū (aluguel), 84
classificadores, 33, 144
comprando alta tecnologia e eletrônicos, 149
comprando comida, 109
comprando roupas, 139
clubes e bares, 164
comparações, 128
complementos potenciais, 266
conexões, estabelecendo, 97
Conhecendo a Cultura, ícone, 5
contando, 65, 81
convenções, explicando, 2
convidado de honra, 109
coverbo, 260
cozinha, 90
cozinhando, 90
Cuidado!, ícone, 5
cuidados médicos, 288
culinária, 113
cultura, 57, 307
cumprimentos, 63
cún quián (depositar dinheiro), 236, 238

• D •

D (letra), 12
dà (grande), 140
dǎ (fazer, tocar), 202
dài (carregar, usar), 145
dāi (ficar), 276

Índice 347

dando gorjetas, 238
dāngrán (é claro), 45
dànshì (mas, entretanto), 45
dānwei (unidade de trabalho), 103
dào (o caminho), 26
dàodá shíjiān (hora/horário de chegada), 254
dǎoyǎn (diretor de filmes), 164
dǎoyóu (guia turístico), 223
dàshǐguǎn (embaixada), 260
datas, 75
dàtīng (hall de entrada, lobby), 278
dàxiǎo (tamanho), 139
dàxué xuéwèi (diploma universitário), 187
dàyī (casacos), 145
dias da semana, 75
dàzìrán (natureza), 204
decoração, 87
défēn (marcar um ponto), 211
děng (esperar), 264
dēngjīpái (cartão de embarque), 242
depósitos, 236
destinos, 217
diagnóstico, 295
dialetos, 10
diǎn (hora), 70
diànbīngxiǎn (refrigerador, geladeira), 90
diànhuà (telefone), 167
diànhuà hàomǎ (número de telefone), 106
diànshì (televisão), 91
diàntī (elevador), 87
diànyǐng (filme), 74
diànzǐkōngjiān (ciberespaço), 177
diànzǐyóujiàn (e-mails), 179
diànzǐyóuxiāng dìzhǐ (endereço de e-mail), 106
diāokè pǐn (objetos esculpidos), 147
Dica, ícone, 5
dicionários, 29, 313
dim sum, 124
dīnglóu (sótão), 88
dingqī cúnkuǎn hùtóu (conta poupança), 235
dinheiro
    dando gorjetas, 238
    gastando, 232
    moeda, 228
    sobre, 227
    Tendo uma Conversa, 231, 234
    transações bancárias, 235
    trocando dinheiro, 230
dinheiro (em espécie), 228

diplomas, 187
dìqū (área/localização), 86
dìqū hàomǎ (código de área), 168
direções, perguntando por
    especificando os pontos cardeais, 268
    falando de distâncias, 265
    números ordinais, 268
    "onde?", 259
    Tendo uma Conversa, 264, 269
disciplinas (escolares), 185
distância, expressando, 266
dìtiě (metrô), 51
Diversão & Jogos (exercícios)
    acomodações, 286
    atrações e vida noturna, 165
    áudio, 20
    bate-papo, 107
    casa, 94
    comprando comida, 131
    dinheiro, 240
    emergências, 299
    expressões básicas, 64
    fazendo compras, 153
    gramática, 49
    planejando uma viagem, 225
    recreação e atividades ao ar livre, 212
    sobre, 3
    telecomunicações, 181
    trabalho, 199
dìxiàshì (porão), 88
dìzhǐ (endereço), 106
dólar de Hong Kong, 229
dólar de Singapura, 230
dǒng (entender, compreender), 335
dōng (leste), 233
dōngjì (inverno), 77
dōngtiān (inverno), 59
dōngxi (coisas), 233
dòngzuò (movimento), 203
dōu (tudo, todos[as]), 37
dòufu (tofu), 304
Duānwǔjié (Festival do Barco do Dragão), 80
duì (time, equipe), 201
duìhuànchù (casas de câmbio), 230
duōshǎo (quanto custa), 234

• E •

E (letra), 14
è (estar com fome, faminto), 327

e-mail, checando, 179
emergências
    legal/jurídica, 298
    pedindo ajuda, 287
    polícia, 297
    recebendo cuidados médicos, 288
    Tendo uma Conversa, 292
èr (dois), 66
ěrjī (fone de ouvido), 245
ěrquiě (ainda mais), 220
èryuè (fevereiro), 76
escola, 184
escritas, 22
escritórios, 187
estações, 253
etiqueta, 307
expressões, 51
expressões básicas
    apresentações, 55
    cumprimentando, 51
    saudando, 55
    Tendo uma Conversa, 54
expressões populares, 18

ficar sem graça, 191
Fàguó (França), 33
família, 52
Falando Corretamente (ícone), 5
fàn (comida), 110
fàndiàn qiántái (recepção de restaurantes e hotéis), 277
fāngbiàn (conveniente), 224
fángdìchǎn (bens imobiliários), 84
fángdìchǎn jīngjìrén (corretores de imóveis), 86
fángjiān (cômodo, quarto), 88
fāngxiàng (direções/instruções), 249
fántǐzì (caracteres tradicionais), 28
fàntīng (sala de jantar), 88
fǎyuán (tribunal), 298
fazendo as malas, 222
fazendo check-in e check-out de acomodações, 241
fazendo compras
    alta tecnologia e eletrônicos, 149
    comida, 109
    lojas, 133

lojas de departamentos, 136
outros itens, 147
preços e pagando, 150
roupas, 139
Tendo uma Conversa, 135, 138, 140
fazendo perguntas, 46
fazendo um pedido, 122
fēi (voar), 335
fēicháng gǎnxiè (muito obrigado[a]), 270
fēijī (avião), 221
fēijīchǎng (aeroporto), 241
féizào (sabão/sabonete), 90
Fēizhōu (África), 217
fēn (minuto), 70, 73
fēng shuǐ, 87
fēngjǐng (cenário/paisagem), 35
fēnjī hàomǎ (extensão), 171
feriados, 80
filmes, 163
finais, 14
fù zhàng (pagar uma conta), 335
fùmǔ (pais), 74
fùquián (pagar), 151
futebol, 210
fúwù (serviço), 238
fúwùyuán (servente), 122

G (letra), 12
gǎibiàn (mudar), 335
galerias e museus, 159
gān bēi (brindar, virar), 309
Gǎngbì (dólar de Hong Kong), 229
gāngqín (piano), 207
gǎnjué (sentir), 335
gǎnqíng (emoções), 207
gǎnxiè (agradecer), 335
gāozhōng bìyè wénpǐn (diploma de ensino médio), 187
gāoxìng (feliz/contente), 335
gébì (vizinho[a]), 281
gěi (dar), 335
gējù (óperas), 155
gèng kuài (mais rápido), 142
gōnggòng qìchē (ônibus), 252
gōngkè (grama, peso), 81

Índice **349**

gōngpíng jìngzhēng (jogo limpo), 209
gōngsī (companhia/empresa), 171
gōngwènbāo (pasta), 244
gōngwù (a trabalho), 248
gōngyòng diànhuà (telefone público), 167
gōngyùfáng (condomínio), 84
gōngzuò (trabalhar), 105, 201
gǒu (cachorro), 216
gramática
    adjetivos, 32, 37
    advérbios, 38
    artigos, 32
    fazendo perguntas, 46
    negação, 38
    possessivos, 38
    sobre, 31
    substantivos, 32
    verbos, 38, 335
    Tendo uma Conversa, 35, 41
graus, 187
gravações em chinês, 303
gū (antigo), 22
guà (desligar), 315
guān (fechar), 315
guàngshāngdiàn (olhando vitrines), 133
guānguāng tuán (grupo turístico), 223
Guānhuà (mandarim), 10
gǔdǒng (antiguidades), 148
guì (caro), 235
gūjì (calcular, estimar), 335
guò (passar), 335
Guó qìng jié (Dia Nacional), 217
guójì (internacional), 178
guójì xiàngqí (xadrez), 202
Guóyǔ (mandarim), 10

• **H** •

H (letra), 13
Hái hǎo (Não é tão ruim/Está bom), 253
hǎiguān (alfândega), 246
háishì (ou), 111
hān (suor), 24
hán jià (férias de inverno), 221
Hànyǔ, 10

hǎo (Tudo bem/bom), 43, 127
hǎo wán (divertido), 61
hézuò (cooperar/colaborar), 335
hierarquia, 191
histórico médico, 294
hobbies, 201
homônimo, 29
hóng (vermelho), 164
hóng chá (chá preto), 126
horas, 56
hotéis, 171
hóu (macaco), 216
hòu yuànzi (quintal), 87
hǔ (tigre), 216
hū (sinal, bipe), 174
huà (pintar), 201
huā (flores, estampado), 35, 87
huàile (quebrado[a]), 280
huàláng (galeria), 159
huàn (trocar), 335
Huáng Shān (Montanha Amarela), 205
huānyíng (acolher, dar boas-vindas), 336
huāpíng (vasos), 136
huāshēngmǐ (amendoins), 164
huáxuě (esqui), 61
huāyuán (jardim), 87
huì (saber como fazer algo), 336
huí (voltar, retornar), 259
huìyì (reunião), 190, 195
hūncài (pratos de carne ou peixe), 116
huòbì (moeda), 228
huǒchē (trem), 253
huǒchēzhàn (estações de trem), 254
huóqī zhànghù (conta-corrente), 235
hùshī (enfermeiro[a]), 105
hūxī (respirar), 336
hùzhào (passaporte), 215, 221, 231

• **I** •

I (letra), 14
ícones, explicação, 5
ideogramas, 22
idiomas, 17
indústria e negócios, 195
ingressos, comprando, 157
iniciais, 13
internet, 177

350 Chinês Para Leigos

• J •

J (letra), 11
jantando fora
  banheiros, 125
  carnes, 113
  chá, 127
  culinária, 113
  dim sum, 124
  levando para a viagem, 127
  menu, 116
  pagando a conta, 125
  pedindo, 122
  sobre, 109
  Tendo uma Conversa, 115
jī ròu (frango, galinha), 128
jī tāng (caldo de galinha), 297
jiā (casa), 83
jiàgé (preço), 133, 198
jiājù (móveis/mobília), 87
jiàn (ver), 336
jiǎng (falar), 102, 336
jiànlì (abrir, montar, construir empresas, instituições), 336
jiǎnsuǒ ǐnqíng (ferramentas de busca), 177
jiántǐzì (caracteres simplificados), 28
jiào (chamar), 288
jiào shòu (professor universitário), 56
jiāotōng (transporte), 249
jiāotōng dēng (semáforo/sinal de trânsito), 267
jiāoxiǎng yuè (música sinfônica), 157
jiǎozi (tortas), 120
Jiāzhōu (Califórnia), 62
jíde yào mìng (com muita pressa), 189
jiè (emprestar/pegar emprestado), 189
jiē (atender um telefonema), 336
jiěfàng (libertar/soltar), 336
jiéhūn (casar), 336
jiějué (resolver), 336
jièshào (apresentar), 336
jiēxiànyuán (telefonista), 168
jiéyú (saldo da conta), 236
jiézhàng (fechar a conta), 336
jìn (fechar), 266
jīn (ouro), 33
jīng lǐ (gerente), 173
jǐngchá (polícia), 298

jǐnghàojiàn (tecla sustenido/tecla jogo da velha), 175
jīngjìcāng (classe econômica), 244
Jīngjù (Ópera de Pequim), 158
jǐngzìhào (sinal de sustenido), 175
jǐnjí chūkǒu (saídas de emergência), 245
jīntiān wǎnshàng (à noite/hoje à noite), 45
jīpiào (passagem de avião), 244
jìshù fúwù (suporte técnico), 177
jiù (salvar uma vida), 288, 336
jiùshēngyī (coletes salva-vidas), 245
jogando em equipe, 209
jiǔshí (noventa), 67
jízhěnshì (sala de emergência), 291, 316
juédìng (decidir), 224, 336
juéshì yīnyuè (jazz), 157
júhuā (crisântemos), 87
júzi (laranjas), 123, 128

• K •

kāfēi (café), 33, 188
kāi (abrir), 336
kāi chē (dirigir), 336
kāichē shíjiān (horário de partida), 254
kāihuì (ter ou estar em uma reunião), 336
kāishǐ (começar), 211
kàn (ver), 39, 336
kǎo lú (forno), 90
kǎoshì (exames), 186
kè (aulas, um quarto de hora), 73
kě (estar com sede, sedento), 336
kè wài huódòng (atividades extracurriculares), 186
kě'ai (fofo/adorável), 42
kèběn (livros didáticos), 184
kèhù (cliente), 172
Kèjiā, 11
kěndìng (definitivamente), 270
kèrén (convidado, hóspede), 277
kètīng (sala de estar), 88
kōng (vazio, com vagas), 277
kǒu (boca), 26
kòulán (enterrar/enterrada [basquete]), 211

Índice *351*

kǔ (amargo), 122
kuài (unidade de moeda), 128
kuàjì (contabilidade), 59
kung fu, 202

• L •

L (letra), 13
là (apimentado/picante), 122
lái (vir), 336
lái huí piào (passagem de ida e volta), 256
lánhuā (orquídeas), 87
lánmò yán (apendicite), 287
lǎo (velho[a]), 56
lǎo péngyǒu (velhos amigos), 55
lǎobǎn (chefe), 52
Láodòng jié (Dia do Trabalho), 217
lǎoshī (professor[a]), 53, 55
léi (lei), 25
liànxí (praticar), 336
liáotiān (bate-papo, conversa), 170
liàozi (material), 146
lièchēyuán (condutor), 255
líkāi (deixar, sair), 336
língqián (trocado), 151, 229
lǐngshìguǎn (consulado), 298
línyùjiān (chuveiro), 90
lìshǐ (história), 59
lista de faixas, 339
liú (deixar um objeto/uma mensagem), 336
liù shū (as Seis Escritas), 22
liúxíng (popular/estar na moda), 86
lǐwù (presentes), 159
lìxí (juros), 235
locais históricos, 161
lojas de departamentos, 136
lóng (dragão), 216
lóngxiā (lagosta), 128
lóushàng (andar de cima), 87
lóuxià (andar de cima), 87
lǚguǎn (hotel), 171
lùxiàngjī (gravador de vídeo), 193

• M •

M (letra), 13
mà (repreender/xingar), 336
mǎchē (carroças puxadas por cavalos), 249
máfan (chato[a], problemas/complicações), 171
mài (vender), 39, 336
mǎi (comprar), 39, 336
mǎi dōngxi (comprar coisas), 133, 233
màikèfēng (microfone), 193
májiàng (mahjong), 206
māma (mãe), 17, 53
mǎn chénggōng de (muito sucesso), 198
Mandarim, 10
máng (estar ocupado[a]), 189
máo bǐ (pincel de escrita), 24
màoyì zhǎnxiāohuì (feira/exposição comercial), 197
màozi (chapéus), 144
mǎshàng (imediatamente), 282
marcadores de aspecto, 290
material escolar, 188
médicos, 295
méi wèntí (sem problema), 99
Měiguó (Estados Unidos), 61
méihuā (flores de ameixa), 87
Měiyuán (dólar americano), 232
meio-terceiro tom, 17
mensagens, deixando, 175
menu, 118
mercados noturnos, 127
meses, 76
metrô, 51
miǎnfèi (gratuito[a]), 160
miǎo (segundos), 71
mílù (perder-se), 259
mìmǎ (senha), 177
mìmì (segredo), 237
míng (brilhante, claro), 22
Míng shísān líng (Tumbas Ming), 161
míngpiàn (cartão de visita), 106
míngtiān (amanhã), 256
míngzi (nome), 52, 59

352 Chinês Para Leigos

mìshū (secretário[a]), 172
mòlì huā chá (chá de jasmim), 126
minidicionário chinês-português, 313
minidicionário português-chinês, 323
moeda. *Veja* dinheiro
morfema, 12
mótuōchē (motocicletas), 249
mù (madeira), 24
mudanças de tom, 68
mùdì (objetivo, propósito), 195
museus e galerias, 159
música, 207

• N •

nà (aquele[a], aquilo), 37
ná (escolher, pegar), 336
nǎ (qual/que), 47
Nà tài hǎole (Que ótimo), 62
nán (difícil), 105
nán (masculino), 125
nán péngyǒu (namorado), 53
"não, obrigado[a]", 310
nào zhōng (despertador), 70
nǎr (onde), 47
náshǒu cài (especialidade
     da casa), 122
natureza, 204
negação, 38
negócios e indústria, 195
néng (ser capaz de), 336
nǐ (você), 33, 34
niú (vaca/boi), 116
niú ròu (carne bovina), 116
nomes, 53
números, 66
números ordinais, 69

• O •

O (letra), 14
O negativo, 289
"onde?", 263
Ópera de Pequim, 305
Ōuzhōu (Europa), 217

• P •

pá shān (escalar montanhas), 204
pagando contas, 125
Palácio das Crianças, 185, 206
palavras de medição, 33
pángxiè (caranguejo), 128
pànjué (tomar uma decisão legal), 336
partículas, 32
passaportes e vistos, 221
passatempos, 201
pauzinhos de comida, 308
pedindo
     ajuda em lojas, 139
     informações, 259
péngyǒu (amigo[a]), 52
perguntando
     de onde as pessoas são, 61
     o nome das pessoas, 53
     quanto custa, 70
     que horas são, 70
     sobre cor e material, 145
pesos e medidas, 81
pessoas, abordando, 53
piányí (barato), 235
piào (ingresso, bilhete), 157
piàoliàng (bonito[a]/lindo[a]), 35
pictogramas, 22
píjiǔ (cerveja), 121
pīnyīn, 2, 11
pípā, 208
planos de viagem
     agências de viagens, 223
     destinos, 217
     discutindo os planos, 215
     fazendo as malas, 222
     feriados chineses, 216
     passaportes e vistos, 221
     Tendo uma Conversa, 220
plural, 34
polícia, 297
ponto de ônibus, 253
pontos cardeais, especificando, 268
porão, 92
possessivos, 38
preço, 150
presentes, 310

Índice 353

primeiro tom, 12
professores, 185
pronomes, 33
pronomes interrogativos, 47
pronúncia, 29
provas, escolares, 186
pú kè (cartas de baralho), 202
Pǔdōng, 86
pútáo jiǔ (vinho), 164
Pǔtōnghuà (mandarim), 10

Q (letra), 11
qì (energia), 87
qián (dinheiro), 277
qiān chū (fazer log off), 336
qiān rù (fazer log in), 336
qiánbāo (carteira), 151
qiántái fúwùyuán (recepcionista), 277
qiānzhèng (visto), 215
qìchē (carro), 267
qíguài (estranho[a]), 42
qǐng (convidar), 336
qīng lán (azul claro), 206
qǐng wèn (com licença), 262
Qīngmíng jié (Dia de Varrer os Túmulos/Dia de Finados Chinês), 80
qiú (bolas), 209
qiūjì (outono), 77
qiūtiān (outono), 59
qù (ir), 336
qualidades, comparando, 141
qǔqián (retirar dinheiro), 236
qùdiào (apagar/remover), 318
qǔxiāo (cancelar), 336
qúnzi (saias), 145
quarto, 273
quarto tom, 16

radicais, 23
raiva, 57
ràng (permitir), 336

ránhòu ne? (e depois?), 180
raquetes, 209
recreação e atividades ao ar livre
    artísticas, 207
    hobbies, 201
    música, 207
    jogando em equipes, 208
    natureza, 204
    Tendo uma Conversa, 202
reembolso, 109
refeições, 109
rénmínbì (dólar chinês), 228
rènshi (conhecer), 39
reservando acomodações, 273
reuniões, 190
ròu (carne), 128
ruǎnjiàn (software), 195

saques, 237
sān (três), 66
sānshí (trinta), 67
sangue, 289
segundo tom, 16
semestre escolar, 186
shāfā (sofá), 91
shān (montanhas), 22
shàng (acima, conseguir, ir), 22
shàngchē (embarcar no trem, carro, ônibus), 254
shāngdiàn (loja), 171
shāngpǐn (mercadoria), 137
shàngwǎng (ficar online), 336
shānshuǐ (paisagem), 204
shānshuǐhuà (pintura de paisagem), 159
shāoděng (só um instante), 171
shéi (quem), 47
shéi de (de quem), 47
shēn lán (azul escuro), 206
shēng (litro), 80
shēng yì (negócios), 183
shēng yì huǒ bàn (parceiro de negócios), 55
shēngrì (aniversário), 76
shēngrì kuàilè (feliz aniversário!), 78

354 Chinês Para Leigos

shénme (que), 47
shénme dìfāng (onde), 47
shénme yánsè (que cor), 146
shì (ser), 36, 39
shì bú shì (é ou não é), 42
shīfu (mestre), 130
shíjiān (hora, tempo), 70
shíkèbiǎo (cronograma), 254
shíyī (onze), 66
shòu (aceitar), 336
shōu (receber), 336
shǒubiǎo (relógio de pulso), 70
shòuhuòyuán (vendedor), 137
shǒujī (celular), 168
shǒujī hàomǎ (número de
  celular), 168
shōujiànrén (o responsável pelo
  recebimento), 180
shòupiàochù (bilheteria), 254
shǒutí shì (portátil), 177
shǒutí xíngli (bagagem de mão), 222
shōuxìnxiāng (caixa de entrada), 179
shòuxùn (treinamento/treino), 190
shù (árvore), 25
shǔ (rato), 216
shū (perder), 336
shū fǎ (caligrafia), 24
shūfáng (sala de estudo), 88
shuǐcéng (pia), 90
shuǐguǒ (fruta), 128
sìjì (quatro estações), 59
singular, 34
sintomas médicos, 290
sìshí (quarenta), 67
sòng (enviar/levar/presentear), 337
sons, 12
sótão, 93
suān (azedo), 122
substantivos, 32
sùcài (pratos vegetarianos), 116
suì (anos de idade), 129
sùshè (dormitório/alojamento), 87

• T •

tā (ela, ele) 33, 122
tài hǎole (isso é ótimo), 45
Tàijíquán, 202

tailandês, 10
tàitai (esposa), 53
tamanhos de roupas, 139
tán (tocar), 208
tāng (sopa), 122
tánpàn (negociar), 190
tǎojià huánjià (pechinchar), 150
tǎolùn (discutir/falar sobre), 337
táopǎo (fugas), 297
táxis, 249
telecomunicações
  celular, 168
  checando e-mail, 179
  fazendo ligações telefônicas, 168
  internet, 177
  mensagens, 173
  telefone, 167
  Tendo uma Conversa, 170, 172
  tempo meteorológico, 332
Tendo uma Conversa, diálogos
  acomodações, 281, 284
  atrações e vida noturna, 156, 160
  batendo um papo, 98, 101, 104
  casa, 85
  comprando comida, 129
  datas, 78
  dinheiro, 234, 239
  emergências, 292, 296
  expressões básicas, 54, 58
  fazendo compras, 138, 140
  gramática, 35, 41
  hora, 73
  jantando fora, 114, 116
  informações, 264, 269
  planos de viagem, 220, 223
  recreação e atividades ao ar livre, 205
  sobre, 3
  telecomunicações, 172, 176
  trabalho, 194, 197
  transporte, 251, 252, 255
téngchū (desocupado), 283
terceiro tom, 16
tián (doce, preencher), 122, 277
tiānqì (tempo meteorológico), 59
tiāntáng (paraíso), 206
tiàoshuǐ yùndòngyuán
  (mergulhador), 209
tímù (assunto), 181
tīng (escutar/ouvir), 173

Índice **355**

tóngshì (colega), 53
tóngwū (colega de quarto), 53
tóngxué (colega de turma), 53, 55
tóngyì (concordar), 239
tóuděngcāng (primeira classe), 244
tóuyūn (tonto[a]), 292
tons, 16
tons neutros, 15
Toque Agora!, (ícone), 5
tù (coelho), 216
tǔdòupiàn (batatas fritas), 164
tuì huí (retornar/voltar), 151
tuìfáng (fazer check-out), 285
tuījiàn (recomendado), 278
tuōyùn (despachar a bagagem), 241
trabalho
    batendo um papo no, 102
    negócios e indústria, 195
    reuniões, 190
    sobre, 183
    Tendo uma Conversa, 189
    traços, 187
trens, 253
transporte
    aeroporto, 241
    aluguel de carros, 249
    andando pela cidade, 249
    táxis, 249
    Tendo uma Conversa, 242, 247, 251
    trens, 253
    viagem de ônibus, 252

• *U* •

U (letra), 14
Um terceiro tom após outro, 17

• *V* •

verbos, 38, 335
vida noturna. *Veja* atrações e vida noturna
vistos e passaportes, 221
vocabulário
    acomodações, 278, 282
    atrações e vida noturna, 157, 162, 164

batendo um papo, 99, 102, 105
casa, 86
comprando comida, 115
datas, 78
dinheiro, 232, 234, 237
emergências, 297, 294
expressões básicas, 55, 59, 61
fazendo compras, 136, 139, 141
gramática, 35, 42, 45
hora, 56
informações, pedindo, 265, 270
jantando fora, 115, 118, 130
números, 74
planos de viagem, 221, 224
recreação e atividades ao ar livre, 203, 206
sobre, 3
telecomunicações, 173, 176, 178, 180
trabalho, 189, 195, 198
transporte, 248, 253, 256
vogais, 14

• *W* •

wàijiāoguān (diplomata), 102
wàixiàn (chamada externa), 173
wàn (dez mil), 68
wán (jogar, brincar, divertir), 209
wǎn ān (boa noite), 57
wǎnfàn (jantar), 110
wǎngqiú pāi (raquetes de tênis), 209
wǎngzhàn (website), 178
wǎnhuì (festa), 51
wànwéiwǎng (World Wide Web), 178
wéi (alô), 171
wèijīng (glutamato monossódico), 122
wèishēngzhǐ (papel higiênico), 90
wèn (pedir, perguntar), 337
wén (cultura), 25
wēndùjì (termômetro), 291
wénzì (escrita), 21
wǒ (eu), 33, 34
wǒde péngyǒu (meu amigo/minha amiga), 53
wok, panela, 53
wòshì (quarto), 89
Wú, 10
wǔ xíng (cinco elementos), 88

wūdiǎn (mancha), 282
wǔfàn (almoço), 110
wūlóng chá (chá preto do dragão), 126
wǔshī (dança do leão), 79
wǔshí (cinquenta), 67
wǔshù (artes marciais), 202
wúxiàn diànhuà (telefone sem fio), 167

X (letra), 11
xangainês, 10
xǐ (lavar), 337
xī (ocidente/oeste), 233
xià (descer), 22
xiā (camarão), 128
xiàjì (verão), 77
xián (salgado), 122
xiàndài yìshù (arte moderna), 159
xiǎng (pensar; sentir falta), 337
xiàngxíng (pictogramas), 22
xiànjīn (dinheiro), 233
xiánliáo (conversa, papo), 97
xiànqián (dinheiro), 151
Xiānshēng (Sr.), 56
xiántán (conversar), 97
xiān... zài... (primeiro... depois...), 270
xiǎo (pequeno[a]; jovem), 56, 140
xiǎo chī (lanche), 127
xiǎo fèi (gorjetas), 238
xiǎogéjiān (baia; cubículo), 188
xiǎohào (pequeno[a] [tamanho]), 141
Xiǎojiě (Senhorita), 54, 56
xiǎotíqín (violino), 205
xiàtiān (verão), 59
xiàzài (fazer download), 337
xièxiè (obrigado[a]), 63
xiézi (sapatos), 144
xǐhuān (apreciar, gostar), 47
xìn (acreditar), 337
Xīn bì (dólar de Singapura), 228
xīn gōngzuò (novo trabalho), 51
xīn Táibì (dólar de Taiwan), 228
xīn yóujiàn (novo e-mail), 180
xìng (sobrenome), 59
xíngli (bagagem), 222

xíngliyuán (porteiro, carregador de malas, mensageiro), 277
xīngqī'er (terça-feira), 75
xīngqīliù (sábado), 75
xīngqīsān (quarta-feira), 76
xīngqīsì (quinta-feira), 75
xīngqītiān (domingo), 75
xīngqīwǔ (sexta-feira), 75
xīngqīyī (segunda-feira), 75
xíngshēn (compostos fonéticos), 22
xīnnián (Dia do Ano-Novo), 216
xìnyòng kǎ (cartão de crédito), 87, 151
xiūxi (pausa para o café; descansar), 188
xiūxishì (sala de descanso), 88
xuǎnzé (escolher), 337
xué (estudar; aprender), 59
xué xiào (escola), 184
xuéqí (semestre), 186
xuéshēng (estudante), 34
xuéxí (estudar; aprender), 185, 187

• Y •

yān huǒ (fogos de artifício), 79
yǎnchū (shows), 155
yáng (carneiro), 116
yánglì (calendário solar), 217
yángtái (varanda), 87
yǎnjìng (óculos), 144
yánjiū (pesquisa), 185
yánsè (cores), 145
yǎnshì (fazer uma apresentação), 190
yào (querer/precisar), 39, 43
yáogǔn yuè (rock and roll), 157
yáokòngqī (controle remoto), 83
yàoshi (chave), 277
yáoyǐ (cadeira de balanço), 91
Yàzhōu (Ásia), 217
yè (folha), 32
yě (também), 43
yèyú àihào (hobby/passatempo), 201
yèzǒnghuì (casa noturna), 252
yī (um), 17, 66
yí lù píng ān (tenha uma boa viagem), 244
yī yuàn (hospital), 105

yìbǎi (cem), 68
yìchéng (agenda/pauta [reunião]), 190
yìdiǎn (um pouco), 142
yídìng huì (certamente), 176
yīfu (vestuário/roupa), 136
yígòng (ao todo/no total), 233
yǐhòu (depois), 72
yīliào chǔfāng (receita), 2
yíng (ganhar/vencer), 337
yīngchǐ (pé [medida de distância]), 81
yīngcùn (polegada), 81
yīnggāi (dever), 239
Yīngguó (Inglaterra), 62
Yīngyǔ (inglês), 186
yínháng běnpiào (cheques administrativos), 236
yīnlì (calendário lunar), 217
yínmù (tela), 162
yīntèwǎng (internet), 178
yīnwèi... suǒyǐ... (porque... portanto...), 239
yīnyuè (música), 201
yīnyuè tīng (sala de concerto), 157
yīnyuèhuì (concerto musical), 155
yīnyuèjiā (músico), 207
yìqiān (mil), 68
yǐqián (antes), 72
yīshēng (médico[a]), 296
yíyàng (igual/o mesmo), 147
yīyuè (janeiro), 77
yǐzi (cadeira), 192
yòng (usar), 345
yòngpǐn (abastecimento/suprimento), 188
yǒu (existir, haver, ter), 37, 39
yǒude shíhòu (às vezes), 163
yóujú (agência de correios), 181
yóulǎn (passear), 224
yóulǎnchē (ônibus turístico), 229
yóuqíshì (especialmente), 287
Yǒuyí Shāngdiàn (Loja da Amizade), 155
yóuyǒng (nadar), 345
yóuyú (lula), 131
yú (peixe; chuva), 24, 123
yuǎn (distante/longe), 272
Yuán xiāo jié (Festival da Lanterna), 81
yuánbǎo (lingotes de ouro), 123
yuànyì (estar disposto a), 345
yùdìng (fazer uma reserva), 229

yuè (mês; lua), 26
yuè dú (ler), 187
yuè qì (instrumentos musicais), 141
yùgāng (banheira), 92
yùndòng (exercício), 207
yùshì (banheiro), 90, 92
yùsuàn (orçamento), 345

Z (letra), 12
zài jiàn (adeus), 63
zài lùshàng (na rua), 51
zájì tuán (grupo acrobático), 155
zànshí (enquanto isso), 290
zǎo (bom dia), 56
zào Jūn (Deus da Cozinha), 91
zǎofàn (café da manhã), 110
zāogāo (droga/que pena), 278
zéi (ladrão), 297
zì (letra), 12
zhàngdān (conta), 239
zhàngfu (marido), 53
zhǎo (procurar por), 337
zhāotiē (cartazes/pôsteres), 159
zhàoxiàng (tirar uma foto), 162
zhè (este/esta/isto), 37
zhēnde ma? (sério?), 61
zhèngzhi (política), 33
zhí yè (profissão), 105
zhīdào (saber um fato), 39
zhīpiào (cheque), 233
zhīshì (ideogramas), 22
zhíwù (plantas), 87
zhīzhū wǎng (teias de aranha), 93
zhōng (relógio), 70
zhōng (médio), 140
Zhōngguó (China), 241
Zhōnghuá mín guó (República da China), 217
Zhōngqiū jié (Festival do Meio do Outono ou Festival da Lua), 80
Zhōngwén (língua chinesa), 10, 102
zhōngyú (finalmente), 221
zhōu (barco), 25
zhōumò (fim de semana), 75
zhù (morar), 102

358　Chinês Para Leigos

zhū (porco), 116
zhuā le (detido[a]/preso[a]), 298
zhuǎn (transferir; transformar; virar), 337
zhuāng (fazer as malas; empacotar), 222
zhuāngrù (fazer as malas; empacotar), 222
zhuāngshì (decorar), 87
zhuǎnzū (sublocar), 84
zhūbǎo (joia), 136
zhǔchí (liderar; conduzir), 337
zhǔxí (presidente), 187
zìdòng lóutī (escada rolante), 137
zìdòng tíkuǎnjī (caixa eletrônico), 237
zīliào (material), 195
zìmǔ (alfabeto), 21

zìxíngchē (bicicletas), 249
zodíaco, 79
zǒu lù (andar/caminhar), 39
zǒuláng (alpendre), 87
zū (alugar), 337
zuànshí jièzhǐ (anel de diamante), 133
zuì (o[a] mais), 141
zuǐbā (boca), 169
zuò (fazer; produzir; sentar), 86
zuò chūzū qìchē (pegar um táxi), 262
zuò fàn (cozinhar), 39
zuǒyòu (aproximadamente), 270
zúqiú (futebol americano), 201